全国建设行业中等职业教育推荐教材

建筑企业会计

（建筑经济管理专业）

主编 李跃珍
主审 徐佳芳

中国建筑工业出版社

图书在版编目（CIP）数据

建筑企业会计/主编李跃珍，主审徐佳芳. —北京：中国建筑工业出版社，2004
 全国建设行业中等职业教育推荐教材. 建筑经济管理专业
 ISBN 978-7-112-06188-4

Ⅰ. 建… Ⅱ. 李… Ⅲ. 建筑企业-基本建设会计-专业学校-教材 Ⅳ. F407.967.2

中国版本图书馆 CIP 数据核字（2004）第 029327 号

全国建设行业中等职业教育推荐教材
建 筑 企 业 会 计
（建筑经济管理专业）
主编 李跃珍
主审 徐佳芳

*

中国建筑工业出版社出版、发行（北京西郊百万庄）
各地新华书店、建筑书店经销
廊坊市海涛印刷有限公司印刷

*

开本：787×1092 毫米 1/16 印张：20 字数：484 千字
2004 年 7 月第一版 2016 年 1 月第十次印刷
定价：34.00 元
ISBN 978-7-112-06188-4
（21639）

版权所有 翻印必究
如有印装质量问题，可寄本社退换
（邮政编码 100037）

本教材共分 17 章，主要根据中等职业学校建筑经济管理专业"建筑企业会计"课程教学大纲编写，内容包括：绪论、货币资金、应收及预付款项、存货、投资、固定资产、无形资产和其他资产、负债、所有者权益、工程成本和期间费用、附属企业成本核算、收入、利润及利润分配、财务会计报告、企业清算、非货币性交易以及合并会计报表等。

本教材可作为中等职业教育建筑经济管理专业的教材，也可供广大建筑经济管理从业人员参考。

* * *

责任编辑：向建国　陈　桦
责任设计：孙　梅
责任校对：刘玉英

出 版 说 明

为贯彻落实《国务院关于大力推进职业教育改革与发展的决定》精神，加快实施建设行业技能型紧缺人才培养培训工程，满足全国建设类中等职业学校建筑经济管理专业的教学需要，由建设部中等职业学校建筑与房地产经济管理专业指导委员会组织编写、评审、推荐出版了"中等职业教育建筑经济管理专业"教材一套，即《建筑力学与结构基础》、《预算电算化操作》、《会计电算化操作》、《建筑施工技术》、《建筑企业会计》、《建筑装饰工程预算》、《建筑材料》、《建筑施工项目管理》、《建筑企业财务》、《水电安装工程预算》共 10 册。

这套教材的编写采用了国家颁发的现行法规和有关文件，内容符合《中等职业学校建筑经济管理专业教育标准》和《中等职业学校建筑经济管理专业培养方案》的要求，理论联系实际，取材适当，反映了当前建筑经济管理的先进水平。

这套教材本着深化中等职业教育教学改革的要求，注重能力的培养，具有可读性和可操作性等特点。适用于中等职业学校建筑经济管理专业的教学，也能满足自学考试、职业资格培训等各类中等职业教育与培训相应专业的使用要求。

建设部中等职业学校专业指导委员会
二〇〇四年五月

前　言

本书根据建设部中等职业学校建筑经济管理专业"建筑企业会计"课程教学大纲编写而成。

本书以财政部颁布的《企业会计制度》和具体会计准则为依据，比较全面、系统地介绍了建筑企业会计的基本理论和会计业务的具体处理方法。在编写过程中，本着职业教育应"理论够用，注重实际操作"的原则，注重知识的实用性、先进性和系统性，在介绍会计基本方法的同时，融入了《企业会计制度》和具体会计准则的全新内容，力求反映我国会计改革的最新成果。全书内容新颖，资料详实，条理清晰，讲解细致。针对中等职业学校学生的特点，突出了会计实务，具有较强的实用性和可操作性。在各章后附有复习思考题和练习题，便于读者掌握学习内容和培养实际运用能力。

本书由李跃珍任主编。第一、五、六、七、八、十一、十二、十三、十六章，由李跃珍编写；第二、三、四章，由张晓琴编写；第九、十四、十五章，由吕素香编写；第十章，由徐田编写；第十七章，由王俊媛编写。徐佳芳任本书主审，对本书初稿内容提出了非常宝贵的意见，在此致以真诚谢意。

由于编者水平有限，书中错误与不妥之处难免，恳请读者指正。

目 录

第一章 绪论 1
- 第一节 建筑企业会计的特点 1
- 第二节 建筑企业会计工作的组织 3
- 第三节 会计的目标 5
- 第四节 建筑企业会计的对象 6
- 第五节 建筑企业的会计科目 7
- 思考题 9

第二章 货币资金 10
- 第一节 现金 10
- 第二节 银行存款 12
- 第三节 其他货币资金 20
- 第四节 外币业务 22
- 思考题与习题 27

第三章 应收及预付款项 30
- 第一节 应收账款 30
- 第二节 应收票据 33
- 第三节 内部往来 37
- 第四节 其他应收及预付款项 39
- 思考题与习题 41

第四章 存货 43
- 第一节 概述 43
- 第二节 材料的购进和领用 49
- 第三节 材料的委托加工 63
- 第四节 材料的其他收发 65
- 第五节 低值易耗品 67
- 第六节 周转材料 70
- 第七节 存货的清查和期末计价 74
- 思考题与习题 78

第五章 投资 84
- 第一节 概述 84
- 第二节 短期投资 85
- 第三节 长期股权投资 91
- 第四节 长期债权投资 97

第五节　长期投资的期末计价 103
　　第六节　委托贷款 104
　　思考题与习题 105
第六章　固定资产 107
　　第一节　概述 107
　　第二节　固定资产取得 110
　　第三节　固定资产折旧 117
　　第四节　固定资产修理与改良 121
　　第五节　固定资产减少 123
　　第六节　固定资产清查 125
　　第七节　固定资产减值和专项工程减值 126
　　思考题与习题 127
第七章　无形资产和其他资产 130
　　第一节　无形资产 130
　　第二节　其他资产 136
　　思考题与习题 139
第八章　负债 141
　　第一节　负债概述 141
　　第二节　流动负债 141
　　第三节　长期负债 156
　　第四节　借款费用 161
　　第五节　债务重组 166
　　思考题与习题 171
第九章　所有者权益 174
　　第一节　投入资本 174
　　第二节　资本公积 176
　　第三节　留存收益 179
　　思考题与习题 180
第十章　工程成本和期间费用 182
　　第一节　概述 182
　　第二节　待摊费用和预提费用 188
　　第三节　辅助生产成本 190
　　第四节　工程实际成本 194
　　第五节　期间费用 209
　　思考题与习题 211
第十一章　附属企业成本核算 216
　　第一节　附属企业成本核算概述 216
　　第二节　附属企业成本计算的品种法 219
　　第三节　附属企业成本计算的分步法 222

第四节　附属企业成本计算的分批法 …………………………………… 230
思考题与习题 ……………………………………………………………… 232

第十二章　收入 ……………………………………………………………… 236
第一节　收入概述 ………………………………………………………… 236
第二节　主营业务收入 …………………………………………………… 237
第三节　其他业务收入 …………………………………………………… 245
思考题与习题 ……………………………………………………………… 250

第十三章　利润及利润分配 ………………………………………………… 252
第一节　利润 ……………………………………………………………… 252
第二节　所得税 …………………………………………………………… 254
第三节　利润分配 ………………………………………………………… 259
思考题与习题 ……………………………………………………………… 261

第十四章　财务会计报告 …………………………………………………… 263
第一节　概述 ……………………………………………………………… 263
第二节　资产负债表 ……………………………………………………… 264
第三节　利润表和利润分配表 …………………………………………… 269
第四节　现金流量表 ……………………………………………………… 272
第五节　会计报表附注 …………………………………………………… 280
思考题与习题 ……………………………………………………………… 284

第十五章　企业清算 ………………………………………………………… 287
第一节　企业清算概述 …………………………………………………… 287
第二节　破产清算的核算 ………………………………………………… 289
思考题 ……………………………………………………………………… 294

第十六章　非货币性交易 …………………………………………………… 295
第一节　概述 ……………………………………………………………… 295
第二节　非货币性交易的核算 …………………………………………… 296
思考题与习题 ……………………………………………………………… 299

第十七章　合并会计报表 …………………………………………………… 301
第一节　合并会计报表概述 ……………………………………………… 301
第二节　合并会计报表的编制 …………………………………………… 304
思考题 ……………………………………………………………………… 308

参考文献 ……………………………………………………………………… 309

第一章 绪 论

第一节 建筑企业会计的特点

一、建筑企业生产经营活动的主要内容

建筑企业，又称建筑安装企业或施工企业，指主要承揽工业与民用建筑、设备安装、矿山建设和铁路、公路、桥梁等工程施工的生产经营性企业。建筑企业承建的工程项目，都必须签订建造合同。建造合同的乙方（建筑企业）必须按合同规定组织施工生产，保证工期和工程质量，按期将已完工程交付建造合同的甲方（建设单位或业主）验收使用，并向甲方收取工程价款。

建筑企业从事生产经营活动，必须拥有一定数量的房屋、设备、施工机械、材料等财产物资。这些财产物资的货币表现称为资金，它们是企业进行生产经营活动的物质基础。建筑企业的生产经营活动包括供应过程、施工（生产）过程和工程点交（销售）过程三个阶段。在生产经营活动中，企业的资金随着供、产、销过程的进行不断地运动，表现为不同的实物形态，其价值也不断发生增减变动。

供应过程是施工生产的准备阶段。在供应过程中，企业用货币资金购买施工生产所需的各种材料物资，形成必要的物资储备，货币资金转变为储备资金。

施工过程，指从材料物资投入生产到建筑产品完工的过程，是建筑企业生产经营活动的中心环节。在施工过程中，储备的物资不断投入施工生产，并改变其形态，构成正在施工中的在建工程，储备资金转变为生产资金；同时，企业还要用货币资金支付职工工资和其他生产费用，这样，就有一部分货币资金直接转化为生产资金；此外，固定资产由于使用会发生损耗，其损耗的价值也以折旧的形式转化为生产资金。随着施工生产过程的进行，未完工程逐步成为已完工程，生产资金就转化为成品资金，即可转入工程点交过程与建设单位结算工程价款。

工程点交过程，指将已完工程"销售"交给建设单位并收回工程价款的过程。在这一过程中，建筑企业将已完工程点交给建设单位，收回工程价款，成品资金转化为货币资金。若点交工程后尚未收到款项，则成为结算资金，待收款后转化为货币资金。建筑企业收取的货币资金，首先用于补偿施工过程中的资金耗费，以保证再生产活动的顺利进行，剩余部分即为企业的利润。企业取得的利润，首先要向国家上缴所得税，税后利润再根据国家规定进行分配。一部分以投资回报的形式分配给投资者，另一部分以积累的形式留归企业，形成企业的盈余公积金、公益金和未分配利润。

此外，许多建筑企业还广泛开展多种经营业务，兴办机械修理、预制构件加工、饮食服务等附属企业，不断拓宽业务领域，扩大经营范围，增强企业活力。

二、建筑企业生产经营活动的特点

建筑企业是从事建筑安装工程施工的生产经营性企业，房屋、构筑物、道路、桥梁等

是其主要产成品。这些建筑产品一般都具有位置固定、体积庞大、结构造型各异等特征。建筑产品本身的这些特征，使得建筑企业的生产经营活动与工业企业相比，有以下几个显著特点：

1. 施工生产的流动性

建筑产品不同于工业产品，它从开工建设到竣工交付使用，位置始终固定不变。建筑企业只能在建设单位指定的地点组织施工生产。企业的生产工人、施工机具以及施工管理、后勤服务等机构都要随施工地点的改变而流动。这不仅增大了企业的费用开支，也给管理工作带来了诸多不便。

2. 施工生产的单件性

建筑产品是按照建设单位的设计要求建造的，几乎每一建筑产品都有独特的造型和结构。即使采用相同的标准设计，也会因为建造地点的地形、地质以及交通、材料资源等条件的不同，而采用不同的施工方法和施工组织。

3. 施工生产的长期性

建筑产品体积庞大，结构复杂。从开工到竣工，少则数月，多则数年，施工周期长，垫支资金多。为了解决建筑企业的资金周转问题，通常需要向建设单位预收备料款和工程进度款，待办理结算时再予以扣还。

三、建筑企业会计的特点

建筑企业生产经营活动的各个阶段，会发生各种经济业务，这些经济业务是建筑企业会计核算和监督的内容。建筑企业会计就是以货币为主要计量单位，运用专门的方法，对建筑企业的生产经营活动进行连续、系统、全面的核算和监督，并及时向有关各方提供会计信息的一种管理活动。

受建筑企业生产经营活动的影响，建筑企业会计具有以下特点：

1. 分级核算在会计核算中起着非常重要的作用

根据施工现场不断变换而且较为分散的特点，建筑企业在经营管理上必须重视分级管理和分级核算。对于分散在外的施工单位和工程项目部，要给予比工业企业的车间、班组更大的权限，以便能及时地、因地制宜地处理生产经营中存在的问题。每一项目部均要配备会计人员，负责本项目的日常开支及项目直接成本的核算，为企业工程成本核算提供客观、准确的资料。

2. 以单位工程或单项工程为对象进行成本核算和成本考核

建筑安装工程的单件性，使得同类工程的成本具有不可比性。为了反映各项工程的资金耗费，必须以每一工程项目作为成本核算对象组织成本核算。而且，建筑企业在进行成本考核时，不能按同类工程的实物计量单位（如建筑面积等）进行分析对比，只能将每一工程的实际成本与其预算成本相对比进行分析考核。

3. 按在建工程办理工程价款结算和成本结算

施工生产长期性的特点，使得建筑企业不能等到工程全部竣工才办理结算。否则，会给企业资金周转带来困难，成本核算也只能是事后记录，难以发挥应有的作用。因此需要定期计算和确认各期已完工程（相对于竣工工程而言为在建工程）的价款收入和实际成本。按确认的工程价款与甲方办理结算，及时收回资金。同时，将确认的工程实际成本与预算成本进行对比，考核成本节超情况，以便找出引起成本升降的原因，及时采取措施，使施工生产得以顺利进行。

4. 工程结算价格按每一工程项目分别确定

建筑产品的多样性和生产的单件性，使得各个建筑产品不可能按统一的价格结算，只能采用一系列专门方法计算出工程造价，并以此作为办理工程结算的依据。

5. 协作关系复杂

有些建筑安装工程施工规模大，结构复杂，技术难度高，往往需要由几个建筑企业共同完成。这类工程，一般采用总承包负责制的方式组织施工。这样，建筑企业在其经营活动中，既要同建设单位发生经济往来，又可能同设计单位、分包单位等发生经济往来。

建筑企业生产经营活动的特点，决定了建筑企业在产品价格的确定、成本费用的考核以及工程价款的结算等许多方面都不同于其他行业。为了在激烈的市场竞争中立于不败之地，并不断发展壮大，企业必须根据其生产经营的特点组织会计核算，充分发挥会计应有的作用。

第二节 建筑企业会计工作的组织

建筑企业会计工作的组织，包括建立健全会计机构，培养德才兼备的会计人员，确定和执行科学适用的会计政策三个方面。

一、根据生产经营需要设置会计机构

会计机构是指由专职会计人员组成的、负责会计工作的职能部门。建筑企业会计机构的设置，应与企业生产经营的特点、规模的大小以及管理体制相适应。

大、中型建筑企业一般实行公司、分公司、工程项目部三级管理体制，因此也要设置相应的会计机构组织会计核算。公司是独立核算单位（一级核算单位），一般设财务会计部。主要任务是以《企业会计制度》为指导确定本企业的会计政策，处理公司管理部门的日常经济业务，指导和监督所属单位的会计工作，汇总所属单位的会计信息，全面核算企业各项经济指标。分公司是内部独立核算单位（二级核算单位），一般设财会科，主要任务是核算和监督本单位的经济事项，独立计算盈亏，定期向公司报送财务会计报告，组织和指导各工程项目部的成本核算等。工程项目部一般配备成本核算员，负责本项目部日常经济业务的核算和工程直接费成本的计算。

小型建筑企业一般实行两级管理，公司直接领导工程项目部的工作。因此，一般在公司设置财会科，全面核算企业的各项经济指标。在各工程项目部配备成本核算员，负责日常施工生产费用的核算和工程直接成本的计算。

在企业各级会计机构内部，要根据业务的需要设置会计工作岗位，建立相应的岗位责任制，使会计人员能各司其职，各负其责。会计工作岗位一般可分为会计主管、出纳、财产物资核算、工资核算、成本费用核算、收入成果核算、资金核算、往来结算、总账报表、稽核、会计档案管理等。会计工作岗位可一人一岗、一人多岗或一岗多人。但出纳人员不得兼管稽核、会计档案保管和收入费用、债权债务账目的登记工作。

二、加强会计队伍的建设

为了做好会计工作，建筑企业必须配备能够胜任会计工作的会计人员。大、中型企业应设置总会计师，建立总会计师负责制，主管企业经济核算和财务会计工作。小型企业也应指定会计主管人员或一名公司领导行使总会计师的职权。

会计工作具有很强的技术性和专业性，因此，会计人员必须具备必要的专业知识和业务技能。会计法规定，从事会计工作的人员，必须取得会计从业资格证书。会计从业资格证书的取得必须符合规定的条件。为了调动会计人员的工作热情，提高会计人员的业务水平，企业实行会计专业职务聘任制。会计专业职务分为会计员、助理会计师、会计师、高级会计师四种。除高级会计师外，其他专业职务均须通过全国统一考试取得任职资格。任职资格一经取得，全国范围内有效。实行会计专业技术资格考试制度，对建立科学、合理、公正的会计人才选拔机制，调动广大会计人员学习专业知识的积极性，提高会计人员素质等具有重要意义。

会计人员作为特殊的从业人员，不仅要有较高的业务素质，更应具有较强的法制观念和良好的职业道德。会计人员职业道德的内容主要包括以下几方面：

1. 敬业爱岗

热爱本职工作，是做好一切工作的出发点。只有敬业爱岗，才会勤奋、努力钻研业务，使自己的知识和技能适应会计工作的要求。

2. 熟悉法规

会计工作不只是单纯的记账、算账、报账，它时时、事事、处处涉及到法律、法规方面的问题。会计人员应当熟悉会计法律、法规和国家统一的会计制度，在处理会计业务时依法把关。会计人员应知而未知国家统一会计制度而造成会计行为违法，同样要负法律责任。

3. 依法办事

对于违反财经法令、制度的经济业务，应拒绝付款、拒绝报销或拒绝执行。要敢于同弄虚作假、营私舞弊等违法乱纪行为作斗争。

4. 客观公正

做好会计工作，不仅要有过硬的技术，更需要客观公正的态度和实事求是的精神。否则，就会把知识和技能用错了地方，甚至参与弄虚作假或者通同作弊。

5. 搞好服务

会计人员应当积极运用所掌握的会计信息和会计方法，为改善单位的内部管理，提高经济效益服务。

6. 保守秘密

会计人员由于工作性质的原因，有机会了解本单位的财务状况和生产经营情况，有可能了解或者掌握重要商业机密。因此，会计人员应当保守本单位的商业秘密，不能私自向外界提供或者泄露单位的会计信息。

三、执行科学、合理的会计政策

会计政策是企业在会计核算时应遵循的具体原则以及所采纳的具体会计处理方法。这里的具体原则，是指企业根据国家统一会计制度规定的原则确定的适合于本企业的会计原则；具体会计处理方法，是指企业在诸多可供选择的会计方法中选择的适合于本企业的会计方法。例如，企业在确认收入和费用时，只能选用权责发生制原则，而不能选用收付实现制原则。

企业在选择适用的会计政策时应明确以下几点：

(1) 会计法律、法规和国家统一的会计制度是企业从事会计工作必须遵循的基本规范和准则。建筑企业应遵循的会计法规主要包括《中华人民共和国会计法》、《企业财务会计报告条例》、《企业会计制度》以及有关的会计准则。

(2) 企业应根据其生产经营的特点，在会计制度允许的范围内执行适用于本企业的会计政策，以正确反映其经营成果和财务状况。会计政策的选择不得超出国家规定的范围。例如，《企业会计制度》规定，企业对坏账损失的核算只能采用备抵法，而不能采用直接转销法。如果企业采用了直接转销法，则违反了会计制度的规定。

(3) 企业前后各期执行的会计政策应当保持一致，不得随意变更。会计信息使用者需要比较一个以上期间的会计信息，以判断企业的财务状况、经营成果和现金流量的趋势。如果企业在不同的会计期间执行不同的会计政策，将不利于会计信息使用者对会计信息的理解，也不利于发挥会计信息的作用。

第三节 会 计 的 目 标

建筑企业会计的目标是指对建筑企业会计对象进行核算和监督所要达到的最终目的，即向企业内部经营管理者及外部有关各方提供全面、系统、有用的会计信息。

一、向政府提供会计信息，以满足国家宏观经济管理的需要

企业是国民经济的"细胞"，企业生产经营状况的好坏直接影响着国家经济的兴衰。在市场经济条件下，虽然企业的经营状况受市场的影响较大，但这种影响有时带有一定的盲动性。因此，国家的宏观调控仍具有相当重要的作用。而国家在作出宏观调控决策时所需的资料，有很大一部分来源于每个企业会计报告中所反映出的会计信息。所以，企业必须客观地反映其经济活动的过程和结果，及时向政府宏观经济管理部门报送会计报告，以满足国家进行宏观调控和管理的需要。

二、向企业外部有关各方提供会计信息，以满足其了解企业财务状况和经营成果的需要

投资者在选择投资对象、衡量投资风险、作出投资决策时，需要了解企业经营管理方面的信息，了解企业的财务状况和盈亏情况。债权人出于资金安全的考虑，需要了解企业的偿债能力，以便作出信贷决策。政府机关在实施监督过程中，需要了解企业税金的计算和缴纳、资金的安全与使用等情况。因此，企业必须定期提供反映自身经营情况及财务状况的会计报告，以满足各有关方面的需要。

三、向企业内部经营管理者提供会计信息，以满足企业加强经营管理的需要

经营管理水平的高低直接影响着企业的经济效益。而正确的经营管理决策的作出，依赖于大量的、全面的、可靠的信息资料。会计信息资料是各种信息资料中尤为重要的一部分。正确的会计信息，有利于管理者在决策中选择更科学、更经济的方案，实现少投入、多产出、投资收益最大化的目标。建筑企业会计利用记账、算账、报账等手段，如实反映企业的资产、负债和所有者权益的增减变化，人力、财力、物力的消耗，以及生产经营成果的实现等情况，提供生产经营过程中的各种信息，有利于企业管理者发现生产经营管理中存在的问题，及时采取措施，纠正偏差，提高经营管理水平。

第四节 建筑企业会计的对象

建筑企业会计的对象，是指建筑企业会计核算和监督的内容。为了便于分类提供、分析和利用会计信息，可将会计核算的内容进一步分类，形成若干项目，称为会计要素。会计要素是会计对象的具体内容，是构成会计报表的基本要素。其中，构成资产负债表的要素是资产、负债和所有者权益，构成利润表的要素是收入、费用和利润。因此可把会计要素划分为两类：一类是反映财务状况的要素，另一类是反映经营成果的要素。

一、反映财务状况的要素

反映财务状况的要素包括资产、负债和所有者权益三部分。

（一）资产

资产是指过去的交易或事项形成并由企业拥有或控制的、预期能给企业带来经济利益的资源。按其流动性，资产可分为流动资产、长期投资、固定资产、无形资产和其他资产。

1. 流动资产

流动资产指可以在一年或者超过一年的一个营业周期内变现或耗用的资产。主要包括现金、银行存款、短期投资、应收及预付款项、待摊费用、存货等。

2. 长期投资

长期投资指除短期投资以外的投资，包括持有时间准备超过一年的各种股权性质的投资、不能随时变现或不准备随时变现的债券投资、其他债权投资和其他长期投资。

3. 固定资产

固定资产指企业为使用而持有的使用年限在一年以上、单位价值较高的房屋、构筑物、施工机械、运输设备以及其他器具、工具等。

4. 无形资产

无形资产指企业为生产产品、提供劳务、出租给他人，或为管理目的而持有的、没有实物形态的非货币性长期资产，包括专利权、非专利技术、商标权、著作权、土地使用权、商誉等。

5. 其他资产

其他资产指除上述资产以外的资产，如长期待摊费用、临时设施等。

（二）负债

负债是指过去的交易、事项形成的现实义务，履行该义务预期会导致经济利益流出企业。按偿还期限的长短，分为流动负债和长期负债。流动负债，指企业将在一年（含一年）或者超过一年的一个营业周期内偿还的债务，包括短期借款、应付票据、应付账款、预收账款、应付工资、应付福利费、应交税金、应付股利、其他暂收应付款项、预提费用等。长期负债，是指偿还期在一年或者超过一年的一个营业周期以上的债务，包括长期借款、应付债券、长期应付款等。

（三）所有者权益

所有者权益是指所有者在企业资产中享有的经济利益，其金额等于资产减去负债后的余额。所有者权益包括实收资本（股本）、资本公积、盈余公积和未分配利润等。

二、反映经营成果的要素

反映经营成果的要素包括收入、费用和利润三部分。

（一）收入

收入是指企业在销售商品、提供劳务及让渡资产使用权等日常活动中所形成的经济利益的总流入，包括主营业务收入和其他业务收入，但不包括为第三方或者客户代收的款项。按照日常活动在企业中所处的地位，收入可分为主营业务收入和其他业务收入两部分。建筑企业的主营业务收入是指从事施工生产活动取得的收入；其他业务收入是指从事施工生产活动以外的其他经营活动取得的收入，如销售产品或材料、出租固定资产、开展多种经营等取得的收入。

（二）费用

费用是指企业在销售商品、提供劳务等日常活动中发生的经济利益的流出。按照与收入的关系，费用可分为成本和期间费用两部分。成本是指企业进行工程施工、产品生产等发生的各种耗费，应由所生产的产品、提供的劳务负担；期间费用是指企业生产经营活动中发生的应当直接计入当期损益的各种支出，包括营业费用、管理费用和财务费用。企业应当合理划分成本和期间费用的界限。成本应当计入所承包的工程、生产的产品或提供的劳务中，期间费用则应当直接计入当期损益。

（三）利润

利润是指企业在一定会计期间的经营成果，包括营业利润、投资净收益、补贴收入和营业外收支净额等组成部分。营业利润是指主营业务利润加上其他业务利润减去期间费用后的净额；投资净收益是企业对外投资取得的收益减去发生的损失后的净额；补贴收入是指企业按照国家的有关规定收到的、退还的增值税或其他形式的补贴；营业外收支净额是指与企业生产经营活动没有直接关系的各种收入与支出的差额。营业利润加上投资收益、补贴收入、营业外收入减去营业外支出后的金额为企业的利润总额。利润总额减去所得税为企业的净利润。

第五节 建筑企业的会计科目

会计科目是对会计对象的具体内容进一步分类的标志，是设置账户、登记账簿、分类汇总会计信息的工具。为了指导和规范企业的会计核算，《企业会计制度》对会计科目的名称及运用方法作了具体规定，并且还规定了会计科目的编号。会计科目的编号，是为了便于填制会计凭证，登记账簿，查阅账目，实行会计电算化。企业不得随意改变或打乱重编。在填制会计凭证、登记账簿时，应当填列会计科目的名称，或者同时填列会计科目的名称和编号，不得只填科目编号，不填科目名称。《企业会计制度》规定，企业应按规定设置和使用会计科目。实际工作中，在不影响会计核算要求和会计指标汇总，以及对外提供统一的财务会计报告的前提下，企业可根据具体情况，确定适合于本企业的会计科目名称，也可以根据实际情况自行增加、减少或合并某些会计科目。

现将2001年发布的《企业会计制度》中规定的会计科目名称及编号列示如表1-1。

会 计 科 目 表　　　　　　　　表 1-1

顺序号	编号	名　称	顺序号	编号	名　称
		（一）资产类	45	2111	应付票据
1	1001	现金	46	2121	应付账款
2	1002	银行存款	47	2131	预收账款
3	1009	其他货币资金	48	2141	代销商品款
4	1101	短期投资	49	2151	应付工资
5	1102	短期投资跌价准备	50	2153	应付福利费
6	1111	应收票据	51	2161	应付股利
7	1121	应收股利	52	2171	应交税金
8	1122	应收利息	53	2176	其他应交款
9	1131	应收账款	54	2181	其他应付款
10	1133	其他应收款	55	2191	预提费用
11	1141	坏账准备	56	2201	待转资产价值
12	1151	预付账款	57	2211	预计负债
13	1161	应收补贴款	58	2301	长期借款
14	1201	物资采购	59	2311	应付债券
15	1211	原材料	60	2321	长期应付款
16	1221	包装物	61	2331	专项应付款
17	1231	低值易耗品	62	2341	递延税款
18	1232	材料成本差异			（三）所有者权益类
19	1241	自制半成品	63	3101	实收资本（或股本）
20	1243	库存商品	64	3103	已归还投资
21	1244	商品进销差价	65	3111	资本公积
22	1251	委托加工物资	66	3121	盈余公积
23	1261	委托代销商品	67	3131	本年利润
24	1271	受托代销商品	68	3141	利润分配
25	1281	存货跌价准备			（四）成本类
26	1291	分期收款发出商品	69	4101	生产成本
27	1301	待摊费用	70	4105	制造费用
28	1401	长期股权投资	71	4107	劳务成本
29	1402	长期债权投资			（五）损益类
30	1421	长期投资减值准备	72	5101	主营业务收入
31	1431	委托贷款	73	5102	其他业务收入
32	1501	固定资产	74	5201	投资收益
33	1501	累计折旧	75	5203	补贴收入
34	1505	固定资产减值准备	76	5301	营业外收入
35	1601	工程物资	77	5401	主营业务成本
36	1603	在建工程	78	5402	主营业务税金及附加
37	1605	在建工程减值准备	79	5405	其他业务支出
38	1701	固定资产清理	80	5501	营业费用
39	1801	无形资产	81	5502	管理费用
40	1805	无形资产减值准备	82	5503	财务费用
41	1815	未确认融资费用	83	5601	营业外支出
42	1901	长期待摊费用	84	5701	所得税
43	1911	待处理财产损溢	85	5801	以前年度损益调整
		（二）负债类			
44	2101	短期投资			

根据建筑企业生产经营活动的特点，建筑企业还应在资产类科目中增设"内部往来"、"备用金"、"采购保管费"、"周转材料"、"预计损失准备"、"拨付所属资金"、"临时设施"和"临时设施摊销"等科目，并将表1-1中的"原材料"、"在建工程"和"在建工程减值准备"科目分别改为"库存材料"、"专项工程支出"和"专项工程减值准备"科目；有发行一年期及一年期以下短期债券的建筑企业，应在负债类科目中增设"应付短期债券"科目；在所有者权益类科目中，增设"上级拨入资金"科目；在成本类科目中，分别设置"工程施工"、"工业生产"、"辅助生产"、"机械作业"、"工程结算"等科目；在损益类科

目中，增设"合同预计损失"科目。

以上各科目的核算内容和使用方法以及应设置的明细科目，将在以后各章详述。

思 考 题

1. 建筑企业的生产经营活动有哪些特点？
2. 建筑企业会计的主要特点有哪些？
3. 建筑企业会计的目标是什么？
4. 什么是资产？建筑企业的资产主要包括哪些内容？
5. 什么是负债？建筑企业的负债主要包括哪些内容？
6. 什么是所有者权益？建筑企业的所有者权益主要包括哪些内容？
7. 什么是收入？建筑企业的收入主要包括哪些内容？
8. 什么是费用？建筑企业的费用主要包括哪些内容？
9. 什么是利润？建筑企业的利润主要由哪些项目构成？
10. 建筑企业应如何设置会计科目？建筑企业专用的会计科目有哪些？

第二章 货币资金

货币资金是指企业生产经营过程中以货币形态存在的那部分资产。按其存放地点和用途，可分为现金、银行存款和其他货币资金三部分。

第一节 现金

现金亦称"库存现金"，是指存放于企业财会部门，由出纳人员保管并用于日常零星开支的货币资产。

一、现金的管理要求

（一）严格遵守现金使用范围

国务院颁布的现金管理暂行条例规定，建筑企业只能在下列范围内使用现金：①职工工资、津贴；②个人劳务报酬；③根据国家规定发给个人的各种奖金；④各种劳保福利以及国家规定的对个人的其他支出；⑤向个人收购农副产品和其他物资的价款；⑥出差人员必须随身携带的差旅费；⑦结算起点（1000元）以下的零星支出；⑧中国人民银行确定需要支付现金的其他支出。

（二）严格执行库存现金的限额

库存现金限额，是指企业能够保留库存现金的最高额度。库存现金的限额，由开户银行根据企业的实际情况核定。经核定的库存现金限额，企业必须严格执行。库存现金超过限额时，应及时送存开户银行；库存现金不足时，企业可签发现金支票从开户银行提取。

（三）严格控制坐支现金

坐支即企业以收入的现金直接支付自身的开支。企业一般情况下不得坐支现金，特殊原因确需坐支现金的，应事先经银行审核批准。

（四）加强现金的内部控制

1. 实行钱账分管

现金的收付和保管，应由出纳人员负责办理，非出纳人员不得经管现金。经管现金的出纳人员不得兼管收入、费用、债权、债务等账簿的登记工作以及会计稽核和会计档案的保管工作。实行钱账分管是现金内部控制制度的最基本要求。

2. 严格现金收付业务的审核

现金收付必须以合法的原始凭证为依据。企业收取现金时，应由专人签发收款通知，出纳据以收款并开具收款收据，交会计人员据以进行现金收入业务的核算；付出现金时，由会计人员审核原始凭证的手续是否完备，数字是否正确，内容是否合理合法，审核无误后交出纳人员据以付款。出纳人员不得用不符合财务制度的凭证顶替库存现金；不得私自挪用现金和保留账外现金；不得将单位收入的现金以个人名义存储。

3. 建立健全备用金管理制度

备用金是企业支付给非独立核算的内部单位（包括职能科室、施工单位、车间等）或个人，备作零星采购、零星开支或差旅费等使用的款项。企业应加强备用金的管理，制订相应的借款报销制度，并指定专人负责。备用金一般采用先借后用、用后报销的方法。预借备用金时应填制"借款单"，经有关负责人审核批准后予以付款。支用后，在规定期限内报销。报销时应填写报销单，并附费用支出的原始凭证办理，多余款应同时交回。前账未清，不能再继续借支。备用金应按规定的用途和开支标准使用，不得转借他人或挪作他用。如有违反，财务人员应拒绝报销。

对于经常使用备用金的内部单位，可实行定额备用金制度，以简化核算手续。即由会计部门根据各单位零星开支的实际需要核定定额，按定额一次拨给现金。使用部门支用后持支出的原始凭证到财会部门报销。财会部门按报销金额付给现金，补足原定额。

4．坚持现金的定期清查

出纳人员应逐日盘点库存现金，并与现金日记账核对相符。企业的内部审计人员应对库存现金进行定期或不定期检查，发现问题，应及时解决，以确保现金的安全完整与合理使用。

二、库存现金的核算

（一）现金的序时核算

企业应设置"现金日记账"进行现金的序时核算。现金日记账由出纳人员根据现金的收付款凭证，按业务发生的顺序逐笔登记。每日终了，应计算当日的收入合计数、支出合计数和结余数，并将结余数与库存现金实存数核对相符。月末，"现金日记账"的余额应与"现金"总账的余额核对相符。"现金日记账"的格式见表2-1。

现金日记账　　　　　　　　　　　　表2-1

2002年		凭证		摘　要	对方账户	收入	支出	余额
月	日	种类	号数					
12	1			月初余额				500
	5	现收	1	李凤归还预借差旅费	备用金	100		600
	10	现收	2	销售汽油	其他业务收入	300		900
	10	现付	1	送存银行	银行存款		200	700
	10	现付	2	购买办公用品	管理费用		50	650
	10			本日合计		400	250	650

（二）现金的总分类核算

企业应在总分类账簿中设置"现金"账户，总括核算库存现金的收支和结存情况。其借方登记现金的收入数，贷方登记现金的付出数，期末借方余额表示现金的结存数。现金总分类账应由不从事出纳工作的会计人员负责登记。可以根据现金收付款凭证和银行付款凭证直接登记，也可以根据汇总记账凭证或科目汇总表定期汇总登记。

对企业内部各部门、各单位周转使用的备用金，应设置"备用金"账户进行总分类核算。其借方登记预付的备用金，贷方登记转销和收回的备用金，期末借方余额表示尚未报销或收回的款项。本账户应按领取备用金的内部单位或个人设置明细账进行明细核算。

【例 2-1】 某建筑企业 2002 年 8 月份发生如下经济业务：

①开出现金支票，从银行提取现金 5000 元。根据支票存根，作会计分录如下：

借：现金　　　　　　　　　　5000
　　贷：银行存款　　　　　　　　　5000

②销售材料一批，收到现金 500 元。根据收款凭证、发票记账联，作会计分录如下：

借：现金　　　　　　　　　　500
　　贷：其他业务收入　　　　　　　500

③拨付企业行政办公室定额备用金 3000 元。根据经审批的借款单，作会计分录如下：

借：备用金　　　　　　　　　3000
　　贷：现金　　　　　　　　　　　3000

④企业行政办公室张元报销零星费用开支 2500 元。根据发票账单，作会计分录如下：

借：管理费用　　　　　　　　2500
　　贷：现金　　　　　　　　　　　2500

⑤将超出库存限额的现金 1000 元送存银行。根据现金交款单，作会计分录如下：

借：银行存款　　　　　　　　1000
　　贷：现金　　　　　　　　　　　1000

第二节　银　行　存　款

银行存款是企业存入银行或其他金融机构的货币资金。银行存款在经济往来中具有同现金相同的支付能力，可以用于购买材料、偿还债务、支付各项费用等。企业的一切支出，除国家规定可以用现金支付的外，均应通过银行办理转账结算。

一、银行存款账户的分类

银行存款账户分为基本存款账户、一般存款账户、临时存款账户和专用存款账户四类。

1. 基本存款账户

它是指企业办理日常转账结算和现金收付的账户。一个企业只能选择一家银行的一个营业机构开立一个基本存款账户。实行由中国人民银行当地分支机构核发开户许可证制度。企业的工资、奖金等现金的支取只能通过该账户办理。

2. 一般存款账户

它是在基本存款账户以外开立的账户，该账户可办理转账结算和存入现金的业务，但不能支取现金。

3. 临时存款账户

它是指企业因临时经营活动需要开立的账户。如企业临时性采购资金可通过该账户办理转账结算，也可根据国家现金管理的规定办理现金收付。

4. 专用存款账户

它是指企业因特定用途所开立的账户，如基本建设项目专项资金等。

二、银行结算纪律

中国人民银行颁布的《支付结算办法》规定：单位和个人办理支付结算，不准签发没有资金保证的票据和远期支票，套取银行信用；不准签发、取得和转让没有真实交易债权债务的票据，套取银行和他人资金；不准无理拒绝付款，任意占用他人资金；不准违反规定开立和使用账户。

三、银行结算方式

目前，企业可选择使用的银行结算方式一般有银行汇票、商业汇票、银行本票、支票、汇兑、委托收款、异地托收承付、信用卡等。另外还有一种国际贸易间采用的结算方式，即信用证结算方式。上述支付结算方式因结算双方所在地区的不同，又可分为异地结算和同城结算两类。异地结算是指收付双方不在同一票据交换区域的支付结算，包括汇兑、异地托收承付和信用证结算方式；同城结算是指收付双方均在同一票据交换区域的支付结算，包括支票、银行本票结算方式。银行汇票、商业汇票、委托收款和信用卡结算方式，是异地和同城各单位之间均可使用的结算方式。

（一）银行汇票结算方式

银行汇票是由出票银行签发的，由其在见票时按照实际结算金额无条件支付款项给收款人或者持票人的票据。具有使用灵活，票随人到，兑现性强等特点。适用于先收款后发货或钱货两清的商品交易。单位和个人均可使用。

企业使用银行汇票，应向银行提交银行汇票申请书，详细填明申请人名称、账号或住址、用途、汇票金额、收款人名称、账号或住址等内容，并将款项交存银行。收到银行签发的银行汇票和解讫通知后，根据"银行汇票申请书"（存根）联编制付款凭证，据以入账。

银行汇票的付款期为一个月，逾期的票据，兑付银行不予办理。

收款单位在收到付款单位送来的银行汇票时，应将实际结算金额和多余金额准确、清晰地填入银行汇票和解讫通知的有关栏内。在汇票背面签章后，将银行汇票和解讫通知以及填写的进账单一并送交开户银行办理结算。银行汇票的实际结算金额不得更改，更改了的汇票无效。银行汇票结算方式的结算程序如图2-1所示。

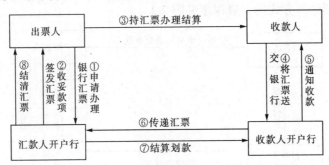

图2-1 银行汇票结算示意图

（二）商业汇票结算方式

商业汇票是出票人签发的，委托付款人在指定日期无条件支付确定的金额给收款人或者持票人的票据。在银行开立存款账户的法人以及其他经济组织之间，须具有真实的交易关系或债权债务关系，才能使用商业汇票。

商业汇票的付款期限由交易双方商定，但最长不得超过6个月。

商业汇票一律记名，可以背书转让。符合条件的商业汇票的持票人可持未到期的商业汇票，向银行申请贴现。

商业汇票按承兑人不同分为商业承兑汇票和银行承兑汇票两种。

1. 银行承兑汇票

银行承兑汇票是由在承兑银行开立存款账户的存款人签发交由银行承兑的汇票。承兑银行要根据承兑协议按票面金额向出票人收取 $\frac{5}{10000}$ 的手续费；出票人于汇票到期日未能足额交存票款时，承兑银行除凭票向持票人无条件付款外，对出票人尚未支付的汇票金额按照每天 $\frac{5}{10000}$ 计取罚息，并将未扣回的金额转作逾期贷款处理。

银行承兑汇票的结算程序见图2-2。

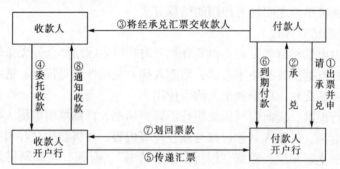

图 2-2　银行承兑汇票的结算程序示意图

企业向银行交纳承兑手续费，借记"财务费用"账户，贷记"银行存款"账户。

2. 商业承兑汇票

商业承兑汇票由银行以外的付款人承兑。商业承兑汇票到期，若付款人不能支付，开户银行应将商业承兑汇票退给持票人，由其自行处理，不会代付款人支付票款。

商业承兑汇票结算方式的一般程序见图2-3。

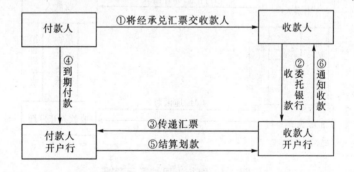

图 2-3　商业承兑汇票结算方式示意图

（三）银行本票结算方式

银行本票是银行签发的，承诺自己在见票时无条件支付确定的金额给收款人或持票人的票据。此种结算方式具有信誉高、支付功能强等特点。无论单位或个人，在同一票据交换区域支付各种款项都可以使用银行本票。

银行本票分定额本票和不定额本票两种。定额本票的面值分别为1000元、5000元、10000元和50000元四种；不定额银行本票用压数机压印出票金额。出票银行在银行本票上签章后交给申请人。申请人取得银行本票后，即可以向填明的收款单位办理结算。收款单位收到银行本票后，应连同进账单一并送交银行办理转账，并根据银行盖章退回的进账单第一联和有关原始凭证，编制收款凭证入账。

银行本票一律记名，填明"现金"字样的银行本票可以挂失止付，未填明"现金"字样的银行本票不得挂失止付；银行本票丧失，失票人可以凭人民法院出具的其享有票据权利的证明，向出票银行请求付款或退款。银行本票允许背书转让。银行本票的付款期限为出票日起最长不超过2个月，在付款期内银行本票见票即付。逾期的本票，兑付银行不予受理，但签发行可办理退款手续。

银行本票的结算程序见图2-4。

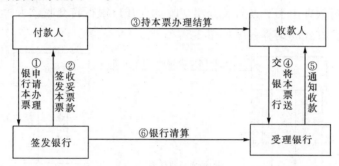

图 2-4 银行本票结算程序示意图

（四）支票结算方式

支票是出票人签发的，委托银行在见票时无条件支付确定的金额给收款人或者持票人的票据。支票结算是同城结算中应用比较广泛的一种结算方式。单位和个人在同一票据交换区域的各种款项结算，均可使用支票。支票由银行统一印制，支票上印有"现金"字样的为现金支票，现金支票只能用于支取现金。支票上印有"转账"字样的为转账支票。转账支票只能用于转账。未印有"现金"或"转账"字样的为普通支票，普通支票可以用于支取现金，也可以用于转账。在普通支票左上角划两条平行线的，为划线支票，划线支票只能用于转账，不得支取现金。支票的出票人预留银行的印鉴是银行审核支票的依据。

支票的提示付款期限为自出票日起10日，中国人民银行另有规定的除外。超过提示付款期限的，持票人开户银行不予受理，付款人不予付款。转账支票可以根据需要在票据区域内背书转让。

签发支票时，应使用碳素墨水，将支票上的各要素填写齐全，并在支票上加盖其预留银行的印鉴。支票的日期要大写。支票的日期、金额、收款人不得更改，更改的票据无效。

（五）异地托收承付结算方式

托收承付是由收款人根据购销合同发货后，委托银行向异地付款人收取款项，付款人向银行承认付款的结算方式。

办理托收承付结算的款项，必须是商品交易以及因商品交易产生的劳务供应的款项。

采用托收承付结算方式时，购销双方必须签有符合《经济合同法》的购销合同，并在合同上写明使用托收承付结算方式。收款人办理托收，必须出具商品确已发运的证件（包括铁路、航运、公路等运输部门签发的运单、运单副本等）。

托收承付款项划回方式分为邮划和电划两种，由收款人根据需要选用。托收承付结算的金额起点为每笔 10000 元。新华书店系统每笔金额起点为 1000 元。

货款的承兑方式有验单付款和验货付款两种，由收、付双方商议确定。验单付款的期限为 3 天，验货付款的期限为 10 天。付款单位在承兑期内，未向银行表示拒付的，银行即视同承付，并在承付期满的次日将款项主动划给收款单位。付款单位如不同意付款，可在承付期内向银行办理拒付手续。

购货企业提出拒付时，必须向银行提交"拒绝付款理由书"及其他有关证明，并注明拒绝付款的理由。银行同意部分或全部拒绝付款的，应在"拒绝付款理由书"上签注意见，并将"拒绝付款理由书"及有关证明交收款人开户银行转交收款人。

托收承付结算方式的结算程序见图 2-5。

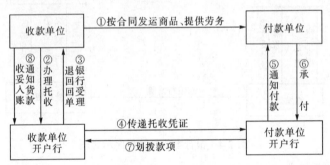

图 2-5 托收承付结算示意图

（六）委托收款结算方式

委托收款是收款人委托银行向付款人收取款项的结算方式，同城或异地均可使用，不受金额起点限制。单位和个人凭已承兑的商业汇票、债券、存单等付款人债务证明办理款项的结算，均可使用委托收款结算方式。

委托收款分邮划和电划两种，由收款人选用。

采用委托收款结算方式的付款期限为 3 天，从付款人开户行发出付款通知的次日起计算（节假日顺延）。付款人在付款期内未向银行提出异议，银行视作同意付款，并在付款期满的次日将款项主动划给收款人。付款人若拒绝付款，应在付款期内出具全部拒付理由书，连同有关单证送交开户银行，银行不负责审查拒付理由。委托收款结算方式下，只允许全额付款或全部拒付。银行不承担分次扣收款项的责任。如付款人无力付款，银行将委托收款凭证退还给收款人，由收付双方自行解决。

委托收款的结算程序与托收承付结算程序基本相同。

（七）汇兑结算方式

汇兑是汇款人委托银行将款项支付给收款人的结算方式。它适用于异地单位和个人之间的各种款项的结算。汇兑结算方式的特点是：交易内容灵活、划拨款项简便、不受金额起点的限制。汇兑分为信汇、电汇两种。信汇是指汇款人委托银行通过邮寄方式将款项划给收款人；

电汇是指汇款人委托银行通过电报方式将款项划给收款人。汇款人可根据需要选择使用。

汇兑结算的一般程序见图2-6。

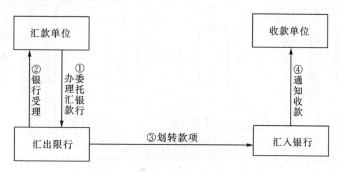

图 2-6　汇兑结算示意图

（八）信用卡结算方式

信用卡是指商业银行向个人和单位发行的，凭此向特约单位购物、消费和向银行存取现金，具有消费信用的特制载体卡片。信用卡按使用对象分为单位卡和个人卡，按信誉等级分为金卡和普通卡。凡在中国境内金融机构开立基本存款账户的单位均可申领单位卡。

单位卡账户资金一律从其基本存款账户转账存入，不得交存现金，不得将销货收入的款项存入其账户。单位卡在使用过程中，需要向其账户续存资金的，也一律从其基本存款账户转账存入。单位卡一律不得支取现金。

信用卡在规定的限额和期限内允许善意透支，透支额金卡最高不得超过10000元，普通卡最高不得超过5000元。透支期限最长为60天。

（九）信用证结算方式

信用证起源于国际间的贸易结算，它是适应贸易双方清偿债权债务的需要而产生的。在国际贸易中，为避免交易风险，进口商不愿先将货款付给出口商，出口商也不愿意先将货物交给进口商，同时双方都不愿意长期占压自己的资金，在这种情况下，银行充当了进、出口商之间的中间人或保证人，一面收款，一面交单，并代为融通资金，由此产生了信用证结算方式。

信用证是指开证银行依照申请人的申请开出的，凭符合信用证条款的单据支付的付款承诺。采用信用证结算方式，付款单位应预先把一定款项专户存入银行，委托银行开出信用证，通知异地收款单位开户银行转给收款单位；收款单位按照合同和信用证规定的条件发货或交货以后，银行代付款单位支付货款。信用证结算方式也适用于国内企业之间的商品交易的结算。信用证只限于转账结算，不得支取现金。

信用证的结算程序见图2-7。

四、银行存款的核算

银行存款的核算包括序时核算和总分类核算两方面。

1. 银行存款的序时核算

为了加强银行存款的管理，随时掌握银行存款的收支情况和结存金额，企业必须设置"银行存款日记账"。"银行存款日记账"应按开户银行和存款种类等设置，由出纳人员按照经济业务发生的先后顺序，根据审核无误的凭证逐笔登记，每日终了结出余额。"银行

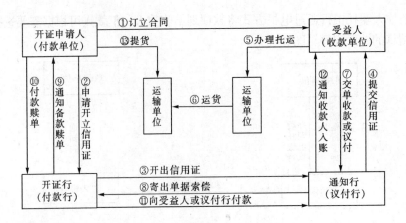

图 2-7 信用证结算示意图

存款日记账"的格式见表 2-2。

银行存款日记账　　　　　　　　　　　表 2-2

××年		凭证		摘　要	银行结算凭证		收　入	付　出	结　存
月	日	种类	号数		种类	号数			
3	10			承前页			65000	29000	1520000
	10	现付	63	提现备发工资	现支	187		200000	
	10	银收	24	收到托收货款	托承	320	98000		
	10	银付	19	支付购料款	转支	211		72540	
	10	银付	20	归还前欠货款	汇兑	23		1200	
	10	银收	25	销售产品	转支	128	11700		
	10			本日收付合计及余额			109700	273740	1355960
…	…	…	…	…	…	…	…	…	…
	31			本月收付合计及金额			4278050	3926420	1871630

2. 银行存款的总分类核算

为了总括地反映银行存款的收入、付出和结存情况，企业应设置"银行存款"账户，由不从事出纳工作的会计人员登记。其借方登记银行存款的增加，贷方登记银行存款的减少，期末借方余额反映银行存款的结余数。

【例 2-2】　某建筑公司 8 月份发生如下银行存款收支业务：

①签发转账支票一张，支付办公用品购置费 3500 元。根据支票存根和发票账单，作会计分录如下：

　　借：管理费用　　　　　　　　　　3500
　　　　贷：银行存款　　　　　　　　　　3500

②开出现金支票提取现金 5000 元备用。根据支票存根，作会计分录如下：

　　借：现金　　　　　　　　　　　　5000
　　　　贷：银行存款　　　　　　　　　　5000

③企业委托银行向甲建设单位收取工程进度款 500000 元，已接到收账通知。根据收

款通知，作会计分录如下：

　　借：银行存款　　　　　　　　　　500000
　　　　贷：应收账款——甲单位　　　　　　500000

④企业因购买水泥开出100000元的转账支票一张。根据支票存根，作会计分录如下：

　　借：物资采购　　　　　　　　　　100000
　　　　贷：银行存款　　　　　　　　　　　100000

⑤市场开发部职工张辉将购买一套预算软件50000元的发票寄回要求汇款，企业已办妥汇款手续。根据汇兑结算凭证回单联，作会计分录如下：

　　借：管理费用　　　　　　　　　　50000
　　　　贷：银行存款　　　　　　　　　　　50000

⑥企业将对外销售废品零星收取的现金3000元存入银行。根据现金交款回单编制现金付款凭证，作会计分录如下：

　　借：银行存款　　　　　　　　　　3000
　　　　贷：现金　　　　　　　　　　　　　3000

五、银行存款的核对

为了准确掌握银行存款的实际金额，防止银行存款账目发生差错，企业应定期与银行进行对账。至少每月核对一次，通常在月末进行。

企业在将银行存款日记账与银行提供的对账单逐笔核对时，往往会发现银行存款日记账上的余额与银行对账单的企业存款余额不一致。产生这种情况的原因，除了记账差错外，还可能是由于存在未达账项。未达账项是由于企业与银行之间取得结算凭证的时间不一致引起的一方已入账而另一方尚未入账的款项。通常包括以下四种情况：

（1）企业已收款入账，但银行尚未入账的款项。如企业将收到的转账支票送存银行后，已记录银行存款增加，但银行尚未记录增加。

（2）企业已付款入账，但银行尚未入账的款项。如企业签发转账支票后已登记银行存款减少，但银行尚未记录减少。

（3）银行已收款入账，但企业尚未入账的款项。如企业委托银行收取的款项，银行已收款入账，但收款通知尚未到达企业，企业尚未入账。

（4）银行已付款入账，但企业尚未入账的款项。如到期的商业汇票，银行办妥付款手续后已记录减少，但付款凭证尚未到达企业，企业尚未记录减少。

对于未达账项，企业应编制"银行存款余额调节表"进行调节，以消除未达账项的影响，达到核对账目的目的。若企业和银行双方记账无误，调节后的双方余额必然相等；如果不相等，则表明企业或银行记账有错误，需要进一步核对，找出原因并予以更正。

以下举例说明"银行存款余额调节表"的编制方法。

【例2-3】　某建筑公司8月31日银行存款日记账的账面余额为89420元，而银行对账单上企业存款余额为74320元，经逐笔核对，发现以下未达账项：

①8月28日，企业开出转账支票10000元购买劳保用品，企业已入账，持票人尚未到银行办理进账手续，银行尚未登账；

②8月29日，企业委托银行代收款项2000元，银行已入账，企业尚未接到银行的收账通知，尚未入账；

③8月31日，企业应付的短期借款利息500元，银行已记账，企业尚未收到银行的付款通知，尚未入账；

④8月31日，企业送存转账支票一张26600元，银行尚未入账。

根据以上未达账项，编制银行存款余额调节表，见表2-3。

银行存款余额调节表

2002年8月31日   表 2-3

项　　目	金　　额	项　　目	金　　额
银行对账单余额	74320	企业银行存款日记账余额	89420
加：送存转账支票	26600	加：银行代收款项	2000
减：开出转账支票	10000	减：银行代付借款利息	500
调整后存款余额	90920	调整后存款余额	90920

经过上述调节后的银行存款余额，表示企业可动用的银行存款数额。需要注意的是，银行对账单只能用于核对账目，不能作为调整账面记录的依据。企业只有待结算凭证到达后才能进行会计处理。

第三节　其他货币资金

一、其他货币资金的内容

其他货币资金是指除现金、银行存款以外的其他各种货币资金。其他货币资金一般包括外埠存款、银行汇票存款、银行本票存款、信用卡存款、在途货币资金、信用证保证金存款、存出投资款等。

(1) 外埠存款是指企业到外地进行临时或零星采购时，汇往采购地银行开立采购账户的款项。

(2) 银行汇票存款是指企业为了取得银行汇票按照规定存入银行的款项。

(3) 银行本票存款是指企业为了取得银行本票按照规定存入银行的款项。

(4) 信用卡存款是指企业为了取得信用卡，按照规定存入银行的款项。

(5) 信用证存款是指委托银行开具信用证而存入银行信用证保证金专户的款项。

(6) 存出投资款是指企业已存入证券公司但尚未进行投资的款项。

(7) 在途货币资金是指企业同所属单位之间或上、下级之间汇解款项时，月末尚未到达的那部分资金。为了消除由于银行内部结算时间差所造成的收付双方会计处理不衔接现象，准确反映收付双方的解缴关系，方便双方对账，对这部分资金按其他货币资金进行核算和管理。

二、其他货币资金的核算

为了核算和监督其他货币资金的收支和结存情况，企业应设置"其他货币资金"账户。其借方登记其他货币资金的收入数，贷方登记其他货币资金的支出数，借方余额表示其他货币资金的结存数。本账户应按其他货币资金的内容设置明细账。

以下介绍其他货币资金的核算方法。

【例2-4】 某建筑公司8月份发生如下有关外埠存款的经济业务：

①8月3日，委托开户银行汇款60000元到采购地银行开立采购专户。根据汇出款项凭证，作会计分录如下：

  借：其他货币资金——外埠存款   60000
    贷：银行存款   60000

②收到采购员转来的供应单位发票账单等报销凭证，系支付采购货款58500元。根据发票账单，作会计分录如下：

  借：物资采购   58500
    贷：其他货币资金——外埠存款 58500

③采购员采购任务完成，将多余的外埠存款1500元转回开户银行。根据银行收款通知，作会计分录如下：

  借：银行存款   1500
    贷：其他货币资金——外埠存款 1500

【例2-5】 某建筑公司8月份发生如下银行汇票业务：

①向银行提交"银行汇票委托书"，并将款项10000元交存银行。根据银行盖章的委托书存根联，作如下会计分录：

  借：其他货币资金——银行汇票存款 10000
    贷：银行存款   10000

②用银行汇票支付会务费5000元，资料费4000元。根据发票账单及开户银行转来的银行汇票有关副联等凭证，作会计分录如下：

  借：管理费用   9000
    贷：其他货币资金——银行汇票存款 9000

③银行汇票使用完毕，多余款1000元退回开户银行。根据银行转来的收款通知，作会计分录如下：

  借：银行存款   1000
    贷：其他货币资金——银行汇票存款 1000

【例2-6】 企业委托开户银行向境外H公司开出信用证500000元。根据银行盖章退回的"信用证委托书"回单联，作会计分录如下：

  借：其他货币资金——信用证保证金 500000
    贷：银行存款   500000

【例2-7】 企业收到开证行交来的信用证来单通知书及有关单据，列明向H公司采购物资的货款480000元，已从信用证保证金专户支付。根据信用证结算凭证和有关发票账单，作会计分录如下：

  借：物资采购   480000
    贷：其他货币资金——信用证保证金 480000

【例2-8】 企业为进行短期投资，签发转账支票一张，向证券公司划出资金500000元。根据转账支票存根，作会计分录如下：

  借：其他货币资金——存出投资款 500000
    贷：银行存款   500000

【例 2-9】 企业购入某公司的股票作为短期投资,实际支付价款 300000 元。根据有关账单,作会计分录如下:

借:短期投资——股票　　　　　　　　300000
　　贷:其他货币资金——存出投资款　　　　300000

【例 2-10】 某建筑公司 8 月份发生如下经济业务:

①收到所属一分公司的汇款通知 20000 元,但月末尚未收到银行的收账通知。根据一分公司的汇款通知,作会计分录如下:

借:其他货币资金——在途货币资金　　20000
　　贷:内部往来——一分公司　　　　　　20000

②下月初,企业收到银行转来一分公司汇款 20000 元的收账通知。根据银行的收款通知,作会计分录如下:

借:银行存款　　　　　　　　　　　　20000
　　贷:其他货币资金——在途货币资金　　20000

第四节　外　币　业　务

一、外币业务的基本概念

(一) 外币业务的内容

外币业务是指企业以记账本位币以外的货币进行款项收付、往来结算和计价的经济业务。具体包括:

(1) 外币兑换业务;
(2) 外币借贷业务;
(3) 以外币计价的商品购销业务;
(4) 接受外币资本投资业务等。

(二) 记账本位币

记账本位币是指一个企业在会计核算时统一使用的记账货币。我国境内企业一般以人民币作为记账本位币。业务收支以某种外币为主的企业,也可以选用该种外币作为记账本位币。

(三) 外币与外汇

外币是指本国货币以外的其他国家和地区的货币,包括各种纸币和铸币。财务会计上则是以记账本位币以外的货币作为外币。

外汇通常是指以外币表示的,可以用于国际结算的支付手段。具体包括:

(1) 外国货币,包括纸币和铸币;
(2) 外币有价证券,包括外国政府公债、外币国库券、外币公司债券、外币股票等;
(3) 外币支付凭证,包括外币票据〔支票、汇票和期票〕、外币银行存款、外币邮政储蓄凭证等;
(4) 其他外汇资金,如各种外币汇款、各种外币性进出口贸易货款等。

(四) 汇率

汇率又称外汇汇价,指一种货币折算成另一种货币的比率,或是用一种货币表示的另一种货币的价格。

1. 汇率的表示方法

汇率的表示方法即标价，可分为直接标价法和间接标价法两种。

(1) 直接标价法，是指以一定单位的外国货币为标准，折算为一定数额的本国货币的标价方法。如1美元可兑换8.25元人民币，表示为US\$ 1 = ￥8.25。在直接标价法下，外币的数额固定不变，而折合为本国货币的数额会随着两国之间汇率的变化而变化。国际上大多数国家采用直接标价法，我国的人民币对外汇价也采用这一方法。

(2) 间接标价法，是指以一定数量的本国货币为标准，折算为一定数额的外国货币的标价方法。如1元人民币可兑换0.1124美元，表示为￥1 = US\$ 0.1124。在间接标价法下，本国货币的数额固定不变，而折合为外国货币的数额会随着两国货币之间汇率的变化而变化。

2. 汇率的种类

(1) 市场汇率。市场汇率是中国人民银行根据前一日外汇交易市场形成的价格，参照国际金融市场主要货币的变动情况，每日公布的人民币对其他主要货币的汇率。

(2) 挂牌汇率。挂牌汇率是由各经营外汇的银行，以市场汇率为依据，在中国人民银行规定的浮动幅度内挂牌公布的银行进行外汇兑换的汇率。挂牌汇率分为买入价、卖出价和中间价。买入价和卖出价，是站在银行的角度而言的。买入价是银行买进外汇时采用的汇率，卖出价是银行在卖出外汇时采用的汇率，中间价即买入价和卖出价的平均数。

(3) 记账汇率。记账汇率是企业发生外币业务后记账时所采用的汇率。企业发生外币业务时，一律采用中国人民银行公布的全国统一的市场汇率作为记账汇率。记账汇率可以采用业务发生当日的汇率，也可以采用业务发生当月1日的汇率，由企业自行选定。但一经确定，不得随意变更。

二、汇兑损益及会计处理

汇兑损益是企业在进行外币业务处理时，由于业务发生的时间不同，所采用的折合汇率不同而产生的折合为记账本位币的差额。

1. 企业应在下列两种情况下，确认外币业务产生的汇兑损益

(1) 在发生外币与记账本位币，或一种外币与另一种外币进行兑换的业务时，确认产生的汇兑损益；

(2) 会计期末（月末、季末、年末），将所有外币账户的外币余额按期末市场汇率进行调整，确认产生的汇兑损益。

2. 企业发生的汇兑损益，应分别不同情况进行会计处理

(1) 企业筹建期间发生的与购建固定资产无关的汇兑净损益，应计入长期待摊费用，自企业生产经营当月起，一次计入开始生产经营当月的损益；

(2) 企业生产经营期间发生的，与购建固定资产无关的汇兑损益，计入当期的财务费用；

(3) 企业发生的与购建固定资产直接相关的汇兑损益，在资产达到预定可使用状态前的应予以资本化，计入相应固定资产的购建成本；达到预定可使用状态后的计入当期财务费用。

(4) 企业接受外币投资时，由于有关资产账户与实收资本账户所采用的折合汇率不同

而产生的记账本位币差额，作为资本公积处理。

三、外币账户的设置

企业在核算外币业务时，应当设置相应的外币账户。外币账户具体包括：外币现金、外币银行存款以及以外币结算的债权和债务账户。外币结算的债权账户包括应收账款、应收票据和预付账款等；外币结算的债务账户包括应付账款、应付票据以及长期借款、短期借款等。

外币账户一般是在有关总分类账户下，根据不同的外币币种设立二级账户。如"现金——××外币户"，"银行存款——××外币户"等。

各种外币账户一般采用借、贷、余三栏式。为适应外币业务核算的要求，各栏下再设"原币"、"汇率"、"本位币"（或人民币）三个栏目反映。其一般格式见表2-4。

×××账户　　　　　　　　　　　　　　表2-4

年		凭证号数	摘要	借方			贷方			借或贷	余额		
月	日			原币	汇率	人民币	原币	汇率	人民币		原币	汇率	人民币

需要注意的是，在收付时虽用外币计价，但以后不会再发生收付往来的项目，一般不需要专设外币二级账户。如企业用外币购入的固定资产、库存材料等。

四、外币业务的会计处理

外币业务的核算有外币统账制和外币分账制两种方法。外币统账制是指在外币业务发生时，即将外币金额折算为记账本位币入账。外币分账制是指在日常核算时以外币原币记账，分别币种核算损益和编制会计报表；在资产负债表日将外币会计报表折算为以记账本位币表示的会计报表。除银行等金融企业外，我国大多数企业均采用外币统账制。故在此主要介绍外币统账制下的会计处理方法。

（一）以外币计价的商品购销业务的核算

以外币计价的商品购销业务，包括进口、出口以及其他以外币结算的收支业务。其核算程序如下：

（1）外币业务发生时，应采用外币业务发生当日或当月一日的市场汇率作为折合汇率，将外币金额折算为记账本位币金额入账。由于每笔业务的借方和贷方均采用相同的汇率折算，故平时不会产生汇兑损益。

【例2-11】　东方建筑公司以人民币为记账本位币，选定以当日汇率为记账汇率。假设各账户月初均无余额。8月份发生有关外币业务如下：

①从境外H公司购入材料一批，价款为100000美元，购入该材料时市场汇率为US$1=￥8.35，款项尚未支付。根据发票等凭证，作会计分录如下：

借：物资采购　　　　　　　　　　　　835000
　　贷：应付账款——H公司美元户　　　　　（$100000×8.35）835000

②经办理结算，本期应收境外M公司工程款200000美元，款项尚未收到。结算日市场汇率为US$1=￥8.35。作会计分录如下：

借：应收账款——M公司美元户　　　　　　（$200000×8.35）1670000

贷：工程结算　　　　　　　　　　　　　　　　1670000

③收到 M 公司的工程款 100000 美元，收款日的汇率为 US＄1＝￥8.40。根据收款通知，作会计分录如下：

　　借：银行存款——美元户　　　　　　　　（＄100000×8.40）840000
　　　　贷：应收账款——M 公司美元户　　　　　（＄100000×8.40）840000

④支付从境外 H 公司购进原材料的价款 50000 美元，付款当日的市场汇率为 US＄1＝￥8.40。根据支付凭证，作会计分录如下：

　　借：应付账款——H 公司美元户　　　　　　　（＄50000）420000
　　　　贷：银行存款——美元户　　　　　　　　　（＄50000×8.4）420000

（2）为了反映外币资产和外币负债的实有数，在月份（或季度、年度）终了，企业要对所有外币账户的余额进行调整。调整方法如下：

1）按照期末的市场汇率，将各外币账户的外币期末余额折算为记账本位币余额；

2）将折合的记账本位币余额与原账面记账本位币余额进行对比，将两者之间的差额确认为汇兑损益；

3）编制会计分录，调整各外币账户的账面余额。

【例 2-12】　假设 8 月 31 日的市场汇率为 US＄1＝￥8.50，则东方公司有关外币账户的期末余额及调整计算如表 2-5。

外币账户余额调整计算表　　　　　　　　　　表 2-5

外币账户	期末余额（美元）	期末汇率	调整前人民币余额	调整后人民币余额	差　　额
银行存款	50000	8.50	420000	425000	5000（借）
应收账款	100000	8.50	830000	850000	20000（借）
应付账款	50000	8.50	415000	425000	10000（贷）
合　　计					15000（借）

根据计算结果，作会计分录如下：

　　借：银行存款——美元户　　　　　　　　　5000
　　　　应收账款——M 公司美元户　　　　　　20000
　　　　贷：应付账款——H 公司美元户　　　　　10000
　　　　　　财务费用　　　　　　　　　　　　　15000

（二）外币兑换业务的核算

外币兑换业务，包括企业从银行买入外币、将外币卖给银行以及用一种外币向银行兑换另一种外币等业务。

1. 从银行买入外币

企业从银行买入外币时，银行按卖出价计算收取人民币。企业的银行存款（人民币户）必须按实付人民币数额记账，而"银行存款"（外币户）则应按当日或当月一日的市场汇率折合为记账本位币金额入账，两者的差额记入"财务费用"账户。

【例 2-13】　某建筑公司因采购需要，用人民币买入 30000 美元。兑换日银行的美元卖出价为 US＄1＝￥8.45，当日的市场汇率为 US＄1＝￥8.35。作会计分录如下：

借：银行存款——美元户　　　　　　　　　　　　（$30000×8.35）250500
　　财务费用　　　　　　　　　　　　　　　　　　　　　　　　　3000
　贷：银行存款　　　　　　　　　　　　　　　　　（$30000×8.45）253500

2. 将外币卖给银行

企业将外币卖给银行时，银行按买入价计算付出的人民币。企业的银行存款（人民币户）必须按实收人民币数额记账，而"银行存款"（外币户）则应按当日或当月一日的市场汇率折合为记账本位币金额入账，两者的差额，计入"财务费用"账户。

【例2-14】 某建筑公司本期将剩余的5000美元到银行兑换为人民币。兑换日银行美元买入价为US$1=¥8.25，该日的市场汇率为US$1=¥8.35。作会计分录如下：

借：银行存款　　　　　　　　　　　　　　　　　（$5000×8.25）41250
　　财务费用　　　　　　　　　　　　　　　　　　　　　　　　　　500
　贷：银行存款——美元户　　　　　　　　　　　（$5000×8.35）41750

3. 以甲外币兑换乙外币

企业以甲外币兑换乙外币，实际上就是按当日买入价将甲外币卖给银行，同时又以卖出价从银行买入乙外币。企业兑入的乙外币应按下式计算：

$$兑入的乙外币金额 = \frac{兑出的甲外币 \times 甲外币的买入价}{乙外币的卖出价}$$

兑出的甲外币及兑入的乙外币，均按当日或当月一日的记账汇率折合为人民币入账，两者之间的差额作为汇兑损益处理。

【例2-15】 企业将9000美元兑换成港元存入银行。兑换日，美元的买入价为1:8.00，港元的卖出价为1:0.96；企业以当月一日汇率为折合汇率，当月一日的市场汇率为：美元1:8.20，港元1:0.94。则：

$$企业实际兑入港元金额 = \frac{9000 \times 8}{0.96} = 75000（港元）$$

兑入的港元按记账汇率折合为人民币70500元，兑出的美元按记账汇率折合为人民币73800元，两者的差额3300元作为汇兑损益。企业应作会计分录如下：

借：银行存款——港元户（75000×0.94）　　　　　　　　　　　　70500
　　财务费用　　　　　　　　　　　　　　　　　　　　　　　　　3300
　贷：银行存款——美元户（9000×8.20）　　　　　　　　　　　　73800

（三）接受外币投资的核算

企业接受外币投资时，一方面应将实际收入的外币作为资产登记入账，另一方面作为实收资本登记入账。记入有关资产账户的金额，采用收到外币当时的汇率折合；记入"实收资本"账户的金额，应当分别按投资合同中是否有约定汇率进行处理：①在投资合同中对外币投资约定有汇率的，应当按照合同中约定的汇率折合入账；②在投资合同中对外币投资没有约定汇率的，按收到外币时的汇率折合入账；有关资产账户与"实收资本"账户由于采用的汇率不同而产生的记账本位币差额，作为资本公积处理。

【例2-16】 某建筑公司收到外商投入的资本金150000美元，收到款项时汇率为US$1=¥8.25。投资合同中约定的汇率为US$1=¥8.00。按投资合同和收款凭证，作会计分录如下：

借：银行存款——美元户（$150000×8.25）　　1237500
　　贷：实收资本　　　　　　　　　　　　　　1200000
　　　　资本公积　　　　　　　　　　　　　　　37500

【例 2-17】 续上例，假设投资合同中没有约定汇率，其他条件不变。企业应作的会计分录为：

借：银行存款——美元户（$150000×8.25）　　1237500
　　贷：实收资本　　　　　　　　　　　　　　1237500

（四）外币借款业务的核算

企业借入外币时，按照借入外币时的市场汇率折合为记账本位币入账；偿还时，按照偿还时的市场汇率折合为记账本位币入账，不反映汇兑损益。因此形成的"短期借款"账户借方或贷方的人民币差额，在各期末进行调整时作为汇兑损益一并处理。

【例 2-18】 某建筑公司向开户银行借入20000美元，借入时的市场汇率为US$1=￥8.35。根据借款凭证，作会计分录如下：

借：银行存款——美元户（$20000×8.35）　　167000
　　贷：短期借款——美元户（$20000×8.35）　167000

偿还时，假设汇率为US$1=￥8.4。则会计分录如下：

借：短期借款——美元户（$20000×8.40）　　168000
　　贷：银行存款——美元户（$20000×8.40）　168000

期末调整时的会计分录从略。

思 考 题 与 习 题

思考题
1. 现金的使用范围有哪些？
2. 企业的备用金如何管理和核算？
3. 如何加强现金管理的内部控制？
4. 银行支付结算方式有哪些？各适用于哪些业务的结算？
5. 什么是未达账项？如何编制"银行存款余额调节表"？
6. 其他货币资金一般包括哪些内容？
7. 企业使用商业汇票结算方式有何限制？商业承兑汇票和银行承兑汇票的使用有何异同？
8. 支票的种类有哪些？填写支票有哪些要求？
9. 异地托收承付结算方式与委托收款结算方式有何异同？
10. 什么叫汇率？可分为哪几种？各自的作用是什么？
11. 什么情况下确认汇兑损益？简述汇兑损益的会计处理方法。

习题一
（一）练习现金收支业务的会计核算。
（二）资料：
1. 某建筑公司2002年11月31日现金账户余额为4200元。
2. 12月份发生如下经济业务：
(1) 1日，开出现金支票一张，从银行提取现金5000元备用。
(2) 2日，保卫科王华因公出差预借差旅费2000元，付给现金。
(3) 5日，王华报销差旅费2100元，财务部门补付现金100元。

(4) 8日，为行政科建立定额备用金3000元，付给现金。

(5) 10日，行政科报销购买办公用品的价款1800元，付给现金。

(6) 14日，从银行提取现金50000元，备发工资。

(7) 14日，以现金发放职工工资50000元。

(8) 25日，财务部门购进账簿等办公用品，支出现金280元。

(三) 要求：

根据以上资料，编制会计分录并登记现金日记账。

习题二

(一) 练习银行存款收支业务的核算。

(二) 资料：

1. 某建筑公司2002年11月31日银行存款账户余额为550000元。

2. 12月份发生如下经济业务：

(1) 3日，从红星砖厂购进红砖一批，材料已验收入库，开出转账支票支付砖款12000元。

(2) 5日，接到开户银行转来的付款通知，支付上月电费5000元。

(3) 10日，根据税务部门开出的营业税税票，支付上月应交营业税6680元。

(4) 15日，通过银行向工伤回家修养的职工张新华信汇本月工资800元。

(5) 28日，将收到的工程价款200000元的转账支票，送交开户银行转账，银行已收妥入账。

(6) 29日，开出转账支票一张，购进办公用品一批，价款800元。

(7) 30日，以银行存款支付会务费2800元。

(8) 31日，销售混凝土构件，收到5400元的转账支票一张，已送存银行。

3. 企业从开户银行取得对账单，余额为720900元，银行存款日记账余额为727320元。

经逐项核对，发现以下未达账项。

(1) 企业送存银行的销货款5400元，银行尚未入账。

(2) 企业开出支票支付广告费2800元，银行尚未付出。

(3) 银行存款利息980元，银行已入账，企业尚未取得利息结算单，未入账。

(4) 市供电局委托银行收取上月电费4800元，银行已划出款项，企业尚未入账。

(三) 要求：

1. 根据资料2编制会计分录；

2. 根据资料1、2及习题一的有关资料登记银行存款日记账；

3. 根据资料3编制银行存款余额调节表。

习题三

(一) 练习其他货币资金收支业务的核算。

(二) 资料：某公司2002年12月发生如下经济业务：

1. 4日，企业开出汇兑结算凭证，将款项30000元汇往外地开立采购资金专户。

2. 7日，企业向开户银行提交"银行汇票委托书"，并将款项8000元交存银行，取得银行汇票。

3. 8日，采购员王猛用银行汇票结付外购水泥款8000元。

4. 11日，企业用上月份办好的信用卡，支付招待费3000元。

5. 13日，企业存出投资款300000元，准备购入某公司股票。

6. 16日，收到外地采购资金专户转来购货款28000元的发票账单，及退回余款2000元的收款通知。

7. 21日，企业向银行提交"银行本票申请书"，并将20000元交存银行，取得银行本票。

8. 22日，所属分公司汇来15000元的营业税款，但企业尚未收到银行收款通知。

9. 29日，企业用存出投资款购进某公司股票300000元，作为短期投资。

10.30日，企业用银行本票购进测量仪器一台，价值20000元。

（三）要求：根据以上资料编制会计分录。

习题四

（一）练习外币收支业务的核算。

（二）资料：

1. 某建筑公司采用当日汇率进行外币业务核算，2002年11月30日有关外币账户余额如下表2-6：

表 2-6
单位：元

总分类账户	明细分类账户	外币账户余额（美元）	市场汇率	人民币账户余额
银行存款	美元户	4000	8.40	33600
应收账款	甲单位	3000	8.40	25200
应付账款	乙单位	5000	8.40	42000
短期借款		7000	8.40	58800

2. 2002年12月份发生如下经济业务：

（1）9日收回甲单位欠款3000美元，已存入开户银行。银行当日市场汇率为US＄1＝￥8.35。

（2）12日归还欠乙单位购货款5000美元，当日市场汇率为US＄1＝￥8.45。

（3）13日向境外丙公司结算本月工程款150000元，款尚未收到。收款日的市场汇率为US＄1＝￥8.42。

（4）17日从境外丁公司购入材料一批，支付价款为10000美元，购入该材料时的市场汇率为US＄1＝￥8.45。

（5）21日接受境外投资100000美元，收到款项时的市场汇率为US＄1＝￥8.45，投资合同约定的汇率为US＄1＝￥8.35。

（6）28日偿还银行短期借款7000美元，偿还时市场汇率为US＄1＝￥8.45。

（7）30日企业将50000美元到银行兑换为人民币，兑换日银行美元买入价为US＄1＝￥8.30。银行当日市场汇率为US＄1＝￥8.45。

（三）要求：

1. 根据以上资料编制会计分录，并登记各有关外币账户。

2. 假设2002年末市场汇率为US＄1＝￥8.45，结转本年度汇兑损益并编制调整会计分录。

第三章 应收及预付款项

应收及预付款项是企业以信用方式开展经济业务的产物。它代表企业的一项资产，具有较强的流动性。建筑企业的应收及预付款项主要包括应收账款、应收票据、其他应收款、内部往来和预付账款等。

应收及预付款项应当按照实际发生额记账。带息的应收款项，应于期末按照本金（或票面价值）与确定的利率计算利息收入，计入当期损益，并增加应收款项的账面价值。

第一节 应 收 账 款

一、应收账款的核算

建筑企业的应收账款是指企业因承建工程而应向发包单位收取的工程价款和列入营业收入的其他款项，以及因销售产品、材料和提供劳务、作业等应向购货单位或接受劳务、作业单位收取的款项，包括企业代垫的包装费和运杂费。

应收账款应当在商品或产品已经交付、劳务已经提供、销售手续已经完备时，按实际发生额记账。

建筑企业应设置"应收账款"账户，总括反映应收账款的增减变动和结余情况。其借方登记实际发生的各种应收账款，贷方登记已经收回、转销或改用商业汇票方式结算的应收账款，期末借方余额反映尚未收回的应收账款。本账户应设置"应收工程款"和"应收销货款"两个明细账户，并按对方单位设置明细账进行明细核算。

企业预收的款项，应在"预收账款"账户内核算。不单独设置"预收账款"账户的企业，预收的账款也可在"应收账款"账户核算。

【例3-1】 某建筑公司承包A单位的工程项目。按合同进度将已完工程点交给A单位，并开出"工程价款结算账单"向A单位结算工程款500000元，但款项尚未收到。企业应根据"工程价款结算账单"，作如下会计分录：

借：应收账款——应收工程款（A单位） 500000
  贷：工程结算 500000

【例3-2】 收到A单位转来的工程款500000元。根据开户银行的收账通知，作会计分录如下：

借：银行存款 500000
  贷：应收账款——应收工程款（A单位） 500000

【例3-3】 向B单位销售材料一批，销货价款100000元，用自备运输工具送达B单位，应收运费5000元，对方尚未支付款项。根据销货发票和运输费用结算单，作会计分录如下：

借：应收账款——应收销货款（B单位） 105000

贷：其他业务收入　　　　　　　　　　　　　　105000

【例 3-4】　　企业收到 B 单位签发的转账支票一张，面值 105000 元，用于支付上述款项。根据进账单，作会计分录如下：

　　借：银行存款　　　　　　　　　　　　　　　　105000
　　　贷：应收账款——应收销货款（B 单位）　　　105000

二、坏账损失的核算

坏账是指企业无法收回的应收款项。由于发生坏账而产生的损失，称为坏账损失。企业应当定期或者至少于每年年度终了，对应收款项进行全面检查，并合理计提坏账准备。

（一）坏账损失确认的条件

一般来讲，企业的应收款项符合下列条件之一的，应确认为坏账：

（1）债务人死亡，以其遗产清偿后仍然无法收回的应收款；

（2）债务人破产，以其破产财产清偿后仍然无法收回的应收款；

（3）债务人较长时间未履行其偿债义务，并有足够的证据表明无法收回或收回的可能性极小的应收款。

应当指出，对已确认为坏账的应收款项，并不意味着企业放弃了其追索权，一旦重新收回，应及时入账。

（二）坏账损失的核算

1. 坏账损失的核算方法

企业应采用备抵法核算坏账损失。备抵法是指根据应收款项的可变现情况，按期估计坏账损失，预先提取一定比例的坏账准备金，计入当期的管理费用；实际发生坏账损失时，冲减坏账准备金，并转销相应的应收账款。采用备抵法核算坏账损失，企业应设置"坏账准备"账户。其贷方登记提取的坏账准备，以及已确定并转销的坏账以后年度又收回的金额，借方登记发生坏账损失时转销的坏账准备以及冲销多提的坏账准备，期末贷方余额反映提取的坏账准备金。

2. 估计坏账损失金额的方法

采用备抵法核算坏账损失时，首先应按期估计坏账损失，估计坏账损失的方法有以下几种：

（1）赊销百分比法。它是指按赊销金额的一定百分比估计坏账损失的方法。这种方法认为，坏账损失的产生与赊销业务直接相关。当期的赊销业务越多，产生坏账损失的可能性就越大。因此，企业可以根据过去的经验，参照当前的实际情况，估计坏账损失与赊销净额之间的比率，再用这个比率乘以当期的赊销净额，计算坏账损失的估计数。用公式表示如下：

估计的坏账损失金额 = 本期的赊销净额 × 估计坏账百分比

【例 3-5】　　某建筑公司本年度已办理工程结算但尚未收回的工程价款为 100000 元，根据以往经验和有关资料估计坏账损失率为 5%，则：

本期估计的坏账损失金额 = 100000 元 × 5% = 5000 元

（2）账龄分析法。它是指按应收账款入账时间的长短估计坏账损失的方法。所谓账龄，是指客户所欠款项时间的长短。拖欠时间的长短与发生坏账的概率一般是成正比例关系的。拖欠的时间越长，产生坏账的可能性就越大，因此估计的坏账率也就越高。其具体做法是：期末，根据应收账款拖欠时间的长短，将全部应收账款按拖欠时间的长短划分为若干组，为每组估计一个坏账损失百分比，然后确定可能发生的坏账损失金额，编制"应收账款账龄分析及坏账损失估计表"，如表3-1。

【例3-6】 某建筑公司"应收账款账龄分析及坏账损失估计表"如：

应收账款账龄分析及坏账损失估计表

2002年12月31日　　　　　　　　　　　　　　　　单位：元　**表3-1**

应收账款账龄	应收账款金额	估计坏账损失率（%）	估计坏账损失金额
当年发生的	800000	2	16000
逾期半年的	200000	20	40000
逾期一年	100000	40	40000
逾期两年	50000	60	30000
逾期三年	20000	80	16000
逾期三年以上	10000	100	10000
合　　计	1180000		152000

（3）余额百分比法。它是根据以往的经验估计坏账损失占全部应收账款的比率，再用这个比率乘以期末应收账款的余额来估计坏账损失金额的方法。这种方法认为，坏账损失的产生与应收账款的余额有直接关系。应收账款的余额越大，产生坏账的风险也就越高。因此，根据以前年度实际发生的坏账与其相关的应收账款的关系，估计一个平均坏账百分比，以此百分比来估计本期应收账款可能发生的坏账损失。用公式表示如下：

估计的坏账损失金额＝应收款项的年末余额×估计坏账百分比

以上是企业估计坏账损失的三种方法。具体采用何种方法，由企业自行确定。但一经确定，不得随意变更。

3. 坏账准备的会计处理

企业采用上述方法估计的坏账损失金额，只是"坏账准备"账户的年末余额，而不是实际提取数。实际提取的坏账准备还要根据"坏账准备"账户提取前的账面余额计算确定。其计算公式如下：

某期实际提取的坏账准备金＝当期按应收款项估计的坏账损失金额
－提取前"坏账准备"账户的贷方余额

若当期估计的坏账损失金额大于"坏账准备"账户的贷方余额，应按其差额提取坏账准备；若当期估计的坏账损失金额小于"坏账准备"账户的贷方余额，应按其差额冲减坏账准备。若提取前"坏账准备"账户为借方余额，则实际提取数应为估计的坏账损失金额与该借方余额的合计数。

企业对于不能收回的应收账款应当查明原因，追究责任。对有确凿证据证明确实无法收回的应收款项，应根据企业的管理权限，经有关机构批准后，作为坏账损失，冲销提取的坏账准备。

【例3-7】 某建筑公司1995年开始采用余额百分比法计提坏账准备，提取比例为5‰。1995年年末，应收账款余额为1000000元，当年应提取的坏账准备为5000（1000000

×5‰）元。作会计分录如下：

  借：管理费用——坏账损失 5000
    贷：坏账准备   5000

  1996年5月，企业认定甲单位2000元的应收账款无法收回，根据有关规定确认为坏账损失。作会计分录如下：

  借：坏账准备   2000
    贷：应收账款——甲单位 2000

  1996年12月31日，该企业的应收账款余额为1200000元，按余额百分比法估计的坏账损失金额为6000（1200000×5‰）元。年末计提坏账准备前，"坏账准备"账户的贷方余额为3000（5000－2000）元，本年应计提的坏账准备金额为3000（6000－3000）元。作会计分录如下：

  借：管理费用——坏账损失 3000
    贷：坏账准备   3000

  1997年5月1日，企业收到银行2000元的收款通知，系上年度已冲销的甲单位2000元坏账又收回。根据银行收账通知，作会计分录如下：

  借：应收账款——甲单位 2000
    贷：坏账准备   2000
  借：银行存款   2000
    贷：应收账款——甲单位 2000

  1997年12月31日，企业应收账款余额为1100000元，本年末坏账准备余额应为5500（1100000×5‰）元。年末计提坏账准备前的"坏账准备"账户余额为8000（6000+2000）元，本年度应冲销多提的坏账准备为2500（8000－5500）元。作会计分录如下：

  借：坏账准备   2500
    贷：管理费用——坏账损失 2500

  企业持有的未到期应收票据，如有确凿证据证明不能够收回或收回的可能性不大时，应将其账面金额转入应收账款，并计提相应的坏账准备。

  企业的预付账款，如有确凿证据表明其不符合预付账款性质，或者因供货单位破产、撤销等原因，已无望再收到所购货物的，应将原已计入预付账款的金额转入其他应收款，并计提相应的坏账准备。除转入"其他应收款"账户的预付账款外，其他预付账款不得提取坏账准备。

第二节 应 收 票 据

  票据是一种载有一定付款日期、付款地点、付款金额和付款人的无条件支付的流通证券。也是一种可以由持票人自由转让给他人的债权凭证，包括支票、银行本票、银行汇票和商业汇票等。在我国会计实务中，支票、银行本票和银行汇票均为见票即付的票据，不属于应收票据的核算范围。因此，应收票据指企业因结算工程价款以及对外销售产品、材料等收到的商业汇票。

一、应收票据概述

1. 应收票据的分类

商业汇票按其承兑人不同，分为商业承兑汇票和银行承兑汇票。商业承兑汇票是由付款人签发并承兑或者是收款人签发，交由付款人承兑的票据。银行承兑汇票是在承兑银行开立存款账户的存款人签发，由开户银行承兑付款的票据。

商业汇票按是否计息，分为不带息商业汇票和带息商业汇票。不带息商业汇票，是指商业汇票到期时，承兑人只按票面金额（面值）向收款人或被背书人支付款项的票据；带息商业汇票，是指商业汇票到期时，承兑人必须按票面金额加上应计利息向收款人或被背书人支付款项的票据。

2. 应收票据的计价

应收票据一般按其面值计价。企业收到应收票据时，无论是带息汇票还是不带息汇票，一律按票据的面值登记入账。但对于带息的应收票据，应于期末（指中期期末和年度终了）按应收票据的票面价值和确定的利率计提利息，计提的利息应增加应收票据的账面价值。

3. 应收票据的管理

建筑企业应指定专人负责管理应收票据，并设置"应收票据备查簿"，逐笔登记每一应收票据的种类、号数和出票日期、票面利率、票面金额、交易合同号和付款人、承兑人、背书人的姓名或单位名称、到期日、背书转让日、贴现日期、贴现率和贴现净额、收款日期、收回金额、退票情况等资料。应收票据到期结清票款或退票后，应当在备查簿内逐笔注销。

二、应收票据的核算

为了核算和监督应收票据的取得和结算情况，企业应设置"应收票据"账户，该账户的借方登记收到的商业汇票的票面金额和按规定计提的利息，贷方登记到期收回或转入应收账款的金额，期末借方余额反映企业持有商业汇票的票面金额和利息。

（一）不带息应收票据的核算

不带息应收票据的到期价值等于应收票据的面值。企业销售商品或提供劳务收到商业汇票时，借记"应收票据"账户，贷记"工程结算"、"其他业务收入"等账户。应收票据到期收回款项时，应按票面金额，借记"银行存款"账户，贷记"应收票据"账户。如果商业承兑汇票到期，承兑人违约拒付或无力支付票款，企业应将应收票据的账面价值转入"应收账款"账户。

【例 3-8】 某建筑公司与甲建设单位结算工程价款，收到承兑期限为 3 个月的不带息商业承兑汇票一张，票面金额 200000 元。作会计分录如下：

借：应收票据——甲单位　　　　200000
　　贷：工程结算　　　　　　　　　　200000

3 个月后，应收票据到期收回款项 200000 元，存入银行。根据进账单，作会计分录如下：

借：银行存款　　　　　　　　　200000
　　贷：应收票据——甲单位　　　　　200000

如果该票据到期，甲单位违约拒付，企业收到银行退回的商业承兑汇票、委托收款凭证、未付票据通知书及拒绝付款证明等，应将到期票据的账面价值转入"应收账款"账户。作会计分录如下：

借：应收账款——甲单位　　　　　200000
　　贷：应收票据　　　　　　　　　　　200000

（二）带息应收票据的核算

企业收到的带息应收票据，除按照上述方法进行核算外，还应于中期期末和年度终了，按规定计提票据利息，并增加应收票据的账面价值。计提利息时，借记"应收票据"账户，贷记"财务费用"账户。

应收票据利息的计算公式如下：

应收票据利息 = 应收票据面值 × 票面利率 × 期限

上式中"利率"一般指年利率，"期限"指签发日至到期日的时间间隔。票据的期限有按月表示和按日表示两种。

票据期限按月表示时，以到期月份中与出票月相同的那一天为到期日。如4月15日签发的一个月票据，到期日应为5月15日。月末签发的票据不论月份大小，以到期月份的最后一天为到期日，与月份内天数无关。如1月31日签发，期限为1个月的票据于2月28日到期（闰年为2月29日）。在确定期限后，计算利息使用的利率也应相应换算成月利率。

票据期限按日表示时，"天数"从出票日起按实际持有天数计算，通常出票日和到期日只能算一天，即"算头不算尾"或"算尾不算头"。如4月15日签发的90天票据，到期日为7月14日。计算利息使用的利率也应相应换算成日利率（年利率÷360）。

【例3-9】　某建筑公司2001年8月31日收到甲建设单位签发并承兑的期限为6个月、票面利率为10%，面值为60000元的带息商业汇票一张，其会计处理为：

①收到票据时，作会计分录如下：

借：应收票据　　　　　　　　　　60000
　　贷：工程结算　　　　　　　　　　　60000

②年度终了，计提票据利息2000元（60000×10%×4/12），作会计分录如下：

借：应收票据　　　　　　　　　　2000
　　贷：财务费用　　　　　　　　　　　2000

③2002年2月29日票据到期收回货款时的会计处理为：

应计利息 = 60000×10%×2/12 = 1000元

应收金额 = 60000 + 2000 + 1000 = 63000元

或　　　　= 60000×（1 + 10%×6/12）= 63000元

根据银行的收账通知，作会计分录如下：

借：银行存款　　　　　　　　　　63000
　　贷：应收票据　　　　　　　　　　　62000
　　　　财务费用　　　　　　　　　　　1000

（三）应收票据贴现的核算

企业持有的应收票据在到期前，如果出现资金紧缺，可以向其开户银行申请贴现。"贴现"是指票据持有人将未到期的票据在背书后送交银行，银行受理后从票据到期值中

扣除贴现利息后,将余额付给持票人。有关计算公式如下:

(1)票据到期值的计算:

带息票据到期价值 = 票据面值 × (1 + 年利率 × 票据到期天数 ÷ 360)

或　　　　滞息票据到期价值 = 票据面值 × (1 + 年利率 × 月数 ÷ 12)

不带息票据到期价值 = 票据面值

(2)贴现所得的计算:

贴现息 = 票据到期价值 × 贴现率 × 贴现天数 ÷ 360

贴现所得金额 = 票据到期价值 – 贴现息

贴现天数 = 贴现日至票据到期日的实际天数 – 1

如果承兑人在异地,贴现天数的计算应另加 3 天的划款天数。

企业持未到期的无息应收票据向银行贴现,应按扣除其贴现息后的净额,借记"银行存款"账户;按贴现利息,借记"财务费用"账户;按应收票据的面值,贷记"应收票据"账户。

【例 3-10】　某建筑公司于 2002 年 5 月 7 日将出票日为 3 月 5 日,期限 6 个月,面值为 200000 元的不带息商业承兑汇票一张到银行贴现,该公司与承兑企业在同一票据交换区域内,贴现率为 12%。该应收票据到期日为 9 月 5 日,其贴现天数为 120 (24 + 30 + 31 + 31 + 5 – 1) 天。

贴现息 = 200000 × 12% × 120 ÷ 360 = 8000 (元)

贴现净额 = 200000 – 8000 = 192000 (元)

根据银行盖章退回的贴现凭证第四联收账通知,作会计分录如下:

借:银行存款　　　　　　192000
　　财务费用　　　　　　8000
　　　贷:应收票据　　　　　　200000

如果上述商业汇票为带息票据,票面利率为 10%。则:

票据到期价值 = 200000 × (1 + 10% × 6 ÷ 12) = 210000 (元)

贴现利息 = 210000 × 12% × 120/360 = 8400 (元)

贴现净额 = 210000 – 8400 = 201600 (元)

作会计分录如下:

借:银行存款　　　　　　201600
　　　贷:应收票据　　　　　　200000
　　　　　财务费用　　　　　　1600

假设贴现的商业汇票到期,承兑人的银行账户不足支付,银行即将已贴现的票据退回申请贴现的企业,同时从贴现企业的账户中将票据款划回。此时,贴现企业应将所付票据本息转作应收账款,借记"应收账款"账户,贷记"银行存款"账户。

【例 3-11】　如上述不带息商业汇票到期,承兑人的银行存款账户不足支付,企业在收到银行退回的商业汇票、支款通知等凭证时,作会计分录如下:

借:应收账款　　　　　　200000
　　　贷:银行存款　　　　　　200000

【例 3-12】　假设上述带息商业汇票到期,申请贴现企业的银行存款账户余额不足,银行作逾期贷款处理。企业应按转作贷款的本息，作会计分录如下：

  借：应收账款   210000
    贷：短期借款   210000

第三节 内 部 往 来

一、内部往来的内容

内部往来款项是指建筑公司与所属内部独立核算单位之间或各内部独立核算单位之间，由于工程价款结算、产品和材料销售、提供劳务和作业等业务所发生的各种应收、暂付和应付、暂收款项。为了加强经济核算，各内部单位之间的材料物资调拨、劳务供应、产品和作业销售等业务，都要按照内部结算价格办理结算。做好内部往来结算工作，对于明确各内部单位的经济责任，提高其经营管理水平，具有十分重要的意义。

二、内部往来的结算方式

为了简化核算手续和减少货币流通量，企业与所属单位之间的往来业务，可广泛采用内部转账结算方式。

企业内部转账结算可以通过公司集中核算，以便企业掌握所属内部单位之间的结算情况；也可以由各内部单位直接结算，月末通过公司集中对账，以简化核算手续。

办理内部转账结算时，应由收款单位根据有关原始凭证，填制"内部结算通知单"，作为核算依据。

内部结算通知单的格式如表 3-2。

内部结算通知单   表 3-2

签发日期	年 月 日		
转账日期	年 月 日		
应付单位		应收单位	
结算款项			
结算金额			

应付单位
  经办人
		应收单位
		  经办人	

注：转账日期为双方同意进账日期。

在采用公司集中办理转账的结算方式下，内部结算通知单一式三联，第一联作收款单位记账依据，第二联作公司财务科记账依据，第三联作付款单位记账依据。在采用内部单位直接办理转账的结算方式下，内部结算通知单只使用一、三联。

三、内部往来的核算

企业的内部往来业务应通过"内部往来"账户进行核算。其借方登记企业内部单位之间发生的各种应收、暂付款项和转销的应付、暂收款项，贷方登记企业与内部单位之间发生的各种应付、暂收款项和转销的应收、暂付款项，期末余额应与所属内部独立核算单位有关明细账户的借方余额合计与贷方余额合计的差额相等。各明细账户的期末借方余额合计反映应收内部单位的款项，贷方余额合计反映应付内部单位的款项。本账户应按各内部单位的户名设置明细账，进行明细分类核算。企业与所属单位之间，所属单位与所属单位之间，对本账户的记录应相互核对一致。

1. 公司与所属内部独立核算单位之间的内部往来核算

【例3-13】 某建筑公司内部独立核算的运输队为公司运输冬季取暖用煤，发生运输作业费5000元。运输队应填制"内部结算通知单"与公司进行结算。公司根据"内部结算通知单"第二联和有关单证，作会计分录如下：

借：管理费用　　　　　　　　　　　　　5000
　　贷：内部往来——运输队　　　　　　　　5000

运输队根据公司有关部门签字认可的"内部结算通知单"第一联，作会计分录如下：

借：内部往来——公司财务　　　　　　　5000
　　贷：其他业务收入　　　　　　　　　　　5000

2. 内部独立核算单位之间往来款项的核算

【例3-14】 公司内部所属的预制厂，为各分公司提供预制构件。其中为一分公司提供预制构件的价款为50000元。月末，预制厂开出"内部结算通知单"，经双方有关部门签字，进行结算。

①采用内部单位直接结算方式

一分公司根据预制厂转来的"内部结算通知单"第三联，作会计分录如下：

借：物资采购　　　　　　　　　　　　　50000
　　贷：内部往来——预制厂　　　　　　　　50000

预制厂根据"内部结算通知单"第一联，作会计分录如下：

借：内部往来——一分公司　　　　　　　50000
　　贷：其他业务收入　　　　　　　　　　　50000

②采用公司财务科集中结算方式

公司财务科根据"内部结算通知单"第二联，作会计分录如下：

借：内部往来——一分公司　　　　　　　50000
　　贷：内部往来——预制厂　　　　　　　　50000

一分公司根据"内部结算通知单"第三联，作会计分录如下：

借：物资采购　　　　　　　　　　　　　50000
　　贷：内部往来——公司财务　　　　　　　50000

预制厂根据"内部结算通知单"第一联，作会计分录如下：

借：内部往来——公司财务　　　　　　　50000
　　贷：其他业务收入　　　　　　　　　　　50000

企业与内部独立核算单位之间有关生产周转资金的下拨、上交应在"拨付所属资金"和"上级拨入资金"账户核算，不通过"内部往来"账户核算；企业拨给非独立核算的内部单位的周转金，应在"备用金"账户核算，也不通过"内部往来"账户核算。

第四节 其他应收及预付款项

一、其他应收款

其他应收款是建筑企业除应收票据、应收账款、内部往来以外的各种应收、暂付款项，如应收的各种赔款、罚款、存出的保证金、应向职工收取的各种垫付款项等。

（一）其他应收款的管理

其他应收款是企业生产经营活动以外的短期债权，是企业的一项流动资产。为了加速资金周转，保证生产经营活动的正常进行，企业应当定期对各种其他应收款进行清查，以免长期挂账，发生呆账、坏账，影响企业资金的正常周转。企业至少应于每年年度终了，对其他应收款进行一次全面检查，预计其可能发生的坏账损失，并计提坏账准备。对于不能收回的其他应收款应当查明原因，追究责任。对于确实无法收回的，按照企业的管理权限，经批准后作为坏账损失，冲销提取的坏账准备。对于各种赔款和罚款，应严格按照国家的有关规定划清责任，凡是应由责任者个人承担的，必须向个人收取，不得列入企业的成本费用；对于因管理不善、贪污、盗窃等原因造成的财产损失以及购入物资在运输途中的短缺或损耗等，必须根据具体情况，确定责任部门或责任人，并据以进行相应的账务处理。

（二）其他应收款的核算

为了反映和监督其他应收款的结算情况，企业应设置"其他应收款"账户进行总分类核算。其借方登记发生的各种其他应收款项，贷方反映收回或转销的其他应收款项，期末借方余额反映企业尚未收回的其他应收款。本账户应按其他应收款的债务人设置明细账进行明细分类核算。

【例 3-15】 某建筑公司 2002 年发生如下其他应收款业务：

①向黄河水泥厂购进水泥一批，水泥价款 300000 元，水泥袋押金 3000 元，已通过银行付款。根据付款凭证，作会计分录如下：

借：物资采购　　　　　　　　　　　　　　300000
　　其他应收款——黄河水泥厂　　　　　　 3000
　　　贷：银行存款　　　　　　　　　　　　　　303000

②企业将回收的水泥袋退还黄河水泥厂，收回押金 3000 元。根据银行收账通知，作会计分录如下：

借：银行存款　　　　　　　　　　　　　　 3000
　　　贷：其他应收款——黄河水泥厂　　　　　　3000

③公司的一辆货车在运输途中发生意外，根据保险合同应向保险公司收取保险赔款 20000 元。作会计分录如下：

借：其他应收款——某保险公司　　　　　　 20000
　　　贷：待处理财产损溢——待处理固定资产损溢　20000

④公司收到保险公司赔款 20000 元。根据银行收账通知，作会计分录如下：

借：银行存款　　　　　　　　　　　　　　 20000
　　　贷：其他应收款——某保险公司　　　　　　20000

⑤企业应收F砖厂的赔款5000元,已逾期三年,且该厂近几年连续亏损,经批准作坏账损失处理。根据有关文件,作会计分录如下:

  借:坏账准备   5000
    贷:其他应收款——F砖厂   5000

二、预付账款

预付账款是指建筑企业按照工程合同预付给分包单位的工程款和备料款以及按照购货合同预付给供应单位的购货款。

企业的预付款属于暂付款性质,没有取得商品所有权,购销活动没有正式成立。所以,在会计上不作购进处理。为了核算预付款项的结算情况,企业应设置"预付账款"账户。其借方登记企业预付的款项以及补付的款项,贷方登记企业与分包单位结算的应付工程款以及应付的购货款,期末借方余额反映企业预付的款项;如为贷方余额,则反映尚未补付的款项。本账户应分别设置"预付分包单位款"和"预付供应单位款"两个明细账户,并分别按分包单位或供应单位名称设置明细账,进行明细分类核算。

【例3-16】 企业按合同规定向分包单位市建一公司预付备料款80000元,已通过银行支付。根据支票存根,作会计分录如下:

  借:预付账款——预付分包单位款(市建一公司) 80000
    贷:银行存款   80000

【例3-17】 月末,企业与分包单位市建一公司办理工程结算,根据市建一公司提供的"工程价款结算账单",本月应付已完工程价款150000元。作会计分录如下:

  借:工程施工   150000
    贷:预付账款——预付分包单位款(市建一公司) 150000

补付工程进度款时,作分录如下:

  借:预付账款——预付分包单位款(市建一公司) 70000
    贷:银行存款   70000

【例3-18】 企业向F钢铁厂订购钢材一批,按合同规定预付购货款100000元,以银行存款支付。根据银行付款凭证,作会计分录如下:

  借:预付账款——预付供应单位款(F钢铁厂)100000
    贷:银行存款   100000

【例3-19】 企业收到F钢铁厂的发票账单和有关结算凭证,列明钢材的买价为160000元,代垫运杂费为12000元,钢材尚未办理验收入库手续。根据发票账单所列应付金额,作会计分录如下:

  借:物资采购   172000
    贷:预付账款——预付供应单位款(F钢铁厂) 172000

【例3-20】 签发转账支票一张,补付F钢铁厂购货款72000元。根据银行存款付款凭证,作会计分录如下:

  借:预付账款——预付供应单位款(F钢铁厂)72000
    贷:银行存款   72000

预付账款不多的企业,也可以将预付的款项直接记入"应付账款"账户的借方,不设置本账户。

思考题与习题

思考题

1. 建筑企业的应收账款主要包括哪些内容？如何进行核算？
2. 坏账损失的确认条件是什么？计提坏账准备的范围如何确定？如何进行坏账准备的核算？
3. 应收票据的核算内容有哪些？带息票据与不带息票据在核算上有何异同？
4. 内部往来业务如何核算？
5. 其他应收款的核算内容有哪些？
6. 建筑企业的预付账款有哪些？如何进行核算？

习题一

（一）练习应收账款及坏账损失的核算。

（二）资料：某建筑公司 2002 年 12 月份发生如下经济业务：

1.5 日，按承包合同规定应收市政府工程进度款 250000 元，已开出"工程价款结算账单"，但款项尚未收到。

2.8 日，公司所属预制构件厂向南方公司销售预制构件一批，价款 80000 元，用自备运输工具送货，应收运输费 4000 元，对方尚未支付款项。

3.24 日，收到市政府工程款 250000 元的银行收款通知。

4.27 日，收到东方公司购货款 80000 元及代垫运费 4000 元，款项已存入银行。

5. 该公司 2001 年末应收账款的年末余额为 1000000 元，其中：应收甲单位 500000 元，应收乙单位 200000 元，应收丙单位 300000 元，坏账准备金的提取比例为 5‰，年末"坏账准备"账户余额为 5000 元。2002 年 1～11 月份未发生有关坏账损失的业务，2002 年 12 月收回 2001 年度已转销的甲单位应收账款 10000 元，年末应收账款余额为 1200000 元。

（三）要求：
根据以上资料计算 2002 年末计提的坏账准备金，并编制 12 月份会计分录。

习题二

（一）练习应收票据及其贴现的核算。

（二）资料：某建筑公司 2002 年 12 月份发生如下经济业务：

1.10 日，与长达公司结算工程价款，收到不带息商业汇票一张，面值为 200000 元。

2.11 日，企业持有的面值 100000 元，票面利率 10%，承兑期限为 6 个月的商业承兑汇票到期，通过银行收回票款。

3.26 日，将企业持有的本市华祥公司开出的不带息商业汇票一张到银行贴现。该汇票的出票日期为 8 月 26 日，票据期限为 6 个月，面值 100000 元。银行贴现率为 12%，企业收到贴现款并存入开户行。

4.31 日，计提宏达公司 10 月 1 日开出的面值为 200000 元，票面利率为 8%，期限为 6 个月的商业承兑汇票。

5.31 日，企业持有怀南公司开出的面值为 50000 元的不带息商业承兑汇票一张，已到付款期，但该公司无力承付，经协商年末转作应收账款。

6. 企业已在 2002 年 9 月 30 日将江南公司开出的金额为 218000 元的不带息商业汇票一张，到银行贴现，取得贴现净额 210000 元。12 月 30 日已贴现的票据到期，但江南公司无力付款，企业收到银行退回的商业汇票和未付款通知书，以及银行已从企业划回贴现票款的付款通知。

（三）要求：根据以上资料编制会计分录。

习题三

（一）练习内部往来及其他应收、预付款项的核算。

（二）资料：某建筑公司 2002 年 12 月份发生如下经济业务：

1.13 日，按合同规定预付晋阳钢铁厂购货款 300000 元，以银行存款支付。

2.20 日，职工李小飞上班时间玩游戏，经批准应处罚款 20 元。

3.22 日，企业的一辆小型货车在运输途中发生意外事故，根据保险合同平安保险公司应赔偿损失 35000 元。

4.23 日，采购员骆飞预借差旅费 3000 元，开出现金支票支付。

5.27 日，收到从晋阳钢铁厂订购材料的发票账单和有关凭证，材料价款 450000 元。当日开出支票补付货款 150000 元。

6.28 日，收到内部独立核算的混凝土搅拌站开出的结算账单，公司下属的预制构件厂耗用混凝土价值 50000 元。公司内部独立核算单位之间的往来通过公司财务核算。

7.29 日，收到平安保险公司赔款 35000 元。

8.30 日，采购员骆飞出差回来，报销差旅费 2800 元，退回现金 200 元。

（三）要求：根据以上资料编制会计分录。

第四章 存 货

存货是指企业在日常生产经营过程中持有的以备出售的产成品或商品,或者为了出售仍然处在生产过程中的在产品,或者将在生产或提供劳务过程中耗用的材料物资,包括各类材料、低值易耗品、周转材料、在产品、半成品、产成品等。

第一节 概 述

一、存货的分类
(一)按存货的经济内容分类

按其经济内容的不同,存货可以分为以下几类:

1. 材料

材料包括主要材料、结构件、机械配件、其他材料、周转材料(包括大型钢模)等。

(1)主要材料。主要材料是指构成工程或产品实体的各种材料。包括黑色金属材料(如钢材等)、有色金属材料(如铜材、铝材等)、木材(如原木、方材、板材等)、硅酸盐材料(如水泥、砖、瓦、石灰、砂、石等)、小五金材料(如合页、钉等)、陶瓷材料(如瓷砖、面盆、坐便器等)、电器材料(如灯、线等)、化工材料(如油漆等)。

(2)结构件。结构件是指经过吊装、拼砌和安装就能构成房屋建筑物实体的各种结构件。如各种材质的门窗、钢木屋架、钢筋混凝土预制构件等。

(3)机械配件。机械配件是指施工机械、生产设备、运输设备等各种机械设备替换、维修用的各种零件和配件,以及为机械设备准备的备品、备件等。

(4)其他材料。其他材料是指除主要材料、结构件、机械配件以外的各种一次性消耗材料。如燃料、油料、冷冻剂、爆破材料等。

2. 周转材料。周转材料是指在施工生产过程中能够多次使用,可以基本保持其原有实物形态,并逐渐转移其价值的工具性材料。如木模板、组合钢模板、挡土板、脚手架以及塔吊使用的轻轨、枕木等。

3. 低值易耗品

低值易耗品是指使用期限较短,单位价值较低,不作为固定资产管理的各种物品。如各种工具、管理用具、劳保用品、玻璃器皿等。

4. 在建工程。指尚未完成施工过程,正在建造的各类建筑工程。

5. 在产品

6. 半成品或产成品。

(二)按照存货的保管责任和存放地点分类

按照保管责任和存放地点,可将存货分为以下几类:

1. 库存存货

指储存在仓库或存放在施工现场的各种材料、在产品、产成品等。

2. 在途存货

指货款已经支付，但尚未运达企业的各种材料，以及虽已运达企业但尚未办理验收入库手续的各种材料，以及已经发出但尚未实现销售的产成品等。

3. 委托加工存货

指企业委托外单位正在加工、改制的各种材料、物品等。

4. 自制存货

指企业自行组织生产、加工的各种材料、物品等。

二、收入存货入账价值的确定

各种存货应当按取得时的实际成本入账。存货实际成本的构成，因取得方式的不同而不同。

1. 购入的存货

建筑企业购入存货的成本通常包括买价、运杂费、税金和采购保管费等。

（1）买价。指购入存货发票上所填列的价款和手续费。

（2）运杂费。指存货运到工地仓库（或施工现场堆放存货的地点）以前所发生的包装费、运输费、装卸费、保险费以及合理的运输途中损耗等费用。

（3）按规定应计入成本的税金。如进口物资按规定支付的进口关税等。

（4）采购保管费。指企业的材料供应部门和仓库在组织材料物资的采购、供应和保管过程中所发生的费用。包括采购和保管人员的工资、工资福利费、劳动保护费、办公费、差旅交通费、检验实验费、材料整理及零星运费、材料盘亏及毁损、固定资产的折旧及修理费、工具用具使用费等。采购保管费属于材料的间接成本，应采用先归集后分配的方法计入材料成本。

需要说明的是，建筑企业外购存货支付的增值税，应区分以下两种不同情况处理：

（1）经有关部门确认为小规模纳税人的企业，其采购货物支付的增值税，一律记入所购货物的成本，而不论其是否取得增值税专用发票。

（2）经有关部门确认为一般纳税人的企业，其采购货物的增值税，应进一步区分不同情况处理。

1）凡增值税专用发票或完税凭证中注明的增值税款，不计入所购物资的采购成本，而作为进项税额单独记账；

2）未能取得增值税专用发票或完税凭证以及购进货物用于非应交增值税项目或免交增值税项目的，支付的增值税计入所购物资的采购成本。

3）一般纳税人采购的农产品，可按其买价的10%计算增值税作为进项税额单独核算。企业应按扣除这部分进项税额后的价款作为购入物资的采购成本。

4）一般纳税人外购货物所支付的运输费用，可按7%的扣除率计算进项税额。企业应按扣除这部分进项税额后的价款作为购入存货的运杂费入账。

建筑企业因不经常发生增值税的应税行为，一般被核定为小规模纳税人，外购货物支付的增值税计入存货的成本。

2. 建设单位供应的存货

建设单位供应的存货应按合同确定的方法计价，通常是以材料的预算价格为依据，扣除一部分保管费，作为存货的实际成本。

3. 自制的存货

其实际成本包括自制过程中发生的直接材料费、直接人工费、其他直接费和分摊的间接费用。

4. 委托外单位加工的存货

委托外单位加工存货的实际成本包括加工过程中耗用材料的实际成本、加工费和往返运杂费以及应负担的税金等。

5. 投资人投入的存货

投资人投入的存货按投资各方确认的价值作为实际成本。

6. 接受捐赠的存货

按照发票账单所列金额加企业负担的相关税费作为实际成本。无发票账单的，应当参照同类或类似存货的市场价格估计的金额加上应支付的相关税费确定实际成本。

7. 盘盈的存货按照同类或类似存货的市场价格确定入账价值。

三、发出存货的计价方法

发出存货的计价方法有实际成本计价法和计划成本计价法两种。

（一）实际成本计价法

《企业会计准则——存货》第17条规定：企业应当根据各类存货的实际情况，确定发出存货的实际成本，可以采用的方法有个别计价法、先进先出法、加权平均法、移动平均法和后进先出法等。

1. 先进先出法

先进先出法是以先购进的存货先发出为假定前提，对发出存货和期末存货进行计价的方法。采用这一方法，收入存货时要逐笔登记每一批存货的数量、单价和金额；发出存货时，按先进先出的原则确定单价，逐笔登记存货的发出和结存金额。

这种方法的优点是：发出存货时即可确定存货的实际成本，核算及时，核算工作量分散在平时进行，减少了月末工作量。缺点是核算手续繁琐，有时发出一批存货要采用两种或两种以上的单价确定其实际成本，计价工作量大。

【例4-1】 某企业2002年8月份32.5级水泥收发结存情况如表4-1所示。

材料收发结存月报表

2002年8月 表4-1

日 期	摘 要	入 库		发出数量（t）	结存数量（t）
		数量（t）	单价（元）		
8.1	期初结存				5（单价240）
8.5	购 进	30	230		35
8.7	领 用			25	10
8.15	购 进	30	235		40
8.20	领 用			30	10
8.23	购 进	30	240		40
8.28	领 用			30	10

根据表 4-1 资料，采用先进先出法计算发出存货成本如表 4-2。

2. 后进先出法

后进先出法是以后收到的存货先发出为假定前提，对发出存货和期末存货进行计价的一种方法。采用这种方法，发出存货的成本按最近购进价计量，而月末存货成本按早期的购进价确定。

【例 4-2】 仍以表 4-1 资料为例，采用后进先出法计算发出存货成本如表 4-3。

库存材料——主要材料明细账（先进先出法） 表 4-2

材料名称：32.5 级水泥　　　　　　　　　　　　　　　　　　　　　计量单位：t

年		凭证编号	摘要	收入			发出			结存		
月	日			数量	单价	金额	数量	单价	金额	数量	单价	金额
8	1	略	期初结存							5	240	1200
	5		购　进	30	230	6900				5 30	240 230	1200 6900
	7		领　用				5 20	240 230	1200 4600	10	230	2300
	15		购　进	30	235	7050				10 30	230 235	2300 7050
	20		领　用				10 20	230 235	2300 4700	10	235	2350
	23		购　进	30	240	7200				10 30	235 240	2350 7200
	28		领　用				10 20	235 240	2350 4800	10	240	2400
			合　计	90		21150	85		19950	10	240	2400

库存材料——主要材料明细账（后进先出法） 表 4-3

材料名称：32.5 级水泥　　　　　　　　　　　　　　　　　　　　　计量单位：t

年		凭证编号	摘要	收入			发出			结存		
月	日			数量	单价	金额	数量	单价	金额	数量	单价	金额
8	1	略	期初结存							5	240	1200
	5		购　进	30	230	6900				5 30	240 230	1200 6900
	7		领　用				25	230	5750	5 5	240 230	1200 1150
	15		购　进	30	235	7050				5 5 30	240 230 235	1200 1150 7050
	20		领　用				30	235	7050	5 5	240 230	1200 1150

46

续表

年		凭证编号	摘要	收入			发出			结存		
月	日			数量	单价	金额	数量	单价	金额	数量	单价	金额
	23		购进	30	240	7200				5 5 30	240 230 240	1200 1150 7200
	28		领用				30	240	7200	5 5	240 230	1200 1150
			合计	90		21150	85		20000	5 5	240 230	1200 1150

这种方法的优点是：本期发出存货的成本较接近于现时成本，可以使存货的价值得到有效的补偿，符合收入与费用配比的原则，有利于准确反映当期的损益。缺点是：由于期末结存的存货是按早期的单位成本计价的，使得资产负债表不能反映企业真实的财务状况，在物价不稳定时尤为突出。

3. 加权平均法

加权平均法是以期初结存数量和本期收入数量为权数，于期末一次计算出存货的加权平均单价，并以此单价计算本期发出存货成本和结存存货成本的方法。采用这种方法，平时收入存货时按数量、单价、金额登记，领用时只登记数量，不登记单价和金额，月末按加权平均单价计算发出存货和结存存货的实际成本。其计算公式为：

$$\text{某种存货的加权平均个单价} = \frac{\text{期初结存该种存货的实际成本} + \text{本期收入该种存货的实际成本}}{\text{期初结存该种存货的数量} + \text{本期收入该种存货的数量}}$$

本期发出某种存货的成本 = 本期发出数量 × 该种存货的加权平均单价

期末结存该种存货的成本 = 期末结存数量 × 该种存货的加权平均单价

当计算出的加权平均单价不是整数时，可采用倒挤法计算存货的成本，即：

期末结存存货成本 = 期末结存存货数量 × 加权平均单价

本期发出存货成本 = 期初结存存货成本 + 本期收入存货成本 − 期末结存存货成本

【例 4-3】 仍以表 4-1 资料为例，采用加权平均法计算发出存货成本如表 4-4。

库存材料——主要材料明细账（加权平均法） 表 4-4

材料名称：32.5 级水泥 计量单位：t

年		凭证编号	摘要	收入			发出			结存		
月	日			数量	单价	金额	数量	单价	金额	数量	单价	金额
8	1	略	期初结存							5	240	1200
	5		购进	30	230	6900				35		
	7		领用				25			10		
	15		购进	30	235	7050				40		
	20		领用				30			10		
	23		购进	30	240	7200				40		
	28		领用				30			10		
合计				90		21150	85		20000	10	235	2350

$$\text{加权平均单价} = \frac{1200 + 21150}{5 + 90} \approx 235 \text{ 元}$$

$$\text{期末结存存货成本} = 10 \times 235 = 2350 \text{ 元}$$

$$\text{本期发出存货成本} = 1200 + 21150 - 2350 = 20000 \text{ 元}$$

这种方法的优点是：采用加权平均法，月末一次计算平均单位成本，工作量小，计算较合理。缺点是：计价工作集中在月末进行，容易影响会计核算的及时性。同时，日常发出存货及结存存货的金额在账面上得不到反映，不便了解其资金的实际占用情况。如果各月存货的实际平均单价变化不大，可以按上月实际平均单价作为本月平均单价。

4. 移动平均法

移动平均法是指每当收入存货时，即根据当前的存货数量和总成本计算出新的平均单位成本，再按这个平均单位成本，计算随后发出存货和结存存货成本的方法。其计算公式为：

$$\text{移动加权平均单价} = \frac{\text{以前结存存货实际成本} + \text{本次收入存货实际成本}}{\text{以前结存存货数量} + \text{本次收入存货数量}}$$

【例 4-4】 仍以表 4-1 资料为例，采用移动平均法计算发出存货成本如表 4-5。

库存材料——主要材料明细账（移动平均法）　　　　　　表 4-5

材料名称：32.5 级水泥　　　　　　　　　　　　　　　　　计量单位：t

年		凭证编号	摘要	收入			发出			结存		
月	日			数量	单价	金额	数量	单价	金额	数量	单价	金额
8	1		略	期初结存						5	240	1200
	5		购进	30	230	6900				35	231	8100
	7		领用				25	231	5790	10	231	2310
	15		购进	30	235	7050				40	234	9360
	20		领用				30	234	7020	10	234	2340
	23		购进	30	240	7200				40	239	9540
	28		领用				30	239	7150	10	239	2390
合	计			90		21150	85		19960	10	239	2390

上表中：第一次购料后的平均单价 =（1200 + 6900）÷（5 + 30）≈ 231 元/t

第二次购料后的平均单价 =（2310 + 7050）÷（10 + 30）= 234 元/t

第三次购料后的平均单价 =（2340 + 7200）÷（10 + 30）≈ 239 元/t

移动平均法的优点在于可以随时结转发出存货的成本，便于存货的日常管理。但收入一次存货计算一次平均单价，计价工作量较大。

5. 个别计价法

个别计价法是指每次发出存货的实际成本按其购入时的实际成本分别计价的方法。这种方法所确定的存货发出成本和结存成本最为准确，且可以随时结转，但其应用的条件是必须正确认定存货的批次、单价，因此，核算工作量比较大。适用于品种数量不多、单位成本较高、容易识别的存货，或一般不能互换使用、及为特定项目专门购入或制造并单独存放的存货。

以上是企业按实际成本计价时发出存货成本的计价方法。企业可根据具体情况选用，但一经确定，不得随意变更。如有变更，应在年度财务会计报告中加以说明。

（二）计划成本计价法

如果企业存货的品种较多、收发频繁，通常采用计划成本计价法确定发出存货的成本。其基本方法如下：

（1）企业应预先制定各种存货的计划成本目录。规定存货的分类、名称、规格、编号、计量单位和计划单位成本。计划单位成本在年度内一般不做调整。

（2）平时收到存货时，应按计划单位成本填入收料单内，并将实际成本与计划成本的差额，作为"材料成本差异"分类登记。

（3）平时领用、发出的存货，都按计划成本计算，月份终了再将本月发出的存货应负担的成本差异进行分摊，将发出存货的计划成本调整为实际成本。

发出存货应负担的成本差异，必须按月分摊，不得在季末或年末一次计算。发出存货应负担的成本差异，除委托外部加工发出材料可按上月的差异率计算外，都应使用当月的实际差异率；如果上月的成本差异率与本月成本差异率相差不大的，也可按上月的成本差异率计算。计算方法一经确定，不得随意变更。

材料成本差异率的计算公式如下：

$$本月材料成本差异率 = \frac{月初结存材料的成本差异 + 本月收入材料的成本差异}{月初结存材料的计划成本 + 本月收入材料的计划成本} \times 100\%$$

$$上月材料成本差异率 = \frac{月初结存材料的成本差异}{月初结存材料的计划成本} \times 100\%$$

第二节　材料的购进和领用

一、材料采购和领用的凭证

企业在收发材料时，必须取得或填制有关收发凭证，办理必要的手续。只有审核无误的材料收发凭证，才能作为材料核算的依据。

（一）材料采购的凭证和手续

收入材料要办理货款结算和验收入库两方面的手续，并取得和填制各种凭证。货款结算凭证一般有供应单位、运输单位的发票、运单、提货单和银行结算凭证等，材料入库的凭证一般有"收料单"等。收料单一式三联，其中一联由材料供应部门存查，一联送财会部门据以进行材料购进的核算，一联仓库留存，据以登记库存材料三级明细账（卡）。为了便于分类和汇总，收料单一般采用一料一单的形式。其格式见表4-6。

收　料　单　　　　　　　　　　　　　　　　　　表4-6

材料类别：硅酸盐　　　　　　　　　　料单编号：123号
供货单位：黄河水泥厂　　　　　　　　收料仓库：2号库

材料编号	材料名称	规格	计量单位	数量		实际成本		计划成本		备注
				应收	实收	单价	金额	单价	金额	
2001	水泥	32.5级	t	30	30	230	6900			

供应部门：张彪　　　　　　交料人：刘敏　　　　　　收料人：王浩

提货人员在提货时，如果发现短缺、毁损等情况，应填制"短缺损坏清单"，由运输机构签证后，连同材料一起送交仓库。

对于质量、数量与供应单位发票不符的材料，应由仓库填制"数量质量不符通知单"，通知供应部门。供应部门应当根据运输机构签证的"短缺损坏清单"和仓库填制的"数量质量不符通知单"，填制"赔偿请求单"，向运输单位或供应单位索赔。

对于需要分次验收的大堆材料，如砖、瓦、灰、沙、石等，可于每次验收时，先在"验收记录"上登记收入数量，待全部运到验收完毕后，再根据"验收记录"在"收料单"上填写实收数量。

（二）领用材料的凭证手续

建筑企业材料领用的凭证，一般有"领料单"、"定额领料单"、"大堆材料耗用计算单"等。

1. 领料单

领料单是一种一次性使用的领发料凭证。领料单应由领料单位填制，经负责人签章后据以办理领料手续。为了便于分类和汇总，领料单一般一式三联，其中一联留仓库据以登记材料明细账；一联退给领料单位存查；一联送交会计部门据以进行材料发出的核算。领料单的一般格式如表4-7。

领 料 单   表 4-7

领料单位：第一项目部   编　号：005
用　　途：甲工程   发料仓库：2号库

| 材料编号 | 材料名称 | 材料规格 | 计量单位 | 数量 | | 计划成本 | | 备注 |
				请领	实发	单价	金额	
2002	钢材	φ8	t	3	3	1200	3600	

仓库保管：王浩   领料人：赵华

2. 限额领料单

又称定额领料单，是一种可在规定的领用限额内多次使用的累计领料凭证。它适用于经常需要并规定有消耗定额的各种材料的领用。限额领料单一式两联，由生产计划部门签发，分别交由领料单位和仓库据以领料和发料。每次领料后，在两联内同时填写实领数，算出限额结余，并由领料人和发料人同时签章；月末，结出实发数量和金额，送交会计部门据以记账。限额领料单的一般格式如表4-8。

限 额 领 料 单   表 4-8

领料单位：第一项目部   2002年8月   编　号：006
工程名称：甲工程   发料仓库：3号库
工程内容：钢筋混凝土基础

| 材料名称及规格 | 计量单位 | 单位消耗定额 | 定额用量 | | 实际用量 | 节超数量 | 计划成本 | | 备注 |
			计划	追加			单价	金额	
32.5级水泥	T	0.1	500		480	20	235	112800	

领 料 记 录

年		请 领		实 发		退 回			限额节余
月	日	数量	领料单位负责人签章	发料人签章	领料人签章	数量	发料人签章	退料人签章	
8	5	200		200					
8	15	100		100					
8	20	100		100					
8	25	100		100		20			
		500		500		20			20

仓库保管：王浩　　　　　　　　　　　　　　　　　　　　　　　　领料：赵华

3. 大堆材料耗用计算单

大堆材料耗用计算单，主要适用于用料时既不易点清数量，又难于分清受益对象的大堆材料，如施工现场露天堆放的砖、瓦、砂、石等。对于大堆材料，一般采用实地盘存法，于月末盘点结存数，倒算出本月耗用数。其计算公式为：

本月实际耗用量 = 月初结存数量 + 本月进料数量 − 月末结存数量

$$\text{某成本核算对象本月实际耗用量} = \text{该成本核算对象的定额用量} \times \frac{\text{各成本对象本月实际耗用量合计}}{\text{各成本对象本月定额耗用量合计}}$$

大堆材料耗用计算单的一般格式如表4-9。

大堆材料耗用量计算单　　　　　　　　　　　表4-9
2002年8月

材料名称	黄 砂	碎 石		
单价/单位	30元/m³	25元/m³		
月初结存数	15	10		
加：本月收入	100	100		
减：本月调出				
月末结存数	15	20		
本月耗用数	100	90		

耗用数用于下列各成本核算对象

成本核算对象	黄 砂			碎 石		
	定额用量	实耗数量	金 额	定额用量	实耗数量	金 额
甲工程	70	70	2100	40	40	1000
乙工程	30	30	900	50	50	1250
合 计	100	100	3000	90	90	2250

4. 集中配料耗用计算单

领料时虽能点清数量，但属集中配料或统一下料的材料，如油漆、木材、钢筋等，耗用时不能直接根据"领料单"计入有关用料对象中去，而必须按配制成综合料的耗用量计入。为了在领用时就能分清用途，应在领料单上填明"工程集中配料"字样。月终时，将配制后综合料以实际耗用的比重或定额耗用量为基础，分配于有关用料对象。其计算公式为：

（1）按实际耗用的比重分配

某用料对象的实耗量 = 实际耗用总量 × 该用料对象实际耗用的比重

（2）按定额耗用量分配

$$某用料对象的实耗量 = 该用料对象的定额用量 \times \frac{实际耗用总量}{定额耗用总量}$$

集中配料的计算和分配，应通过编制"集中配料耗用计算单"进行，其格式如表4-10。

集中配料耗用计算单 表4-10

2002年8月31日

名称规格	调和漆		松香水		清 漆		配制后综合料	
单位、单价	16.00元/kg		8.0元/kg		18.00元/kg		16.00元/kg	
	数量	金额	数量	金额	数量	金额	数量	金额
上月结存	150		50		100		20	500
加：本月新领或配成	300		30				380	5900
减：本月调出	50							
月末盘存	80		50		70		40	640
本月耗用	320	5120	30	240	30	540	360	5760

综合料耗用量分配于下列对象

成本核算对象	用量或百分率	金额	成本核算对象	用量或百分率	金额
安居工程	160	2560			
商品楼	200	3200			
合 计	360	5760			

在表4-10中，本月各项材料耗用之和应等于"配制后综合料"的"本月新领或配成数"。每一成本核算对象耗用的数量及单价，应按配制后的综合料计算。

另外，对于施工生产中已经领出但尚未使用，下期需要继续使用的材料（称为已领未用材料），可办理"假退料"手续（实物不移动，只作账面处理）。即首先用红字填写本期领料单，冲减本期领用材料的记录；再按相同数量、金额填写下期领料单，计入下期工程（产品）的材料成本。这种业务，一般仓库材料明细账不作记录，以简化核算手续。

二、材料购进和领用按实际成本计价的核算

材料按实际成本计价进行日常收发核算，是指从材料收发凭证的填制到明细分类账和总分类账的登记，全部按实际成本计价。建筑企业应设置"库存材料"、"在途物资"和"采购保管费"等账户，进行材料的总分类核算。

"库存材料"账户核算企业各种库存材料的实际成本。其借方登记验收入库的材料的实际成本，贷方登记发出材料的实际成本，期末借方余额反映库存材料的实际成本。本账户应设置"主要材料"、"结构件"、"机械配件"、"其他材料"等二级明细分类账，并按材料的品种、规格和保管地点等设置三级明细账，进行明细分类核算。

"在途物资"账户，核算企业购入尚未到达或尚未验收入库的各种物资的实际成本。其借方登记已付款但尚未入库的物资的实际成本，贷方登记验收入库物资的实际成本，期末借方余额表示在途物资的实际成本。本账户应按供应单位设置明细账进行明细核算。

"采购保管费"账户，核算企业材料物资供应部门为采购、验收、保管和收发材料物资所发生的各种费用。其借方登记实际发生的各项采购保管费用，贷方登记月末分配转出的采购保管费。期末借方余额表示库存材料应负担的采购保管费。本账户应按采购保管费的项目设置专栏进行明细核算。

（一）材料购进的核算

由于企业购入材料的结算方式和采购地点不同，材料入库和货款的支付在时间上不一定同步，其账务处理也有所不同。

1. 货款支付，材料入库

对于购进材料时，发票账单与材料同时到达的采购业务，企业在支付货款并将材料验收入库后，应根据银行结算凭证、发票账单和收料单等确定的材料成本，借记"库存材料"账户，贷记"银行存款"账户。

【例4-5】 2日，企业向黄河水泥厂购进32.5级水泥30t，发票价6900元，材料已验收入库，货款已支付。根据银行结算凭证、发票账单和收料单等，作会计分录如下：

  借：库存材料——硅酸盐材料（水泥） 6900
    贷：银行存款   6900

2. 货款支付，材料在途

对于已付款或已开出、承兑商业汇票，但材料尚未到达（或尚未验收入库）的采购业务，应根据结算凭证、发票账单等，借记"在途物资"账户，贷记"银行存款"或"应付票据"账户。待材料到达验收入库后，再根据收料单，借记"库存材料"账户，贷记"在途物资"账户。

【例4-6】 10日，企业向A砖厂购进机制红砖10万块，买价20000元，运杂费1500元，以银行本票支付，但红砖尚未到达。企业根据发票账单和银行结算凭证，作会计分录如下：

  借：在途物资——A砖厂   21500
    贷：其他货币资金——银行本票   21500

待红砖运达企业并验收入库后，作会计分录如下：

  借：库存材料——硅酸盐材料（红砖） 21500
    贷：在途物资——A砖厂   21500

3. 材料入库，货款未付

对于材料已验收入库，但发票账单等结算凭证未到，货款尚未支付的采购业务，在收到材料时，可暂不入账，先记入备查簿，待发票账单等结算凭证到达并付款后再入账。但是，若月末发票账单仍未到达，则应对该材料暂估入账。入账时，借记"库存材料"账户，贷记"应付账款"账户。下月初用红字做同样的记账凭证予以冲回，待结算凭证到达后，按正常程序进行账务处理。

【例4-7】 18日，从晋钢购进钢材10t，已到货并验收入库。月末，因发票账单尚未到达，企业按预算价格12000元暂估入账。作会计分录如下：

借：库存材料——黑色金属（钢材）　　　　　　12000
　　　　　贷：应付账款——晋钢　　　　　　　　　　　　12000
　下月初，用红字冲销上述暂估记录，作会计分录如下：
　　借：库存材料——黑色金属（钢材）　　　　　　12000
　　　　　贷：应付账款——晋钢　　　　　　　　　　　　12000
　下月收到发票账单，上述钢材的买价和运杂费共计14000元，以银行存款支付。作会计分录如下：
　　借：库存材料——黑色金属（钢材）　　　　　　14000
　　　　　贷：银行存款　　　　　　　　　　　　　　　　14000

4. 运杂费的核算

建筑企业外购材料发生的运费，能分清受益对象的，应直接计入各种材料的采购成本中，不能分清的，可按材料的重量或买价的比例，分配计入各种材料的采购成本。对于零星发生的市内运杂费，直接计入"采购保管费"账户。

【例4-8】 企业从外地广盛贸易公司购进钢材和玻璃钢一批。钢材150t，单价3500元，计525000元；玻璃钢8000m^2，单价40元，计320000元，广盛贸易公司代垫运杂费16900元。该批材料由平顺运输公司承运。上述款项已付，尚未办理验收入库手续。其会计处理为：

①按买价分配综合运杂费

运杂费分配率 = 16900 ÷（525000 + 320000）× 100% = 2%

钢材应分配运杂费 = 525000 × 2% = 10500元

玻璃钢应分配运杂费 = 320000 × 2% = 6400元

②计算钢材和玻璃钢的实际成本

钢材实际成本 = 525000 + 10500 = 535500元

玻璃钢实际成本 = 320000 + 6400 = 326400元

③根据发票账单和付款凭证，作会计分录如下：
　　借：在途物资——广盛贸易公司（钢材）　　　　535500
　　　　　　　　——广盛贸易公司（玻璃钢）　　　326400
　　　　　贷：银行存款　　　　　　　　　　　　　　　861900

5. 购入材料的短缺和损耗

企业购入的材料在验收时可能会发生短缺和损耗。对此必须查明原因，分清责任，区别不同情况进行处理。

对于定额内损耗，不另作账务处理，只是相应提高入库材料的实际单位成本。

对于供应单位造成的短缺，应区别两种情况处理：一是当货款未付时，应按短缺数量计算拒付金额，向银行办理拒付手续，并按实际支付金额借记"库存材料"账户，贷记"银行存款"账户；二是当货款已付时，应向供应单位提出索赔，根据有关索赔凭证借记"应付账款"账户或"其他应收款"账户，贷记"在途物资"账户。

对于运输单位造成的短缺，应向运输单位索赔。索赔款通过"其他应收款"账户核算。

对于需要报请批准或尚待查明原因的短缺，应将其价款先记入"待处理财产损溢"账户核算。待批准或查明原因后,再根据不同情况进行账务处理:属于应由供应单位、运输部门、保险公司等赔偿的损失,计入其他应收款;属于自然灾害等非正常原因造成的损失,应将扣除残料价值、过失人和保险公司赔偿后的净损失计入营业外支出;属于无法收回的超定额损耗,应在报经批准后,计入材料采购成本。

【例4-9】 承例4-8,假设上述材料验收入库时,发现钢材短少5t,其中1t应由运输部门赔偿,其余4t原因待查;玻璃钢短少10m^2,属于运输途中合理损耗。其会计处理为:

①计算索赔和短缺金额:

钢材单位成本 = 535500÷150 = 3570元

应向平顺运输公司索赔的金额 = 3570×1 = 3570元

尚待查明原因的短缺金额 = 3570×4 = 14280元

②向运输部门索赔,作会计分录如下:

借:其他应收款——平顺运输公司　　　　　3570
　　贷:在途物资——广大贸易公司　　　　　　3570

③尚待查明原因,未经批准的损失,作会计分录如下:

借:待处理财产损溢——待处理流动资产损溢　14280
　　贷:在途物资——广大贸易公司　　　　　　14280

④运输途中的合理损耗不作会计处理,只提高单位成本。

玻璃钢单位成本 = 326400÷(8000-10) = 40.85元

⑤根据入库凭证结转在途物资成本,作会计分录如下:

借:库存材料——黑色金属(钢材)　　　　　517650
　　　　　　——硅酸盐材料(玻璃钢)　　　326400
　　贷:在途物资——广大贸易公司　　　　　　844050

(二)材料领用的核算

建筑企业材料的领发业务频繁,为了简化日常核算工作,平时一般只登记材料明细分类账,反映各种材料的收发和结存金额,月末,根据发料凭证,按领用部门和用途,汇总编制"发料凭证汇总表",据以进行总分类核算。

材料按实际成本计价的企业,库存材料账户一般只核算材料的买价和运杂费,采购保管费并不分配记入材料账户,发料凭证上的金额仅是材料的直接成本。因此,进行发出材料核算时,不仅要结转材料的买价和运杂费,还应按比例将采购保管费分配给领料对象负担。

采用实际成本计价时,采购保管费的分配计算公式如下:

$$\text{本月采购保管费分配率} = \frac{\text{采购保管费月初余额} + \text{采购保管费本月发生额}}{\text{月初结存材料的买价和运杂费} + \text{本月购入材料的买价和运杂费}}$$

$$\text{本月领用材料应分配保管费} = \text{本月领用材料的买价和运杂费} \times \text{本月采购保管费实际分配率}$$

$$\text{库存材料应负担采购保管费} = \text{采购保管费月初余额} + \text{采购保管费本月发生额} - \text{本月领用材料已分配的采购保管费}$$

采用上述方法进行分配后,采购保管费账户的月末余额,即为库存材料应负担的采购保管费。在编制月份资产负债表时,合并记入"存货"项目中。

【例4-10】 根据仓库转来的领料凭证，编制发料凭证汇总表。见表4-11。企业的会计处理为：

发 料 凭 证 汇 总 表　　　　　　　　　　表4-11
2002年8月31日　　　　　　　　　　　　单位：元

材料类别 用料对象	主要材料				结构件	机械配件	其他材料	合　计
	黑色金属	硅酸盐	其　他	小　计				
1. 工程施工								
甲工程	3600	44500		48100	50000			98100
乙工程	6000	26850		32850	80000			112850
小计	9600	71350		80950	130000			210950
2. 机械作业						2000		2000
3. 辅助生产							1500	1500
4. 施工管理部门							800	800
合　　计	9600	71350		80950	130000	2000	2300	215250

（1）根据"发料凭证汇总表"，作会计分录如下：

借：工程施工——甲工程　　　　　　　　98100
　　　　　　　——乙工程　　　　　　　112850
　　机械作业　　　　　　　　　　　　　2000
　　辅助生产　　　　　　　　　　　　　1500
　　施工间接费用　　　　　　　　　　　800
　贷：库存材料——主要材料（黑色金属）　9600
　　　　　　　——主要材料（硅酸盐）　71350
　　　　　　　——结构件　　　　　　　130000
　　　　　　　——机械配件　　　　　　2000
　　　　　　　——其他材料　　　　　　2300

（2）计算结转各用料对象应负担的采购保管费

假设本月"采购保管费"账户的月初余额为3000元，本月发生额为10200元；月初结存材料的买价和运杂费为45000元，本月购进材料的买价和运杂费为244500元；本月领用材料215250元。计算分配采购保管费如下：

本月采购保管费分配率 $= \dfrac{3000+10200}{45000+244500} \times 100\% = 4.56\%$

甲工程应负担的采购保管费 $= 98100 \times 4.56\% = 4473.36$ 元
乙工程应负担的采购保管费 $= 112850 \times 4.56\% = 5145.96$ 元
机械作业应负担的采购保管费 $= 2000 \times 4.56\% = 91.2$ 元
辅助生产应负担的采购保管费 $= 1500 \times 4.56\% = 68.4$ 元
管理部门应负担的采购保管费 $= 800 \times 4.56\% = 36.48$ 元

作会计分录如下：

借：工程施工——甲工程　　　　　　　　4473.36

——乙工程		5145.96
机械作业		91.2
辅助生产		68.4
施工间接费用		36.48
贷：采购保管费		9815.4

三、材料购进和领用按计划成本计价的核算

采用计划成本进行材料日常收、发核算的企业，一般应设置以下会计账户：

"物资采购"账户。用以核算购入的各种材料物资的实际成本、计划成本和成本差异。其借方登记采购材料的实际成本（包括支付的买价、运杂费及分配计入的采购保管费等），贷方登记已付款并已验收入库的材料物资的计划成本，以及应收回的短缺材料的成本。已验收入库材料物资的实际成本大于计划成本的超支差（正差），应于月末转入"材料成本差异"账户的借方；反之则为节约差（负差），应于月末转入"材料成本差异"账户的贷方。期末借方余额表示在途材料的实际成本。本账户应按材料类别设置明细账，进行明细分类核算。

"库存材料"账户。用以核算企业各种库存材料的计划成本。其借方登记验收入库材料的计划成本，贷方登记发出材料的计划成本，期末借方余额反映库存材料的计划成本。本账户应按材料的类别、品种、规格和保管地点设置明细账进行明细核算。

"材料成本差异"账户。用以核算企业各种材料物资的实际成本与计划成本之间的差异。其借方登记收入材料实际成本大于计划成本的差异，贷方登记收入材料实际成本小于计划成本的差异以及发出材料应负担的成本差异（实际成本大于计划成本的差异用蓝字登记，实际成本小于计划成本的差异用红字登记），期末借方余额表示库存材料的实际成本大于计划成本的差异（称为超支差或正差）；如为贷方余额，则表示库存材料的实际成本小于计划成本的差异（称为节约差或负差）。本账户应按材料类别设置明细账进行明细分类核算。

（一）材料购进的核算

1. 货款支付，材料入库

对于付款后随即收料的采购业务，应根据发票账单和银行存款结算凭证，借记"物资采购"账户，贷记"银行存款"等账户；同时，根据收料单，借记"库存材料"账户，贷记"物资采购"账户。

【例4-11】 8月25日，企业向黄河水泥厂购进水泥300t，每吨240元，发生运杂费4000元，货款及运杂费计76000元已通过银行支付，材料已验收入库。水泥的计划成本为每吨235元，计70500元。

根据发票账单和银行结算凭证作会计分录如下：

借：物资采购——硅酸盐材料	76000	
贷：银行存款		76000

根据收料单，作会计分录如下：

借：库存材料——硅酸盐材料（水泥）	70500	
贷：物资采购——硅酸盐材料		70500

2. 货款支付，材料在途

对于货款已付，但材料尚未到达的采购业务，企业应在支付货款时，先通过"物资采购"账户进行核算。待材料验收入库后，再根据收料单，借记"库存材料"等账户，贷记"物资采购"账户。

应当注意的是，企业根据合同规定预付给供应单位的购货定金，应在"预付账款"账户核算，不得通过"物资采购"账户核算。因为企业预付购货款时，购买行为尚未真正发生，预付的货款不是所购材料物资的实际价款。只有在收到发票账单后，才能根据发票账单所列金额记入"物资采购"账户。

【例4-12】 8月5日，企业向G砂石厂购进碎石300t，买价30000元，运杂费3000元。根据发票账单，签发并承兑金额为33000元的商业汇票一张交给G砂石厂，材料尚在运输途中。根据银行结算凭证，作会计分录如下：

借：物资采购——硅酸盐材料　　　　　　33000
　　贷：应付票据　　　　　　　　　　　　　　　33000

8月10日，碎石已全部运到并已验收入库，其计划成本为35000元。根据收料单，作会计分录如下：

借：库存材料——硅酸盐材料（碎石）　　35000
　　贷：物资采购——硅酸盐材料　　　　　　　35000

【例4-13】 8月28日企业向K砖瓦厂购进水泥瓦1000张，水泥瓦的买价5000元，运杂费500元，货款已付，材料尚未入库。根据有关凭证作会计分录如下：

借：物资采购——硅酸盐材料　　　　　　5500
　　贷：银行存款　　　　　　　　　　　　　　　5500

上项水泥瓦月末尚未到货，其买价和运杂费作为在途材料保留在"物资采购"账户的借方，待以后月份收料并验收入库后，再根据收料单作结转材料计划成本的会计处理。

3. 材料入库，货款未付

对于已经验收入库但发票账单尚未到达的材料物资，可暂不作会计处理，待发票账单到达后，再按发票账单所列金额记入"物资采购"账户。如果月终发票账单仍未到达，则应按计划成本或合同价格暂估入账，借记"库存材料"等账户，贷记"应付账款"账户；下月初用红字作同样的记录，予以冲回；待收到发票账单付款后，再按正常程序进行账务处理。

【例4-14】 7月20日向E砂厂购进黄砂100t，已到货并验收入库，发票账单尚未到达。月末，按计划成本每吨625元暂估入账。根据收料单作会计分录如下：

借：库存材料——硅酸盐材料（黄砂）　　62500
　　贷：应付账款——暂估应付账款（E砂厂）　62500

次月初，用红字冲销上述暂估记录，作会计分录如下：

借：库存材料——硅酸盐材料（黄砂）　　62500
　　贷：应付账款——暂估应付账款（E砂厂）　62500

8月10日，收到E砂厂的发票账单，黄砂的买价及运费计65000元，已开出支票付款。作会计分录如下：

借：物资采购——硅酸盐材料　　　　　　65000
　　贷：银行存款　　　　　　　　　　　　　　　65000

同时,根据收料单,作会计分录如下:
　　借:库存材料——硅酸盐材料(黄砂)　　　　　62500
　　　　贷:物资采购——硅酸盐材料　　　　　　　　　　62500

4. 购入材料的短缺和损耗

同实际成本计价一样,企业购入的材料如果发现短缺和损耗,必须查明原因,分清经济责任,区别不同情况进行会计处理,处理方法与按实际成本计价的核算基本相同。

【例4-15】　8月15日,企业向H砖厂购进普通砖10万块,买价为24000元,运杂费1200元,已开出、承兑商业汇票一张,金额为25200元。作会计分录如下:
　　借:物资采购——硅酸盐材料　　　　　　　　　25200
　　　　贷:应付票据　　　　　　　　　　　　　　　　　25200

8月18日,上述普通砖已运到,经验收发现短缺5000块,系运输途中发生事故,导致普通砖破裂无法使用。毁损普通砖成本为1260元。作会计分录如下:
　　借:待处理财产损溢——待处理流动资产损溢　　1260
　　　　贷:物资采购——硅酸盐材料　　　　　　　　　　1260

上述短缺的普通砖,经批准作为营业外支出处理。作会计分录如下:
　　借:营业外支出——非常损失　　　　　　　　　1260
　　　　贷:待处理财产损溢——待处理流动资产损溢　　　1260

其余普通砖验收入库,计划成本为每千块250元,计23750元。作会计分录如下:
　　借:库存材料——硅酸盐材料(红砖)　　　　　23750
　　　　贷:物资采购——硅酸盐材料　　　　　　　　　　23750

5. 月末,分配采购保管费

按计划成本计价进行材料核算的企业,其采购保管费的分配方法有按实际分配率分配和计划分配率分配两种,企业可以根据实际情况选择使用。一经确定,一般不得随意变更。

(1) 按实际分配率分配。即将当月发生的采购保管费全部分配计入当月购入材料的采购成本。其计算公式为:

$$\text{本月采购保管费分配率} = \frac{\text{本月采购保管费实际发生额}}{\text{本月购入材料的买价和运杂费}} \times 100\%$$

$$\text{某类材料本月应负担采购保管费} = \text{本月购入该材料买价及运杂费} \times \text{本月采购保管费实际分配率}$$

(2) 按计划分配率分配。即不论当月实际发生多少采购保管费,均按预先确定的计划分配率进行分配。其计算方法如下:

1) 年初确定采购保管费的计划分配率

$$\text{采购保管费计划分配率} = \frac{\text{全年计划发生的采购保管费}}{\text{全年计划采购材料的计划成本}} \times 100\%$$

2) 按月计算各类材料本月应负担的采购保管费

$$\text{某类材料本月应负担采购保管费} = \text{本月购入该材料的计划价格} \times \text{本月采购保管费计划分配率}$$

按计划分配率分配的采购保管费与实际发生的采购保管费之间的差额,1~11月份不予结转，在编制资产负债表时，列入"待摊费用"项目。年度终了时，应全部计入材料物资的采购成本，年末不留余额。

【例 4-16】 东方建筑公司采购保管费按实际分配率分配。假设本月采购保管费实际发生额为 10200 元，本月购进材料的买价及运杂费为 1020000 元，其中：入库硅酸盐材料的买价及运杂费为 242700 元，入库黑色金属的买价及运杂费为 777300 元。则：

本月采购保管费的实际分配率 = 10200 ÷ 102000 × 100% = 1%

本月硅酸盐材料应负担的采购保管费 = 242700 × 1% = 2427 元

本月黑色金属应负担的采购保管费 = 777300 × 1% = 7773 元

作会计分录如下：

借：物资采购——硅酸盐材料　　　　　　　　2427
　　　　　　——黑色金属　　　　　　　　　7773
　　贷：采购保管费　　　　　　　　　　　　　　10200

6．购入材料成本差异的结转

材料成本差异是相同数量的同种材料实际成本和计划成本的差异。月份终了，财会部门根据仓库转来的收料凭证，将其中已经付款或已经开出、承兑商业汇票的购进材料进行汇总，按汇总的计划成本借记"库存材料"等账户，贷记"物资采购"账户；同时，将实际成本大于计划成本的差异，借记"材料成本差异"账户，贷记"物资采购"账户；实际成本小于计划成本的差异，作相反的会计分录。

【例 4-17】 月末，结转本月购入材料的成本差异。其中：硅酸盐材料的借方差异为 8617 元，黑色金属材料的贷方差异为 14927 元。根据计算结果，作会计分录如下：

借：物资采购——黑色金属　　　　　　　　　14927
　　贷：材料成本差异——黑色金属　　　　　　　　14927
借：材料成本差异——硅酸盐材料　　　　　　8617
　　贷：物资采购——硅酸盐材料　　　　　　　　　8617

（二）发出材料的核算

1．发出材料的核算方法

按计划成本计价进行材料发出的总分类核算，也应根据各种领料凭证编制"发料凭证汇总表"，据以进行发出材料的账务处理。但由于领料凭证上反映的只是材料的计划成本，因此还须结转发出材料应负担的成本差异，将发出材料的计划成本调整为实际成本。这样，"发料凭证汇总表"上就要分别反映发出材料的计划成本和成本差异两部分内容。"发料凭证汇总表"的一般格式如表 4-12。

2．发出材料实际成本的确定

要将发出材料的计划成本调整为实际成本，必须先计算发出材料应负担的成本差异。

发出材料应负担的材料成本差异 = 发出材料的计划成本 × 材料成本差异率

发出材料的实际成本 = 发出材料的计划成本 ± 发出材料应负担的材料成本差异

【例 4-18】 东方建筑公司 2002 年 8 月份主要材料明细账有关资料如下：月初结存材料的计划成本为 50000 元，本月收入材料的计划成本为 150000 元；月初结存材料的成本差异为借差 1000 元，本月收入材料的成本差异为 3000 元（超支差）；本月发出材料的计划成本为 180000 元。则：

发料凭证汇总表
2002年8月31日

表 4-12

<table>
<tr><th rowspan="3">材料消耗
消耗对象</th><th colspan="9">主 要 材 料</th><th colspan="5">小 计</th><th colspan="2">结构件</th><th colspan="2">机械配件</th><th colspan="2">其他材料</th><th colspan="3">合 计</th></tr>
<tr><th colspan="2">硅酸盐</th><th colspan="2">黑色金属</th><th colspan="3">其 他</th><th colspan="2"></th><th rowspan="2">计划
成本</th><th colspan="3">成本差异</th><th rowspan="2">计划
成本</th><th rowspan="2">成本
差异
−1.5%</th><th rowspan="2">计划
成本</th><th rowspan="2">成本
差异
+2%</th><th rowspan="2">计划
成本</th><th rowspan="2">成本
差异
−2%</th><th rowspan="2">计划
成本</th><th colspan="2">成本差异</th></tr>
<tr><th>计划
成本</th><th>成本
差异
+1%</th><th>计划
成本</th><th>成本
差异</th><th>计划
成本</th><th colspan="2">成本
差异
+1.5%</th><th></th><th></th><th>借差</th><th colspan="2">贷差</th><th>借差</th><th>贷差</th></tr>
<tr><td>1. 工程施工</td><td></td><td></td><td></td><td></td><td></td><td></td><td></td><td></td><td></td><td></td><td></td><td></td><td></td><td></td><td></td><td></td><td></td><td></td><td></td><td></td></tr>
<tr><td>甲工程</td><td>50000</td><td>500</td><td>3600</td><td></td><td></td><td></td><td></td><td>53600</td><td>500</td><td></td><td>50000</td><td>−750</td><td></td><td></td><td></td><td></td><td>103600</td><td>500</td><td>750</td></tr>
<tr><td>乙工程</td><td>127000</td><td>1270</td><td>6000</td><td></td><td></td><td></td><td></td><td>133000</td><td>1270</td><td></td><td>80000</td><td>−1200</td><td></td><td></td><td></td><td></td><td>213000</td><td>1270</td><td>1200</td></tr>
<tr><td>小 计</td><td>177000</td><td>1770</td><td>9600</td><td></td><td></td><td></td><td></td><td>186600</td><td>1770</td><td></td><td>−1950</td><td></td><td></td><td></td><td></td><td>316600</td><td></td><td>1770</td><td>1950</td><td></td></tr>
<tr><td>2. 机械作业</td><td></td><td></td><td></td><td></td><td></td><td></td><td></td><td></td><td></td><td></td><td></td><td></td><td>2000</td><td>40</td><td></td><td></td><td>2000</td><td>40</td><td></td></tr>
<tr><td>3. 辅助生产</td><td></td><td></td><td></td><td></td><td></td><td></td><td></td><td></td><td></td><td></td><td>130000</td><td>−1950</td><td></td><td></td><td>1500</td><td>−30</td><td>1500</td><td></td><td>30</td></tr>
<tr><td>4. 管理费用</td><td></td><td></td><td></td><td></td><td></td><td></td><td></td><td></td><td></td><td></td><td></td><td></td><td></td><td></td><td>800</td><td>−16</td><td>800</td><td></td><td>16</td></tr>
<tr><td>合 计</td><td>177000</td><td>1770</td><td>9600</td><td></td><td></td><td></td><td></td><td>186600</td><td>1770</td><td></td><td>130000</td><td>−1950</td><td>2000</td><td>40</td><td>2300</td><td>−46</td><td>320900</td><td>1810</td><td>1996</td></tr>
</table>

61

$$本月材料成本差异率 = \frac{1000+3000}{50000+150000} = 2\%$$

发出材料应负担的成本差异 = 180000 × 2% = 3600 元

发出材料的实际成本 = 180000 + 3600 = 183600 元

3. 发出材料的账务处理

按计划成本计价的企业，发出材料的核算需分为两步进行：一是结转发出材料的计划成本；二是结转发出材料应负担的成本差异。

结转发出材料应负担的成本差异时，无论是节约差，还是超支差，均是材料成本差异的减少，因此一律从"材料成本差异"账户的贷方转出。结转超支差时用蓝字登记，结转节约差时用红字登记。

【例 4-19】 根据"发料凭证汇总表"表 4-12，作会计分录如下：

(1) 结转发出材料的计划成本

 借：工程施工——甲工程   103600
     ——乙工程   213000
  机械作业   2000
  辅助生产   1500
  工程施工——间接费用   800
  贷：库存材料——主要材料（硅酸盐材料） 177000
      ——主要材料（黑色金属） 9600
      ——结构件   130000
      ——机械配件   2000
      ——其他材料   2300

(2) 结转发出材料的成本差异

 借：工程施工——甲工程   250
  工程施工——乙工程   70
  机械作业   40
  辅助生产   30
  工程施工——间接费用   16
  贷：材料成本差异——硅酸盐材料 1770
  贷：材料成本差异——结构件   1950
  贷：材料成本差异——机械配件   40
  贷：材料成本差异——其他材料   46

四、材料采购的明细分类核算

(一) 材料按实际成本计价的明细分类核算方法见本章第一节"存货发出的计价方法"。

(二) 材料按计划成本计价的明细分类核算

在按计划成本进行材料物资的日常核算时，为了详细地核算和监督各类材料物资的实际成本以及实际成本与计划成本之间的差异，建筑企业还应设置"物资采购明细账"和"材料成本差异明细账"，组织材料采购和材料成本差异的明细分类核算。

"物资采购明细账"一般应按材料类别分设账页,采用横线登记法,逐笔登记。即同一笔业务的实际采购成本和计划成本,在同一行内进行登记。登记时,借方按付款日期、凭证编号顺序逐笔登记;贷方依据收料单等有关凭证,按借方记录的同批材料"对号入座",登记在同一行内。其中:"成本差异"栏内实际成本小于计划成本的差异以"-"号登记;"其他"栏内登记应向供应单位、运输单位等收取的赔款等;采购保管费根据有关转账凭证于月末一次登记。月末,对于尚未验收入库的在途材料,即只有借方记录,没有贷方记录的材料采购业务,应结出月末在途材料的实际成本,逐笔抄转至下月,作为"物资采购明细账"的月初余额,待收料入库时再横线登记。另外,月末还应分别计算出"物资采购明细账"中借方和贷方的本月合计数,并确定其材料成本差异,填制转账凭证,结转到"材料成本差异明细账"中。"物资采购明细账"的格式如表4-13。

物资采购明细账　　　　　　　　　　　　　　　　　　表4-13

明细账户:主要材料——硅酸盐材料

年		凭证编号	收料日期	供应单位名称	摘要	借方(实际成本)				贷方				备注
月	日					买价	运杂费	采购保管费	合计	计划成本	成本差异	其他	合计	
8	5	(略)	5	G砂石厂	碎石300t	30000	3000		33000	35000			35000	
8	10		10	E砂厂	黄砂100t	60000	5000		65000	62500			62500	
8	15		15	H砖厂	红砖10万块	24000	1200		25200	23750			23750	
					短缺5000块							1260	1260	
8	25		25	黄河水泥厂	32.5级水泥300t	72000	4000		76000	70500			70500	
8	28			K砖瓦厂	水泥瓦1000块	5000	500		5500					
8	31				分配采购保管费			2427	2427					
8	31				结转成本差异						8617		8617	
8	31				合　计	191000	13700	2427	207127	191750	8617	1260	201627	
					月末在途材料				5500					

"材料成本差异明细账"用以登记本月收入各种材料发生的成本差异,并作为调整本月发出材料计划成本的依据。"材料成本差异明细账"与"物资采购明细账"的设置口径应当保持一致。其一般格式如表4-14。

材料成本差异明细账　　　　　　　　　　　　　　　　表4-14

材料类别:主要材料——硅酸盐材料　　　　　2002年8月

年		摘要	收入		发出		结存		差异率(%)
月	日		计划成本	成本差异	计划成本	成本差异	计划成本	成本差异	
8	1	月初余额					50000	345	0.69
	30	本月收料	228500	2440			278500	2785	1
	31	本月发料			177000	1770	101500	1015	1
		合　计	228500	2440	177000	1770	101500	1015	

第三节　材料的委托加工

建筑企业外购的材料物资,有些不能直接用于施工生产,常常需要委托其他单位加工、改制，这就是委托加工业务。

一、委托加工材料的凭证手续

企业委托外单位加工材料，应与加工单位签订加工合同。在合同中应载明委托加工材料的名称、数量、加工费用、交货时间、结算方式、加工要求等内容。

企业将材料发送加工单位委托加工时，应由供应部门填制"委托加工发货单"。"委托加工发货单"一式四联，一联作为供应部门存根；一联交仓库作为发料、登记材料明细账或材料卡片的依据；一联随委托加工合同交加工单位；一联送财务部门据以核算委托加工材料的实际成本。

企业收到加工完成的材料及剩余材料，应由仓库填制"委托加工材料入库单"。供应部门应根据加工合同和仓库填制的"委托加工材料入库单"，对加工费结算凭证签收，送交财务部门据以付款。委托加工材料入库单"的格式如表4-15。

委托加工材料入库单　　　　　　　　　　　表4-15

加工单位：　　　　　　　　　　　　　　收料仓库：
合同编号：　　　　　年　月　日　　　　收料单项编号：

编号	加工完成收回					耗用材料				运杂费	加工费	实际成本合计
	名称规格	单位	数量		计划单价	金额	名称规格	数量	计划单价	金额			
			应收	实收									

记账：　　　　　　收料：　　　　　　制单：

二、委托加工材料的核算

建筑企业应设置"委托加工物资"账户，核算委托加工材料的实际成本。其借方登记发送外单位委托加工的原材料的实际成本、支付的加工费、运杂费等费用，贷方登记加工完成并已验收入库的材料的实际成本和退回剩余材料的实际成本，期末借方余额反映尚未加工完成的委托加工材料的实际成本。本账户应按加工合同和受托加工单位设置明细账，进行明细分类核算。

【例4-20】　企业委托F木器厂加工制作木门窗，发出原木 $15m^3$，计划成本为800元/m^3，成本差异率为2%。根据"委托加工材料发货单"，作会计分录如下：

　　借：委托加工物资——F木器厂　　　　　12240
　　　　贷：库存材料——主要材料（原木）　　　　12000
　　　　　　材料成本差异——主要材料　　　　　　240

【例4-21】　企业开出转账支票一张，支付加工费、增值税及往返运杂费6000元。作会计分录如下：

　　借：委托加工物资——F木器厂　　　　　6000

　　　　贷：银行存款　　　　　　　　　　　　　　　　6000

【例 4-22】　　上述门窗加工完成后，剩余原木 1m³，退回企业。根据"收料单"，作会计分录如下：

　　借：库存材料——主要材料（原木）　　　　　　800
　　　　材料成本差异——主要材料　　　　　　　　 16
　　　　贷：委托加工物资——F 木器厂　　　　　　　　816

【例 4-23】　　木门窗已加工完成验收入库，其计划成本为 90 元/m²，加工收回木门窗 200m²，共计 18000 元。根据"委托加工材料入库单"，作会计分录如下：

　　借：库存材料——结构件　　　　　　　　　　18000
　　　　贷：委托加工物资——F 木器厂　　　　　　　 17424
　　　　　　材料成本差异——结构件　　　　　　　　 576

第四节　材料的其他收发

　　除了外购、委托加工外，建筑企业还可以通过其他来源渠道取得材料物资。如建设单位供应、投资人投入、应收债权换入、自制以及残次料的回收等等。

一、建设单位供应材料的核算

　　为了保证工程质量，建设单位往往将自行采购的材料物资拨给建筑企业，抵作备料款。拨入的材料物资应与建设单位办理价款结算。结算价格通常以预算价格为基础，按规定扣减部分材料采购保管费和运输费确定。

【例 4-24】　　企业收到 G 建设单位拨入的材料一批，抵作备料款。其中，钢材 20t，预算价格为 30000 元；原木 50m³，预算价格为 40000 元；水泥 150t，预算价格 34500 元。以上材料运抵施工现场后，由本企业负责保管，按规定扣除工地仓库保管费 4500 元。根据有关结算凭证，作会计分录如下：

　　借：物资采购——主要材料　　　　　　　　　100000
　　　　贷：预收账款——预收备料款（G 建设单位）　　100000

　　上述材料中，钢材的计划成本为 25000 元，原木的计划成本为 37500 元，水泥的计划成本为 33750 元。根据"收料单"作会计分录如下：

　　借：库存材料——黑色金属（钢材）　　　　　　25000
　　　　　　　　——硅酸盐（水泥）　　　　　　　　33750
　　　　　　　　——木材　　　　　　　　　　　　37500
　　　　贷：物资采购——主要材料　　　　　　　　　96250

　　结转该批材料的成本差异，作会计分录如下：

　　借：材料成本差异——主要材料　　　　　　　　3750
　　　　贷：物资采购——主要材料　　　　　　　　　　3750

二、投资者投入材料的核算

　　企业接受投资者投入的材料物资，应按该材料物资的计划成本借记"库存材料"账户，按投资各方确认的价值，贷记"实收资本"账户，计划成本与投资各方确认的价值之间的差额，作为材料成本差异处理，借记或贷记"材料成本差异"账户。

【例 4-25】 企业收到 K 钢厂投资转入钢材一批,已验收入库,其计划成本为 980000元,双方确认的价值为 1000000 元。根据"收料单"及投资合同副本,作会计分录如下:

借:库存材料——黑色金属(钢材)　　　　　980000
　　材料成本差异——主要材料　　　　　　　 20000
　　贷:实收资本　　　　　　　　　　　　　　　　　1000000

三、应收债权换入材料的核算

企业以应收债权换入材料物资时,按照应收债权的账面余额转销债权,按确定的材料成本增加材料,按收取(或支付)的补价借记(或贷记)"银行存款"账户。如果该债权已计提了坏账准备,还应同时转销已计提的坏账准备。

【例 4-26】 企业以应收债权 120000 元换入机械配件一批,已验收入库。该批机械配件的市场价格为 100000 元,企业收到 N 建筑机械厂支付的补价 10000 元,交易过程中未发生其他相关税费。该应收债权已提坏账准备 6000 元。根据"收料单"和银行存款进账单,作会计分录如下:

借:库存材料——机械配件　　　　　　　　 104000
　　坏账准备　　　　　　　　　　　　　　　　　6000
　　银行存款　　　　　　　　　　　　　　　　 10000
　　贷:应收账款　　　　　　　　　　　　　　　　 120000

【例 4-27】 企业应收 M 公司工程款 300000 元,因 M 公司资金周转困难,双方协商以 M 公司的库存钢材 250t 抵偿债务。钢材已验收入库,企业以银行存款支付补价 12500元,在交易过程中未发生其他相关税费。根据"收料单"等凭证,作会计分录如下:

借:库存材料——黑色金属(钢材)　　　　　312500
　　贷:应收账款——M 公司　　　　　　　　　　 300000
　　　　银行存款　　　　　　　　　　　　　　　　 12500

四、自制材料的核算

自制材料是指建筑企业为了工程施工和产品生产的需要,由内部所属非独立核算的辅助生产部门加工的各种材料物资。自制材料的实际成本包括两部分:

(1) 自制过程中耗用的材料物资的实际成本;

(2) 加工制作过程中发生的其他费用。

建筑企业应设置"辅助生产"账户,核算辅助生产部门自制材料的实际成本。其借方登记自制过程中发生的各项费用(包括被加工物资的实际成本),贷方登记制作完成并验收入库材料的实际成本,期末借方余额反映尚未制作完成的材料的实际成本。本账户应按自制材料的名称设置明细账进行明细分类核算。

自制材料的核算方法与委托加工材料的核算方法基本相同。

五、残次料回收的核算

为了降低工程和产品成本,杜绝浪费,企业对施工过程中产生的边角料、废旧材料要及时回收利用。回收残次料时,要填制注明"残次料"字样的收料单,办理验收入库手续。回收的残次材料一般在"库存材料——其他材料"账户核算。施工现场回收的残次料应冲减工程成本,仓库回收的残次料应冲减采购保管费。

【例 4-28】 企业承包的工程完工,经清理施工现场,回收残次料价值 8400 元,其中：仓库回收包装材料 400 元，工地回收剩余材料 8000 元。根据收料单，作会计分录如下：

  借：库存材料——其他材料   8400
   贷：采购保管费   400
     工程施工——材料费   8000

第五节　低 值 易 耗 品

一、低值易耗品的分类

低值易耗品是指单位价值较低、使用年限较短，不能作为固定资产管理的各种物品，如生产工具、管理用具、劳保用品、玻璃器皿等。

建筑企业的低值易耗品品种、规格繁多，为了便于管理和核算，通常按用途分为以下几类：

1. 生产工具

指在施工过程中使用的各种工具、器具和仪器。如铁锹、小平车等。

2. 管理用具

指在管理和服务工作中使用的各种用具和器具。如办公用具、消防器具等。

3. 劳保用品

指在施工过程中用于保护职工安全的各种用品。如工作服、安全帽等。

4. 其他用具

指不属于上述各类的其他低值易耗品。如医疗器械、炊事用具、试验用具、玻璃器皿等。

二、低值易耗品的核算特点

低值易耗品属于企业的劳动资料，它与固定资产有许多相同之处，如都可以多次使用而不改变其原有的实物形态，在使用过程中需要进行维修，报废时有一定的残值，随着磨损逐渐转移其价值等。因此在核算上应与固定资产相类似，将低值易耗品的价值采用分摊的方式计入成本费用。但由于低值易耗品多是单位价值较低、使用年限较短、品种繁多、易于损耗的物品，因此，将其作为流动资产管理和核算。低值易耗品采购、收发的核算均与材料的核算方法相同。

三、低值易耗品的摊销方法

企业应根据低值易耗品价值的大小、使用期限的长短以及每月领用数额的均衡性等情况，采用不同的方法摊销其价值。摊销方法一般有以下几种：

1. 一次转销法

即在领用低值易耗品时，就将其全部价值一次计入成本费用。这种方法较为简单，但费用负担不均衡。该方法主要适用于单位价值较低，使用期限较短，或者容易破损的低值易耗品的核算。

2. 分次摊销法

即根据低值易耗品的成本和预计的使用期限，将低值易耗品的价值分次摊入成本费用的方法。采用这种方法，有利于成本费用的合理、均衡负担。它主要适用于使用期限较长、单位价值较高或一次领用数量较大的低值易耗品的摊销。

3．五五摊销法

也称五成法，指在领用低值易耗品时，先摊销其全部价值的一半，报废时再摊销其余的一半（扣除回收的残料价值）。这种方法适用于对在用低值易耗品按工程项目、使用部门进行数量和金额核算的企业。

四、低值易耗品的核算

为了总括地核算和监督低值易耗品的收入、发出、结存及其价值的摊销情况，建筑企业应设置"低值易耗品"账户。其借方登记企业收入低值易耗品的成本，贷方登记减少的低值易耗品的成本，期末借方余额反映所有库存未用低值易耗品的成本。在采用"五五摊销法"的企业，本账户的期末余额为期末库存未用低值易耗品的成本以及在用低值易耗品的摊余价值。本账户应按低值易耗品的类别、品种、规格进行数量和金额的明细核算。

低值易耗品的日常收发和领用可按实际成本进行核算，也可按计划成本进行核算。采用计划成本核算的企业，应于月份终了时，结转当月领用低值易耗品应分摊的成本差异。

（一）低值易耗品收入的核算

低值易耗品与材料一样，也有外购、自制、委托加工、应收债权抵入等不同来源，其核算方法与材料的核算方法相同，不再赘述。

（二）低值易耗品领用的核算

1．领用一次转销的低值易耗品的核算

一次转销的低值易耗品，在领用时将其全部价值转入有关成本费用，同时结转应负担的材料成本差异。

【例 4-29】 企业本月领用一次报耗的低值易耗品一批，根据"领料单"汇总如表4-16。

低值易耗品领用汇总表　　　　　单位：元　　表 4-16

用料单位 \ 材料名称	劳保用品 计划成本	劳保用品 材料成本差异	合　计
甲工程	10000	300	10300
乙工程	8000	240	8240
辅助生产部门	3000	90	3090
管理部门	5000	150	5150
材料供应部门	2000	60	2060
合　计	28000	840	28840

根据"低值易耗品领用汇总表"，作会计分录如下：

借：工程施工——甲工程　　　　　　　　　10000
　　　　　　——乙工程　　　　　　　　　 8000
　　辅助生产　　　　　　　　　　　　　　 3000
　　管理费用　　　　　　　　　　　　　　 5000
　　采购保管费　　　　　　　　　　　　　 2000
　贷：低值易耗品——在库低值易耗品（劳保用品）　28000

月末，结转该批劳保用品应负担的材料成本差异。作会计分录如下：

借：工程施工——甲工程　　　　　　　　　　300
　　　　　　——乙工程　　　　　　　　　　240
　　辅助生产　　　　　　　　　　　　　　　90
　　管理费用　　　　　　　　　　　　　　　150
　　采购保管费　　　　　　　　　　　　　　60
　　贷：材料成本差异——低值易耗品　　　　840

2．领用分次摊销的低值易耗品的核算

领用分次摊销的低值易耗品时，借记"待摊费用"或"长期待摊费用"账户，贷记"低值易耗品"账户；分次摊入有关成本费用时，借记有关账户，贷记"待摊费用"或"长期待摊费用"账户；报废时，将报废低值易耗品的残料价值作为当月低值易耗品摊销额的减少，冲减有关成本费用，借记"库存材料"账户，贷记"工程施工"、"管理费用"等账户。如果低值易耗品在摊销期内发生毁损、遗失等，不能再继续使用的，应将其账面价值全部转入当期成本费用。

【例 4-30】 承建甲工程施工的第一工程队，从仓库领用采用分次摊销法核算的生产工具一批，计划成本9000元，成本差异额180元（超支差），预计使用期限9个月。根据"低值易耗品领料单"，作会计分录如下：

借：待摊费用　　　　　　　　　　　　　　9180
　　贷：低值易耗品——生产工具　　　　　9000
　　　　材料成本差异——低值易耗品　　　180

月末摊销时，作会计分录如下：

借：工程施工——甲工程　　　　　　　　　1020
　　贷：待摊费用　　　　　　　　　　　　1020

以后月份的核算同上。

该批生产工具使用7个月后全部报废，收回残料200元入库。根据入库单，作会计分录如下：

借：工程施工——甲工程　　　　　　　　　1840
借：库存材料——其他材料　　　　　　　　200
　　贷：待摊费用　　　　　　　　　　　　2040

3．五五摊销法

对在用低值易耗品按使用部门进行数量和金额明细核算的企业，也可以采用"五五摊销法"核算。在这种情况下，"低值易耗品"账户应设置"在库低值易耗品"、"在用低值易耗品"和"低值易耗品摊销"三个明细账户进行明细分类核算。

【例 4-31】 东方公司为改善办公条件，购进办公用具一批，实际成本为260000元，当即投入使用。东方公司对办公用具采用五五摊销法核算。但由于数额较大，决定领用的摊销额分五年摊销。作会计分录如下：

借：低值易耗品——在用低值易耗品（办公用具）　260000
　　贷：银行存款　　　　　　　　　　　　260000

同时：

借：长期待摊费用　　　　　　　　　　　　130000
　　贷：低值易耗品——低值易耗品摊销　　　　　130000

领用当月应负担低值易耗品的摊销额2167元（130000÷5÷12）。作会计分录如下：

借：管理费用　　　　　　　　　　　　　　2167
　　贷：长期待摊费用　　　　　　　　　　　　　2167

以后月份办公用具的摊销核算同上。

假设管理部门使用的椅子五把于第三年末报废，计划成本1000元，回收残料价值50元。有关会计处理为：

（1）补提摊销额。作会计分录如下：

借：管理费用　　　　　　　　　　　　　　450
　　贷：低值易耗品——低值易耗品摊销　　　　　　450

（2）将回收的残料入账，同时转销在用办公用具的账面价值。作会计分录如下：

借：库存材料　　　　　　　　　　　　　　50
　　低值易耗品——低值易耗品摊销　　　　950
　　贷：低值易耗品——在用低值易耗品　　　　　1000

企业应加强在用低值易耗品的实物管理。为了考核使用中的低值易耗品的情况，对各部门、班组或个人，都要分别设置"低值易耗品领用备查簿"，用以反映低值易耗品的领用、交回和报废情况。

第六节　周　转　材　料

一、周转材料的分类

周转材料是指能在施工生产过程中多次使用，基本保持其原有的实物形态，并逐渐转移其价值，起着劳动资料作用的材料，即通常所说的"工具性材料，材料型工具"。

按其在施工生产中的不同用途，可分为以下几类：

1. 模板

指浇灌混凝土用的木模、组合钢模等，包括配合模板使用的支撑材料、滑模材料和扣件等在内。

2. 挡板

指土石方工程用的挡土板以及支撑材料等。

3. 架料

指搭脚手架用的竹、木杆和跳板、钢管及扣件等。

4. 其他

除以上各类之外，作为流动资产管理的其他周转材料。如塔吊使用的轻轨、枕木等。

二、周转材料核算的特点

由于周转材料能在施工过程中反复使用，并保持原有的实物形态，其价值随着使用逐渐损耗，因此在核算上既要反映其原值，又要反映其损耗价值。为适应这一核算要求，需要采用一定的摊销方法，对周转材料的价值按期计算摊销额，计入工程成本。

三、周转材料的摊销方法

周转材料的摊销方法分为以下几种:

1. 一次转销法

是在领用时将周转材料的全部价值一次计入工程成本的方法。这种方法只适用于易损、易腐的周转材料的摊销,如安全网等。

2. 分期摊销法

是指根据周转材料的预计使用期限,计算其每期摊销额,分期摊入成本费用的方法。其计算公式为:

$$周转材料每期的摊销额 = \frac{周转材料计划成本 \times (1 - 残值占计划成本\%)}{预计使用期限}$$

这种方法适用于经常使用的周转材料摊销额的计算。如脚手架、跳板、塔吊轻轨等。

3. 分次摊销法

是根据周转材料的预计使用次数计算每次的摊销额,并计入有关成本费用的方法。其计算公式为:

$$周转材料每使用一次的摊销额 = \frac{周转材料计划成本 \times (1 - 残值占计划成本\%)}{预计使用次数}$$

$$某期周转材料的摊销额 = 该期使用次数 \times 周转材料每使用一次的摊销额$$

【例 4-32】 假设大型模板一套,计划成本为 50000 元,预计可使用 80 次,预计净残值率为 4%,本月使用 5 次,则本月摊销额为:

$$该套大模板每次摊销额 = \frac{50000 \times (1 - 4\%)}{80} = 600 \text{ 元}$$

$$本月摊销额 = 600 \times 5 = 3000 \text{ 元}$$

这种方法适用于不经常使用的周转材料摊销额的计算。如预制钢筋混凝土构件所使用的定型模板和土方工程中使用的挡板等。

4. 定额摊销法

是根据实际完成的实物工程量和预算定额规定的周转材料的消耗定额,计算每期摊销额的方法。其计算公式为:

$$周转材料本期的摊销额 = 本期完成的实物工程量 \times 单位工程量周转材料的消耗定额$$

定额摊销法一般适用于各种模板等周转材料摊销额的计算。

周转材料无论采用哪种摊销方法计算摊销额都不可能与实际消耗价值完全一致。为了使计提的周转材料摊销额尽可能与实际损耗价值一致,以保证工程成本核算的准确性,年终或工程竣工时,建筑企业还必须对在用周转材料进行盘点清理,根据实际损耗情况调整已提摊销额。

四、周转材料的核算

建筑企业应设置"周转材料"账户,核算和监督周转材料的收入、结存及其价值的摊销情况,其借方登记企业库存及在用周转材料的成本,贷方登记按期计提的摊销额及减少周转材料的成本,期末借方余额,反映在库周转材料的成本,以及在用周转材料的摊余价值。在本账户下应设置"在用周转材料"、"在库周转材料"和"周转材料摊销"三个二级明细账户进行明细核算。其中:"在库周转材料"明细账户用来核算企业库存周转材料的成本,其核算方法与库存材料相同;"在用周转材料"明细账户用来核算企业领用分次摊销的周转材料的计划成本或实际成本,应按各使用部门设置明细账,进行明细分类核算;"周转材料摊销"二级明细账户是"在用周转材料"二级明细账户的备抵调整账户,核算企业周转材料在使用过程中的价值损耗。"周转材料摊销"账户的贷方登记在用周转材料计提的摊销额和补提的摊销额,借方登记报废周转材料时转销的已提摊销额,期末贷方余额反映在用周转材料的累计摊销额。

采用计划成本进行周转材料日常收发核算的企业,还应设置"材料成本差异——周转材料"账户。周转材料应负担的材料成本差异,应根据不同摊销法进行处理。采用一次摊销法的周转材料,应于领用当月的月末随着计划成本的转销而转入有关成本费用账户;采用其他摊销法的周转材料,应于报废时结转其应负担的材料成本差异。

(一) 周转材料收入的核算

周转材料收入的核算与材料收入的核算方法相同,故不再赘述。

(二) 周转材料领用的核算

为了加强周转材料的实物管理,领用分次摊销的周转材料时,应作由"在库"转为"在用"的处理。

【例 4-33】 东方公司承建甲工程,本月领用安全网一批,计划成本为 5800 元,应负担的材料成本差异为 58 元,企业对安全网采用一次摊销法核算;领用塔吊轻轨一批,计划成本为 15000 元,预计残值率为 10%,预计使用次数为 10 次,本月实际使用两次,企业对塔吊轻轨采用分次摊销法核算;领用钢筋架料及附件一批计划成本为 35000 元,预计残值率为 10%,预计使用期限为 12 个月,企业对钢筋架料采用分期摊销法核算;领用组合模板一批,计划成本为 20000 元,组合模板采用定额摊销法,按每立方米工程量 40 元计算,本月实际完成工程量 100m³。根据"领料单",作会计分录如下:

(1) 结转领用周转材料的计划成本:

借:工程施工——甲工程(材料费)　　　　　　　5800
　　周转材料——在用周转材料(塔吊轻轨)　　　15000
　　　　　　——在用周转材料(组合模板)　　　20000
　　　　　　——在用周转材料(钢筋架料)　　　35000
　　贷:周转材料——在库周转材料(其他)　　　　5800
　　　　　　　——在库周转材料(塔吊轻轨)　　15000
　　　　　　　——在库周转材料(组合模板)　　20000
　　　　　　　——在库周转材料(钢筋架料)　　35000

(2) 月末,结转领用周转材料应负担的材料成本差异:

借:工程施工——甲工程　　　　　　　　　　　　58
　　贷:材料成本差异——周转材料　　　　　　　　58

(三) 按期计提摊销额的核算

月份终了,企业应编制"在用周转材料摊销计算表",计算各工程应负担的周转材料费用。

【例 4-34】 续前例,月末编制"在用周转材料摊销计算表",见表 4-17。

在用周转材料摊销计算表　　　　　　单位：元　　表 4-17

用料对象＼类别	组合模板		钢筋架料		塔吊轻轨		合 计
	工程量 m³	摊销额 40元/m³	计划成本	摊销额	使用次数	摊销额	
甲工程	100	4000	35000	2625	2	2700	9325

计算：

塔吊轻轨本月摊销额 = $\dfrac{15000 \times (1-10\%)}{10} \times 2 = 1350 \times 2 = 2700$（元）

钢筋架料本月摊销 = $\dfrac{35000 \times (1-10\%)}{12} = 2625$（元）

组合模板本月摊销额 = $40 \times 100 = 4000$（元）

根据"在用周转材料摊销计算表"，作会计分录如下：

借：工程施工——甲工程（材料费）　　　　9325
　　贷：周转材料——周转材料摊销（塔吊轻轨）　　2700
　　　　周转材料——周转材料摊销（钢筋架料）　　2625
　　　　周转材料——周转材料摊销（组合模板）　　4000

（四）周转材料短缺和报废的核算

为了加强周转材料的管理和核算，企业应于年度终了或工程竣工时，对在用周转材料进行盘点，确定其短缺数量、实有数量及成色。对于短缺、报废的周转材料，计算其应补提的摊销额，并对周转材料的账面已提摊销额进行调整。其补提摊销额的计算方法如下：

报废、短缺周转材料应补提的摊销额 = 应提摊销额 − 已提摊销额

应提摊销额 = 报废、短缺周转材料的计划成本 − 残料价值

已提摊销额 = 报废、短缺周转材料的计划成本 × $\dfrac{该类在用周转材料账面已提摊销额}{该类在用周转材料账面计划成本}$

【例 4-35】　续前例，东方公司承建甲工程领用架料的计划成本为 35000 元。使用 10 个月后报废架料一批。计划成本 14000 元，收回残料估计价值 1000 元。会计处理为：

（1）补提摊销：

应提摊销额 = $14000 - 1000 = 13000$ 元

已提摊销额 = $14000 \times \dfrac{26250}{35000} = 10500$ 元

补提摊销额 = $13000 - 10500 = 2500$ 元

作会计分录如下：

借：工程施工——甲工程（材料费）　　　　2500
　　贷：周转材料——周转材料摊销　　　　　　2500

（2）残次料验收入库，结转报废架料的计划成本。根据入库单，作会计分录如下：

借：周转材料——周转材料摊销（架料）　　13000
　　库存材料——残次料　　　　　　　　　1000
　　贷：周转材料——在用周转材料（架料）　　14000

（3）按 2% 结转报废的架料应负担的材料成本差异。作会计分录如下：

借：工程施工——甲工程　　　　　　　　280

贷：材料成本差异——周转材料　　　　　　　　　　　280

（五）周转材料退库和转移工地的核算

对于工程完工或不需要的周转材料，应盘点数量，确定成色（新旧程度），计算应补提的摊销额，计入受益工程的成本，以正确核算各工程成本的材料费用。其补提摊销额的计算方法如下：

$$应提摊销额 = \frac{盘存（退库）周转}{材料的计划成本} \times (1 - 确定的成色率)$$

$$已提摊销额 = \frac{盘存（退库）周转}{材料的计划成本} \times \frac{该类在用周转材料账面已提摊销额}{该类在用周转材料账面计划成本}$$

$$补提摊销额 = 应提摊销额 - 已提摊销额$$

【例4-36】　续前例，公司承建甲工程6个月后，将领用的塔吊轻轨退回仓库，退回时估计成色为2成新，已使用7次。其会计处理为：

（1）补提摊销额

$$应提摊销额 = 15000 \times (1 - 20\%) = 12000 元$$

$$已提摊销额 = 1350 \times 7 = 9450 元$$

$$补提摊销额 = 12000 - 9450 = 2550 元$$

作会计分录如下：

借：工程施工——甲工程　　　　　　　　　　　2550
　　贷：周转材料——周转材料摊销（塔吊）　　　　　2550

（2）退回塔吊已办妥入库手续，作会计分录如下：

借：周转材料——在库周转材料（塔吊）　　　　　15000
　　贷：周转材料——在用周转材料（塔吊）　　　　　15000

同时，结转塔吊轻轨的摊销额。作会计分录如下：

借：周转材料——周转材料摊销（在用）　　　　　12000
　　贷：周转材料——周转材料摊销（在库）　　　　　12000

第七节　存货的清查和期末计价

一、存货的清查

（一）存货清查概述

建筑企业的存货品种多，收发频繁，在日常收发过程中，由于计量或计算错误、自然损耗以及管理不善等原因，往往会发生盘盈、盘亏和毁损现象，从而形成账实不符。为了保护存货的安全完整，准确反映存货资产的实际情况，须对存货进行定期清查，每年至少清查一次。年度内还应定期或不定期地进行重点抽查。对于贵重存货，应每月清查一次。

存货的年度清查一般应由企业领导、财会部门、物资供应部门、仓库保管人员共同组成存货清查组进行清查。存货清查通常采用实地盘点的方法，对于账实不符的存货，核实盘盈、盘亏和毁损的数量，查明造成盘盈、盘亏或毁损的原因，编制"存货盘点报告表"。根据企业的管理权限报经有关部门批准后，在期末结账前处理完毕。

存货清查结果的会计处理分为两个步骤：首先，在报经有关部门处理前，根据"存货盘点报告表"，将盘盈、盘亏和毁损的存货，作为待处理财产溢余或损失处理，同时调整存货的账面价值，使存货账实相符。其次，在报经有关部门批准后，根据存货盘盈、盘亏和毁损的原因和批准结果，将待处理的财产损溢分别结转记入有关账户。盘盈、盘亏的存货若在期末尚未经批准，在对外提供财务会计报告时，先按惯例进行会计处理，并在会计报表附注中作出说明；其后批准处理的金额若与已处理的金额不一致，应按其差额调整会计报表相关项目的年初数。

（二）存货清查的核算

为了总括地核算企业在财产清查中查明的各种财产物资的盘盈、盘亏和毁损情况，企业应设置"待处理财产损溢"账户。其借方登记盘亏和毁损的各种财产物资的实际成本和经批准转销的盘盈数，贷方登记盘盈存货的实际成本和经批准转销的盘亏、毁损数，期末处理后本账户应无余额。本账户应设置"待处理流动资产损溢"和"待处理固定资产损溢"两个明细账户进行明细核算。

1. 存货盘盈的核算

盘盈的存货，应按同类或类似存货的市场价格作为其实际成本，及时办理入账手续，调整账面结存数，并记入"待处理财产损溢——待处理流动资产损溢"账户，经有关部门批准后，再冲减管理费用。

【例 4-37】 企业在财产清查中，盘盈木材一批，市场价格为 3000 元。根据"存货盘点报告表"，作会计分录如下：

借：库存材料——主要材料（木材）　　　　3000
　　贷：待处理财产损溢——待处理流动资产损溢　　3000

【例 4-38】 上述盘盈的木材，系收发差错。按规定程序报经批准后，冲减管理费用。作会计分录如下：

借：待处理财产损溢——待处理流动资产损溢　　3000
　　贷：管理费用　　　　　　　　　　　　　　3000

2. 存货盘亏和毁损的核算

盘亏和毁损的存货，在报经批准之前，应按实际成本借记"待处理财产损溢——待处理流动资产损溢"账户，贷记"库存材料"等账户。报经批准以后，再根据造成盘亏和毁损的原因，分别以下情况进行处理：

（1）属于定额内的损耗，计入采购保管费；

（2）属于计量收发差错和管理不善等原因造成的存货短缺或毁损，能确定过失人的，应由过失人赔偿；全部损失扣除残料价值和过失人赔偿后的净损失，计入管理费用。

（3）属于自然灾害或意外事故造成的存货毁损，属于保险责任范围的，应向保险公司索赔；全部损失扣除残料价值和可以收回的赔偿后的净损失，计入营业外支出。

【例 4-39】 财产清查盘点组提供的"财产清查盘点表"中列示，盘亏机械配件一批，其计划成本为 36000 元，应负担的成本差异为 540 元。根据"财产清查盘点表"，作会计分录如下：

借：待处理财产损溢——待处理流动资产损溢　　36540
　　贷：库存材料——机械配件　　　　　　　　　36000
　　　　材料成本差异　　　　　　　　　　　　　540

【例 4-40】 经清查领导组审定，上述盘亏和毁损的机械配件中，定额内损耗 360 元，超定额损耗 540 元，应由过失人赔偿 3000 元，长期积压、锈蚀损失 20000 元，自然灾害造成的损失 13180 元。清查组提出处理意见并报经有关部门批准。根据批件作会计分录如下：

借：采购保管费　　　　　　　　　　360
　　其他应收款　　　　　　　　　　3000
　　管理费用　　　　　　　　　　　20000
　　营业外支出——非常损失　　　　13180
　　贷：待处理财产损溢——待处理流动资产损溢　　36540

二、存货的期末计价

在市场经济条件下，受市场价格变动、市场供求情况变化等影响，已入账的存货可能由于市价下跌以及存货陈旧、过时、毁损等原因发生减值。如果在会计期末仍然按历史成本计价，就会虚夸资产，导致会计信息失真。因此，为了正确地反映期末存货的实际价值，会计制度要求期末存货采用"成本与可变现净值孰低法"计价。

（一）"成本与可变现净值孰低法"的含义

"成本与可变现净值孰低法"是指企业的存货应当在期末时按照成本与可变现净值孰低计量，对可变现净值低于成本的差额计提存货跌价准备。即

当成本低于可变现净值时，按成本计价；当可变现净值低于成本时，按可变现净值计价。这里所说的"成本"是指存货的历史成本，即存货取得时的成本。"可变现净值"，指在企业正常生产经营过程中，以存货的估计售价减去至完工估计将要发生的成本、销售费用以及相关税金后的差额，并不是存货的现行市价。即：

存货的可变现净值 = 预计售价 − 预计至完工尚需投入的制造成本 − 预计销售所必需的费用

（二）存货成本与可变现净值比较的方法

采用"成本与可变现净值孰低法"对期末存货计价时，要将成本与可变现净值进行比较，比较的方法一般有下列几种：

单项比较法，也称逐项比较或个别比较法，是指将每一种存货的成本与其可变现净值逐项进行比较，每项存货均取较低者来确定其期末价值。

分类比较法，指将每类存货的成本与其可变现净值进行比较，每类存货取二者中的较低者来确定存货的期末价值。

总额比较法，也称为综合比较法。指将全部存货的总成本与可变现净值总额进行比较，以较低者作为期末全部存货的价值。

下面举例说明上述三种方法的应用。

【例 4-41】 企业有 A、B、C、D 四种存货，按其性质的不同分为甲、乙两大类。各种存货的成本与可变现净值已经确定，现分别按三种比较法确定存货的期末价值，如表 4-18 所示。

由上表可知，单项比较法确定的期末存货价值最为准确，但工作量也最大；总额比较法工作量最小，但准确性相对较差。因此，在运用成本与可变现净值孰低法时，一般采用单项比较法和分类比较法。我国《企业会计制度 2001》规定，存货跌价准备应按单个存货项目的成本与可变现净值计量，对于数量繁多、单价较低的存货，也可以按类别计量成

本与可变现净值。

期末存货成本与可变现净值比较表　　　　　　　　　　　　　　表 4-18

2002 年 12 月 31 日　　　　　　　　　　　　　　　　　　　　　单位：元

项目	成本	可变现净值	单项比较法	分类比较法	总额比较法
甲类存货	162000	168000		162000	
A 存货	90000	98000	90000		
B 存货	72000	70000	70000		
乙类存货	114000	112000		112000	
C 存货	54000	50000	50000		
D 存货	60000	62000	60000		
总　计	276000	280000	270000	274000	276000

（三）成本与可变现净值孰低法的有关会计处理

企业采用单项比较法或分类比较法确定了存货的期末价值后，应视具体情况进行账务处理。

1. 存货的账面成本低于可变现净值

如果期末存货的成本低于可变现净值时，仍然按历史成本反映，不需作账务处理。资产负债表中反映的价值与期末账面价值相同。

2. 存货的可变现净值低于账面成本

如果期末存货的可变现净值低于成本时，则必须在当期确认存货跌价损失。具体做法是：对于存货可变现净值低于成本的损失，不直接冲减有关存货账户，而是另设"存货跌价准备"账户反映。每一会计期末，计算出存货的跌价损失，与"存货跌价准备"账户的余额进行比较。如果跌价损失大于账面余额，应予补提；反之，应冲销多提数。即：

$$\text{某期计提的存货跌价准备} = \text{存货可变现净值低于成本的数额} - \text{"存货跌价准备"的账面余额}$$

"存货跌价准备"账户，用以核算存货的可变现净值低于成本时提取的跌价准备。其贷方登记期末提取的跌价准备金额，借方登记已计提跌价准备的存货价值得以恢复时冲回的跌价准备金额及转销的跌价准备金额，期末贷方余额表示已提取的存货跌价准备。

提取存货跌价准备时，应借记"管理费用——计提的存货跌价准备"账户，贷记"存货跌价准备"账户；冲回时，作相反的会计分录。冲减的跌价准备金额应以存货跌价准备账户的余额冲减至零为限。

当存在以下一项或者若干项情况时，应将存货账面价值全部转入当期损益：

（1）已霉烂变质的存货；

（2）已过期且无转让价值的存货；

（3）生产中已不再需要，并且已无使用价值和转让价值的存货；

（4）其他足以证明已无使用价值和转让价值的存货。

在资产负债表中，"存货跌价准备"为存货项目的减项。

【例 4-42】　某建筑企业采用成本与可变现净值孰低法对期末存货进行计价，并于 2001 年末首次计提存货跌价准备。2001 年末存货的实际成本为 450000 元，可变现净值为

420000元；2002年6月30日存货实际成本为445000元，可变现净值为405000元；2002年年末存货的实际成本为460000元，可变现净值为440000元。有关的会计处理为：

2001年末，应计提的存货跌价准备为：450000 – 420000 = 30000元

作会计分录如下：

借：管理费用——应计提的存货跌价准备　　　　30000
　　贷：存货跌价准备　　　　　　　　　　　　　　　　30000

2002年6月30日，存货的跌价损失为445000 – 405000 = 40000元

应计提的存货跌价准备为40000 – 30000 = 10000元

作会计分录如下：

借：管理费用——应计提的存货跌价准备　　　　10000
　　贷：存货跌价准备　　　　　　　　　　　　　　　　10000

2002年年末，存货的跌价损失为460000 – 440000 = 20000元

应计提的存货跌价准备为20000 – （30000 + 10000）= – 20000元

作会计分录如下：

借：存货跌价准备　　　　　　　　　　　　　　　　20000
　　贷：管理费用——应计提的存货跌价准备　　　　20000

【例4-43】 2002年6月30日，对存货清查时发现已锈蚀无转让价值的机械配件一批，实际成本为2550元，上述存货已提存货跌价准备为165元。根据"存货清查盘点表"，作会计分录如下：

借：管理费用——应计提的存货跌价准备　　　　2385
　　存货跌价准备　　　　　　　　　　　　　　　　　165
　　贷：库存材料　　　　　　　　　　　　　　　　　2550

思 考 题 与 习 题

思考题

1. 建筑企业的存货包括哪些内容。
2. 什么叫材料成本差异率？如何计算？
3. 存货的入账价值如何确定？试举例说明。
4. 存货按实际成本计价时，发出存货的计价方法有几种？
5. 材料采用实际成本计价时，使用的账户有哪些？试说明各账户的核算内容与结构。
6. 材料采用计划成本计价时，使用的账户有哪些？试说明各账户的核算内容与结构。
7. 如何将发出材料的计划成本调整为实际成本？
8. 低值易耗品的摊销方法有几种？试说明其内容和适用范围。
9. 周转材料的摊销方法和应设置的会计账户有哪些？
10. 存货盘亏和毁损的核算程序是什么？

习题一

（一）练习材料按实际成本计价时，材料明细账的登记方法。

（二）资料：某建筑公司2002年12月份ϕ20圆钢的收发、结存情况如表4-19。

（三）要求：根据以上资料用先进先出法、后进先出法、加权平均法、移动加权平均法登记黑色金属ϕ20圆钢的材料明细账，并结出月末余额。

表 4-19

2002年		摘　要	入库		发出数量（t）	结存数量（t）
月	日		数量（t）	单价（元）		
12	1	期初结存				10（单价850）
	5	购进	5	4200		15
	7	发出			10	5
	20	购进	5	4400		10
	22	发出			7	3
	28	购进	10	4000		13
	31	发出			7	5

习题二

（一）练习材料购进和领用按实际成本计价的核算。

（二）资料：

1. 某建筑公司2002年12月份材料明细账的月初余额如表4-20。

单位：元　　表 4-20

总分类账	明细分类账	借方余额
	主要材料　黑色金属	50000
	硅酸盐	16840
库存材料	木　材	10000
	结构件	15000
	机械配件	1000
	其他材料	1000
小　　计		93840
在途物资	主要材料　硅酸盐（水泥）	35000
应付账款	晋阳钢铁厂（φ20 圆钢）	41000

2. 某建筑公司2002年12月份发生如下经济业务：

(1) 1日，冲销上月从晋阳钢铁厂购进 φ20 圆钢10t按预算价41000元暂估入库记录。

(2) 3日，收到晋阳钢铁厂 φ20 圆钢10t的发票账单。钢材的买价和运杂费计41000元，以银行存款支付。

(3) 4日，上月已付款的水泥100t，买价32000元，运杂费3000元，已到货并验收入库。

(4) 8日，开出银行汇票100000元，从劲松林厂购进原木100m³，但材料尚未到达。

(5) 12日，从建南水泥制品厂购进预应力空心板100m³，单价300元；硅酸盐砌块500m³，单价100元；建南水泥厂代垫运费3000元，材料已验收入库，货款尚未支付。

(6) 14日，从红星砖厂购进机制普通砖15万块，买价30000元，本市通达运输公司承运，运费3000元，货款及运费已付。材料验收入库时发现短缺2000块，原因待查。

(7) 16日，经查，短缺机制普通砖2000块，系运输人员在运输途中私自变卖。经追偿，收到现金赔款440元。

(8) 20日，从劲松林厂购进的原木已到货并验收入库。开出支票一张，支付铁路局运费10000元。

(9) 24日，从石灰厂购进生石灰50t，单价300元，代垫运费2500元。验收入库时发现短缺2t，按实收数量办理入库并按实收数量开出支票支付货款。

(10) 30日，向建机公司购进机械配件一批，材料已到，但发票账单尚未到达，月末，按预算价80000元暂估入库。

3. 31日，转来本月材料领用单。其中：安居工程领用ϕ20圆钢10t，实际成本41000元；领用32.5级水泥100t，实际成本35000元；领用木材30m³，实际成本33000元；领用机制普通砖10万块，实际成本22000元；领用生石灰40t，实际成本14000元；领用硅酸盐砌块300m³，实际成本33000元。机械作业领用机械配件一批，实际成本50000元。混凝土搅拌车间领用32.5级水泥50t，实际成本17500元；领用其他材料2500元。施工管理部门领用其他材料800元。

4. 企业采购保管费月初余额为2064元，本月发生额为7000元。

(三) 要求：

1. 根据资料①建立材料的明细分类账（可用丁字账代替）。
2. 根据资料②编制会计分录并登记材料明细分类账。
3. 根据资料3、4编制发料凭证汇总表，作出会计分录，并登记材料明细分类账。

习题三

(一) 练习材料购进和领用按计划成本计价的核算。

(二) 资料：

1. 某建筑公司2002年12月份物资采购明细账的月初余额如下：

"物资采购——主要材料（硅酸盐）"借方余额35000元。

2. 2002年12月份发生如下经济业务：

(1) 1日，冲销上月从晋阳钢铁厂购进ϕ20圆钢10t按计划价41000元暂估入库记录。

(2) 3日，收到晋阳钢铁厂ϕ20圆钢10t的发票账单。钢材的买价和运杂费计42000元，以银行存款支付。

(3) 4日，上月已付款的水泥10t，买价32000元，运杂费3000元，现已到货并验收入库。水泥的计划成本为37000元。

(4) 8日，企业开出银行汇票100000元，从劲松林厂购进原木100m³，但材料尚未到达。

(5) 12日，从建南水泥制品厂购进预应力空心板100m³，单价300元；硅酸盐砌块500m³，单价100元，建南水泥厂代垫运费3000元，材料已验收入库货款尚未支付。预应力空心板的计划成本为320元/m³，硅酸盐砌块的计划成本为120元/m³。

(6) 14日，从红星砖厂购进机制普通砖15万块，买价30000元，本市通达运输公司承运，运费3000元，货款及运费已付。材料验收入库时发现短缺2000块，原因待查。该批普通砖的计划成本为每块0.25元。

(7) 16日，经查，短缺机制普通砖2000块，系运输人员在运输途中私自变卖。经追偿，收到现金赔款440元。

(8) 20日，劲松林厂购进的原木已到货并验收入库。企业开出支票一张，支付铁路局运费10000元。该批木材的计划成本为1000元/m³。

(9) 24日，从石灰厂购进生石灰50t，单价300元，代垫运费2500元。验收入库时发现短缺2t，按实收数量办理入库并按实收数量开出支票支付货款。生石灰的计划成本为360元/t。

(10) 30日，向建机公司购进机械配件一批，材料已到，但发票账单尚未到达，货款尚未支付。月末，按计划价80000元暂估入库。

(11) 31日，从阳光水泥厂购进32.5级水泥50t，价款16250元，运杂费3750元，货款已付，材料尚未到达。

3. 企业采购保管费月初余额为 2064 元，本月发生额为 7000 元。假设该公司采购保管费按计划采购保管费分配率分配，年末，采购保管费余额全部记入材料物资的采购成本（表 4-21）。

采购保管费分配表　　　　　　　　　　　　　　　　表 4-21

材料类别	款已付并验收入库材料的计划成本	分配率	分配额
主要材料			
结构件			
合　计			

4. 本月收入材料汇总表（表 4-22）。

表 4-22

材料类别	实际成本	计划成本	成本差异
主要材料			
结构件			
合　计			

（三）要求：

1. 根据资料①建立物资采购明细账。
2. 根据资料②编制会计分录。
3. 根据资料③分配采购保管费，并编制会计分录，结转年末采购保管费。
4. 根据资料①、②、③登记物资采购明细账。
5. 编制本月收入材料汇总表，并作出结转成本差异的会计分录。

习题四

（一）练习材料发出按计划成本计价的核算。

（二）资料：某建筑公司 2002 年 12 月份有关资料如下：

1. 2002 年 12 月份月初余额如表 4-23。

单位：元　　表 4-23

总分类账	明细分类账	借方余额	贷方余额
库存材料	主要材料	80000	
	结构件	18000	
	机械配件	1200	
	其他材料	800	
材料成本差异	主要材料		3160
	结构件		3000
	机械配件		200
	其他材料	200	

2. 本月收入材料的计划成本和材料成本差异见习题三（表 4-22）。

3. 31 日，转来本月材料领用单。其中：安居工程领用 ϕ20 圆钢 10t，计划成本 41000 元；领用 32.5 级水泥 70t，计划成本 25900 元；领用木材 30m^3，计划成本 30000 元；领用机制普通砖 10 万块，计划成本 25000 元；领用生石灰 40t，计划成本 14400 元；领用硅酸盐砌块 300m^3，计划成本 36000 元。商品楼工程领用 32.5 级水泥 30t，计划成本 11100 元，领用预应力空心板 100m^3，计划成本 32000 元；领用木材 30m^3，计划成本 30000 元。机械作业领用机械配件一批，计划成本 52000 元。混凝土搅拌车间领用 32.5 级水泥

50t，计划成本 18500 元；领用其他材料计划成本 2300 元。施工管理部门领用其他材料计划成本 750 元。

（三）要求：

1. 根据资料③编制"发出材料汇总表"。
2. 根据"发出材料汇总表"编制会计分录。

（三）根据资料①、②计算发出材料应负担的材料成本差异，并编制结转材料成本差异的会计分录。

习题五

（一）练习材料其他收发业务的核算。

（二）资料：某建筑企业 2002 年 12 月发生如下经济业务：

1. 1 日，发出钢材 4t，委托晋峰加工厂加工钢结构件。每吨钢材的计划价为 1150 元，发出钢材的成本差异率为 1.5%。

2. 2 日，发出 ϕ10 钢筋 10t，由钢筋队制作加工成型，计划价为 1500 元/t（材料成本差异率为 1.5%）。

3. 5 日，收到晋峰加工厂加工钢结构件 2000 元的加工费结算单和 400 元的往返运费结算单，并用银行存款支付。

4. 5 日，委托晋峰加工厂加工的钢结构件验收入库，计划成本为 7200 元。结转委托加工物资的实际成本和材料成本差异。

5. 6 日，收到建设单位阳光水泥厂拨入的 42.5 级水泥 100t，出厂价为 400 元/t，计 40000 元，水泥厂将水泥运达施工现场，发生运费 3000 元。按合同规定以实际买价、运杂费办理结算，抵作备料款。水泥的计划成本为 45000 元。

6. 8 日，企业接受投资转入机械配件一批，已验收入库，其计划成本为 86000 元，双方确认的价值为 85000 元。

（三）要求：根据以上资料编制会计分录。

习题六

（一）练习存货的清查和期末计价的核算。

（二）资料：某建筑公司 12 月份发生如下经济业务：

1. 15 日，企业在年终清查中盘盈机械配件一批，该机械配件的市场价为 1500 元；盘亏木材 3m³，实际成本 1000 元/m³；盘亏油漆 10 桶，实际成本 120 元/桶。清查出因受潮无使用价值的 32.5 级水泥 20t，实际成本 350 元/t。

2. 31 日，年终清查中发现的上述问题，经清查小组审查认定，报经有关部门批准后，作如下处理：①机械配件盘盈的原因是记录差错，应作冲减管理费用处理；②盘亏的木材 3m³，是因意外事故所致，根据保险合同财产损失的 2/3 由保险公司赔偿，其余列作营业外支出；③盘亏的油漆 10 桶应由过失人王某赔偿；④报废的水泥 20t，因管理不善所致，应计入管理费用。

3. 该企业对期末存货按成本与可变现净值孰低法进行计价。2002 年初存货跌价准备的账面余额为 55000 元，2002 年末存货的实际成本为 860000 元，可变现净值为 800000 元。

（三）要求：根据上述资料作出会计分录。

习题七

（一）练习低值易耗品的核算。

（二）资料：某建筑公司 2002 年 12 月份发生如下经济业务：

1. 6 日，开出转账支票一张，购进消防器材一批，买价 3000 元，发生运杂费 100 元，该批消防器材的计划成本为 3200 元。已验收入库。

2. 10 日，领用一次报耗的低值易耗品一批，根据领料单汇总如表 4-24。

3. 15 日，安居工程领用分五次摊销的生产用具一批，计划成本 7840 元，材料成本差异额 160 元。

4. 15 日，施工管理部门领用五五摊销的办公用品一批，实际成本 18000 元。

单位：元 表 4-24

受益对象	其他用具		劳保用品		合计	
	计划成本	材料成本差异	计划成本	材料成本差异	计划成本	材料成本差异
安居工程	3500	70	500	5	4000	75
辅助生产	300	6	400	4	700	10
施工管理部门	200	4	100	1	300	5
合计	4000	80	1000	10	5000	90

5. 月末，施工现场报废五五摊销的生产工具一批，实际成本 3000 元，收回残料价值 150 元。

（三）要求：根据以上资料编制会计分录。

习题八

（一）练习周转材料的核算。

（二）资料：某建筑公司 2002 年 12 月份发生如下经济业务：

1. 5 日，用银行存款购进大型钢模板一批，买价 188000 元，运杂费 5000 元，已验收入库。该批大型钢模板的计划成本为 195000 元。

2. 7 日，商品房工程领用板材一批，实际成本 13000 元，转作木模板使用；领用原木一批，实际成本 15000 元，转作架料使用。

3. 9 日，将本月购进的大型钢模板投入商品房工程使用。

4. 月末，计算本月在用周转材料摊销额：

（1）架料采用分期摊销法，预计可使用 10 个月，预计残值率为 10%；

（2）大型钢模板采用分次摊销法，预计可使用 100 次，预计残值率为 5%，本月使用 3 次；

（3）木模板采用定额摊销法，本月完成混凝土构件为 750m³，混凝土构件的摊销额为 8 元/m³。其中，施工现场完成 250m³，辅助车间完成 500m³。

5. 安居工程于 2002 年 3 月 31 日领用的挡土板及支撑材料一批，实际成本 8000 元，预计使用 10 个月，现已使用 9 个月。在年末财产清查中发现大部分已报废或短缺，剩余残料价值 200 元已验收入库。

6. 2002 年 8 月 1 日，安居工程领用的钢管及扣件等架料，实际成本 12000 元，预计可使用 12 个月，现已使用 5 个月，因该工程已不再需要，决定转移到商品楼工程继续使用，转移工地时该架料的估计成色为五成新。

（三）要求：

根据有关资料编制会计分录。

第五章 投　　资

第一节 概　　述

一、投资核算的范围

企业会计准则将投资定义为："投资，指企业为通过分配来增加财富，或为谋求其他利益，而将资产让渡给其他单位所获得的另一项资产。"可见，企业会计准则所称的投资，指企业对外投资，不包括企业为扩大经营规模而进行的投资。所以，本章主要讲述企业对外投资的核算。

二、投资的分类

对投资进行适当的分类，是确定投资核算方法的前提。按照不同的标准，对外投资可有不同的分类。

(一) 按投资的性质分类

按投资的性质，可以将对外投资分为权益性投资、债权性投资、混合性投资等。

1. 权益性投资

指为获取另一企业的权益所作的投资。这种投资的目的是为了获得对另一个企业的控制权，或对另一个企业实施重大影响等。企业购买另一个企业的普通股股票，就属于权益性投资。权益性投资的主要特点是投资者有权参与接受投资企业的经营管理，投资收益不确定，投资者不能随意收回投资，投资风险较高。

2. 债权性投资

指企业为获取另一个企业的债权所进行的投资。这种投资的目的不是为了获得另一个企业的净资产，而是为了获取较高的利息。企业购买另一个企业发行的债券，就属于债权性投资。债权性投资的主要特点是有固定的期限和约定的利率，投资者可以定期取得利息和到期收回本金，投资风险较小。但无权参与接受投资企业的经营管理。

3. 混合性投资

它是指同时具有权益性和债权性双重性质的投资，往往表现为混合性证券投资。企业购买另一个企业发行的优先股股票、可转换企业债券等，就属于混合性投资。

(二) 按投资的目的分类

按照投资的目的，对外投资可分为短期投资和长期投资两类。

1. 短期投资

指能够随时变现并且持有时间不准备超过一年（含一年）的投资，包括债券、股票、基金等。企业利用暂时闲置的资金，购买可上市交易的股票、债券、基金等有价证券，并选择有利时机将其出售，以获取较高的收益。如果企业急需资金，还可以随时抛售变现，满足其资金需求。可见，短期投资的目的是在保证资产流动性的前提下最大限度地提高获利能力。

2. 长期投资

指短期投资以外的投资，包括持有时间准备超过一年（不含一年）的各种股权性质的投资、不能变现或不准备随时变现的债券、其他债权投资和其他长期投资。企业进行长期投资的目的，不仅仅在于获取高于银行存款的投资收益，而是在于积累整笔资金以供特定用途之需，以及为了控制其他单位或对其他单位实施重大影响，实现对外扩张等。按照投资性质，长期投资可以分为长期股权投资和长期债权投资两类。

按照投资目的对投资进行分类，是为了合理确定投资的核算方法及其在资产负债表上的列示方法。短期投资持有期限较短，并且能够随时变现，会计核算采用较为简单的方法，在资产负债表中作为流动资产列示；长期投资期限长、投资金额较大，需要根据投资情况采用不同的方法进行核算，在资产负债表中作为长期资产列示。

第二节 短期投资

一、短期投资的涵义

短期投资是指能够随时变现并且持有时间不准备超过一年的投资。"能够随时变现"并"准备随时变现"，是短期投资的主要特征。短期投资应当符合两个条件：

（1）能够在公开市场交易并且有明确的市价；

（2）持有投资作为剩余资金的存放形式，并保持其流动性和获利性。

不符合上述条件的投资不能作为短期投资。例如，企业购入的不能上市交易的股票和债券，或虽能上市交易但企业不准备随时变现的股票和债券，应作为长期投资核算。短期投资的持有期间通常不超过一年，但实际持有期间已超过一年的短期投资仍应作为短期投资核算，除非企业管理当局改变意图。

二、短期投资核算的账户设置

为了总括地核算和监督短期投资的增减变动情况以及投资收益的实现情况，建筑企业应设置下列会计账户：

1. "短期投资"账户

该账户属于资产类账户，用以核算企业能够随时变现并且持有时间不准备超过一年（含一年）的投资，包括各种股票、债券、基金等。其借方登记取得短期投资时的初始投资成本；贷方登记在短期投资持有期间获得现金股利和债券利息时冲减的短期投资成本，以及出售股票、债券或到期收回债券金额时结转的短期投资账面余额；期末借方余额反映企业持有的各种短期投资的实际成本。本账户应按短期投资的种类设置明细账进行明细核算。企业购入不能随时变现或不准备随时变现的投资，应在"长期股权投资"、"长期债权投资"账户核算，不通过本账户核算。

2. "应收股利"账户

该账户属于资产类账户，用以核算企业进行股权投资应收取的现金股利或利润。其借方登记企业购入股票时实际支付的价款中所包含的已宣告但尚未领取的现金股利，以及应分得的现金股利或利润；贷方登记实际收到的现金股利或利润；期末借方余额反映尚未收回的现金股利或利润。本账户应按接受投资单位设置明细账进行明细核算。

3. "应收利息"账户

该账户属资产类账户，用以核算企业进行债权投资应收取的利息。其借方登记购入债券时实际支付的价款中所包含的已到付息期但尚未领取的债券利息，以及企业持有的分期付息、到期还本债券的已到付息期但尚未收到的利息；贷方登记企业实际收到的利息；期末借方余额反映企业尚未收回的利息。本账户应按债券种类设置明细账进行明细核算。企业购入到期还本付息的长期债券应收的利息，应在"长期债权投资"账户核算，不通过本账户核算。

4．"投资收益"账户

该账户属损益类账户，用以核算企业对外投资取得的收益或发生的损失。其贷方登记取得的收益，借方登记发生的损失。期末，应将本账户余额全部转入"本年利润"账户。结转后本账户应无余额。本账户应按投资收益的种类设置明细账进行明细核算。

三、取得短期投资的核算

（一）短期投资的入账时间

企业应当以付款或投出资产的时间作为短期投资的入账时间。若付款时或投出资产时尚未收到证券，还应在备查簿中进行登记。

（二）短期投资的入账金额

企业取得短期投资时，应以初始投资成本入账。初始投资成本是企业取得各种股票、债券、基金时实际支付的价款，包括买价、税金、手续费等相关费用，但不包括已宣告但尚未领取的现金股利和已到期但尚未领取的债券利息。但是，短期债券投资实际支付的价款中若含有未到付息期的利息，应包括在短期投资的初始投资成本中。

比如，甲企业于2002年7月1日以108000元购入乙企业2002年1月1日发行的三年期、利率5%、每半年付息一次的企业债券进行短期投资，债券面值为100000元。假定甲企业购入债券时没有发生相关税费，且利息尚未领取，则该批债券的初始投资成本为105500元，$\left(108000-100000\times 5\%\times\dfrac{6}{12}\right)$，已到付息期的利息2500元应从初始成本中扣除。如果甲企业购入的是到期还本付息的债券，2500元为未到期利息，应包括在初始成本中，则初始投资成本应为108000元。

（三）账务处理

【例5-1】 东方建筑公司于2002年1月1日以217000元购入甲公司2001年1月1日发行的三年期，按年付息，到期还本的债券。债券的票面价值为200000元，年利率8%，付息日为每年1月5日。购入时另以银行存款支付佣金、手续费等2000元。购入的债券不准备长期持有。应作会计分录如下：

借：短期投资——债券（甲公司）　　　　　203000
　　应收利息——甲公司　　　　　　　　　 16000
　　　贷：银行存款　　　　　　　　　　　　　　　219000

其中：

投资成本 = 217000 + 2000 − 200000 × 8% = 203000 元

已到期但尚未领取的利息 = 200000 × 8% = 16000 元

【例5-2】 依例5-1，若该债券于2002年4月1日购买，此时2001年的利息已支付，购入债券实际支付的价款中所包含的三个月利息为未到付息期的利息，不能作为应收利息核算，应包括在投资成本中。企业应作会计分录如下：
  借：短期投资——债券（甲公司）   219000
    贷：银行存款   219000

若该债券为到期一次还本付息的债券，不论何时购买，均按实际支付的价款计入投资成本，实际支付价款中包含的利息均为未到期利息，不能作为应收利息核算。

【例 5-3】　东方公司于 2002 年 1 月 10 日购入智海公司发行的普通股股票 20000 股，每股面值 10 元，市价 12 元，另付手续费 2000 元。东方公司应作如下会计分录：
  借：短期投资——股票（智海公司）   242000
    贷：银行存款   242000

假定智海公司已于 2001 年 12 月 31 日宣告分派每股 0.5 元的现金股利，并定于 2002 年 2 月 1 日按 1 月 20 日的股东名册发放。东方公司应作如下会计分录：
  借：短期投资——股票（智海公司）   232000
    应收股利   10000
    贷：银行存款   242000

四、取得现金股利和利息的核算

企业在持有短期投资期间收到的现金股利和利息，分别按下列方法处理：

（1）属于取得短期投资时实际支付的价款中包含的应收股利或应收利息，于收到时冲减"应收股利"或"应收利息"账户的记录，不确认为投资收益。

（2）除取得短期投资时已记入应收项目的外，企业在持有短期投资期间获得的现金股利或利息，作为初始投资成本的收回，冲减短期投资的账面价值，也不确认为投资收益。

【例 5-4】　企业收到短期债券投资在持有期间产生的利息 5000 元。作会计分录如下：
  借：银行存款   5000
    贷：短期投资   5000

【例 5-5】　企业收到购入股票时已经宣告但尚未领取的现金股利 10000 元。作会计分录如下：
  借：银行存款   10000
    贷：应收股利   10000

五、短期投资的期末计价

（一）短期投资的期末计价方法

短期投资的期末计价，是指期末短期投资在资产负债表上反映的价值，也是指期末短期投资的账面价值。账面价值是指短期投资的账面余额减去相关的备抵项目后的净额。

短期投资的期末计价方法有成本法、市价法和成本与市价孰低法三种。

1. 成本法

成本法又称历史成本法。它是指短投资按投资成本入账后直到出售变现前均不调整其账面价值的方法。

2. 市价法

市价法是指在每一会计期末编制会计报表时，短期投资的账面价值按市场价格调整，并据此反映于资产负债表上的方法。即不论市价高于或低于成本，均以市价作为期末短期投资的账面价值，市价与账面价值之间的差额，计入当期损益。

3. 成本与市价孰低法

成本与市价孰低法是指短期投资的市价在购买日以后下跌时，投资成本也应减少到一个较低的价值所采用的一种计价方法。即企业在期末编制会计报表时，应在短期投资的成本与市价中选择较低者，作为反映在资产负债表上的价值。当市价低于成本时按市价计价，当市价高于成本时则按成本计价。

企业会计制度规定：企业应当在期末时对短期投资按成本与市价孰低计量，对市价低于成本的差额，计提短期投资跌价准备。

(二) 成本与市价孰低法的运用

1. 成本与市价比较的方法

企业采用成本与市价孰低计价时，应于期末将短期投资的成本与市价比较，计算出市价低于成本的差额，并据以确定应计提短期投资跌价准备的数额。比较的方法有以下三种：

(1) 单项比较法，即将短期投资的成本与市价逐项进行比较，以计算短期投资市价低于成本的金额。

(2) 分类比较法，即将每一类短期投资的成本与其市价比较，以计算市价低于成本的金额。

(3) 综合比较法，即将短期投资的总成本与总市价比较，以计算短期投资市价低于成本的金额。

采用成本与市价孰低计价时，企业可以根据自身的具体情况，分别按投资总体、投资类别或单项投资计算并确定计提的跌价准备；但如果某项短期投资比重较大（如占整个投资10%及以上），则应按单项投资为基础计算并确定计提的跌价准备。

需要注意的是，在采用成本与市价孰低法计价时，一般应以取得短期投资时的初始投资成本为基础进行比较。但是，如果短期投资持有期间获得现金股利或债券利息而冲减了初始投资成本的，则应以冲减后的短期投资账面余额作为投资成本，并据以与市价进行比较。

为了总括地核算和监督短期投资跌价准备的计提和转销情况，建筑企业应设置"短期投资跌价准备"账户。该账户是"短期投资"账户的备抵调整账户，其贷方登记实际计提的短期投资跌价准备，借方登记转销的短期投资跌价准备，期末贷方余额反映企业已计提的短期投资跌价准备。

2. 短期投资跌价准备的计提

短期投资跌价准备可以按下式确定：

$$\text{当期应提取的短期投资跌价准备} = \text{当期短期投资市价低于成本的金额} - \text{"短期投资跌价准备"账户的贷方余额}$$

如果当期短期投资市价低于成本的金额大于"短期投资跌价准备"账户的贷方余额，应按其差额提取跌价准备；如果当期短期投资市价低于成本的金额小于"短期投资跌价准备"账户的贷方余额，应按其差额冲减已计提的跌价准备；如果当期短期投资市价高于成本，应在已计提的跌价准备的范围内冲回，冲回金额以"短期投资跌价准备"账户的金额冲减至零为限。

【例5-6】 甲企业自2001年起分别于中期期末和年度终了对短期投资按成本与市价

孰低计价，2001年6月30日短期投资成本与市价金额如表5-1所示。

表 5-1

项　　目	2001年6月30日		
短期投资—股票	成　　本	市　　价	预计跌价（损）益（市价－成本）
股票 A	73200	70000	－3200
股票 B	64850	65000	150
股票 C	719200	705000	－14200
股票 D	213600	215000	1400
小　计	1070850	1055000	－15850
短期投资—债券			
B 企业债券	356500	350000	－6500
C 企业债券	255000	263500	8500
小　计	611500	613500	2000
合　计	1682350	1668500	－13850

（1）按单项投资计提

应提跌价准备 = 3200 + 14200 + 6500 = 23900 元

借：投资收益——短期投资跌价准备　　　23900
　　贷：短期投资跌价准备——股票 A　　　3200
　　　　短期投资跌价准备——股票 C　　　14200
　　　　短期投资跌价准备——B 企业债券　6500

（2）按投资类别计提

股票投资应提跌价准备 = 1055000 － 1070850 = －15850 元

借：投资收益——短期投资跌价准备　　　15850
　　贷：短期投资跌价准备——股票　　　　15850

因为债券投资的市价高于成本，故不计提跌价准备。

（3）按投资总体计提

应提跌价准备 = 1668500 － 1682350 = －13850 元

借：投资收益——短期投资跌价准备　　　13850
　　贷：短期投资跌价准备　　　　　　　　13850

【例 5-7】 承例 5-5，假设甲企业决定分别于中期期末和年度终了按投资总体计提短期投资跌价准备。2001年6月30日提取跌价准备13850元，2001年12月31日短期投资市价低于成本的金额为20000元，2002年6月30日短期投资市价低于成本的金额为12000元，2002年12月31日短期投资市价高于成本的金额为5000元。则各期计提跌价准备时的会计处理为：

①2001年12月31日，应计提跌价准备为 20000 － 13850 = 6150 元。会计分录如下：

借：投资收益——短期投资跌价准备　　　6150
　　贷：短期投资跌价准备　　　　　　　　6150

②2002年6月30日，应计提跌价准备为 12000 － 20000 = －8000 元。会计分录如下：

借：短期投资跌价准备 8000
  贷：投资收益——短期投资跌价准备 8000

③2002年12月31日，由于短期投资的市价高于成本，故应将以前已计提的短期投资跌价准备全部转销。会计分录如下：

借：短期投资跌价准备 12000
  贷：投资收益——短期投资跌价准备 12000

六、短期投资处置的核算

短期投资处置是指企业出售或转让股票、债券、基金以及到期收回债券本息等业务。企业处置短期投资时，应将取得的收入与短期投资账面价值的差额确认为当期投资损益。处置短期投资时支付的各种费用，应作为出售收入的减项处理。如果在处置短期投资时，以前已经确认的应收股利或应收利息尚未收回，则应按扣除该部分应收股利或应收利息后的金额确认投资收益。

处置短期投资时，已计提的短期投资跌价准备是否同时结转，应视具体情况而定：

（1）在按单项投资计提跌价准备的情况下，处置短期投资时可以同时结转已计提的跌价准备，也可以不结转，而在期末计提跌价准备时进行调整。如果短期投资跌价准备按投资类别或投资总体计提，处置短期投资时不同时结转已计提的跌价准备，也于期末计提短期投资跌价准备时进行调整。

（2）如果部分处置某项短期投资，处置短期投资的成本应按该项投资的总平均成本确定。在短期投资跌价准备按单项投资计提的情况下，可以按处置比例相应结转已计提的跌价准备。

【例5-8】 承例5-3，东方建筑公司于2002年1月15日将所持有的智海公司股票20000股全部出售，每股售价15元，扣除相关费用1000元后实际收款299000元。出售时该股票的应收股利为16000元，账面余额为226000元。东方公司应作如下会计分录：

借：银行存款 299000
  贷：短期投资 226000
    应收股利 16000
    投资收益 57000

若东方公司于2002年3月份出售上述股票，此时东方公司已收到智海公司派发的现金股利16000元，则应作如下会计分录：

借：银行存款 299000
  贷：短期投资 226000
    投资收益 73000

【例5-9】 南方公司于2002年4月1日以每股10元的价格购入三晋公司股票10000股作为短期投资。4月15日，三晋公司宣告每股分配现金股利0.5元，并于一个月后支付。6月10日，南方公司又以每股9元的价格购入该股票20000股。6月30日，该股票市价下跌为每股8元。9月10日，南方公司以每股12元的价格转让该股票10000股。该公司按单项投资计提跌价准备并在处置时同时结转。南方公司应做如下会计处理：

（1）4月1日，作会计分录如下：

借：短期投资——股票投资（三晋公司） 100000

    贷：银行存款   100000

(2) 4月15日，作会计分录如下：

借：应收股利——三晋公司   5000
   贷：短期投资——股票投资（三晋公司） 5000

(3) 5月15日，作会计分录如下：

借：银行存款   5000
   贷：应收股利——三晋公司   5000

(4) 6月10日，作会计分录如下：

借：短期投资——股票投资（三晋公司） 180000
   贷：银行存款   180000

(5) 6月30日，作会计分录如下：

借：投资收益   35000
   贷：短期投资跌价准备   35000

  短期投资跌价准备 = 30000×8 − (100000 − 5000 + 180000) = 35000元

(6) 9月10日，作会计分录如下：

借：银行存款   120000
   贷：短期投资——股票投资（三晋公司） 91667
     短期投资跌价准备   11667
     投资收益   16666

  结转的短期投资成本 = (100000 − 5000 + 180000) ÷ 30000 × 10000 = 91667元

    结转的短期投资跌价准备 = 35000 ÷ 30000 × 10000 = 11667元

第三节　长期股权投资

  长期股权投资指企业长期持有的、按持股比例享有权益并承担责任的投资。长期股权投资包括股票投资和其他股权投资。

一、初始投资成本的确定

  企业取得被投资企业股权的方式主要有两种：一是在证券市场上以货币资金购买其他单位的股票；二是将资产（包括货币资产、无形资产和其他实物资产）投资于其他单位。

  取得长期股权投资时，应按初始投资成本入账。初始投资成本是指企业取得长期股权投资时付出的代价，但不包括为取得长期股权投资所发生的评估、审计、咨询等费用，也不包括取得长期股权投资时已宣告但尚未领取的现金股利。根据取得方式的不同，初始投资成本分别采用下列方法确定：

  (1) 以货币资产购入的长期股权投资，按实际支付的全部价款（包括支付的买价，手续费、税金等费用）减去已经宣告、但尚未领取的现金股利后的金额作为初始投资成本。

  (2) 企业接受的债务人以非现金资产抵偿债务的方式取得的长期股权投资，或以应收债权换入的长期股权投资，其初始投资成本为应收债权的账面价值（账面余额减去已计提的坏账准备）加上应支付的相关税费。若含有已宣告但尚未领取的现金股利，还应减去应收股利。

涉及补价的，按照以下规定确定受让的长期股权投资的初始投资成本：

1）收到补价的，按照应收债权的账面价值减去补价，加上应支付的相关税费，作为换入长期股权投资的初始投资成本；

2）支付补价的，按照应收债权的账面价值加上支付的补价和相关税费，作为换入长期股权投资的初始投资成本。

【例5-10】 假设甲公司一笔账面余额为80000元的应收账款，长期未能收回，甲公司已为该笔应收账款计提坏账准备400元。经协商，对方愿意以其持有的某公司的股票5000股抵偿债务。发行该股票的公司已经宣告每股现金股利1元，但尚未正式发放。甲公司以银行存款支付补价10000元及相关费用800元。甲公司准备长期持有该股票。

本例中，甲公司换出应收账款的账面价值为：80000 - 400 = 79600元

换入股票中包含的应收股利为：5000 × 1 = 5000元

换入股票的初始投资成本为：79600 + 800 + 10000 - 5000 = 85400元

二、长期股权投资核算方法的选择

企业的长期股权投资，应根据具体情况，分别采用成本法或权益法进行会计核算。

如果投资企业对被投资单位的生产经营活动和重大决策具有控制权或共同控制权，或者可以施加重大影响，则应当采用权益法核算。一般情况下，当企业直接拥有被投资企业20%（或20%以上）的表决权资本时，通常认为对被投资企业具有重大影响，应采用权益法核算。

如果投资企业对被投资单位的生产经营活动和重大决策没有控制权或共同控制权，而且也不能产生重大影响，应当采用成本法进行核算。企业的投资占被投资单位有表决权资本的20%（不含20%）以下，或虽然占该单位有表决权资本总额的20%或20%以上，但不具有重大影响的，则应采用成本法核算。

为了核算长期股权投资的增减变动情况，企业应设置"长期股权投资"账户。该账户属资产类账户，其借方登记长期股权投资的增加数，贷方登记长期股权投资的减少数，期末借方余额反映长期股权投资的价值。本账户应设置"股票投资"和"其他股权投资"两个明细账户。采用权益法核算的企业还应在两个明细账户下分设"投资成本"、"股权投资差额"、"损益调整"、"股权投资准备"等明细账户。本账户应按被投资单位设置明细账进行明细核算。

三、长期股权投资核算的成本法

（一）成本法的含义

成本法指投资后按实际成本确认账面金额，并且在持有期间一般不因被投资单位净资产的增减而变动投资账面余额的方法。在成本法下，长期股权投资的价值一经入账，除追加投资、将应分得的现金股利或利润转为投资或收回投资外，长期股权投资的账面价值一般应保持不变。被投资单位宣告分派的利润或现金股利，作为当期投资收益处理。

（二）成本法的核算要点

（1）初始投资或追加投资时，按确定的投资成本增加长期股权投资的账面价值。

（2）被投资单位宣告分派利润或现金股利，投资企业按应享有的部分，确认为当期投资收益。但投资企业确认的投资收益，仅限于所获得的被投资单位在接受投资后产生的累计净利润的分配额，所获得的被投资单位宣告分派的利润或现金股利超过被投资单位在接

受投资后产生的累计净利润的部分,作为初始投资成本的收回,冲减长期股权投资的账面价值。

(3) 除追加投资、收回投资外,"长期股权投资"的账面价值一般保持不变。

【例 5-11】 承例 5-10,企业应编制的分录为:

借:长期股权投资——股票投资　　　　　　85400
　　应收股利　　　　　　　　　　　　　　 5000
　　坏账准备　　　　　　　　　　　　　　　400
　　贷:应收账款　　　　　　　　　　　　　　　80000
　　　　银行存款　　　　　　　　　　　　　　　10800

【例 5-12】 甲企业 2001 年 1 月 1 日以银行存款 100000 元购入乙企业普通股 10000 股,占乙企业有表决权资本的 5%,并准备长期持有。乙企业于 2001 年 2 月 10 日宣告分派 2000 年度的现金股利 200000 元,并定于 3 月 1 日至 5 日发放。2001 年乙公司共实现可供投资者分配的净利润 600000 元,2002 年 2 月 10 日乙公司宣告将 2001 年度实现利润全部用于发放现金股利。甲企业应作会计分录如下:

(1) 2001 年 1 月 1 日投资时,作会计分录如下:

借:长期股权投资——股票投资　　　　　　100000
　　贷:银行存款　　　　　　　　　　　　　　　100000

(2) 2001 年 2 月 10 日宣告发放股利时,作会计分录如下:

借:应收股利　　　　　　　　　　　　　　10000
　　贷:长期股权投资——股票投资　　　　　　　10000

因为 2001 年宣告分派的股利,是投资以前乙企业实现的盈余的分配,故甲企业不能作为当期实现的投资收益,而应作为初始投资成本的收回,冲减投资的账面价值。

(3) 2001 年 3 月 5 日收到股利时,作会计分录如下:

借:银行存款　　　　　　　　　　　　　　10000
　　贷:应收股利　　　　　　　　　　　　　　　10000

(4) 2002 年 2 月 10 日宣告分派股利时,作会计分录如下:

借:应收股利　　　　　　　　　　　　　　30000
　　贷:投资收益　　　　　　　　　　　　　　　30000

假如乙企业 2002 年度发生了亏损,但为了弥补企业的形象,在用以前年度的盈余弥补亏损后,仍然宣告分派 100000 元的现金股利。此时,乙企业分派的 100000 元股利实质上是甲企业投资前乙企业累计盈余的分配,所以甲企业对应享有的股利不能作为投资收益,而应作为初始投资成本的收回。其会计处理为:

借:应收股利　　　　　　　　　　　　　　5000
　　贷:长期股权投资——股票投资　　　　　　　5000

四、长期股权投资核算的权益法

(一) 权益法的含义

权益法是指投资最初以初始投资成本计价,以后根据投资企业享有被投资单位所有者权益份额的变动调整长期股权投资账面价值的方法。在权益下,长期股权投资的账面价值随着被投资单位所有者权益的变动而变动。每年的年末,要根据被投资单位财务会计报告反映的净利润或亏损额，按投资企业的持股比例确认投资收益或投资损失，同时调整"长期股权投资"账户的账面价值。收到被投资单位发放的股利时，相应冲减"长期股权投资"账户的账面价值，但不再增加投资收益。

（二）权益法核算的要点

长期股权投资采用权益法核算，主要应解决三个方面的问题：一是股权投资差额的处理；二是被投资单位实现净损益的处理；三是对被投资单位除净损益以外的其他所有者权益变动的处理。

1. 股权投资差额及处理

（1）股权投资差额是指采用权益法对长期股权投资进行核算时，初始投资成本与应享有被投资单位所有者权益份额的差额。这里，所有者权益指有表决权的资本。股权投资差额一般可按下列公式计算：

股权投资差额 = 初始投资成本 – 投资时被投资单位所有者权益 × 投资企业持股比例

股权投资差额是初始投资成本的调整项目。当初始投资成本高于应享有被投资单位所有者权益份额时，应按其差额相应调减初始投资成本；当初始投资成本低于应享有被投资单位所有者权益份额时，应相应调增初始投资成本。经调整后的投资成本（即初始投资成本加或减股权投资差额的余额）应等于按持股比例计算的应享有被投资企业所有者权益的份额。

（2）股权投资差额应在一定期间平均摊销，摊销金额调整相关期间的投资损益。

【例 5-13】 甲企业于 2000 年 1 月 1 日以 880000 元投资乙公司普通股，占乙公司有表决权资本的 40%，并能对乙公司施加重大影响。投资日，乙公司普通股股东权益总额为 2000000 元。甲企业应作的会计处理为：

（1）按初始投资成本入账。作会计分录如下：

借：长期股权投资——股票投资（投资成本）　　880000
　　贷：银行存款　　　　　　　　　　　　　　　　880000

（2）确认股权投资差额（880000 – 2000000 × 40%）。作会计分录如下：

借：长期股权投资——股票投资（股权投资差额）　80000
　　贷：长期股权投资——股票投资（投资成本）　　　80000

确认股权投资差额后，投资成本调减了 80000 元，正好等于占乙公司股东权益的份额。

（3）假设上述股权投资差额按十年摊销，每年摊销 8000 元。作会计分录如下：

借：投资收益——股权投资差额摊销　　　　　　　8000
　　贷：长期股权投资——股票投资（股权投资差额）　8000

2. 被投资单位实现净损益的处理

被投资单位当年实现的净利润或发生的净亏损，均影响其所有者权益总额变动。因此，在权益法下，投资企业长期股权投资的账面价值也需要作相应的调整，调整额应通过"长期股权投资"账户下的"损益调整"明细账户核算。具体的处理方法为：

（1）对于被投资单位当年实现净利润而影响的所有者权益变动，投资企业应按持股比例计算应享有的份额，增加长期股权投资的账面价值，并确认为当期投资收益；被投资单位宣告分派利润或现金股利时，投资企业按持股比例计算应分得的利润或现金股利，冲减长期股权投资的账面价值。

(2) 对于被投资单位当年发生亏损而影响的所有者权益变动,投资企业应当按持股比例计算应分担的份额,减少长期股权投资的账面价值,并确认为当期投资损失。

投资企业根据被投资单位净损益和企业的持股比例对"长期股权投资"的账面价值进行调整时,应注意以下几方面的问题:

第一,投资企业按被投资单位实现的净损益计算应享有或应分担的份额时,应以取得被投资单位股权后发生的净损益为基础,投资前被投资单位实现的净损益不包括在内。

第二,投资企业确认应分担的净亏损时,一律在"损益调整"明细账户中冲减。即使"损益调整"明细账户的余额不够冲减,也应继续冲减,而不冲减"投资成本"、"股权投资差额"及其他明细账户的余额。此时"损益调整"明细账户会出现贷方余额。

第三,投资企业在确认应分担的净亏损时,应以"长期股权投资"的账面价值减记至零为限。这里的账面价值指该项股权投资的账面余额减去该项投资已计提的减值准备后的余额。股权投资的账面余额包括投资成本、股权投资差额等。如果以后各期被投资单位实现净利润,投资企业应在计算的收益分享额超过未确认的亏损分担额以后,按超过未确认的亏损分担额的金额恢复投资的账面价值。

第四,投资企业在确认应分担的净亏损而使长期股权投资账面价值减至零的,或者确认被投资单位发生净亏损而使长期股权投资账面价值减至投资成本以下的;尚未摊销的股权投资差额当期不再摊销,直到被投资单位实现净利润,投资企业按分享的份额恢复投资的账面价值至投资成本后再予摊销。

【例5-14】 甲企业于2000年1月1日以银行存款840000元投资乙公司普通股,占乙公司有表决权资本的60%,其投资成本与应享有乙公司所有者权益的份额相等。2000年乙公司实现净利润200000元,2001年2月10日宣告分派2000年度现金股利150000元;2001年发生亏损1600000元;2002年度实现净利润300000元。甲企业应作会计处理如下:

(1) 2000年1月1日,编制如下会计分录:
借:长期股权投资——投资成本　　　　　　840000
　　贷:银行存款　　　　　　　　　　　　　　　　840000
(2) 2000年12月31日,确认投资收益120000元(200000×60%)。编制会计分录如下:
借:长期股权投资——损益调整　　　　　　120000
　　贷:投资收益　　　　　　　　　　　　　　　　120000
2000年末"长期股权投资"账户的账面余额为960000元。
(3) 2001年2月10日,计算应收股利90000元(150000×60%)。编制会计分录如下:
借:应收股利——乙公司　　　　　　　　　90000
　　贷:长期股权投资——损益调整　　　　　　　　90000
此时,"长期股权投资"账户的账面余额为870000元。
(4) 2001年12月31日,确认应分担的亏损:
应分担的亏损= 1600000 × 60% = 960000元

根据企业会计制度的规定,投资企业确认被投资单位发生的净亏损,以投资账面价值减至零为限。此例中"长期股权投资——乙公司"账户的账面价值为870000元,小于应承担的投资损失,所以2001年末最多能冲减870000元,未确认的亏损分担额为90000元。编制会计分录如下:

借：投资收益　　　　　　　　　　　　　　　　870000
　　贷：长期股权投资——损益调整　　　　　　　　　　870000

2001年末,"长期股权投资"账户的账面余额为零。

(5) 2002年12月31日,计算应分享的利润,确认投资收益

应分享的利润为 300000×60% = 180000（元）

本期可确认的投资收益 = 本期应分享的利润 - 以前年度未确认的亏损分担额
　　　　　　　　　　 = 180000 - 90000 = 90000（元）

编制会计分录如下：

借：长期股权投资——损益调整　　　　　90000
　　贷：投资收益　　　　　　　　　　　　　　　　90000

2001年末"长期股权投资——乙公司"账户的账面余额恢复为90000元。

3. 被投资企业除净损益外的其他所有者权益变动的处理

对于被投资企业除净损益外的其他原因（如接受捐赠、增资扩股等）引起的所有者权益变动,投资企业也应按持股比例计算应分享（或应分担）的份额,作为股权投资准备,在长期股权投资中单独核算,并增加资本公积。

【例5-15】 甲企业对乙企业的投资占乙企业注册资本的70%。2002年12月乙企业接受香港同胞捐赠的现金200000元,已通过银行收妥入账。甲企业的会计处理如下：

借：长期股权投资——股权投资准备　　　140000
　　贷：资本公积——股权投资准备　　　　　　　　140000

五、成本法与权益法的转换

（一）权益法转为成本法

投资企业因对被投资单位的持股比例下降或其他原因,对被投资单位不再具有控制、共同控制和重大影响时,应中止采用权益法,改按成本法核算。投资企业应在中止采用权益法时,以投资的账面价值作为新的投资成本,与该项长期股权投资有关的资本公积准备项目,不作任何处理。其后,被投资单位宣告分派利润或现金股利时,属于已计入投资账面价值的部分作为新的投资成本的收回,冲减投资成本。

（二）成本法改为权益法

投资企业因对被投资单位的持股比例增加,或其他原因,使长期股权投资由成本法改为权益法核算的,投资企业应在中止采用成本法时,以投资的账面价值作为初始投资成本,并计算股权投资差额。与该项长期股权投资有关的资本公积准备项目,不作任何处理。

【例5-16】 甲企业原来持有乙公司的股票份额较少,长期股权投资账户的余额为60万,对该公司不具有重大影响。2002年10月份甲企业以银行存款100万元收购了乙公司的一部分股份,持股比例达到了40%,能够影响乙公司的重大决策,所以长期股权投资改用权益法核算。收购时乙公司的股东权益总额为5000000元。甲企业的会计处理为：

计算初始投资成本：600000 + 1000000 = 1600000元

计算股权投资差额：1600000 - 5000000×40% = -400000元

(1) 收购股份时,编制如下会计分录：

借：长期股权投资——投资成本　　　　1000000
　　贷：银行存款　　　　　　　　　　　　　　　1000000

(2) 确认股权投资差额时,编制如下会计分录:
借:长期股权投资——投资成本　　　　　　　400000
　　贷:长期股权投资——股权投资差额　　　　　　400000

这样,"长期股权投资——投资成本"账户的借方余额为 2000000 元(600000 + 1000000 + 400000),正好占被投资企业股东权益的 40%。

六、长期股权投资的处置

处置长期股权投资,按所收到的处置收入与长期股权投资账面价值的差额确认为当期投资损益。全部处置某项长期股权投资时,应同时结转已计提的减值准备,原计入资本公积准备项目的金额转入"资本公积——其他资本公积"账户;部分处置某项长期股权投资时,应按该项投资的总平均成本确定其处置部分的成本,并按相应比例结转已计提的减值准备和资本公积准备项目。尚未摊销的股权投资差额也应按比例转销。

【例 5-17】　　丙企业将持有的丁公司股票全部出售,取得价款 180000 元存入银行。丙企业"长期股权投资——丁公司"的账面余额为 150000 元,已计提的减值准备为 5000 元。丙企业应作如下会计分录:
借:银行存款　　　　　　　　　　　　　　　180000
借:长期投资减值准备　　　　　　　　　　　　5000
　　贷:长期股权投资——丁公司　　　　　　　　150000
　　贷:投资收益　　　　　　　　　　　　　　　35000

第四节　长期债权投资

长期债权投资包括长期债券投资和其他长期债权投资。长期债券投资指企业购入的一年内不能变现或不准备变现的各种债券;其他长期债权投资是指除债券投资以外的长期债权投资。其他长期债权投资的核算原则以及方法与长期债券投资基本相同,故在此着重介绍长期债券投资的核算。

一、长期债券投资的计价

(一) 入账金额

企业认购债券时,应以取得时的初始投资成本作为长期债券投资的入账金额。长期债券投资的初始投资成本按实际支付的全部价款减去已到付息期但尚未领取的债券利息确定。在确定长期债券投资的成本时,还应注意以下两点:

(1) 企业购入债券时支付的税金、手续费等相关费用,如果金额较大,应计入投资成本,作入"债券费用"单独核算,在债券的存续期间内于确认利息收入时平均摊销;若金额较小,可直接计入当期损益。

(2) 实际支付的价款中包含的已到付息期但尚未领取的利息,作为应收项目单独核算,不构成长期债券投资的初始成本。如果实际支付的价款中含有尚未到期的债券利息,应计入长期债券投资的初始成本,并作入应计利息单独核算。

(二) 债券的溢折价

企业取得长期债券时,其实际支付的价款与债券面值不一定相同,可能按面值取得,也可能高于或低于面值的金额取得。这是由于债券的票面利率与市场利率不同而引起的。

当债券的票面利率高于市场利率时，发行方以后按票面利率支付的利息将高于按市场利率计算的利息，因此会选择高于面值的价格发行债券，称作溢价发行，高于面值的部分称作债券溢价；当债券的票面利率低于市场利率时，发行方以后按票面利率支付的利息将低于按市场利率计算的利息，因此可选择低于面值的价格发行债券，称作折价发行，低于面值的部分称作债券折价。可见，债券的溢价或折价是由于债券的票面利率与市场利率不同而对债券利息的调整。对债券发行方来说，溢价是由于以后要多付利息而预先扣回的利息差额，折价是由于以后将少付利息而弥补给投资者的利息差额。从投资方角度上看，溢价是为以后逐期多得利息而预先付出的代价，折价是因以后逐期少得利息而预先得到的补偿。

在实际投资业务中，长期债券投资的溢价或折价，是指长期债券投资成本扣除相关费用及未到期利息后的余额与债券面值之间的差额。即：

长期债券投资溢价（或折价）=（债券初始投资成本－相关费用－未到期利息）－债券面值

建筑企业应设置"长期债权投资—债券投资"账户，用以核算和监督长期债券投资的增减变动和结存情况。其借方登记长期债券投资的增加数，贷方登记长期债券投资的减少数，期末借方余额反映企业持有的长期债券投资的本息和未摊销的溢折价金额。本账户应设置"面值"、"溢折价"、"债券费用"和"应计利息"等明细账，进行明细分类核算。

二、债券投资收益的确认

投资企业应在债券购入后至到期前的期间内，按期计算应收利息，以确认各期的投资收益。债券投资的应收利息，按债券面值与票面利率计算确定。溢价或折价购入债券的企业，在每期计算利息时还应同时摊销债券的溢价或折价。

长期债券的投资收益，应视债券的取得方式不同，按下列方法确定：

面值购入债券的投资收益 = 债券票面金额 × 票面利率

溢价购入债券的投资收益 = 债券票面金额 × 票面利率 － 债券溢价摊销额

折价购入债券的投资收益 = 债券票面金额 × 票面利率 ＋ 债券折价摊销额

需要指出的是，取得债券时已计入债券初始成本的债券费用，也应于计算各期应收利息时平均摊销，以调整各期的投资收益。

对于到期一次还本付息债券的利息，应增加长期债券投资的账面价值，计入"长期债权投资—债券投资（应计利息）"明细账户；对于分期付息、到期还本债券的利息，应计入"应收利息"账户，不通过"长期债券投资"账户核算。

实际收到的分期付息债券的利息，冲减已计的应收利息；实际收到的一次还本付息债券的利息，冲减长期债券投资的账面价值。

三、债券溢价或折价的摊销

长期债券投资溢价或折价的摊销方法，可以采用直线法，也可以采用实际利率法。

1. 直线法

直线法就是将债券的溢价或折价在债券存续期间内平均摊销的方法。即：

$$每期应摊销的溢价（或折价）金额 = \frac{债券的溢价（或折价）金额}{债券的计息期数}$$

采用直线法摊销债券的溢价或折价时，各期的摊销额是相等的，各期的投资收益也是相等的。

（1）溢价摊销

【例5-18】 企业于1998年1月1日购入甲公司同年1月1日发行的五年期，面值为60000元，票面年利率为12%，到期一次还本付息的债券100张。以银行存款支付全部价款64948元，其中债券买价64548元，相关税费400元（因数额较小，直接计入当期损益），企业每年年末计算利息并采用直线法摊销债券的溢价。则：

债券的溢价为 64548 - 60000 = 4548 元

每年应摊销溢价金额为 4548 ÷ 5 = 909.60 元

每年实际投资收益为 60000 × 12% - 909.60 = 6290.40 元

企业应编制"债券溢价摊销表"，于每年末计算利息并摊销债券的溢价。"债券溢价摊销表"的一般格式，如表5-2所示。

债券溢价摊销表（直线法） 表5-2

计息日期	应计利息 (1) 面值×票面利率	溢价摊销额 (2) (2)=溢价÷摊销期限	实际利息收入 (3) (3)=(1)-(2)	未摊销溢价额 (4) (4)=上期(4)-(2)	面值和未摊销溢价之和 (5) (5)=上期(5)-(2)
1998.1.1				4548	64548
1998.12.31	7200	909.60	6290.40	3638.4	63638.4
1999.12.31	7200	909.60	6290.40	2728.8	62728.8
2000.12.31	7200	909.60	6290.40	1819.2	61819.2
2001.12.31	7200	909.60	6290.40	909.60	60909.6
2002.12.31	7200	909.60	6290.40	0	60000
合　计	36000	4548	31452	—	—

由表5-2可知，债券溢价的摊销，使该债券的面值和未摊销溢价之和逐期递减909.6元，债券到期时，溢价金额4548元全部摊销完毕。

（2）折价摊销

【例5-19】 假如企业购入上述甲公司债券时，实际支付的购买价格为57888元，其他资料不变。则：

债券的折价总额为 60000 - 57888 = 2112 元

每年应摊销折价额为 2112 ÷ 5 = 422.40 元

每年实际投资收益为 60000 × 12% + 422.40 = 7622.40 元

企业应编制"债券折价摊销表"，于每年末计算利息并摊销债券的折价。"债券折价摊销表"的一般格式，如表5-3所示。

债券折价摊销表（直线法） 表5-3

计息日期	应收利息 (1) 面值×票面利率	折价摊销额 (2) 折价÷摊销期限	实际投资收益 (3) (3)=(1)+(2)	未摊销折价额 (4) (4)=上期(4)-(2)	面值和未摊销折价之差 (5) (5)=面值-(4)
1998.1.1				2112.00	57888
1998.12.31	7200	422.40	7622.40	1689.60	58310.4
1999.12.31	7200	422.40	7622.40	1267.2	58732.8
2000.12.31	7200	422.40	7622.40	844.8	59155.2
2001.12.31	7200	422.40	7622.40	422.40	59577.6
2002.12.31	7200	422.40	7622.40	0	60000
合　计	36000	2112	38112	—	—

由表 5-3 可知，债券折价的摊销，使该债券的面值和未摊销折价之差逐期递增 422.40 元，到债券的存续期满，该债券的折价金额 2112 元全部摊销完毕。

2. 实际利率法

实际利率法是指根据各期期初债券投资的账面价值和实际利率计算的利息，与按债券面值和票面利率计算的利息之间的差额，来确定各期溢价或折价摊销额的一种方法。采用这种方法，债券投资的每期实际利息收入等于每期期初债券投资的账面价值乘以实际利率，每期实际利息收入与按票面利率计算的应收利息之间的差额即为每期溢价（或折价）的摊销额。

（1）溢价摊销

溢价取得债券的企业，各期溢价摊销额的计算公式如下：

某期溢价摊销额 = 债券的票面利息 – 该期实际利息收入

某期实际利息收入 = 该期期初债券投资的账面价值 × 实际利率

由于债券的账面价值随着溢价的摊销逐期减少，据以计算的各期实际利息收入也逐期减少，因此溢价摊销额逐期增加。

【例 5-20】 依例 5-18，假设企业购入债券时的市场利率为 10%，采用实际利率法摊销债券的溢价。则：

债券的票面利息 = 60000 × 12% = 7200 元

1998 年的实际利息收入 = 64548 × 10% = 6454.80 元

1998 年应摊销的溢价 = 7200 – 6454.80 = 745.20 元

其余各年类推。

采用实际利率法，编制"债券溢价摊销表"如表 5-4 所示。

债券溢价摊销表（实际利率法） 表 5-4

计息日期	应收利息 (1) 面值×票面利率	实际利息收入 (2) 上期(5)×实际利率	溢价摊销额 (3) (3)=(1)-(2)	未摊销溢价额 (4) (4)=上期(4)-(3)	面值和未摊销溢价之和 (5) (5)=上期(5)-(3)
1998.1.1				4548	64548
1998.12.31	7200	6454.80	745.20	3802.80	63802.80
1999.12.31	7200	6380.28	819.72	2983.08	62983.08
2000.12.31	7200	6298.31	901.69	2081.39	62081.39
2001.12.31	7200	6208.14	991.86	1089.53	61089.53
2002.12.31	7200	6110.47	1089.53	0	60000
合　　计	36000	31452	4548	—	—

注：保留小数点而发生的计算尾差，在最后一年调整。

（2）折价摊销

折价取得债券的企业，各期折价摊销额的计算公式如下：

某期折价摊销额 = 该期实际利息收入 – 债券的票面利息

某期实际利息收入 = 该期期初债券投资的账面价值 × 实际利率

由于债券的账面价值随着折价的摊销逐期增加,据以计算的各期实际利息收入也逐期增加,因此折价摊销额逐期增加。

【例 5-21】 依例 5-18,假设企业购入债券时的市场利率为 13%,其他资料不变,采用实际利率法摊销债券的折价。则:

$$债券的票面利息 = 60000 \times 12\% = 7200 元$$
$$1998 年的实际利息收入 = 64548 \times 13\% = 7525.44 元$$
$$1998 年应摊销的折价 = 7525.44 - 7200 = 325.44 元$$

其余各年类推。

采用实际利率法,编制"债券折价摊销表"如表 5-5 所示。

债券折价摊销表(实际利率法) 表 5-5

计息日期	应收利息 (1) 面值×票面利率	实际利息收入 (2) 上期(5)×实际利率	折价摊销额 (3) (3)=(2)-(1)	未摊销折价额 (4) (4)=上期(4)-(3)	面值和未摊销折价之差 (5) (4)=面值-(4)
1998.1.1				2112	57888
1998.12.31	7200	7525.44	325.44	1786.56	58213.44
1999.12.31	7200	7567.75	367.75	1418.81	58581.19
2000.12.31	7200	7615.55	415.55	1003.26	58996.74
2001.12.31	7200	7669.58	469.58	533.68	59466.32
2002.12.31	7200	7733.68*	533.68	0	60000
合　　计	36000	38112	2112	—	—

注:保留小数点而发生的计算尾差,在最后一年调整。

通过摊销溢价(或折价),分期付息债券到期时,长期债券投资的账面余额等于债券的面值;到期一次还本付息债券到期时,长期债券投资的账面余额等于债券面值与利息之和。

四、债券投资的处置

债券投资的处置,是指债券的到期收回或中途出售。处置长期债券投资时,按实际收到的处置收入与长期债券投资账面价值的差额确认为当期投资损益。在处置长期债券投资时,应同时结转已计提的减值准备。部分处置某项长期债权投资时,应按该投资的总平均成本确定处置部分的成本,并按相应比例结转已计提的减值准备。

五、长期债券投资的核算

(一)按面值取得债券的核算

【例 5-22】 企业于 1998 年 1 月 1 日购入甲公司同日发行的五年期、面值为 60000 元,票面利率为 12%,到期一次还本付息的债券 100 张。以银行存款支付全部价款 60400 元,其中相关税费 400 元(因数额较小,直接计入当期损益)。假设企业于每年年末计算利息。有关会计处理为:

(1)购入债券时,作会计分录如下:

借:长期债权投资——债券投资(面值) 　　60000
　　财务费用 　　　　　　　　　　　　　　　　400

　　　　贷：银行存款　　　　　　　　　　　　　　　　60400
　　(2) 年末计息时，作会计分录如下：
　　借：长期债权投资——债券投资（应计利息）　　7200
　　　　贷：投资收益　　　　　　　　　　　　　　　　7200
　　(3) 到期收回债券本息，作会计分录如下：
　　借：银行存款　　　　　　　　　　　　　　　　　　96000
　　　　贷：长期债权投资——债券投资（面值）　　60000
　　　　贷：长期债权投资——债券投资（应计利息）　36000

（二）溢价取得债券的核算

【例 5-23】 依上例，假设企业购入甲公司债券时，实际支付的金额为 64948 元，其他资料不变。企业采用直线法摊销债券溢折价。有关会计处理为：

　　(1) 购入债券时，作会计分录如下：
　　借：长期债权投资——债券投资（面值）　　　　60000
　　　　长期债权投资——债券投资（溢折价）　　　4548
　　　　财务费用　　　　　　　　　　　　　　　　　　400
　　　　贷：银行存款　　　　　　　　　　　　　　　64948
　　(2) 年末计息时，作会计分录如下：
　　借：长期债权投资—债券投资（应计利息）　　　7200
　　　　贷：长期债权投资—债券投资（溢折价）　　909.60
　　　　贷：投资收益　　　　　　　　　　　　　　6290.40

本例中，每年应摊销的溢价为 4548 ÷ 5 = 909.60（元），每年的投资收益为 7200 - 909.6 = 6290.4（元）。通过摊销溢价，债券投资的溢价逐期递减 909.60 元。债券到期时，溢价金额 4548 元全部摊销完毕，长期债券投资的账面余额等于债券面值 60000 元与全部利息 36000 元之和。

　　(3) 到期收回债券本息时，作会计分录如下：
　　借：银行存款　　　　　　　　　　　　　　　　　　96000
　　　　贷：长期债权投资——债券投资（面值）　　60000
　　　　贷：长期债权投资——债券投资（应计利息）　36000

（三）折价取得债券的核算

【例 5-24】 依例 5-22，假设企业购入甲公司债券时，实际支付的金额为 58288 元，其他资料不变。企业采用直线法摊销债券溢折价。有关会计处理为：

　　(1) 购入债券时，作会计分录如下：
　　借：长期债权投资——债券投资（面值）　　　　60000
　　　　财务费用　　　　　　　　　　　　　　　　　　400
　　　　贷：长期债权投资——债券投资（溢折价）　2112
　　　　　　银行存款　　　　　　　　　　　　　　58288
　　(2) 年末计息时，作会计分录如下：
　　借：长期债权投资—债券投资（应计利息）　　　7200
　　　　长期债权投资—债券投资（溢折价）　　　　422.40

贷：投资收益	7622.40

本例中，每年应摊销的折价为 2112÷5 = 422.40 元，每年的投资收益为 7200 + 422.40 = 7622.40 元。通过摊销折价，债券投资的折价逐期递减 422.40 元。债券到期时，折价金额 2112 元全部摊销完毕，长期债券投资的账面余额等于债券面值 60000 元与全部利息 36000 元之和。

到期收回债券本息时的会计分录与溢价取得债券的核算相同，从略。

第五节 长期投资的期末计价

企业的长期投资，应当定期或至少于年度终了时逐项进行检查，并按照其账面价值与可收回金额孰低计量，对可收回金额低于账面价值的差额计提减值准备。

一、长期投资减值的判断标准

（一）有市价的长期投资

企业对其持有的有市价的长期投资是否计提减值准备，可根据下列迹象判断：

(1) 市价持续两年低于账面价值；

(2) 该项投资暂停交易 1 年或 1 年以上；

(3) 被投资单位当年发生严重亏损；

(4) 被投资单位持续两年发生亏损；

(5) 被投资单位进行清理整顿、清算或出现其他不能持续经营的迹象。

应该特别注意的是，上述判断标准是针对一般情况而言的，即被投资单位财务状况不佳，引起市价下跌，并在此基础上确定减值准备；如果上述计提减值准备的各种迹象存在，但市价并未降低，甚至高于成本，投资企业应按被投资单位实际的财务状况预计未来可收回金额，并计提减值准备，而不应再按市价计提减值准备。

（二）无市价的长期投资

企业对无市价的长期投资是否应当计提减值准备，可以根据下列迹象判断：

(1) 影响被投资单位经营的政治或法律环境的变化，如税收贸易等法规的颁布或修订，可能导致被投资单位出现巨额亏损；

(2) 被投资单位所供应的商品或提供的劳务，因过时或消费者偏好改变而使市场需求发生变化，从而导致被投资单位财务状况严重恶化；

(3) 被投资单位所在行业的生产技术等发生重大变化，致使其失去竞争能力，从而导致财务状况严重恶化，如进行清理整顿、清算；

(4) 有证据表明该项投资实质上已经不能为企业带来经济利益的其他情形。

二、计提长期投资减值准备的核算

为了总括的核算和监督长期投资减值准备的提取情况，建筑企业应设置"长期投资减值准备"账户。该账户是"长期股权投资"和"长期债权投资"账户的备抵调整账户，其贷方登记企业实际提取的减值准备，借方登记因已计提减值准备的长期投资的价值又得以恢复而冲减的减值准备，以及企业处置长期投资时结转的减值准备；期末贷方余额反映企业已提取的长期投资减值准备。

企业在进行长期投资减值准备的核算时，应注意下列几个问题：

（1）长期投资减值准备应按照个别投资项目计算确定。

（2）企业计提的长期投资减值准备，应直接计入当期损益。

（3）若长期投资的可收回金额高于其账面价值，一般不作会计处理。但如果是已计提减值准备的长期投资的价值又得以恢复，应在原已确认的投资损失的数额内转回。

（4）处置长期投资时，应同时结转已计提的长期投资减值准备。

【例 5-25】 甲企业 2000 年 1 月 1 日以 450000 元购买乙公司 75000 股股份，该项投资按权益法核算。由于当年乙公司遭受严重自然灾害，损失惨重，难有恢复可能，年末其股票市价下跌至每股 2 元，因此甲企业对该项投资计提减值准备。

可收回金额为 2 × 75000 = 150000 元

应计提的减值准备为 450000 – 150000 = 300000 元

2000 年末甲企业会计处理如下：

借：投资收益——长期投资减值准备　　　　　　　300000
　　贷：长期投资减值准备——乙公司　　　　　　　300000

假设 2001 年末乙公司的股票市价回升至每股 3 元，甲企业应将已恢复金额在原计提减值准备的范围内转回。2001 年末应冲回的减值准备为 3 × 75000 – 150000 = 75000 元。作会计分录如下：

借：长期投资减值准备——乙公司　　　　　　　　75000
　　贷：投资收益——长期投资减值准备　　　　　　75000

若 2002 年末乙公司的股票市价回升至每股 6.5 元，甲企业也只能在已计提的减值准备的范围内转回 225000 元，使长期股权投资的账面价值恢复为原账面价值。作会计分录如下：

借：长期投资减值准备——乙公司　　　　　　　　225000
　　贷：投资收益　　　　　　　　　　　　　　　　225000

第六节　委　托　贷　款

委托贷款是指企业将暂时闲置的资金委托银行或其他金融机构贷出，以赚取较高的利息。企业委托金融机构贷出的款项应按规定的程序办理，并按实际委托金额入账。

委托贷款应于期末时按规定的利率计提应收利息，增加"委托贷款"的账面价值，并确认为当期投资收益。但是如果委托贷款的利息到期不能收回，应当停止计提利息，并立即冲回原已计提的利息。

企业应当定期或至少于每年年末时检查委托贷款本金的可收回性，如果有迹象表明委托贷款本金高于其可收回金额，应当计提减值准备，计提的减值准备冲减投资收益。如果已计提减值准备的委托贷款的价值又得以恢复，企业应在已计提的减值准备范围内转回，转回数增加投资收益。

为了核算委托贷款的增减变动情况，企业应设置"委托贷款"账户。该账户属资产类账户，其借方登记委托贷款本金和利息的增加数，贷方登记委托贷款价值的减少数及到期收回数，期末借方余额表示委托贷款的实际价值。本账户应设置"本金"、"利息"、"减值准备"等明细账进行明细核算。

【例5-26】 2000年1月1日，甲企业委托银行向乙企业贷款100000元，规定的贷款利率为6%，期限3年，每半年付息一次。甲企业的会计处理为：

(1) 2000年1月1日贷出时，作会计分录如下：

借：委托贷款——本金　　　　　　　　　　100000
　　贷：银行存款　　　　　　　　　　　　　　　　100000

(2) 1月31日计提应收利息500元（$100000 \times 6\% \times \frac{1}{12} = 500$），作会计分录如下：

借：委托贷款——利息　　　　　　　　　　500
　　贷：投资收益　　　　　　　　　　　　　　　　500

以后各期计提利息的分录同上。

假设乙企业财务困难，于2000年6月30日不能如数支付利息，甲企业应将已计提的利息转销。其会计分录为：

借：投资收益　　　　　　　　　　　　　　3000
　　贷：委托贷款—利息　　　　　　　　　　　　　3000

(3) 委托贷款到期，收回贷款本金。作会计分录如下：

借：银行存款　　　　　　　　　　　　　　100000
　　贷：委托贷款——本金　　　　　　　　　　　　100000

思 考 题 与 习 题

思考题

1. 企业的对外投资可分为哪几种？区别的界限是什么？
2. 短期投资有何特点？其投资成本如何确定？短期投资的现金股利和利息如何核算？
3. 我国短期投资期末计价采用什么方法？如何进行会计处理？
4. 试比较长期投资核算的成本法和权益法。
5. 短期投资和长期股权投资对收到现金股利的会计处理方法有何不同？
6. 长期债券投资的溢、折价如何计算？如何摊销？投资收益如何确认？
7. 短期投资和长期债券投资对债券利息的处理方法有何不同？
8. 如何判断长期投资的价值发生了损失？如何核算长期投资减值准备？
9. 短期投资跌价准备和长期投资减值准备在会计处理上有哪些区别？

习题一

(一) 练习短期投资的核算。

(二) 资料：东方建筑公司2000年发生有关短期投资业务如下：

1. 1月1日，以银行存款购入甲公司可上市交易的股票1000股，每股面值100元，企业实际支付款项106000元，其中包括已宣告发放但尚未支取的股利每股5元和佣金等相关税费1000元。
2. 1月15日，东方公司收到甲公司发放的股利5000元，存入银行。
3. 1月30日，东方公司将其中的500股出售，每股售价110元。
4. 2月1日，以银行存款10500元购入乙公司到期一次还本付息的债券100张，每张面值100元。
5. 8月1日，将所购的乙公司债券全部出售，收回价款11000元。

(三) 要求：根据以上资料，编制有关会计分录。

习题二

(一) 练习长期股票投资采用成本法的核算。

(二) 资料：

1. 丰华建筑工程公司购入海星公司1999年1月1日发行的普通股2000股，每股6元，另外支付600元的相关费用，款项已通过银行存款支付。

2. 从证券交易所购入迅达公司普通股10000股，每股8元，购入的股票包含已宣告发放的股利为每股0.5元。另外支付交易费用800元，款项80800元已通过银行支付。

3. 收到迅达公司发放的股利5000元，存入银行。

(三) 要求：根据以上资料，编制有关会计分录。

习题三

(一) 练习长期股票投资采用权益法的核算。

(二) 资料：

1. 2000年年初，甲公司以300万元购入B企业发行的普通股3000股作为长期投资，购入成本与应享有的B公司所有者权益的份额相等。B公司共发行普通股10000股。2000年末，B企业实现税后利润20万元。

2. 2001年2月，B企业按每股5元发放股利，甲公司如数收到股利存入银行。

3. 2001年末，B公司发生亏损30万元，本年度未发放股利。

(三) 要求：

1. 根据以上资料，编制有关的会计分录。

2. 分别计算2000年末、2001年末甲公司"长期股权投资"账户的账面价值。

习题四

(一) 练习债券投资的核算。

(二) 资料：

1. 甲企业于发行日购入乙企业发行的到期一次还本付息的债券300张，面值300000元，实际支付价款317500元，其中含有相关税费500元（计入当期损益）。债券的偿还期限为5年，票面利率为10%。

2. 丙企业于发行日购入丁企业发行的债券100张，面值100000元，实际支付价款97000元。债券的偿还期为3年，票面利率为6%，到期一次还本付息。

(三) 要求：分别编制甲企业、丙企业购入债券、年末计息和到期兑付的会计分录（溢、折价采用直线法摊销）。

第六章 固定资产

第一节 概述

一、固定资产的确认

固定资产是建筑企业为了使用而持有的单位价值较高，使用期限超过一年，并且在使用过程中基本保持原有实物形态的有形资产，包括房屋、建筑物、施工机械、生产设备、运输工具以及其他与生产、经营有关的设备、器具、工具等。不属于生产经营主要设备的物品，单位价值在 2000 元以上，并且使用年限超过两年的，也应当作为固定资产。

固定资产在同时满足以下两个条件时，才能加以确认：
(1) 该固定资产包含的经济利益很可能流入企业；
(2) 该固定资产的成本能够可靠地计量。

建筑企业应当按照固定资产的定义和确认条件，结合行业特点和企业的具体情况加以判断，制定本企业的固定资产目录。

二、固定资产的特征

作为企业主要劳动资料的固定资产，应同时具备以下特征：

(1) 固定资产供企业用于生产商品、提供劳务、出租或经营管理，而不是为了其他目的。这一特征是区别固定资产与商品等流动资产的重要标志。如果企业购置资产以备出售，则应列为存货。

(2) 固定资产的使用年限超过一年。固定资产能多次参加生产经营过程，并保持原来的物质形态不变。因此，企业为取得固定资产并将其投入使用而发生的支出，属于资本性支出。

(3) 固定资产单位价值较高。

三、固定资产的分类

企业的固定资产种类繁多，规格不一，出于加强管理、便于核算的目的，有必要对其进行科学、合理的分类。固定资产的分类方法主要有以下几种：

（一）按经济用途分类

按照经济用途，固定资产可以分为生产经营用固定资产和非生产经营用固定资产两大类。

1. **生产经营用固定资产**

它是指直接参加或直接服务于企业的生产经营过程的各种固定资产，如房屋、建筑物、施工机械、运输设备和生产工具、器具等。

2. **非生产经营用固定资产**

它是指不直接参加或不直接服务于企业的生产经营过程的各种固定资产，如职工宿舍、招待所、学校、幼儿园、托儿所、食堂、俱乐部、医院等部门的房屋、设备和其他固定资产等。

按照固定资产的经济用途进行分类，可以反映出企业生产经营用和非生产经营用固定资产在全部固定资产中所占的比重，便于分析、考核固定资产的技术构成和配备是否合理，从而了解企业的施工生产能力和生活设施情况。但这种分类方法不利于考察固定资产的使用情况。

（二）按使用情况分类

按照使用情况，固定资产可以分为在用固定资产、未使用固定资产和不需用固定资产三大类。

1. 在用固定资产

它是指企业正在使用当中的各种生产经营用和非生产经营用固定资产。包括由于季节性生产（如冬季封冻等）、大修理等原因而停止使用的固定资产，在施工现场或生产车间替换使用的固定资产以及出租给其他单位使用的固定资产等。

2. 未使用固定资产

它是指企业尚未使用的新增固定资产、购入后尚待安装的固定资产、因在原有基础上进行改建、扩建而暂停使用的固定资产以及因施工生产任务变更而停止使用的固定资产等。

3. 不需用固定资产

它是指本企业目前和今后都不再需用，等待调配处理的各种固定资产。

按照固定资产的使用情况进行分类，可以反映出企业的在用固定资产在全部固定资产中所占的比重，便于分析、考核固定资产的利用程度，促使企业及时处理不需用的固定资产，提高固定资产的利用效率。但这种分类方法不利于考察固定资产的构成与配备是否合理。

（三）按经济用途和使用情况综合分类

按经济用途和使用情况，可以将固定资产分为以下七大类：

1. 生产经营用固定资产

生产经营用固定资产主要包括下列各项内容：

（1）房屋。指企业所属各施工单位、生产单位和行政管理部门等所使用的各种房屋，如厂房、仓库、办公楼、配电室等。与房屋不可分割的各种附属设备，如水、暖、电、卫生、照明、通风、电梯等设备，其价值均应包括在房屋价值之内。作为固定资产管理的可以搬迁移动的钢、木架活动房屋，也包括在本类之内。活动房屋比较多的企业，也可以单独设置"活动房屋"类组织核算。生产经营和非生产经营共同使用的房屋，可按其主要用途列为生产经营用固定资产或非生产经营用固定资产。

（2）建筑物。指除房屋以外的各种建筑物，如烟囱、水塔、蓄水池、储油罐、企业的道路、铁路、停车场、围墙等。

（3）施工机械。指施工用的各种机械，如起重机械、挖掘机械、土方铲运机械、凿岩机械、基础及凿井机械、钢筋混凝土机械、筑路机械、皮带螺旋运输机及各种泵类等。随机的附属设备以及装置在机械上的发动机等，其价值均应包括在各该机械的价值之内。

（4）钢模。指按固定资产管理的固定钢模和现场大型钢模板。按流动资产管理的现场预制或现浇混凝土使用的组合钢模，应作为周转材料进行核算，不包括在本类之内。

（5）运输设备。指运载物资用的各种运输工具，如铁路运输用的机车、罐车，水路运输用的船舶，公路运输用的汽车、拖车等。所有作为运输设备组成部分的附属装置，都应列入运输设备价值。

（6）生产设备。指加工、维修用的各种机器设备，如木工加工设备、金属切削设备、锻压设备、焊接及切割设备、铸造及热处理设备、动力设备、传导设备、维修专用设备和其他加工设备等。机器设备的基座，以及与机器设备连成一体而不具有独立用途的附属设备，均包括在各该机器设备的价值之内。

（7）仪器及试验设备。指对材料、工艺、产品进行研究试验用的各类仪器及设备。如计量用的精密天平，测绘用的经纬仪、水准仪，探伤用的探伤机、裂痕测探仪，分析测定用的渗透仪、显微镜、温度测定仪，以及材料试验用的各种试验机、白金坩埚、高压釜等。

（8）其他生产用固定资产。指不属于以上各类的其他生产经营用固定资产，包括计量用具（如地磅等）、消防用具（如消防车等）、办公用具（如计算机、复印机、传真机、电视机、文字处理机、保险柜等）以及行政管理用的汽车、电话总机等。

2. 非生产经营用固定资产

主要包括非生产经营部门使用的房屋、文教设备和用具、炊事用具、医疗用具等固定资产。

3. 租出固定资产。

4. 未使用固定资产。

5. 不需用固定资产。

6. 融资租入的固定资产。

7. 土地。

土地是指过去已经估价单独入账的土地。因征地而支付的补偿费，应计入与土地有关的房屋、建筑物的价值内，不单独作为土地价值入账。企业取得的土地使用权不能作为固定资产进行核算和管理。

按照综合标准进行分类，既可以反映企业固定资产的结构，促使企业合理配备固定资产；又可以反映固定资产的使用情况，促使企业充分挖掘固定资产的潜力，提高其利用率；还可以反映固定资产的所有权情况，明确其产权关系。

由于企业的经营性质不同，经营规模各异，对固定资产的分类不可能完全一致。因此，在实际工作中，建筑企业可以根据各自的具体情况和经营管理的需要，选择适合本企业的分类标准，对固定资产进行科学地分类。

四、固定资产的计价标准

固定资产计价是指以货币为计量单位计算固定资产的价值。计价目的不同，所采用的计价标准也不同。

1. 按原始价值计价

原始价值也称原始成本或历史成本（简称原值或原价），是指企业在购置某项固定资产并使之达到预定可使用状态前发生的一切合理、必要的支出，一般包括买价、运杂费、包装费、安装费、税金及应予资本化的借款费用等。由于固定资产的来源渠道不同，其构成内容也不同。企业在取得固定资产时，通常采用这种方法计价。历史成本是固定资产的基本计价标准。

为了保证固定资产价值的真实性和会计核算资料的一致性，企业已经入账的固定资产，除发生下列情况，不得任意变动其原始价值：
(1) 根据国家规定对固定资产的价值重新估价；
(2) 增加补充设备或改良装置；
(3) 将固定资产的一部分拆除；
(4) 根据实际价值调整原来的暂估价值；
(5) 发现原记固定资产价值有错误。

2．按净值计价

固定资产净值也称折余价值，是指固定资产原始价值减去已提折旧后的净额。它可以反映企业实际占用在固定资产上的资金数额和固定资产的新旧程度。这种计价方法主要用于计算盘盈、盘亏、毁损等固定资产的溢余和损失。

五、固定资产核算和管理要求

企业应当根据《企业会计制度》所规定的固定资产的定义，结合本企业的具体情况，制定适合于本企业的固定资产目录、分类方法、每类或每项固定资产的折旧年限、折旧方法等，作为固定资产核算的依据。

企业制定的固定资产目录、分类方法、每类或每项固定资产的使用年限、预计净残值、折旧方法等，应当编制成册，并按照管理权限，经股东大会或董事会，或经理（厂长）会议或类似机构批准，按照法律、行政法规的规定报送有关各方备案，同时备置于企业所在地，以供投资者等有关各方查阅。企业已经确定并对外报送或备置于企业所在地的有关固定资产目录、分类方法、预计净残值、预计使用年限、折旧方法等，一经确定不得随意变更；如需变更，仍然应当按照上述程序，经批准后报送有关各方备案，并在会计报表附注中予以说明。

第二节 固定资产取得

企业取得固定资产时，应按取得时的成本入账。固定资产的来源渠道不同，其成本的构成内容也不相同。因此，企业应根据具体情况，分别确定各项固定资产的取得成本，并采用相应的方法进行核算。

一、固定资产取得的总分类核算

固定资产可供企业长期使用，并能在使用过程中始终保持原有的物质形态，其价值随着磨损和陈旧过时等逐渐损耗。固定资产核算必须适应这一特点，一方面反映固定资产的原值，另一方面反映其损耗价值。因此，应分别设置"固定资产"、"累计折旧"等账户进行固定资产的核算。

"固定资产"账户，用以核算企业所有固定资产原始价值的增减变动。其借方登记增加的固定资产原值，贷方登记减少的固定资产原值，期末借方余额表示现有固定资产的原值。

"累计折旧"账户，是固定资产账户的备抵调整账户，用以核算固定资产逐渐损耗的价值（即已提折旧额）。账户的贷方登记按月计提的折旧额，借方登记减少固定资产时转销的折旧额，期末贷方余额表示现有固定资产的累计折旧额。

现举例说明固定资产取得的核算方法。

（一）购入固定资产
1. 入账价值

购入固定资产的入账价值即指固定资产的成本，包括买价、增值税、进口关税等相关税费，以及为使固定资产达到预定可使用状态前所发生的可直接归属于该资产的其他支出，如运输费、装卸费、安装费等。

2. 核算方法

企业购入的固定资产，按购入后是否可以直接使用，分别"不需要安装"和"需要安装"两种情况进行核算。购入不需要安装的固定资产，按实际支付的价款直接入账，借记"固定资产"账户，贷方"银行存款"等账户；购入需要安装的固定资产，在安装完毕前不能作为固定资产入账，其发生的各项费用先通过"专项工程支出"账户核算，待安装完毕后，再转入"固定资产"账户。

为了核算需要安装固定资产的成本，建筑企业需设置"专项工程支出"账户。该账户核算企业进行各种专项工程（包括基建工程、安装工程、技术改造工程、大修理工程等）所发生的实际支出，包括需要安装设备的价值。其借方登记企业进行各种专项工程发生的实际支出，贷方登记完工的专项工程的实际成本，期末借方余额表示尚未完工的专项工程所发生的实际支出。该账户应设置"建筑工程"、"安装工程"、"技术改造工程"、"大修理工程"、"在安装设备"和"其他支出"等明细账户，进行明细核算。

【例6-1】 企业购入载重汽车10辆，买价1000000元，增值税170000元，款已通过银行付清，汽车已交运输队使用。根据有关凭证，作会计分录如下：

  借：固定资产   1170000
    贷：银行存款   1170000

【例6-2】 企业购入旧机动翻斗车1辆，原单位账面原价80000元，已提折旧15000元，经协商作价58500元，发生运杂费1000元，款项均以银行存款支付，设备已经交付使用。企业应作会计分录如下：

  借：固定资产——生产经营用固定资产   59500
    贷：银行存款   59500

【例6-3】 企业从其他单位购入需要安装的旧设备一台，原单位账面原价为86000元，已提折旧为20000元，经协商作价65000元，发生运杂费3520元，均以银行存款支付。购入后发生安装费用3300元，其中领用材料的计划成本为2000元，应负担材料成本差异100元，应付安装人员的工资1200元。设备已安装完毕，交付使用。其账务处理如下：

(1) 购入设备时，作会计分录如下：

  借：专项工程支出——在安装设备   68520
    贷：银行存款   68520

(2) 发生安装费用时，作会计分录如下：

  借：专项工程支出——安装工程   3300
    贷：库存材料   2000
      材料成本差异   100
      应付工资   1200

(3) 安装完毕交付使用时，作会计分录如下：

借：固定资产——生产用固定资产　　　　　　71820
　　贷：专项工程支出——在安装设备　　　　　　68520
　　　　专项工程支出——安装工程　　　　　　　3300

（二）自行建造固定资产

(1) 入账价值

除了外购外，企业还经常根据生产经营的特殊需要自行建造固定资产。自行建造的固定资产，按建造该项资产并使之达到预定可使用状态前发生的全部支出，作为固定资产的入账价值。

(2) 核算方法

企业自建固定资产，可采用自营和出包两种方式进行。无论是自营方式，还是出包方式，建造过程中的费用支出都应通过"专项工程支出"账户核算。待建造完成交付使用后，再将其实际成本转为固定资产。

企业自建固定资产，除设置"专项工程支出"账户外，还应根据需要设置"工程物资"账户，用以核算企业为专项工程准备的各种物资的实际成本。其借方登记企业购入物资的实际成本，贷方登记专项工程领用物资的实际成本以及完工后对外出售或转作存货的剩余物资的实际成本，期末借方余额表示尚未使用的专项物资的实际成本。该账户应设置"专用材料"、"专用设备"、"预付大型设备款"和"为生产准备的工具及器具"等明细账户进行明细核算。

【例6-4】　企业为自行建造固定资产，购入专用设备一批，发票价100000元，增值税17000元，款已付讫。建造固定资产采用自营方式进行。领用前述购入的设备117000元，同时还领用库存材料50000元，应负担的材料成本差异为1000元，应付工程人员工资18000元，企业的辅助生产部门为该项工程提供劳务共计费用8000元。自建工程已完工验收，交付使用。企业的会计处理为：

(1) 购入工程物资，作会计分录如下：

借：工程物资——专用设备　　　　　　　　　117000
　　贷：银行存款　　　　　　　　　　　　　　117000

(2) 自建工程发生支出时，作会计分录如下：

借：专项工程支出—安装工程　　　　　　　　194000
　　贷：工程物资—专用设备　　　　　　　　　117000
　　　　库存材料　　　　　　　　　　　　　　50000
　　　　材料成本差异　　　　　　　　　　　　1000
　　　　应付工资　　　　　　　　　　　　　　18000
　　　　辅助生产　　　　　　　　　　　　　　8000

(3) 完工验收，交付使用。作会计分录如下：

借：固定资产　　　　　　　　　　　　　　　194000
　　贷：专项工程支出　　　　　　　　　　　　194000

【例6-5】　企业新建宿舍楼一幢，出包给所属独立核算的一分公司施工。开工前预付工程款100万元，工程完工决算后，补付工程款220万元，工程经验收合格，已交付使用。企业的会计处理为：

(1) 预付工程款时，作会计分录如下：

借：专项工程支出　　　　　　　　　1000000
　　贷：银行存款　　　　　　　　　　　　　　1000000

(2) 补付工程款时，作会计分录如下：

借：专项工程支出　　　　　　　　　2200000
　　贷：银行存款　　　　　　　　　　　　　　2200000

(3) 验收合格交付使用时，作会计分录如下：

借：固定资产　　　　　　　　　　　3200000
　　贷：专项工程支出　　　　　　　　　　　　3200000

(三) 投资者投入的固定资产

无论投资人投入的是新固定资产，还是旧固定资产，均按投资各方确认的价值入账，借记"固定资产"账户，贷记"实收资本（或股本）"账户。

【例 6-6】 企业收到联营单位投入的设备一台，该设备在联营单位的账面原价为500000 元，已提折旧 200000 元，经评估确认的价值为 360000 元，设备已经交付使用。企业应做如下会计分录：

借：固定资产　　　　　　　　　　　360000
　　贷：实收资本　　　　　　　　　　　　　　360000

(四) 按受捐赠的固定资产

1. 入账价值

接受捐赠的固定资产，按下列规定确定其入账价值：

(1) 捐赠方提供了有关凭据的，按凭据上注明的金额加上应支付的相关税费，作为入账价值。

(2) 捐赠方没有提供有关凭据的，按如下顺序确定其入账价值：

1) 同类或类似固定资产存在活跃市场的，按同类或类似固定资产的市场价格估计的金额，加上应支付的相关税费，作为入账价值；

2) 同类或类似固定资产不存在活跃市场的，按该接受捐赠固定资产的预计未来现金流量的现值，作为入账价值。

(3) 如受赠旧的固定资产，按照上述方法确认的价值，减去按该项固定资产的新旧程度估计的价值损耗后的金额，作为入账价值。

2. 核算方法

根据我国税法的规定，纳税人在接受捐赠实物资产时，不将接受捐赠的资产计入应纳税所得额。但考虑到企业在出售该资产或进行清算时，需要交纳所得税，为避免虚增所有者权益，企业在将接受捐赠的固定资产入账时，应按确定的入账价值，借记"固定资产"账户，按未来应交的所得税贷记"递延税款"账户，按其差额贷记"资本公积"账户。

【例 6-7】 企业接受捐赠全新汽车一辆，按同类汽车的市场价格估计的金额为 180000元，另以银行存款支付相关费用 1000 元，该企业适用的所得税税率为 33%，汽车现已交付使用。其会计分录如下：

借：固定资产—生产经营用固定资产　　181000

贷：递延税款	59400
资本公积	120600
银行存款	1000

（五）融资租入的固定资产

1. 核算范围

建筑企业使用的固定资产，还可以选择租赁方式取得。按照性质和形式的不同，租赁可以分为经营性租赁和融资性租赁两种。

经营性租赁是企业为解决生产经营上的临时需要租入的固定资产。经营性租入的固定资产，企业只在短期内使用，并不最终取得其所有权。因此，不应将其作为本企业资产入账核算。

融资性租赁是企业向经批准经营租赁业务的租赁公司租入的固定资产。融资租赁与经营租赁相比，一般租赁期限较长（通常达到租赁资产使用年限的75%以上）；支付的租金不仅包括使用费，还包括设备的价款和借款利息等；租赁期满，承租人有优先选择廉价购买租赁资产的权利。也就是说，在融资租赁的方式下，与租赁资产有关的主要风险和报酬已由出租人转归承租人。企业采用融资租赁方式租入固定资产，尽管从法律形式上资产的所有权在租赁期间仍然属于出租方，但由于资产租赁期基本上包括了资产的有效使用年限，承租方实质上获得了租赁资产所提供的主要经济利益，同时承担与该资产有关的风险。因此，应将融资租入固定资产作为一项资产计价入账，同时确认相应的负债。

2. 核算方法

对于融资租入的固定资产，企业应在"固定资产"账户下单独设置"融资租入固定资产"明细账户，并分别以下两种情况核算：

（1）当融资租入固定资产占企业资产总额的比例超过30%时，企业应按租赁开始日租赁资产的原账面价值与最低租赁付款额的现值两者中较低者作为入账价值，借记"固定资产"账户，按最低租赁付款额贷记"长期应付款"账户，按两者的差额借记"未确认融资费用"账户。未确认融资费用应当在租赁期内按合理的方法进行分摊，分摊时借记"财务费用"账户，贷记"未确认融资费用"账户。

（2）如果融资租入固定资产占企业资产总额的比例等于或低于30%，也可按最低租赁付款额作为固定资产的入账价值，借记"固定资产"账户，贷记"长期应付款"账户。

租赁期满，如果合同规定将固定资产所有权转归承租方，则承租企业要进行转账，将固定资产价值从"融资租入固定资产"明细账户转入其他有关明细账户。

【例6-8】 某企业采用融资租赁方式租入一台大型施工机械，租赁协议确定的租赁费为800000元（包括租期结束时购买该机械应付的价款），另以银行存款支付运杂费、安装调试费等50000元。按租赁协议规定，租赁费分5年于每年年初支付。租赁期满，机械转归企业所有。该机械采用直线法按5年计提折旧（假设不考虑净残值）。企业融资租赁资产占全部资产总额的比例为5%。有关会计处理如下：

①租入机械时，作会计分录如下：

借：专项工程支出	850000
贷：长期应付款——应付融资租赁款	800000
贷：银行存款	50000

②资产交付使用时，作会计分录如下：

借：固定资产——融资租入固定资产　　　　850000
　　贷：专项工程支出　　　　　　　　　　　　　　850000

③每年年初支付租赁费时，作会计分录如下：

借：长期应付款——应付融资租赁款　　　　160000
　　贷：银行存款　　　　　　　　　　　　　　　　160000

④租赁期满，结转资产所有权。作会计分录如下：

借：固定资产——生产经营用固定资产　　　850000
　　贷：固定资产——融资租入固定资产　　　　　850000

承租人在租赁合同签订过程中发生的、可直接归属于租赁项目的各种费用，如印花税、佣金、律师费、差旅费等，应当确认为当期费用，不计入租赁资产的价值。

（六）接受债务人以非现金资产抵债方式取得的固定资产

1. 入账价值

企业接受的债务人以非现金资产抵偿债务方式取得的固定资产，按应收债权的账面价值加上应支付的相关税费，作为入账价值。涉及补价的，按以下方法确定入账价值：

（1）收到补价的：

固定资产的入账价值 = 应收债权的账面价值 − 补价 + 应支付的相关税费

（2）支付补价的：

固定资产的入账价值 = 应收债权的账面价值 + 补价 + 应支付的相关税费

2. 核算方法

建筑企业接受的债务人以非现金资产抵偿债务方式取得的固定资产，或以应收债权换入的固定资产，应按应收债权的账面价值加上应支付的相关税费，借记"固定资产"账户，按该项应收债权已计提的坏账准备，借记"坏账准备"账户，按应收债权的账面余额，贷记"应收账款"等账户，按支付的相关税费，贷记"银行存款"、"应交税金"等账户。

【例6-9】　企业的一笔金额为300000元的应收账款，因对方单位无力按期偿还，经双方协商，企业同意对方以一幢房屋抵债。该项应收账款已计提坏账准备1500元。在办理房屋产权过户手续时，发生相关税费2300元。另外，企业还向对方支付补价50000元，款项均以银行存款付讫。企业应作如下会计分录：

借：固定资产　　　　　　　　　　　　　　350800
　　坏账准备　　　　　　　　　　　　　　　　1500
　　贷：应收账款　　　　　　　　　　　　　　　300000
　　　　银行存款　　　　　　　　　　　　　　　52300

此外，企业还可能以非货币性交易方式取得固定资产。企业以非货币性交易方式取得固定资产的核算，将在第十六章介绍。

二、固定资产取得的明细分类核算

为了详细地反映各项固定资产的增减变动情况，建筑企业除了进行固定资产的总分类核算以外，还必须进行固定资产的明细分类核算。企业通常应设置"固定资产登记簿"来组织二级明细核算，设置"固定资产卡片"来组织三级明细核算。

（一）固定资产登记簿

固定资产登记簿是固定资产的二级账，对固定资产卡片起着控制作用。它应按固定资产的类别和明细分类开设账页，并按保管、使用单位设置专栏，按各项固定资产的增减日期序时登记，只记金额，不记数量。每月末应结出余额，以反映各单位、部门各类固定资产的增加、减少和结存情况。固定资产登记簿应由财会部门设立，根据固定资产的增减凭证登记。根据固定资产登记簿的记录，不仅可以了解各类固定资产在各单位、部门的增减变动情况和分布情况，而且可以根据各单位、部门固定资产的原值计算应提的折旧额。

（二）固定资产卡片

固定资产卡片是固定资产的"档案"，是反映各项固定资产详细情况的明细账。它应按每一独立登记对象分别设置，每个对象一张。各类固定资产的登记对象规定如下：

1. 房屋

应以每一幢房屋（连同附属建筑物及设备）作为一个独立登记对象。

2. 建筑物

应以每一独立的建筑物（连同附属设备）作为一个独立登记对象。

3. 施工机械

应以每一独立的施工机械（连同附属设备、发动机等）作为一个独立登记对象。

4. 钢模

应以每一独立的固定钢模或大型钢模板作为一个独立登记对象。

5. 运输设备

应以每一独立的运输工具（一辆汽车、一艘船等）作为一个独立登记对象。

6. 生产设备

应以每一独立的机器（连同机器底座、附属设备、工具、仪器等）作为一个独立登记对象。

7. 仪器及试验设备

应以每一独立的仪器或设备（连同为便于操纵控制而配备的各种附具）作为一个独立登记对象。

8. 其他生产用固定资产

应以每一单项固定资产作为一个独立登记对象。

固定资产卡片应按固定资产的类别和保管、使用单位顺序排列，妥善保管。在每一张卡片中，应记载该项固定资产的编号、名称、规格、技术特征、技术资料编号、附属物、使用单位、所在地点、购建年份、开始使用日期、中间停用日期、原价、预计使用年限、折旧率、大修理次数和日期、转移调拨情况、报废清理情况等详细资料。按工作时间计提折旧的大型设备、按行驶里程计提折旧的车辆，还应定期登记其实际工作时间、实际行驶里程等资料。固定资产卡片一般应一式三份，由固定资产管理部门、使用部门和财会部门分别保管。

为了保证固定资产核算的正确性，固定资产卡片、固定资产登记簿和固定资产总分类账的记录，应该定期进行核对，做到账账相符。

第三节　固定资产折旧

一、固定资产折旧的意义

固定资产在长期使用过程中，其实物形态保持不变，但其价值则随着固定资产的使用逐渐损耗，因损耗而减少的价值称为固定资产折旧。为了保证固定资产更新改造的资金来源，企业应将固定资产损耗的这部分价值，在其有效使用年限内进行分摊，从各期的经营收入中得到补偿。这个分摊固定资产成本的过程称为计提固定资产折旧，分摊到成本费用中去的那部分固定资产价值称为"折旧费"。可见，正确计提固定资产折旧，不仅是保证固定资产再生产正常进行的必要措施，也是正确计算各期成本费用和经营成果的重要前提。

二、影响折旧的因素

固定资产在整个使用期间内损耗的价值，是原始价值减去报废时的净残值后的余额。因此，企业在计算一定会计期间应计提的折旧额时，通常要考虑以下因素：

1. 固定资产原值

固定资产原值是计提折旧的基数，是固定资产在预计使用年限内损耗价值的最高限额。

2. 预计净残值

预计净残值是指固定资产的预计残值收入扣除预计清理费用后的余额。其中，预计残值收入是预计固定资产报废时可以收回的残余价值。由于它在固定资产的使用过程中并未被消耗，因此不应由使用期的成本费用负担，在计算固定资产折旧时应予以扣除。预计清理费是预计固定资产报废时发生的拆卸、搬运等费用，是使用固定资产的一种必要的追加耗费，应由固定资产使用期间的成本费用负担。这样，固定资产应计提的折旧总额可按下式计算：

某项固定资产应计提的折旧总额 = 固定资产原值 – 预计净残值
　　　　　　　　　　　　　　= 固定资产原值 ×（1 – 预计净残值率）

3. 预计使用年限

固定资产的预计使用年限，是指分摊固定资产应计提的折旧总额所需的期限（年数）。在确定固定资产预计使用年限时，还应适当考虑固定资产的无形损耗。

以上影响固定资产折旧的诸因素中，除固定资产原值比较客观外，其余两个因素的确定具有相当大的主观性。企业应当根据固定资产的性质和使用情况，合理确定固定资产的预计使用年限和预计净残值。

三、计算折旧的方法

计算折旧的方法，实质上是将固定资产成本（扣除预计净残值）分摊于各受益期的方法。企业应当根据固定资产所含经济利益的预期实现方式选择合理的折旧方法。可采用的折旧方法包括年限平均法、工作量法、双倍余额递减法和年数总和法等。折旧方法一经选定，不得随意变更。

（一）年限平均法

年限平均法也称直线法，是将固定资产应计提的折旧总额均衡地分摊到各期的折旧方

法。它适用于各会计期间磨损程度基本相同的固定资产。其计算公式如下:

$$固定资产年折旧额 = \frac{固定资产原值 - 预计净残值}{预计使用年限}$$

在实际工作中,通常根据固定资产原值乘以折旧率来计算各期应计提的折旧额。用公式表示为:

$$年折旧额 = 固定资产原值 \times 年折旧率$$

$$月折旧额 = 固定资产原值 \times 月折旧率$$

折旧率是指一定时期内固定资产折旧额与其原值的比率。用公式表示为:

$$固定资产年折旧率 = \frac{固定资产年折旧额}{固定资产原值} \times 100\%$$

$$或 \quad 固定资产年折旧率 = \frac{1 - 预计净残值率}{预计使用年限}$$

$$月折旧率 = \frac{固定资产年折旧率}{12}$$

按计算对象的不同,固定资产折旧率分为个别折旧率、分类折旧率和综合折旧率三种。个别折旧率是按单项固定资产计算的折旧率,分类折旧率是按固定资产的类别计算的折旧率,综合折旧率是按企业全部固定资产计算的折旧率。采用个别折旧率计提折旧,工作量过大;采用综合折旧率计提折旧,计算工作量虽小,但准确性差;而采用分类折旧率计提折旧,既可适当简化计算工作量,又可较为合理地分配折旧费用。因此,在实际工作中一般采用分类折旧率计提折旧。

【例6-10】 东方建筑公司施工机械类固定资产的原值为4500000元,规定的折旧年限为10年,预计净残值率为3%,其折旧额计算如下:

$$年折旧率 = \frac{1 - 3\%}{10} \times 100\% = 9.7\%$$

$$月折旧率 = \frac{9.7\%}{12} = 0.81\%$$

$$月折旧额 = 4500000 \times 0.81\% = 36450 元$$

(二)工作量法

工作量法是根据固定资产在施工生产过程中实际完成的工作量计算折旧的一种方法。它一般适用于各期使用程度不均衡的大型机械和设备。其计算公式如下:

$$单位工作量应提折旧额 = \frac{固定资产原值 \times (1 - 预计净残值率)}{预计总工作量}$$

$$某项固定资产月折旧额 = 该固定资产单位工作量应提折旧额 \times 本月该固定资产实际完成的工作量$$

用于计提折旧的工作量有机器设备的工作小时、运输车辆的行驶里程、大型施工机械的工作台班等。

【例6-11】 企业的一台大型施工机械,原价200000元,预计净残值率为5%,预计能工作2000个台班,本月实际工作24个台班。则本月的折旧额计算如下:

$$每台班折旧额 = \frac{200000 \times (1 - 5\%)}{2000} = 95 元$$

$$本月应提折旧额 = 95 \times 24 = 2280 元$$

（三）双倍余额递减法

双倍余额递减法是指在不考虑固定资产净残值的情况下，以每年年初固定资产账面净值乘以双倍的直线折旧率计算固定资产折旧额的计算方法。其计算公式如下：

$$年折旧率 = \frac{2}{折旧年限} \times 100\%$$

$$年折旧额 = 年初固定资产账面净值 \times 年折旧率$$

$$月折旧额 = 年折旧额 \div 12$$

应当强调的是，采用双倍余额递减法计提折旧时，应当在其固定资产折旧年限到期前两年内，将固定资产净值扣除预计净残值后的价值平均摊销，即在最后两年改为直线法计提折旧。

【例 6-12】 某建筑企业有蒸汽打桩机一台，其账面原价为 50000 元，预计净残值为 2000 元，规定的折旧年限为 5 年，采用双倍余额递减法计提折旧。各年的折旧额计算如下：

年折旧率 = $\frac{2}{5} \times 100\% = 40\%$

第一年应提折旧额 = 50000 × 40% = 20000 元

第二年应提折旧额 =（50000 - 20000）× 40% = 12000 元

第三年应提折旧额 =（50000 - 20000 - 12000）× 40% = 7200 元

第四、五年应提折旧额 =（50000 - 20000 - 12000 - 7200 - 2000）÷ 2 = 4400 元

为了简化核算手续，年内各月份应提的折旧额，可以根据年折旧额除以 12 来计算。即采用双倍余额递减法计提折旧，各年的折旧额是递减的，但年度中各月份的折旧额则是相等的。

（四）年数总和法

年数总和法是将固定资产的原值扣除预计净残值后的余额乘以一个逐年递减的分数（即折旧率）来计算各年折旧额的一种方法。计算公式为：

$$年折旧率 = \frac{尚可使用年数}{预计使用年限的年数总和} \times 100\%$$

$$= \frac{预计使用年限 - 已使用年数}{预计使用年限 \times (1 + 预计使用年限) \div 2} \times 100\%$$

$$年折旧额 = （固定资产原值 - 预计净残值）\times 年折旧率$$

$$月折旧额 = 年折旧额 \div 12$$

【例 6-13】 仍依例 6-12 资料，采用年数总和法计算各年的折旧额如下：

第一年应提折旧额 =（50000 - 2000）× $\frac{5}{15}$ = 16000 元

第一年应提折旧额 =（50000 - 2000）× $\frac{4}{15}$ = 12800 元

第三年应提折旧额 =（50000 - 2000）× $\frac{3}{15}$ = 9600 元

第四年应提折旧额 =（50000 - 2000）× $\frac{2}{15}$ = 6400 元

第五年应提折旧额 =（50000 - 2000）× $\frac{1}{15}$ = 3200 元

为简化核算手续，年内各月份应提的折旧额，同样可以根据年折旧额除以 12 计算。

四、计提折旧的有关规定

正确计提折旧，不仅要运用科学合理的计算方法，还必须明确计提折旧的范围，它是对折旧对象的界定。根据财政部发布的《企业会计准则——固定资产》的规定，除以下情况外，企业应对所有固定资产计提折旧：

（1）已提足折旧继续使用的固定资产。

（2）按规定单独估价作为固定资产入账的土地。

所建造的固定资产已达到预定可使用状态，但尚未办理竣工决算的，应当自达到预定可使用状态之日起，按估计的价值计提折旧。待办理了竣工决算手续后再作调整。

企业因更新改造等原因而调整固定资产价值的，应当根据调整后的价值以及预计尚可使用的年限和净残值，按企业所选用的折旧方法计提折旧。

对于受赠的旧固定资产，企业应当根据确定的固定资产入账价值、预计尚可使用年限、预计净残值，按选用的折旧方法计提折旧。

对融资租入的固定资产，应当采用与自有固定资产相一致的折旧政策计提折旧。能够合理确定租赁期届满时将会取得租赁资产所有权的，应当在租赁资产尚可使用年限内计提折旧；无法合理确定租赁期届满时能够取得租赁资产所有权的，应当在租赁期与租赁资产尚可使用年限两者中较短的期间内计提折旧。

企业一般应按月计提固定资产折旧。当月增加的固定资产，当月不提折旧，从下月起计提折旧；当月减少的固定资产，当月照提折旧，从下月起停止计提折旧。固定资产提足折旧后，不论是否继续使用，均不再计提折旧；提前报废的固定资产，也不再补提折旧，其净损失应计入企业的营业外支出。

五、计提折旧的会计处理

为了简化核算手续，企业于各月计提折旧时，可以在上月折旧额的基础上，根据上月固定资产增减情况进行调整，计算出当月应计提的折旧额。其计算公式如下：

$$\text{本月份应计提的折旧额} = \text{上月计提的折旧额} + \text{上月增加固定资产应计提的折旧额} - \text{上月减少固定资产应计提的折旧额}$$

企业应按固定资产的使用部门和用途，将计提的固定资产折旧分配计入有关成本费用账户。其中，工程施工过程中使用的施工机械计提的折旧，计入"机械作业"账户；企业所属各施工单位使用的固定资产计提的折旧，计入"施工间接费用"账户；企业的附属企业使用的固定资产计提的折旧，计入"工业生产"账户；经营其他业务使用的固定资产计提的折旧，计入"其他业务支出"账户；辅助生产部门使用的固定资产计提的折旧，计入"辅助生产"账户；材料供应部门和仓库使用的固定资产计提的折旧，计入"采购保管费"账户；企业行政管理部门使用的固定资产计提的折旧，计入"管理费用"账户。

在实际工作中，各月计提折旧的工作一般是由财会部门编制"固定资产折旧计算表"来完成的。"固定资产折旧计算表"的一般格式，如表6-1所示。

固定资产折旧计算表

2002年8月　　　　　　　　　　　　　　　　　　　　　　　表6-1

固定资产项目	折旧率	上 月 数		上月增加数		上月减少数		本 月 数		折旧费的分配对象
		原 值	折旧额	原 值	折旧额	原 值	折旧额	原 值	折旧额	
房屋建筑物	0.25%	1400000	3500					1400000	3500	管理费用
施工机械	0.65%	980000	6370	60000	390	40000	260	1000000	6500	机械作业

续表

固定资产项目	折旧率	上月数 原值	上月数 折旧额	上月增加数 原值	上月增加数 折旧额	上月减少数 原值	上月减少数 折旧额	本月数 原值	本月数 折旧额	折旧费的分配对象
运输设备	1%	100000	1000					100000	1000	机械作业
其他设备	0.5%	400000	2000					400000	2000	辅助生产
仪器及试验设备	0.5%	200000	1000					200000	1000	间接费用
合　　计		3080000	13870	60000	390	40000	260	3100000	14000	

【例 6-14】 某建筑企业 2002 年 8 月份各类固定资产应计提的折旧额如表 6-1 所示，据以编制会计分录如下：

借：管理费用　　　　　　　　　　　　　3500
　　机械作业　　　　　　　　　　　　　7500
　　辅助生产　　　　　　　　　　　　　2000
　　施工间接费用　　　　　　　　　　　1000
　　贷：累计折旧　　　　　　　　　　　14000

固定资产折旧只进行总分类核算，不进行明细分类核算。需要查明某项固定资产的已提折旧额，可以根据固定资产卡片上记载的固定资产原价、折旧率、实际使用年数等资料进行计算。

第四节　固定资产修理与改良

企业为了保持和提高现有固定资产的生产能力和技术性能，还需对固定资产进行修理或改良。这样，固定资产在使用过程中还要发生一些后续支出。这些后续支出所产生的经济后果是不完全相同的。固定资产修理是恢复固定资产原有性能的行为，一般地说，修理并不增加固定资产使用年限或提高其工作效率。固定资产改良是指企业为增加固定资产效用，扩大生产能力或延长使用寿命而对原有固定资产进行的改扩建，通常能使固定资产的性能、质量等有较大的改进。因此，固定资产在使用过程中发生的后续支出应采用不同的方法来核算。

一、固定资产的修理

（一）固定资产修理的种类

固定资产修理按其修理规模的不同，可分为大修理和中小修理两种。

固定资产大修理是指对固定资产的局部更新所进行的修理工作。例如对机器设备进行全部拆卸修理，部分更换其主要部件、配件、零件；对房屋、建筑物进行翻修，对部分主梁、支柱进行加固和调换，普遍增加隔断墙、增开门窗、改善地面等工程。固定资产大修理的主要特点是：修理范围大，费用支出多，修理次数少，修理周期长，一般是有计划地进行的。

固定资产中小修理又称日常修理，是为了维护和保持固定资产正常使用所进行的日常修理工作。例如对机器设备的局部检修，进行维护保养性的拆卸、擦洗，更换其个别或少数非主要零配件，排除临时性故障，以及对房屋、建筑物进行粉刷和局部修缮等。固定资产中、小修理的主要特点是：修理范围小，费用开支少，修理次数多，修理周期短，一般是根据需要临时进行的。

（二）固定资产修理的核算

1. 经常性修理费用的核算

由于经常性修理发生频繁，每次修理费用较少，因此可于发生时直接计入当期的成本、费用。

【例 6-15】 企业委托他人对办公用的计算机进行维修，以银行存款支付维修费 600 元。作会计分录如下：

借：管理费用　　　　　　　　　　　　　　　600
　　贷：银行存款　　　　　　　　　　　　　　　600

2. 大修理费用的核算

由于固定资产大修理费用的数额较大且发生不均衡，所以应采用待摊或者预提的方式核算。采用待摊方式核算的，应当将发生的大修理费用在下次大修前平均摊销；采用预提方式核算的，应当在两次大修理间隔期内均衡地预提大修费用。实际发生大修费用时，冲减预提费用。实际发生的大修费用与预提数的差额计入当期成本费用。

【例 6-16】 东方建筑公司对其办公楼计划每 6 年大修一次。预计每次修理费用 180000 元。每月预提大修理费用时，应作会计分录如下：

借：管理费用　　　　　　　　　　　　　　　2500
　　贷：预提费用　　　　　　　　　　　　　　　2500

假设第 6 年对办公楼进行大修，实际支付大修费用 188000 元。企业应作如下账务处理：

（1）支付大修理费用时，作会计分录如下：

借：专项工程支出——大修理工程　　　　　188000
　　贷：银行存款　　　　　　　　　　　　　　188000

（2）大修理工程完工后，结转大修理成本。作会计分录如下：

借：预提费用　　　　　　　　　　　　　　180000
　　管理费用　　　　　　　　　　　　　　　8000
　　贷：专项工程支出——大修理工程　　　　188000

二、固定资产改良

固定资产改良即指固定资产的改建或扩建。固定资产的改建，是固定资产在质量上的提高或功能上的改进；固定资产的扩建，是固定资产在数量上的增加和扩充。

固定资产改建或扩建后，可能在质量上有所提高，或在实物量上有所增加。因此，固定资产改良中发生的净支出，应计入改良后的固定资产原值。因改良而延长了固定资产使用年限的，应对其原使用年限和折旧率进行调整。

固定资产改扩建过程中发生的费用应通过"专项工程支出"账户核算。改扩建过程中取得的变价收入，冲减改扩建工程的成本。改扩建工程结束后，将改扩建过程中的净支出增加固定资产价值。

【例 6-17】 为适应生产需要，东方建筑公司将一台起重机械改建为强夯机械。改建中回收残值 1000 元（现金），以银行存款支付改建费用 16000 元，现已改建完成，交付使用。企业应作如下会计分录：

(1) 支付改建费用，作会计分录如下：

借：专项工程支出　　　　　　　　　　16000
　　贷：银行存款　　　　　　　　　　　　　16000

(2) 取得残值收入，作会计分录如下：

借：现金　　　　　　　　　　　　　　1000
　　贷：专项工程支出　　　　　　　　　　　1000

(3) 改建完毕，交付使用。作会计分录如下：

借：固定资产　　　　　　　　　　　　15000
　　贷：专项工程支出　　　　　　　　　　　15000

第五节　固定资产减少

企业以固定资产对外投资、捐赠、抵债、交换其他资产，以及由于报废、出售、毁损等原因都会导致固定资产减少。无论何种原因引起的固定资产减少，企业都必须按规定办理有关手续，取得或填制合法的凭证，正确进行固定资产减少的会计核算。

一、出售、报废和毁损固定资产的核算

企业应设置"固定资产清理"账户，进行固定资产出售、报废和毁损的核算。其借方登记转入清理的固定资产账面净值、发生的清理费及其他相关税费，贷方登记清理过程中取得的各种收入（如残值收入、赔偿收入等），期末借方余额反映尚未清理完毕的固定资产的净损失，若为贷方余额则反映尚未清理完毕的固定资产的净收益。固定资产清理工作结束后，应将净收益或净损失转入营业外收支，结转后本账户应无余额。

企业因出售、报废和毁损等原因而减少的固定资产，按以下方法进行会计处理：

(1) 转销固定资产的账面价值。按减少的固定资产的账面净值借记"固定资产清理"账户，按已提折旧借记"累计折旧"账户，按已计提的减值准备借记"固定资产减值准备"账户，按固定资产原值贷记"固定资产"账户。

(2) 支付清理费用。按实际发生的清理费，借记"固定资产清理"账户，贷记"银行存款"、"应付工资"等账户。

(3) 计算应交税金。税法规定，企业出售的固定资产如属不动产的还应交纳5%的营业税。计算应交纳的营业税时，应借记"固定资产清理"账户，贷记"应交税金"账户。

(4) 取得清理收入。企业在固定资产清理过程中取得的收入（包括出售固定资产的价款、报废固定资产的残值收入以及应收保险公司或过失人的赔款等），借记"银行存款"或"其他应收款"等账户，贷记"固定资产清理"账户。

(5) 结转清理净损益。固定资产清理后的净损益，属于生产经营期间的，计入当期损益。若为净收益，计入营业外收入；若为净损失，计入营业外支出。

【例6-18】　企业将不需用的房屋一幢出售，获得价款450000元存入银行。该房屋的账面原价为500000元，已提折旧90000元，已计提的减值准备为10000元。企业应作账务处理如下：

①注销固定资产的账面价值。作会计分录如下：

借：固定资产清理——房屋	400000
累计折旧	90000
固定资产减值准备	10000
贷：固定资产——不需用固定资产	500000

②收到出售固定资产的价款时，作会计分录如下：

借：银行存款	450000
贷：固定资产清理——房屋	450000

③计算应交的营业税 22500 元（450000×5%），作会计分录如下：

借：固定资产清理——房屋	22500
贷：应交税金——应交营业税	22500

④结转净收益。作会计分录如下：

借：固定资产清理——房屋	27500
贷：营业外收入——处置固定资产净收益	27500

【例 6-19】 企业的一辆塔式起重机因意外事故毁损，经批准报废。该机的账面原价为 180000 元，已提折旧为 100000 元，已提的减值准备为 5000 元，以银行存款支付清理费 3000 元，取得残值收入 6500 元（现金），保险公司同意赔偿 70000 元，清理工作现已结束。企业的账务处理为：

①注销账面价值。作会计分录如下：

借：固定资产清理——起重机	75000
累计折旧	100000
固定资产减值准备	5000
贷：固定资产——生产经营用固定资产	180000

②支付清理费时，作会计分录如下：

借：固定资产清理——起重机	3000
贷：银行存款	3000

③取得残值收入，作会计分录如下：

借：现金	6500
贷：固定资产清理——起重机	6500

④确认应收赔偿款，作会计分录如下：

借：其他应收款——保险公司	70000
贷：固定资产清理——起重机	70000

⑤结转净损益。作会计分录如下：

借：营业外支出——非常损失	1500
贷：固定资产清理——起重机	1500

二、捐赠转出固定资产

企业对外捐赠的固定资产，也应通过"固定资产清理"账户核算。确认的捐赠净支出，转入营业外收支核算。

【例 6-20】 企业将非生产用房屋一栋捐赠给市教育局。房屋的账面原值为 3000000 元，已提折旧为 1400000 元，企业已对该房屋计提减值准备 10000 元。假设捐赠过程中未发生其他相关税费。其账务处理如下：

(1) 转销捐出固定资产的账面价值。作会计分录如下：

借：固定资产清理——生产经营用房屋	1600000	
累计折旧	1400000	
贷：固定资产		3000000

(2) 转销已计提的减值准备。作会计分录如下：

借：固定资产减值准备	10000	
贷：固定资产清理——生产经营用房屋		10000

(3) 结转捐赠净支出。作会计分录如下：

借：营业外支出——捐赠支出	1590000	
贷：固定资产清理——生产经营用房屋		1590000

三、投资转出固定资产

企业因为投资入股或与其他单位联营等原因转出固定资产时，不会发生清理收入，只需办理资产交接手续，所以不必通过"固定资产清理"账户核算。按转出固定资产的账面价值加上应支付的相关税费，借记"长期股权投资"账户；按固定资产的已提折旧，借记"累计折旧"账户；按已计提的减值准备，借记"固定资产减值准备"账户；按账面原价，贷记"固定资产"账户；按支付的相关税费，贷记"银行存款"、"应交税金"等账户。

【例 6-21】 企业以一台不需用的起重机向其他单位投资，该起重机账面原价 280000 元，已提折旧 80000 元，已计提减值准备 5000 元，企业以银行存款支付运杂费 2000 元。其会计分录如下：

借：长期股权投资	197000	
累计折旧	80000	
固定资产减值准备	5000	
贷：固定资产		280000
银行存款		2000

企业以固定资产抵偿债务和以固定资产交换其他非货币性资产的核算，在"负债"和"非货币性交易"等有关章节中介绍。

第六节　固定资产清查

为了保证固定资产的安全完整和合理使用，必须对其进行定期或不定期的清查，至少每年实地盘点一次。对盘盈、盘亏、毁损的固定资产，应当查明原因，写出书面报告，并根据企业的管理权限，经股东大会或董事会，或经理（厂长）会议或类似机构批准后，在期末结账前处理完毕。盘盈的固定资产，计入当期营业外收入；盘亏或毁损的固定资产，在减去过失人或保险公司赔款和残值之后，计入当期营业外支出。

如果盘盈、盘亏或毁损的固定资产，在期末结账前未经批准的，在对外提供财务会计报告时应按上述规定进行处理，并在会计报表附注中作出说明；如果其后批准处理的金额与已处理的金额不一致，应按其差额调整会计报表相关项目的年初数。

为了核算和监督企业各种固定资产的盘盈、盘亏等情况，建筑企业应设置"待处理财产损溢——待处理固定资产损溢"账户。其借方登记盘亏固定资产的账面价值和转销的盘盈固定资产的价值,贷方登记盘盈固定资产的价值和转销的盘亏固定资产的账面价值,处理前的借方余额反映尚未处理的各种固定资产的净损失,如为贷方余额,则反映尚未处理的各种固定资产的净溢余。期末处理后,本账户应无余额。

固定资产清查盘点的核算,应分两个步骤进行:

第一步,在报批之前,根据"固定资产盘盈盘亏报告表",编制记账凭证,据以登记有关账簿,以做到账实相符;

第二步,在报经批准后,应根据有关审批文件,将待处理财产损溢结转营业外收支处理。

【例 6-22】 企业在财产清查过程中盘盈搅拌机一台,同类或类似固定资产的市场价格为 6000 元,根据其新旧程度,估计已提折旧为 1500 元,经查明系购置时未及时入账所致;盘亏电焊机一台,其账面原价为 8000 元,累计已提折旧 5000 元,已计提的减值准备为 1000 元。盘盈、盘亏均已按规定程序报经有关机构审核批准。企业应作如下会计处理:

1. 盘盈的固定资产:

(1) 报经批准前,作会计分录如下:

借:固定资产　　　　　　　　　　　　　　　4500
　　贷:待处理财产损溢——待处理固定资产损溢　　4500

(2) 报经批准后,作会计分录如下:

借:待处理财产损溢——待处理固定资产损溢　　4500
　　贷:营业外收入　　　　　　　　　　　　　4500

2. 盘亏的固定资产:

(1) 报经批准前,作会计分录如下:

借:待处理财产损溢——待处理固定资产损溢　　2000
　　累计折旧　　　　　　　　　　　　　　　5000
　　固定资产减值准备　　　　　　　　　　　1000
　　贷:固定资产　　　　　　　　　　　　　8000

(2) 报经批准后,作会计分录如下:

借:营业处支出　　　　　　　　　　　　　2000
　　贷:待处理财产损溢——待处理固定资产损溢　　2000

第七节　固定资产减值和专项工程减值

一、固定资产减值的核算

固定资产由于技术陈旧、损坏、长期闲置或其他原因,导致其可收回金额低于其账面价值,称为固定资产减值。对于已经发生的固定资产减值如果不予以确认,必然导致虚夸资产的价值,这既不符合真实性原则,也有悖于稳健原则。因此,企业应于期末或者至少于年度终了,对固定资产逐项进行检查,并根据谨慎性原则的要求,合理预计可能发生的损失,对可能发生的减值损失计提减值准备。

固定资产减值准备应按单项资产计提。

对存在下列情况之一的固定资产，应按其账面价值全额计提减值准备：
(1) 长期闲置不用，在可预见的未来不会再使用，且已无转让价值的固定资产；
(2) 由于技术进步等原因，已不可使用的固定资产；
(3) 虽然尚可使用，但使用后产生大量不合格品的固定资产；
(4) 已遭毁损，以至于不再具有使用价值和转让价值的固定资产；
(5) 其他实质上已经不能再给企业带来经济利益的固定资产。

已全额计提减值准备的固定资产，不再计提折旧。

为了核算固定资产减值准备的提取和转销情况，企业应设置"固定资产减值准备"账户。该账户是"固定资产"账户的备抵账户，其贷方登记企业实际提取的减值准备，借方登记企业因已计提减值准备的固定资产价值又得以恢复而冲减的减值准备以及处置固定资产时结转的固定资产减值准备，期末贷方余额表示企业已提取的固定资产减值准备。

【例 6-23】 东方建筑公司于 2001 年末对固定资产逐项检查，确定可收回金额为 4200000 元，账面价值为 4250000 元，"固定资产减值准备"账户期初余额为零。2001 年末应作会计分录如下：

借：营业外支出——计提的固定资产减值准备　　50000
　　贷：固定资产减值准备　　　　　　　　　　　　　　50000

如果已计提减值准备的固定资产价值又得以恢复，则以前期间已计提的减值准备应当转回，但转回的金额不应超过原已计提的固定资产减值准备。转回时，作与计提时相反的会计处理。

【例 6-24】 依上例，假定 2002 年末确定的固定资产可收回金额为 4230000 元，说明固定资产得以部分恢复，则应作如下会计分录：

借：固定资产减值准备　　　　　　　　　　　　30000
　　贷：营业外支出——计提的固定资产减值准备　　　30000

二、专项工程减值的核算

企业应当定期或者至少于每年年度终了，对专项工程进行全面检查，如果有证据表明专项工程已经发生了减值，应当就减值部分计提减值准备。

为了核算专项工程减值准备的计提和转销情况，建筑企业应设置"专项工程减值准备"账户。该账户是"专项工程支出"账户的备抵调整账户，其贷方登记实际提取的专项工程减值准备，借方登记企业因已计提减值准备的专项工程价值又得以恢复而冲减的专项工程减值准备，期末贷方余额表示企业已提取的专项工程减值准备。

企业在期末计提专项工程减值准备时，借记"营业外支出—计提的专项工程减值准备"账户，贷记"专项工程减值准备"账户；如果已计提减值准备的专项工程价值又得以恢复，应在原已提减值准备的范围内转回，借记"专项工程减值准备"账户，贷记"营业外支出—计提的专项工程减值准备"账户。

思 考 题 与 习 题

思考题
1. 什么是固定资产？具有哪些特征？建筑企业的固定资产如何分类？
2. 以不同方式取得的固定资产如何确定其原始价值？如何进行会计处理？

3. 融资租入固定资产与经营租入固定资产在会计处理上有何不同？
4. 为什么要计提固定资产折旧？影响折旧的因素有哪些？
5. 计提折旧有哪些规定和计算方法？各种计算折旧的方法在折旧基础、折旧率的确定上有何区别？
6. 怎样进行固定资产修理的核算？
7. 固定资产处置包括哪些情况？固定资产对外投资与其他原因减少固定资产的核算有何不同？
8. 如何进行固定资产清查盘点的核算？
9. 如何组织固定资产的明细核算？

习题一

（一）练习固定资产取得的核算。

（二）资料：

1. 购入需安装设备一台，买价120000元，运杂费600元，款项已通过银行支付，设备已验收入库。

2. 上项设备已领出安装。安装过程中，耗用主要材料6000元，以银行存款支付零星费用7400元。设备已安装完毕，交付机修车间使用。

3. 经批准购置塔式起重机一台，以银行存款支付买价160000元，增值税27200元，已经交付使用。

4. 收到A公司投资转入的混凝土搅拌机一台，其账面原价为54000元，已提折旧10000元，双方确认的价值为40000元，设备现已交付使用。

5. 接受捐赠一台不需安装的新设备，根据发票等有关单据确定其价值为150000元；企业另以银行存款支付运输费、包装费等共计3000元；该企业适用的所得税税率为33%。

6. 建造存车棚一处，出包给所属内部独立核算的二分公司施工，工程总价款为160000元，工程已完工并交付使用，款尚未支付。

（三）要求：根据资料编制会计分录。

习题二

（一）练习固定资产折旧的计算。

（二）资料：

东方建筑公司某项固定资产原值60000元，预计净残值率5%，预计使用年限为4年。

（三）要求：

1. 分别按年限平均法、双倍余额递减法、年数总和法计算每年的折旧额。

2. 分别从折旧的计提基数、折旧率、计算方法三方面对三种折旧方法进行比较。

习题三

（一）练习固定资产折旧的核算。

（二）资料：

1. 宏达建筑公司第一分公司9月1日生产经营用固定资产明细分类账户的资料如表6-2所示：

单位：元　**表6-2**

类　　别	原始价值	月折旧率	累计折旧额
管理用房屋建筑物	1000000	0.4%	420000
现场施工机械	2000000	0.6%	360000
机修车间生产设备	400000	0.4%	150000
管理用其他资产	600000	0.4%	100000
汽车运输设备	1200000	0.8%	200000
合　　计	5200000		1230000

2. 9月份固定资产增减变动情况如下表：

单位：元　　表6-3

日期	增减变化情况	原始价值	预计年限	预计清理费用	预计残值	月折旧额
10日	购进柜式空调1台，已交付使用。	25000	5	400	200	
15日	其他单位投入全新设备1台，已交付使用。	6000	8	160	400	
20日	报废电焊机一台，已提折旧3200元，实际发生清理费用70元，残料变价收入130元。	4000	5	100	200	
25日	售出不需用设备一台，已提折旧6年。	18000	10	300	900	

（三）要求：

1．根据资料2有关内容，采用年限平均法计算各固定资产的月折旧额，并填入本表6-3中。

2．根据资料2，编制9月份固定资产增减变化的会计分录。

3．根据资料1、2，编制10月份固定资产折旧计算表，并编制计提折旧的会计分录。

习题四

（一）练习固定资产修理与改良的核算。

（二）资料：

1．经批准对职工食堂进行扩建，其账面原价为800000元，扩建过程中取得残值变价收入5000元，已存入开户银行，以银行存款支付扩建工程款467000元，扩建工程现已竣工，并交付使用。

2．将办公用房的大修理工程出包给第一分公司，以银行存款预付大修理工程款30000元，工程完工后又补付工程款24000元，该办公用房的大修理费用分9年摊销。

（三）要求：根据资料编制会计分录。

习题五

（一）练习固定资产减少和清查的核算。

（二）资料：

1．12月6日，经主管部门批准，将不需用电动机一台售出，原值20000元，已提折旧16000元，取得售价3800元存入银行。

2．12月12日，经主管部门批准，将不需用机械一台转让给市建一公司，该机械原值40000元，已提折旧24000元，协商作价15000元，已收到存入银行。

3．收到租出运输设备的租赁费600元存入银行。

4．12月31日，租出运输设备到期，已收回作未使用固定资产，原值40000元。

5．12月31日，经批准提前报废钻机一台，该钻机原值500000元，预计净残值率4%，预计使用20年，实际使用18年零6个月。机修车间进行清理，分配清理费3000元，回收残料作价5600元入废料库。

6．12月31日，固定资产清查，盘盈刨床一台，经技术鉴定，估计价值2000元。

7．12月31日，盘亏打夯机一台，原值4800元，已折旧2500元。

（三）要求：

1．根据资料编制记账凭证。

2．根据记账凭证，登记有关固定资产总账和明细账。

第七章 无形资产和其他资产

第一节 无 形 资 产

无形资产是指企业为生产商品、提供劳务、出租给他人、或基于管理目的而持有的,没有实物形态的非货币性长期资产,如专利权、专有技术、商标权、土地使用权和商誉等。

一、无形资产的特征

无形资产具有以下特征:

1. 没有实物形态

无形资产所体现的是一种权利或获得超额利润的能力。它没有实物形态,却具有使企业获得高于同行业一般水平的盈利能力。不具有实物形态是无形资产区别于其他资产的显著标志。

2. 能在较长时期内为企业带来经济利益

无形资产能在多个生产经营期内使用,使企业长期受益,因而属于一项长期资产。企业为取得无形资产所发生的支出属于资本性支出。

3. 持有的目的是为了使用、受益而不是为了出售

4. 所能带来的未来经济利益具有较大的不确定性

无形资产的取得成本不能代表其经济价值,一项取得成本较高的无形资产可能为企业带来的经济利益较小,而取得成本较低的无形资产也可能给企业带来较大的经济利益。另外,无形资产的经济价值在很大程度上受企业外部因素的影响,如一项专利权,可能会随着市场竞争被涌现出的新技术所淘汰。所以,很难准确预计其预期的获利能力。

5. 一般是有偿取得的

只有花费了支出的无形资产,才能作为无形资产入账。

二、无形资产的内容及确认

企业的某个资产项目若要确认为无形资产,首先应该符合无形资产的定义,其次还要满足以下两个条件:第一,该项目产生的经济利益能够流入企业;第二,该项目的成本能够可靠地计量。

无形资产一般包括专利权、商标权、土地使用权、专有技术、特许权、著作权、商誉等。

(一) 专利权

专利权是指权利人在法定期限内对某一发明创造所拥有的独占权和专有权。专利权的主体是依据专利法被授予专利权的个人或单位,专利权的客体是受专利法保护的专利范围。并不是所有的专利权都能给持有者带来经济利益,有的专利可能没有经济价值或只有很小的经济价值;有的专利会被另外更有价值的专利所淘汰。因此,并非企业所拥有的一切专利权都应作为无形资产核算,只有能够给企业带来较大经济价值,并且企业为此花费了支出的专利才能作为无形资产核算。

（二）商标权

商标是用来辨认特定商品的标记。商标权是指企业在某种指定的商品上使用特定的名称、图案、标记的权利。根据我国商标法的规定，经商标局核准注册的商标为注册商标，商标注册人享有商标专用权，受法律保护。商标权的内容包括独占使用权和禁止使用权。商标权的价值在于它能使享有人获得较高的获利能力。

（三）土地使用权

土地使用权是指土地使用者按照法律规定，对其所使用的土地享有的开发、利用、经营的权利。根据我国《土地管理法》的规定，我国土地实行公有制，任何单位和个人不得侵占、买卖或以其他形式非法转让土地。企业可以通过向政府土地管理部门支付出让金而取得土地所有权，也可以向拥有土地使用权的单位支付转让金而取得土地使用权。企业为取得土地使用权而支付的出让金或转让金，以及发生的相关费用，应一并计入土地使用权的成本。

企业原先通过行政划拨方式获得的土地使用权，因未花费任何代价，没有入账核算。在将土地使用权有偿转让、抵押、作价入股时，应依法补交土地出让金。这时，企业可将补交的土地出让金予以资本化，作为无形资产入账核算。

土地使用权是一项特殊的无形资产。企业购入或以支付土地出让金方式取得的土地使用权，在尚未开发或建造自用项目前，作为无形资产核算，并按照规定的期限分期摊销其价值。待开发该项土地或利用该项土地建造自用项目时，再将该项土地使用权的账面价值全部转入相关项目的成本。

（四）专有技术

专有技术又称非专利技术、技术秘密或技术诀窍，是指企业在生产经营过程中已经采用的、未经公开的、不享受法律保护的各种实用、先进、新颖的生产技术、知识和经验。

企业的专有技术，有些是自行开发的，有些是根据合同规定从外部购入的。如果是自行开发的，往往需要耗费大量的研究开发费用，从理论上讲应予以资本化，作为无形资产进行管理和核算。但由于自行开发可能成功也可能失败，在发生费用支出时并不知道能否形成一项专有技术。即使已经形成一项专有技术，也难以确认哪些费用支出与专有技术的形成有关。因此，为谨慎起见，在会计实务中一般将自行开发专有技术所发生的费用直接计入当期损益，不作为无形资产核算。但企业从外部购入的专有技术，则应将实际发生的全部支出予以资本化，作为无形资产入账核算。

（五）特许权

特许权是指在某一地区经营或销售某种特定商品的权利或者一家企业准许另一家企业使用其商标、商号、技术秘密等的权利。前者是由政府机构授权，准许企业使用或在一定地区享有经营某种业务的特权，如水、电、邮政、通讯等专营权、烟草专卖权等等；后者是指企业间依照签订的合同，有期限或无期限地使用另一家企业的某些权利，如连锁店的分店等。会计上的特许权主要是指后一种情况。只有支付了费用取得的特许权才能作为无形资产入账。

（六）著作权

著作权是指著作权人对其著作依法享有的出版、发行等方面的权利。著作权可以转让、出售或者赠予。著作权包括发表权、署名权、修改权、保护作品完整权、使用权和获得报酬权等。

（七）商誉

商誉是指企业获得超额收益的能力，通常是指企业由于所处的地理位置优越，或由于信誉好而获得了客户的信任，或由于组织得当、生产经营效益好，或由于技术先进、掌握了生产的诀窍等原因而形成的无形价值。这种无形价值具体表现在该企业的获利水平超过了一般企业的获利水平。

商誉不能单独存在，也不能与企业可辨认的各种资产分开出售。有助于形成商誉的个别因素不能用任何方法或公式进行单独计价，只有把企业作为一个整体时才能按总额确定商誉的价值。

商誉可以是自己创造的，也可以是外购的。但只有外购的商誉才能作为无形资产入账，企业自创商誉不能加以确认。

三、取得无形资产的核算

为了核算和监督无形资产的增减变动情况，企业应设置"无形资产"账户。其借方登记取得的各种无形资产的实际成本，贷方登记逐期摊销的无形资产价值以及减少无形资产时转销的摊余价值，期末借方余额表示现有无形资产的摊余价值。本账户应按无形资产的类别设置明细账进行明细分类核算。

无形资产的来源不同，其取得时的核算方法也不相同。

（一）购入无形资产

购入的无形资产应以实际支付的价款作为实际成本入账核算。

【例7-1】 甲企业以160万元购入专利权一项，另外还支付相关税费2万元，款项已通过银行支付。作会计分录如下：

借：无形资产—专利权　　　　　　　　　　1620000
　　贷：银行存款　　　　　　　　　　　　　　　　1620000

【例7-2】 企业申请取得土地使用权一项，以银行存款支付土地出让金3000000元。企业随即将取得的土地用于兴建一个附属加工厂。其账务处理为：

（1）取得土地使用权时，作会计分录如下：

借：无形资产——土地使用权　　　　　　　3000000
　　贷：银行存款　　　　　　　　　　　　　　　　3000000

（2）将购入的土地用于兴建附属加工厂时，作会计分录如下：

借：专项工程支出——建筑工程（附属加工厂）　3000000
　　贷：无形资产——土地使用权　　　　　　　　　3000000

（二）自行开发的无形资产

企业自行开发并按法律程序申请取得的无形资产，按取得时发生的注册费、聘请律师费等作为无形资产的实际成本入账。在研究与开发过程中发生的各种费用，应于发生时直接计入当期损益。在该项无形资产获得成功并依法申请专利时，也不得再将原已计入损益的研究与开发费用转作无形资产核算。

【例7-3】 甲企业自行开发成功一套计算机管理软件。开发过程中发生费用15000元，依法申请专利时发生注册费和律师费等共计4万元。相关的会计处理为：

（1）研究与开发过程中发生的费用

借：管理费用　　　　　　　　　　　　　　　　　15000
　　贷：银行存款　　　　　　　　　　　　　　　　　　　15000
（2）申请取得专利时发生的费用
借：无形资产——专利权　　　　　　　　　　　　40000
　　贷：银行存款　　　　　　　　　　　　　　　　　　　40000

（三）投资者投入的无形资产

企业接受投资者投入的无形资产，以投资各方确认的价值入账。

【例7-4】　A公司为甲、乙两个股东共同投资设立的股份有限公司。经营两年后，另一个投资者丙要求加入A公司。经协商，甲、乙同意丙以一项专利权投资。三方确认该专利的价值是100万元。作会计分录如下：

借：无形资产——专利权　　　　　　　　　　　1000000
　　贷：股本　　　　　　　　　　　　　　　　　　　　　1000000

（四）接受捐赠的无形资产

企业接受捐赠的无形资产，应按确定的实际成本入账。其实际成本的确定方法与受赠固定资产的确定方法相同。

【例7-5】　企业接受某单位捐赠一套计算机软件，捐赠方提供的有关凭证标明其价值为50万，捐赠过程中企业发生相关税费2万元。该企业适用33%的所得税率。其会计分录为：

借：无形资产——专利权　　　　　　　　　　　520000
　　贷：递延税款　　　　　　　　　　　　　　　　　　　165000
　　　　资本公积——接受捐赠非现金资产准备　　　　　335000
　　　　银行存款　　　　　　　　　　　　　　　　　　　20000

【例7-6】　甲企业接受他人捐赠一项专利权，但捐出方未提供有关价值的凭据，并且该专利权也不存在活跃市场。据相关机构估价，该专利权的价值为80万元人民币。假设在捐赠过程中企业发生相关税费5万元，则甲企业应作如下会计分录：

借：无形资产——专利权　　　　　　　　　　　850000
　　贷：递延税款　　　　　　　　　　　　　　　　　　　264000
　　　　资本公积——接受捐赠非现金资产准备　　　　　536000
　　　　银行存款　　　　　　　　　　　　　　　　　　　50000

（五）债务重组取得的无形资产

企业接受债务人以非现金资产抵偿债务方式取得的无形资产，或以应收债权换入的无形资产，按应收债权的账面价值加上应支付的相关税费，作为实际成本。涉及补价的，按以下规定确定受让的无形资产的入账价值：

（1）收到补价的，按应收债权的账面价值减去补价，加上应支付的相关税费作为实际成本。

（2）支付补价的，按应收债权的账面价值加上补价和应支付的相关税费作为实际成本。

【例7-7】　甲企业应向C公司收取工程款300000元。因C公司资金周转发生困难，短期内无法收回。经协商决定，C公司以其拥有的一项商标权抵偿该债务。甲企业以银行存款支付补价20000元、相关税费2000元，已办妥有关手续。该项应收款已计提坏账准备 5000 元。甲企业应作会计分录如下：

借：无形资产——商标权	317000	
坏账准备	5000	
贷：应收账款——C 公司		300000
银行存款		22000

须注意的是，企业取得无形资产后发生的后续支出，如相关的宣传活动支出，应在发生当期确认为费用，不计入无形资产的价值。

四、无形资产的摊销

无形资产属于企业的长期资产，能够在较长时间内为企业带来经济效益。因此，取得无形资产时发生的支出，应该在其有效期限内摊入成本费用中。

（一）摊销期限的确定

企业会计制度规定，无形资产应当从取得当日起在预计使用年限内分期平均摊销，计入损益。但是如果无形资产的预计使用年限超过了相关合同规定的受益年限或法律规定的有效年限，应按如下方法确定摊销年限：

（1）合同规定了受益年限，但法律没有规定有效年限的，摊销年限不应超过合同规定的受益年限。比如，甲企业与乙企业签订协议使用乙企业的商标权，协议期为 3 年。相关法律对产品商标的有效年限没有明确规定。此例中，甲企业有偿获得的商标使用权成本的摊销期不应超过 3 年。

（2）合同没有规定受益年限，但法律规定了有效年限的，摊销年限不应超过法律规定的有效年限。比如，甲企业自行开发并依法取得一项专利权，按有关法律规定，该专利权的有效年限不超过 5 年。此例中，专利权成本的摊销期不应超过 5 年。

（3）合同规定了受益年限，法律也规定了有效年限的，摊销年限不应超过受益年限和有效年限二者之中较短者。比如，甲企业与乙企业签订协议使用乙企业的品牌，协议期为 4 年；该品牌受法律保护的期限为 7 年。此例中，甲企业应在不超过 4 年的期限内将获得该品牌发生的成本加以摊销。

（4）如果合同没有规定受益年限，法律也没有规定有效年限，摊销年限不应超过 10 年。比如，企业合并中产生的商誉，既没有合同规定的受益年限，也没有法律规定的有效年限。在这种情况下，拥有商誉的企业应将商誉在不超过 10 年的期限内摊销。

无形资产的摊销年限一经确定，不得任意变更。

（二）摊销方法

无形资产的摊销方法为直线法，即从取得当月起，将无形资产的价值按确定的摊销期限平均摊入各期费用中。摊销时，借记"管理费用"账户，贷记"无形资产"账户。

【例 7-8】 依例 7-1，假设企业取得的专利权的有效年限为 10 年，则每月的摊销额为 13500 元 $\left(\frac{1620000}{10 \times 12}\right)$。摊销时，作会计分录如下：

借：管理费用	13500	
贷：无形资产		13500

（三）无形资产摊销与固定资产折旧的比较

（1）无形资产的摊销方法为直线法，固定资产有多种折旧方法。

(2) 无形资产的摊销额直接冲减其账面价值,而固定资产则另设"累计折旧"账户核算其价值损耗。

(3) 计提固定资产折旧时一般要考虑净残值,而计提无形资产摊销额则不予考虑。

五、无形资产的处置

(一) 无形资产出售

企业出售无形资产时,应转销无形资产的账面价值,并将其账面价值与所得价款之间的差额计入当期损益。因为出售无形资产不属于企业的日常经营活动,所以出售所得应以净额通过营业外收支核算。

【例 7-9】 企业将拥有的一项专利权出售给其他单位,其账面余额为 200000 元,已计提的减值准备为 50000 元,取得转让收入 100000 元,已存入开户银行,转让无形资产应交营业税 5000 元。其会计分录如下:

借:银行存款　　　　　　　　　　　　　　100000
　　无形资产减值准备　　　　　　　　　　 50000
　　营业外支出——出售无形资产损失　　　 55000
　　贷:无形资产——非专利技术　　　　　　　　　200000
　　　　应交税金——应交营业税　　　　　　　　　　5000

(二) 无形资产出租

无形资产出租是指企业将所拥有的无形资产的使用权让渡给他人使用并收取租金的行为。无形资产出租即企业让渡资产使用权,属于企业的日常经营活动。因此,相关所得应作为收入核算。取得的无形资产出租收入计入其他业务收入,发生的与出租无形资产有关的费用计入其他业务支出。由于出租企业仅仅是转让了无形资产的使用权,并未转让其所有权,因此不应转销无形资产的账面价值,该无形资产仍应计提摊销额。摊销额的列支渠道按以下方法确定:如果企业同时使用该无形资产,列入管理费用;如果企业不同时使用该无形资产,则应列入其他业务支出。

【例 7-10】 甲企业某项专利权账面原价 120000 元,有效期限为 10 年,已使用 2 年。现将使用权转让给乙单位。转让合同规定,受让方每销售 1t 用该专利配方生产的产品须支付 20 元的使用费。乙单位本年度共计销售 1000t,使用费 20000 元已存入甲企业银行账户。假设甲企业本年度未同时使用该专利权。其有关会计处理为:

(1) 取得转让收入时,作会计分录如下:

借:银行存款　　　　　　　　　　　　　　20000
　　贷:其他业务收入　　　　　　　　　　　　　　20000

(2) 计提该无形资产的摊销额,作会计分录如下:

借:其他业务支出　　　　　　　　　　　　12000
　　贷:无形资产——专利权　　　　　　　　　　　12000

(三) 无形资产转销

如果无形资产预期不能为企业带来经济利益,从而不再符合无形资产的定义,则应将其转销。当存在下列一项或若干项情况时,应当将无形资产的账面价值全部转入当期损益:

(1) 该项无形资产已被其他新技术所取代,并且已无使用价值和转让价值;

(2) 该项无形资产已超过法律保护期，并且已经不能为企业带来经济利益。

例如，由于新技术的出现，甲企业利用某项专利生产的产品已没有市场。此时，企业应立即转销该专利的账面价值。转销时借记"管理费用"账户，贷记"无形资产"账户。

六、无形资产的期末计价

一般情况下，无形资产应按其期末未摊销成本计价。但是如果无形资产将来为企业创造的经济利益不足以补偿其摊余成本，则证明无形资产发生了减值，应当计提减值准备。

为了反映无形资产减值准备的计提情况，企业应设置"无形资产减值准备"账户，其贷方登记提取的无形资产减值准备，借方登记无形资产价值得以恢复时转回的减值准备以及处置无形资产时转销的减值准备，期末贷方余额表示已计提的无形资产减值准备。

无形资产应按单项项目计提减值准备。其减值准备的确定方法与固定资产减值准备的确定方法基本相同。

$$某项无形资产应计提的减值准备 = 该项无形资产账面价值大于其可收回金额的差额 - "无形资产减值准备"账户的贷方余额$$

【例 7-11】 甲企业所拥有的专利权在 2001 年末的摊余价值为 500 万元，预计可收回金额为 450 万元，"无形资产减值准备"账户余额为零。则 2001 年末甲企业应计提的减值准备为 50 万元。作会计分录如下：

借：营业外支出　　　　　　　　　　　　　500000
　　贷：无形资产减值准备　　　　　　　　　　　500000

无形资产的价值受许多因素的影响，以前期间导致无形资产发生减值的迹象，可能在本期会全部或部分消失，使得已确认减值损失的无形资产价值又得以回升。出现这种情况时，企业应将以前已确认的减值损失予以全部或部分转回，但是转回的金额不得超过已计提的减值准备的账面余额。

仍沿用上述资料，若 2002 年度甲企业已计提减值准备的专利权的可收回金额逐渐回升。年末经专业人士确定，可收回金额为 560 万元。此时，甲企业应将已确认的减值损失转回，转回的金额为 50 万元。转回后无形资产的账面价值恢复为 500 万元。

第二节 其他资产

一、概述

其他资产是指除流动资产、长期投资、固定资产、无形资产等以外的资产，如建筑企业的临时设施和长期待摊费用等。

二、临时设施的核算

（一）临时设施的管理

临时设施是指建筑企业为保证施工生产和管理工作的正常进行而在施工现场建造的生产和生活用的各种临时性简易设施，如临时搭建的办公室、职工宿舍、围墙、化灰池、贮水池、临时给排水、供电、供热管线等。随着施工任务的完成，这些临时设施就失去了原来的作用，需要拆除或做其他处理。

建筑企业在现场所使用的临时设施一般有两种情况：

(1) 由建设单位或总包单位提供。这种情况下的临时设施，不属于建筑企业临时设施的核算范围。

(2) 由建筑企业自行搭建。建筑企业自行搭建临时设施所需资金，一般是向建设单位或总包单位收取临时设施费，实行包干使用。

(二) 临时设施的核算

临时设施在施工生产过程中发挥着劳动资料的作用，其实物形态大多与作为固定资产的永久性房屋、建筑物相类似。但由于其建筑标准较低，多数在其自然寿命终了前就需要拆除清理，与固定资产又有所不同。所以，将其列入长期资产类的其他资产，以区别于固定资产。

1. 临时设施搭建的核算

临时设施应以建造时的实际支出计价入账。搭建临时设施时，其搭建支出一般先通过"专项工程支出"账户核算，搭建完成交付使用时，再将其实际支出转入"临时设施"账户。

"临时设施"账户，用以核算企业各种临时设施的实际成本。其借方登记企业建造完成交付使用的各种临时设施的实际成本，贷方登记拆除、报废的临时设施的实际成本，期末借方余额反映在用临时设施的实际成本。本账户应按临时设施的种类设置明细账。

【例 7-12】 企业搭建临时仓库领用主要材料一批，计划成本 50000 元，材料成本差异率 2%；应负担搭建人工费 3000 元，现已搭建完成交付使用。其账务处理如下：

(1) 搭建过程发生费用时，作会计分录如下：

借：专项工程支出——临时仓库工程　　　　54000
　　贷：库存材料——主要材料　　　　　　　　50000
　　　　材料成本差异　　　　　　　　　　　　1000
　　　　应付工资　　　　　　　　　　　　　　3000

(2) 搭建完成交付使用时，作会计分录如下：

借：临时设施——临时仓库　　　　　　　　54000
　　贷：专项工程支出——临时仓库工程　　　　54000

2. 临时设施摊销的核算

临时设施的使用期较长，一般与工程的建设期相同。因此，应将临时设施的价值采用摊销的方法分期计入工程成本。临时设施的摊销方法应采用年限平均法，摊销期限按其耐用期限与建设项目的施工期限孰短确定。

企业应设置"临时设施摊销"账户，核算企业各种临时设施发生的价值损耗。该账户是"临时设施"账户的备抵账户，其贷方登记企业按月计提的临时设施摊销额，借方登记报废、拆除临时设施时转销的已提摊销额，期末贷方余额反映在用临时设施的累计摊销额。本账户应按临时设施的种类和使用部门设置明细账进行明细核算。

【例 7-13】 承例 7-13，假设该临时设施预计残值收入 6000 元，以工程的施工期限两年为摊销期，每月应摊销 2000 元。作会计分录如下：

借：施工间接费用　　　　　　　　　　　　2000
　　贷：临时设施摊销　　　　　　　　　　　　2000

企业支付的临时设施租赁费，直接计入"施工间接费用"账户。

3. 临时设施维修、拆除和报废的核算

企业维修临时设施发生的费用，直接通过"施工间接费用"账户核算。

拆除、报废不需用或不能继续使用的临时设施，可在"固定资产清理"账户下设置"临时设施清理"明细账户进行核算。拆除、报废临时设施的账面净值以及发生的清理费用记入借方，取得的变价收入及残料价值记入贷方，清理后的净损失列作营业外支出，若为净收益列作营业外收入。本账户应按被清理的临时设施逐一设置明细账进行明细核算。

【例 7-14】 承例 7-12，假设该临时仓库使用 20 个月后，因承包的工程提前竣工，不再需用，遂将其拆除，取得残值收入 13000 元。其账务处理如下：

（1）将拆除的临时设施转入清理。作会计分录如下：

  借：固定资产清理——临时设施清理   14000
    临时设施摊销——临时仓库   40000
    贷：临时设施——临时仓库   54000

（2）取得残值收入，作会计分录如下：

  借：银行存款   13000
    贷：固定资产清理——临时设施清理 13000

（3）结转清理后的净损益，作会计分录如下：

  借：营业外支出   1000
    贷：固定资产清理——临时设施清理 1000

三、长期待摊费用

长期待摊费用是指企业已经支出，但摊销期限在 1 年以上（不含 1 年）的各项费用，包括固定资产大修理支出、租入固定资产的改良支出等。长期待摊费用应当单独核算，在费用项目的受益期限内分期平均摊销。

企业应设置"长期待摊费用"账户，用以核算企业已经支出但摊销期限在 1 年以上（不含 1 年）的各项费用。其借方登记实际发生的费用，贷方登记分期摊销的费用，期末借方余额表示尚未摊销的长期待摊费用。本账户应按长期待摊费用的种类设置明细账进行明细核算。

下面简要说明长期待摊费用的核算方法。

1. 租入固定资产改良支出

租入固定资产的改良支出，是指建筑企业对以经营租赁方式租入的固定资产进行改良所发生的支出。企业采用经营租赁方式从其他单位租入的固定资产，所有权属于出租人，承租企业依合同享有使用权。企业按租赁合同规定对租入的固定资产进行改良，发生的改良支出只能作为待摊销的费用处理。摊销期限按租赁期与租赁资产尚可使用年限两者孰短的原则确定。

【例 7-15】 企业所属第一分公司以经营租赁方式租入汽车式起重机一台，租期两年。按租赁合同规定，租入后即对其进行改良。第一分公司以银行存款支付改良费用 9600 元。其账务处理如下：

（1）支付改良费用时，作会计分录如下：

  借：长期待摊费用-租入固定资产改良支出 9600
    贷：银行存款   9600

(2) 按月摊销改良费用 400 元（9600÷24），作会计分录如下：
借：施工间接费用　　　　　　　　　　　　　　400
　　贷：长期待摊费用-租入固定资产改良支出　　　400

2. 固定资产大修理支出

对固定资产大修理发生的费用采取待摊方式核算的，发生的大修理支出应在大修理间隔期内平均摊销。

3. 股票发行费

股票发行费指与股票发行直接有关的费用（指股票按面值发行时发生的费用，或股票溢价不足以抵销的费用），一般包括股票承销费、注册会计师费（包括审计、验资、盈利预测等项费用）、评估费、律师费、公关及广告费、印刷费及其他直接费用等。发生的股票发行费金额较小时，可直接计入当期损益；若金额较大时，可作为长期待摊费用，在不超过两年的期限内平均摊销，计入管理费用。

4. 开办费

除购置和建造固定资产外，所有筹建期间发生的费用，先在"长期待摊费用"中归集，自企业开始生产经营当月起，一次计入开始生产经营当月的损益，借记"管理费用"账户，贷记"长期待摊费用"账户。

如果长期待摊费用项目已不能使以后会计期间受益，应当将该项目的摊余价值全部转入当期损益。

四、其他长期资产

建筑企业的其他资产除临时设施和长期待摊费用外，还包括特准储备物资、银行冻结存款、冻结物资、涉及诉讼中的财产等。这些资产一般具有专门的用途，但不参加企业的生产经营过程，只有少数特殊企业才有此类资产。因此，现行会计制度没有规定专门的会计账户。在实际工作中，如果建筑企业发生此类业务，可以根据具体情况自行设置相应的会计账户进行核算。

思 考 题 与 习 题

思考题

1. 什么是无形资产？它有哪些特征？
2. 企业从各种途径取得的无形资产应如何计价？
3. 无形资产的价值一般采用什么方法摊销？其摊销期限如何确定？
4. 企业取得无形资产有哪几种方式？各如何核算？
5. 无形资产摊销、对外转让和投资等应如何核算？
6. 无形资产计提减值准备的条件有哪些？企业应如何核算无形资产减值准备？
7. 什么是长期待摊费用？包括哪些内容？各如何核算？
8. 什么是临时设施？临时设施搭建、摊销和拆除报废应如何核算？
9. 建筑企业一般采用什么方法摊销临时设施的价值？工程成本中的临时设施费包括什么内容？

习题一

（一）练习无形资产的核算。
（二）资料：
1. 公司签发一张 5000000 元的支票支付给国家土地管理局，取得土地使用权 50 年。

2. 公司将一项已入账的专利权出售给华宇公司，双方协议其价值为 190000 元，该专利权的账面摊余价值为 160000 元，应交营业税 95000 元。

3. 公司研究开发某项技术，研究开发期间发生各种费用支出 40000 元，以银行存款支付。该项目研制成功并依法申请了专利，申请专利过程中以银行存款支付注册费、律师费等共计 18000 元。

4. 月末，摊销无形资产价值 4000 元。

5. 年末，企业对无形资产进行检查时，发现有一项专利已被其他新技术所替代，并且该专利已无使用价值和转让价值，其账面余额为 60000 元，已计提的减值准备为 10000 元，按规定予以转销。

6. 企业将某种新型建筑材料的专利使用权转让给明光建材厂，转让合同规定，受让方应于每月末按销售该种建筑材料的数量支付专利使用费。本月份，企业按规定派出技术人员为明光建材厂解决技术问题，共发生各种费用 1500 元，以银行存款支付。月末，通过银行收到明光建材厂支付的使用费 8000 元。

（三）要求：根据以上经济业务编制会计分录。

习题二

（一）练习其他长期资产的核算。

（二）资料：

1. 企峰建筑公司 2002 年 5 月开始筹建，筹建期间以银行存款支付办公费 20000 元，差旅费 10000 元，印刷费 10000 元，应付筹建人员工资 10000 元，共计 50000 元。

2. 开出转账支票，支付市工商行政管理局注册费 4000 元，支付会计师事务所注册资金验证费 1000 元。

3. 2002 年 6 月 30 日，企业正式开业，将开办费一次转入当期损益。

4. 以经营性租赁方式租入施工用起重机一台，租期 5 年，为满足生产需要，经出租单位同意，对该起重机进行改良，发生改良支出 50000 元。其中应付工资 20000 元，领用库存材料 30000 元（不考虑价差）。

5. 上项改良支出按 5 年摊销。

6. 企业在施工现场搭建临时工棚、食堂、化灰池等临时设施一批，领用库存材料 70000 元（不考虑价差），应付工人工资 10000 元。

7. 上述临时设施搭建完工，交付使用，结转其实际成本 80000 元。

8. 上述临时设施按工程工期 25 个月摊销，本月应摊销费用 3200 元。

9. 假设上述临时设施使用 24 个月，随工程竣工而拆除，拆除时应付工人工资 1000 元，拆除回收材料估价 1200 元入库。

（三）要求：根据上述资料编制会计分录。

第八章 负　　债

第一节　负　债　概　述

一、负债的概念和特征

负债，指过去的交易、事项形成的现时义务，履行该义务预期会导致经济利益流出企业。

负债是债权人的权益，它有以下几个方面的特征：

(1) 负债是由于过去的交易或事项而使企业现时应承担的经济义务或责任。只有使企业承担经济义务的交易或事项确实发生时才予以确认，尚未履行的合同或意向并不构成企业当前的负债。

(2) 负债的清偿将使得企业未来经济利益牺牲或丧失。不论何种原因产生的负债，企业都必须在未来某一特定日期偿还，偿还负债将使得企业经济利益减少。负债的偿还方式主要包括：用资产偿还，提供劳务偿还，举借新债还旧债，将债务转为资本等。

(3) 负债一般有确切或合理估计的债权人和到期日。当然，这并不是负债确认的必要条件。有时，在债权人和到期日不明确的情况下，只要能对债权人和到期日合理地估计而加以确定，也应确认为负债。

二、负债的分类

负债可以按以下不同标志分类：

(1) 按照负债偿付期的长短，可分为流动负债和长期负债。流动负债是指将在1年或者超过1年的一个营业周期内偿还的债务，如短期借款、应付票据等。长期负债是指偿还期在1年或者超过1年的一个营业周期以上的债务，如长期借款、应付债券等。

(2) 按负债金额的可确定性，可分为金额肯定的负债和金额取决于公司经营成果的负债。金额肯定的负债是指公司在到期日必须偿还的有肯定金额的负债，如应付账款、应付票据等。金额取决于公司经营成果的负债是指根据公司某一会计期间的经营成果才能确定债务金额的负债，例如应付利润、应交税金等。

第二节　流　动　负　债

流动负债是指将在1年（含1年）或者超过1年的一个营业周期内偿还的债务，包括短期借款、应付票据、应付账款、预收账款、应付工资、应付福利费、应交税金、应付股利、其他暂收应付款、预提费用和将于1年内到期的长期借款等。

各项流动负债，应按实际发生额入账。其中短期借款、带息应付票据、短期应付债券应当按照借款本金或债券面值，根据确定的利率按期计提利息，计入当期损益。

需要说明的是，有些债务在产生时被确认为长期负债，但当其将于1年内或超过1年的一个营业周期内到期时,其实质已属于流动负债,故应将其视同流动负债,在资产负债表中流动负债项下单独反映。但并不需要从有关长期负债账户转入流动负债账户。而对于因企业现金短缺或一些未定事项,造成超过一年以上或一个营业周期以上仍不能清偿的应付款项,则不应将其视为长期负债。即凡是已经确认为流动负债的应付款项,无论何时清偿,均应作为流动负债核算。

一、短期借款

短期借款是企业为筹集正常生产经营所需的资金而借入的,或者为抵偿某项债务而借入的期限在1年以内(含1年)的各种借款。短期借款的债权人一般为银行或其他非银行金融机构。

各种短期借款,均应按期结算或支付利息。短期借款的利息,应作为一项财务费用计入当期损益。在会计核算时分别按以下情况处理:

如果短期借款的利息是按期支付(按季、按半年)或者是在借款到期时连同本金一起支付,并且数额较大的,为了正确计算各期的盈亏,可采用预提的方法,按月预提计入损益。

如果短期借款的利息按月支付或者虽然是在借款到期时连同本金一起支付,但数额不大的,可以在实际支付时直接计入当期损益。

短期借款的核算包括两方面的内容:一是本金的借入和归还,二是利息的计算和支付。为了核算短期借款的借入和偿还情况,企业应设置"短期借款"账户,并按债权人户名和借款种类设置明细账。其贷方登记借入的本金,借方登记归还的本金,期末贷方余额表示尚未归还的本金。短期借款的利息通过"预提费用"账户或直接用银行存款支付,不通过"短期借款"账户核算。

【例8-1】 某企业于4月1日向银行借入临时借款400000元,期限6个月,年利率9%。有关账务处理如下:

(1)借入短期借款,作会计分录如下:

借:银行存款　　　　400000
　　贷:短期借款　　　　400000

(2)4月末预提短期借款利息3000元(400000×9%÷12),作会计分录如下:

借:财务费用　　　　3000
　　贷:预提费用　　　　3000

(5月末预提利息的分录同上)

(3)6月末支付利息9000元,作会计分录如下:

借:预提费用　　　　6000
　　财务费用　　　　3000
　　贷:银行存款　　　　9000

(4)9月末归还借款本息409000元,作会计分录如下:

借:财务费用　　　　3000
　　预提费用　　　　6000
　　短期借款　　　　400000
　　贷:银行存款　　　　409000

二、应付票据

应付票据是指企业因购买商品或接受劳务等开出并承兑的商业汇票,包括商业承兑汇票和银行承兑汇票。商业汇票在未到期前,构成了企业的一项负债。

(一)入账价值

商业汇票按是否带息分为带息票据和不带息票据。不带息票据的面值就是票据到期时的应付金额。带息票据到期时,除支付票面金额外,还要按票面利率计算支付利息。但是,企业出具票据时,无论是带息票据还是不带息票据,一律按其票面金额入账。

带息票据入账后,应按票据上的票面利率计算应付利息,并增加应付票据的账面价值。在存续期间内何时计算利息,由企业自行决定。但在中期期末和年度终了这两个时点上,企业必须计算利息入账。到期不能支付的应付票据转入"应付账款"账户核算,并且不再计算应付利息。

(二)核算方法

建筑企业对外开出、承兑的商业汇票,应设置"应付票据"账户核算。其贷方登记企业开出、承兑的商业汇票面值和按期计算的利息,借方登记汇票到期支付的本息或到期无款支付转作应付账款或短期借款的本息,期末贷方余额表示企业持有的尚未到期的应付票据的本息。

企业应当设置"应付票据"备查簿,详细登记每一应付票据的种类、号数、签发日期、到期日、票面金额、票面利率、合同交易号、收款人姓名或单位名称以及付款日期和余额等资料。应付票据到期结清时,应在备查簿内注销。

1. 不带息票据的核算

【例 8-2】 东方建筑公司为了清偿宏达砖厂的货款,于 11 月 5 日签发一张期限为两个月、面额为 50000 元的无息商业汇票,交与宏达砖厂。东方公司应作会计分录如下:

借:应付账款——宏达砖厂　　　　50000
　　贷:应付票据　　　　　　　　　　　　50000

【例 8-3】 9 月 1 日,东方建筑公司从立新水泥厂购入水泥一批,价款 80000 元,当即签发并承兑一张面额为 80000 元、期限为 3 个月的无息商业汇票交与立新水泥厂。东方公司的会计处理为:

(1)签发并承兑汇票,作会计分录如下:
借:物资采购　　　　　　　　　　80000
　　贷:应付票据　　　　　　　　　　　　80000

(2)到期支付票款,作会计分录如下:
借:应付票据　　　　　　　　　　80000
　　贷:银行存款　　　　　　　　　　　　80000

2. 带息票据的核算

【例 8-4】 假设上例中东方公司签发的是一张年利率为 9% 的银行承兑汇票,另向银行支付承兑手续费 80 元。则有关会计分录为:

(1)向银行支付手续费,作会计分录如下:
借:财务费用　　　　　　　　　　80
　　贷:银行存款　　　　　　　　　　　　80

(2) 将经银行承兑的汇票交付宏达厂，作会计分录如下：
借：物资采购　　　　　　　　　　　80000
　　贷：应付票据　　　　　　　　　　　　　80000
(3) 期末计算利息，作会计分录如下：
借：财务费用　　　　　　　　　　　600
　　贷：应付票据　　　　　　　　　　　　　600
(4) 票据到期，还本付息时，作会计分录如下：
借：应付票据　　　　　　　　　　　81800
　　贷：银行存款　　　　　　　　　　　　　81800

三、应付账款

应付账款是企业在生产经营过程中，因购买材料物资、接受劳务供应而应付给供应单位的货款和劳务费，以及因分包工程应付给分包单位的工程款。

（一）入账时间

在实际工作中，应付账款的入账时间一般为收到发票账单的时间。若商品已收到或劳务已接受，但发票账单未到，可暂不入账，待发票账单到达时，再据以登记入账。若月份终了仍未收到发票账单，企业应将所购物资或劳务估价入账，下月初用红字冲销，待以后收到发票账单时再按实际金额入账。这是因为尽管发票账单等凭证未到，但这笔负债已成立，有必要在资产负债表上客观反映企业目前所拥有的资产和应承担的债务。

（二）入账金额

应付账款是企业在购销活动中由于取得物资与支付货款的时间不一致而造成的，往往在短期内就需付款，所以应付账款应按发票账单等凭证上记载的应付金额入账。如果购入资产在形成应付账款时是带有现金折扣的，应付账款按发票账单上记载的应付金额的总值入账，不得扣除现金折扣。付款时获得的现金折扣作为一项理财收益，冲减财务费用。

企业购进货物在验收入库时，有时会由于货物的规格、质量等与合同不符，而获得一定的购货折让。企业获得的购货折让应抵减应付账款。

（三）应付账款的账务处理

为了反映应付账款的增减变动情况，企业应设置"应付账款"账户。其贷方登记发生的应付账款，借方登记偿还的应付账款以及转销的无法支付的应付账款，期末贷方余额表示尚未支付的各种应付账款。本账户应分别设置"应付工程款"和"应付购货款"两个明细账户，并分别按分包单位和供应单位名称设置明细账。

【例8-5】东方建筑公司向某钢铁厂购入圆钢10t，价款35000元，约定的现金折扣条件为2/10（即10日内付款可享受2%的折扣）。其账务处理如下：

(1) 钢材验收入库，按应付价款入账。作会计分录如下：
借：物资采购　　　　　　　　　　　35000
　　贷：应付账款　　　　　　　　　　　　　35000
(2) 若企业于第9天付款，可享受700元折扣（35000×2%=700）。作会计分录如下：
借：应付账款　　　　　　　　　　　35000
　　贷：银行存款　　　　　　　　　　　　　34300
　　　　财务费用　　　　　　　　　　　　　700

(3) 若超过折扣期限，则应按全额付款。作会计分录如下：
借：应付账款　　　　　　　　　　35000
　　贷：银行存款　　　　　　　　　　　35000

【例8-6】 企业从万达公司购入材料一批，价款15550元。验收入库时发现其中部分材料的质量与合同规定不符，故向万达公司提出折让条件。经协商，万达公司同意从其应收账款中扣除550元。企业应根据有关凭证作如下会计分录：
借：物资采购　　　　　　　　　　15000
　　贷：应付账款　　　　　　　　　　　15000

四、预收账款

建筑企业的预收账款，指企业按照合同规定向发包单位预收的备料款、工程进度款以及向购货单位预收的货款或定金。预收账款需要用以后的货物或劳务来偿还。

为了核算和监督各种预收账款的结算情况，企业应设置"预收账款"账户。其贷方登记预收的款项及交货后补收的款项，借方登记销售实现时结算的全部应收款，期末贷方余额表示预收的款项；若为借方余额，则表示应补收的款项。本账户应按发包单位和购货单位名称设置明细账进行明细核算。

【例8-7】 东方建筑公司向建设单位利民电厂预收备料款600000元，存入银行。同时收到利民电厂拨入的价值80000元的钢材一批，抵作备料款。会计分录如下：
借：银行存款　　　　　　　　　　600000
　　物资采购　　　　　　　　　　80000
　　贷：预收账款——利民电厂　　　　　680000

【例8-8】 东方建筑公司向市建三公司销售预应力空心板一批，销货合同约定市建三公司先预付货款50000元，余款于发货后结算。市建三公司如数预付货款，东方建筑公司按期交货，共结算货款90000元，增值税5400元。东方建筑公司的会计处理如下：

（1）预收货款，作会计分录如下：
借：银行存款　　　　　　　　　　50000
　　贷：预收账款——市建三公司　　　　50000

（2）交货后，办理结算。作会计分录如下：
借：预收账款——市建三公司　　　95400
　　贷：其他业务收入　　　　　　　　　90000
　　　　应交税金——增值税　　　　　　5400

（3）收到市建三公司补付的货款，作会计分录如下：
借：银行存款　　　　　　　　　　45400
　　贷：预收账款　　　　　　　　　　　45400

如果企业预收账款较少，也可将预收的货款作为应收账款的减项，直接记入"应收账款"账户贷方。待企业以后以商品、劳务结算时，抵（减）应收的款项。

五、应付工资

（一）工资总额的组成

应付工资是企业对职工个人的一种负债，是企业使用职工的知识、技能、时间和精力而给予职工的补偿（报酬）。企业在一定时期内按规定支付给全体职工的劳动报酬组成工资总额，其具体内容由以下6个部分组成：

1. 计时工资

是指按规定的工资标准和工作时间支付给职工的劳动报酬。

2. 计件工资

是指根据职工完成的符合质量标准的产品数量和计件单价计算支付的劳动报酬。

3. 奖金

是指为提高职工的生产积极性而给予的一种物质奖励，其实质是支付给职工的超额劳动报酬。包括：生产奖，如超产奖、质量奖、安全奖等；节约奖，如特定原材料、燃料节约奖等；劳动竞赛奖，如提前工期奖；其他奖金等。

4. 津贴与补贴

是指根据国家规定，为了补偿职工额外的或特殊的劳动消耗和为了保障职工的生活水平不受物价等特殊条件的影响而发给职工的津贴与补贴。包括：补偿职工特殊或额外劳动消耗的津贴、保健性津贴、技术性津贴、年功性津贴和其他津贴，以及副食品补贴、住房补贴、冬煤补贴等。

5. 加班加点工资

是指按规定支付给职工的在法定工作时间外从事工作的报酬。

6. 特殊情况下支付的工资

是指根据国家法律、法规和政策规定，因病、工伤、产假、计划生育假、婚丧假、探亲假、定期休假、停工学习、执行社会义务等原因，按计时工资标准或计时工资标准的一定比例支付给职工的工资。

有些款项虽然随工资一起发放，但不属于工资总额的内容，不得作为应付工资核算。如下列各项支出：

（1）根据规定颁发的创造发明奖、自然科学奖、科学技术进步奖和支付的合理化建议奖、技术改进奖等奖金；

（2）有关劳动保险和职工福利方面的各项费用（如职工生活困难补助等）；

（3）有关离休、退休、退职人员待遇等劳动保险性支出；

（4）有关劳动保护方面的各项支出；

（5）有关出差补助、自备工具的补贴等费用性支出；

（6）有关解除劳动合同制职工的各种补贴；

（7）有关独生子女的补贴等特殊性支出。

（二）工资结算的核算

为了便于与职工进行工资结算，企业应按月编制"工资结算单"。"工资结算单"一般以内部生产单位、部门为对象，根据工资核算的原始记录及有关奖金、补贴的发放标准和代扣款项等资料，分别计算出每一职工的"应付工资"、"代扣款项"及"实发金额"。"工资结算单"应一式三份，一份由劳资部门存查；一份按每一职工裁成"工资条"，连同工资一起发给职工，以便核对；一份经职工签章后，作为工资核算的原始凭证。

为了进行工资发放及分配的核算，企业财会部门还应将各内部单位、部门的"工资结算单"汇总，编制"工资结算汇总表"，据以向银行提取现金，发放工资，并作为工资核算的原始凭证。"工资结算汇总表"的格式见表8-1。

工资结算汇总表　　　　　　　　　　表8-1
××年12月

人员类别	计时工资	计件工资	奖金	津贴和补贴			加班加点	应扣工资		应付工资合计	加:福利费	减:代扣款项			实发金额
	工资	工资		施工津贴	住房补贴	副贴	工资	病假	事假			住房公积金	水电费		
一、生产工人															
1. 建安生产工人	18300	33900	9000	8000	1300	3250	1500	40	50	75160	2600	1200	1500	400	74660
2. 机械作业工人	980	3051	700		100	250	84	20	20	5125	200	90	130		5105
3. 辅助生产工人	5786	1695	1400		200	500	86	13	20	9634	400	150	200		9684
4. 专项工程工人	236	1966	210		30	75		20	15	2482	60	30	70		2442
5. 房屋维修工人	350		70		10	25				455	20	10	20		445
小　计	25652	40612	11380	8000	1640	4100	1670	93	105	92856	3280	1480	1920	400	92336
二、管理服务人员															
1. 行管部门人员	8800		1000		200	500		20	60	10420	400	150	330		10340
2. 材料部门人员	1780		200		40	100		10	40	2070	80	30	80		2040
3. 医务部门人员	440		50		10	25		10		515	20	10	30		495
4. 福利部门人员	850		100		20	50				1020	40	15	40		1005
5. 援外人员	3440									3440			150		3190
6. 子弟学校人员	2630		300		60	150		30		3110	120	60	100		3070
小　计	17940		1650		330	825		70	100	20575	660	415	680		20140
合　计	43592	40612	13030	8000	1970	4925	1670	163	205	113431	3940	1895	2600	400	112476

企业应设置"应付工资"账户，核算应付给全体职工的工资总额。发放工资以及结转各种代扣款项时记入借方，计算分配工资时记入贷方，期末一般应无余额。如果企业本月实发工资是按上月考勤记录计算的，实发工资与按本月考勤记录计算的应付工资的差额，即为本账户的期末余额。本账户应按职工类别、工资总额的组成内容进行明细核算。

在工资核算时，还应注意如下问题：

（1）凡属于当月工资总额组成内容的，不论是否在当月支付，都应通过"应付工资"账户核算。随工资一起发放，但不包括在工资总额内的款项，如医药费、福利补助、退休费等，通过"应付福利费"、"管理费用"等账户核算，不通过"应付工资"账户核算。

（2）职工在规定期限内未领取的工资，应转入"其他应付款"账户，不再通过"应付工资"账户核算。

（3）由于"应付工资"账户的贷方发生额反映的是企业应付职工的工资总额，所以一切有关调整减少应付工资总额的会计事项都应用红字记入其贷方。

【例8-9】 某企业本月应付工资总额为113431元，应从工资中扣除个人所得税400元，水电费2600元，住房公积金1895元，另外随工资一起发放但不属于工资的福利补助为3940元，实发金额为112476元。企业应做如下会计处理：

（1）按实发金额开出现金支票，提取现金112476元。作会计分录如下：

借：现金　　　　　　　　　　　　112476
　　贷：银行存款　　　　　　　　　　　　112476
（2）按实发金额发放工资，作会计分录如下：
借：应付工资　　　　　　　　　　108536
　　应付福利费　　　　　　　　　　3940
　　贷：现金　　　　　　　　　　　　　　112476
（3）结转代扣款项，作会计分录如下：
借：应付工资　　　　　　　　　　4895
　　贷：其他应收款——水电费　　　　　2600
　　　　其他应付款——住房公积金　　　1895
　　　　应交税金——个人所得税　　　　400

目前，不少企业与银行联合，为职工办理了工资活期储蓄。企业只需办理转账手续，剩去了提取现金、分发工资等工作，大大减轻了会计人员的工作量。每月，由银行将工资直接转入职工活期储蓄存单，职工可以随用随取。

【例8-10】 依例8-9资料，作会计处理如下：
（1）开出转账支票，并将"工资结算汇总表"交给银行办理转账手续。作会计分录如下：
借：应付工资　　　　　　　　　　108536
　　应付福利费　　　　　　　　　　3940
　　贷：银行存款　　　　　　　　　　　112476
（2）结转代扣款项，作会计分录如下：
借：应付工资　　　　　　　　　　4895
　　贷：其他应收款——水电费　　　　　2600
　　　　其他应付款——住房公积金　　　1895
　　　　应交税金——个人所得税　　　　400

（三）工资分配的核算

企业每月应付职工的工资总额，无论当月是否支付，都应于月终时按照人员类别、发生地点和用途等分配计入各受益对象。工资分配计入各受益对象的要求是：建安生产工人的应付工资，计入"工程施工"账户；附属工业企业生产工人的应付工资，计入"工业生产"账户；辅助生产工人的应付工资，计入"辅助生产"账户；机械操作工人的应付工资，计入"机械作业"账户；企业管理人员的应付工资，计入"管理费用"账户（内部各施工单位管理人员的应付工资计入"施工间接费用"账户）；材料部门和仓库管理人员的应付工资，计入"采购保管费"账户；医务福利部门人员的应付工资，计入"应付福利费"账户；应由各种专项工程负担的人员工资，计入"专项工程支出"账户；应列入营业外支出的工资（如自办技工学校和子弟学校职工的工资等），计入"营业外支出"账户；应由工会经费开支的工会人员的工资，计入"其他应付款"账户。

工资的分配一般是根据"工资结算汇总表"中的有关资料进行整理，通过编制"工资分配表"来完成的。"工资分配表"是进行工资分配核算的原始凭证。假设某分公司2002年10月份编制的工资分配表如表8-2所示。

工 资 分 配 表 表 8-2

2002 年 10 月

受益对象 \ 人员类别	生产工人					管理服务人员						合计
	建筑安装工人	机械操作工人	辅助生产工人	专项工程工人	房屋维修工人	管理人员	材料人员	医务人员	福利人员	援外人员	子弟学校人员	
工程施工	75160											75160
机械作业		5125										5125
辅助生产			9634									9634
专项工程				2482								2482
应付福利费								515	1020			1535
间接费用					455	10420						10875
采购保管费							2070					2070
营业外支出										3440	3110	6550
合　计	75160	5125	9634	2482	455	10420	2070	515	1020	3440	3110	113431

根据表 8-2，作会计分录如下：

借：工程施工——人工费　　　　　　　75160
　　机械作业　　　　　　　　　　　　5125
　　辅助生产　　　　　　　　　　　　9634
　　专项工程支出　　　　　　　　　　2482
　　应付福利费　　　　　　　　　　　1535
　　施工间接费用　　　　　　　　　　10875
　　采购保管费　　　　　　　　　　　2070
　　营业外支出　　　　　　　　　　　6550
　　贷：应付工资　　　　　　　　　　　　　113431

六、应付福利费

应付福利费是企业准备用于职工个人福利方面的资金。企业使用职工的劳动技能、知识等，除了有义务支付必要的劳动报酬外，还必须承担职工福利方面的费用。企业按规定用于职工福利方面的资金来源，包括从费用中提取和从税后利润中提取两个方面。从费用中提取的作为应付福利费，主要用于职工的个人福利，在会计核算中作为一项负债反映；从税后净利润中提取的称为公益金，主要用于职工的集体福利，在会计核算中作为所有者权益项目反映。

按现行财务制度规定，用于职工个人的应付福利费按照职工工资总额（扣除按规定标准发放的住房补贴）的 14% 提取，其列支渠道与工资基本相同，只是按医务、福利人员工资计提的应付福利费应列入管理费用（企业内部的施工单位按医务、福利人员工资计提的应付福利费列入"施工间接费用"账户）。企业应于月终时，编制"职工福利费计提分配表"，作为计提职工福利费核算的原始依据。提取的职工福利费主要用于职工的医药费、企业参加职工医疗保险交纳的医疗保险费、医护人员的工资、医务经费、职工因工负伤赴外地就医路费、职工生活困难补助以及职工浴室、理发室、幼儿园、托儿所人员的工资等。

应该注意的是，用于计提职工福利费的工资总额与"工资结算汇总表"中的工资总额是不一致的，应扣除按规定标准发放给职工的住房补贴。

企业应设置"应付福利费"账户，核算职工福利费的计提和使用情况。其贷方登记计提的职工福利费，借方登记实际支用的职工福利费，期末贷方余额表示结余的职工福利费。

假设某企业2002年10月编制的"职工福利费计提分配表"如表8-3。据以编制会计分录如下：

借：工程施工——人工费　　　　　　　　10340
　　施工间接费用　　　　　　　　　　　1704
　　机械作业　　　　　　　　　　　　　703
　　辅助生产　　　　　　　　　　　　　1321
　　专项工程支出　　　　　　　　　　　343
　　采购保管费　　　　　　　　　　　　284
　　营业外支出　　　　　　　　　　　　909
　　贷：应付福利费　　　　　　　　　　15604

职工福利费计提分配表 表8-3

2002年10月

账户名称	人员类别	计提依据			计提比例	计提金额
		工资总额	扣：住房补贴	计提依据		
工程施工	建安工人	75160	1300	73860	14%	10340
机械作业	机操工人	5125	100	5025	14%	703
辅助生产	辅助生产工人	9634	200	9434	14%	1321
专项工程支出	专项工程人员	2482	30	2452	14%	343
工程施工（间接费）	房屋维修工人	455	10	445	14%	62
	工作人员	10420	200	10220	14%	1431
	医务人员	515	10	505	14%	71
	福利人员	1020	20	1000	14%	140
采购保管费	材料人员	2070	40	2030	14%	284
营业外支出	援外人员	3440		3440	14%	482
	子弟学校人员	3110	60	3050	14%	427
	合　计	111461	1970	111461		15604

另外，企业还应按扣除住房补贴后的工资总额的2%计提工会经费。计提时借记"管理费用"账户，贷记"其他应付款"账户。计提的工会经费应如数拨付工会使用。

七、应付股利

应付股利是企业经董事会或股东大会，或类似机构决议确定分配的现金股利或利润。在我国，股利的支付通常有两种形式，即现金股利和股票股利。现金股利是以现金形式发放的股利，而股票股利则是企业以增发股票的形式向股东派发的股利。派发股票股利，只是将企业的未分配利润转为股本，使企业所有者权益的结构发生变化，不会增加企业的负债，也不会引起企业经济利益外流。因此，股票股利不属于负债核算的内容。

企业应设置"应付股利"账户，核算应付的现金股利。其贷方登记应付的现金股利，借方登记实际支付的现金股利，期末贷方余额表示尚未支付的现金股利。企业分配的股票股利，不通过本账户核算。

【**例 8-11**】 某股份公司于年终经股东大会决议，按每股 2 元分配现金股利，共分配股利 200000 元。次年 1 月 20 日，以现金支付全部股利。根据有关凭证，作如下会计分录：

（1）年终，宣告分派股利时，作会计分录如下：

借：利润分配　　　　　　200000
　　贷：应付股利　　　　　　　200000

（2）次年 1 月 20 日，以现金发放股利。作会计分录如下：

借：应付股利　　　　　　200000
　　贷：现金　　　　　　　　　200000

八、应交税金

应交税金是企业按国家税法规定应该交纳的各种税款，具有政策性、强制性、无偿性等特点。建筑企业的应交税金主要包括营业税、增值税、城市维护建设税、房产税、车船使用税、土地使用税、印花税、所得税等。这些税金在上交国家之前，形成了企业的一项负债。

为了核算和监督各种税金的计算和交纳情况，建筑企业应设置"应交税金"账户，其贷方登记按规定计算的应交税款，借方登记实际交纳的税款，期末贷方余额表示应交未交的税款；余额若在借方，则表示多交的税款。为了详细反映各种税金的计算和交纳情况，企业应按应交税金的种类设置明细账，进行明细分类核算。

需要注意的是，印花税、耕地占用税以及其他不需要预计应交数的税金不通过"应交税金"账户核算，实际交纳时直接计入有关账户。

（一）营业税

营业税是对在我国境内提供应税劳务、转让无形资产或者销售不动产的单位或个人，按其取得的营业额征收的一种税。这里的应税劳务是指属于交通运输业、建筑业、金融保险业、邮电通讯业、文化体育业、娱乐业、服务业税目征收范围的劳务。按照行业、类别的不同，营业税共设置了 9 个税目，分别采用不同的比例税率。建筑企业统一执行 3% 的营业税税率。营业税是建筑企业最主要的流转税之一。

建筑企业应交纳的营业税，按照营业额和规定的税率计算，其计算公式如下：

$$应纳税额 = 营业额 \times 税率$$

建筑企业从事建筑、修缮、装饰工程作业，无论与对方如何结算，其营业额均应包括工程所用原材料及其他物资和动力的价款在内；建筑企业从事安装工程作业，凡所安装的设备价值作为安装工程产值的，其营业额应包括设备的价款在内；建筑企业作为工程总承包人将工程分包给他人的，以全部承包额减去付给分包人的价款后的余额为计税营业额。

企业按规定计算出应由主营业务收入负担的营业税，通过"主营业务税金及附加"账户核算；应由其他业务负担的营业税，通过"其他业务支出"账户核算；销售不动产应交的营业税，通过"固定资产清理"账户核算；转让无形资产应交的营业税直接计入当期损

人，计税依据为增值税、消费税和营业税三税之和，税率为1%~7%不等。其计税方法可用公式表示如下：

$$应纳税额 = （应交增值税 + 应交消费税 + 应交营业税） \times 适用税率$$

企业按规定计算出的城市维护建设税，通过"主营业务税金及附加"、"其他业务支出"等账户核算。

（四）房产税、车船使用税、土地使用税和印花税

1. 房产税的核算

房产税是对城市、县城、建制镇和工矿区房产的所有人，按其房产余值或房产租金征收的一种税。我国现行房产税采用的是比例税率，实行从价计征和从租计征两种形式。从价计征以房产原值扣除10%~30%后的余值为计税依据，税率为1.2%；从租计征以房产租金为计税依据，税率为12%。计算公式如下：

$$应纳税额 = 应税房产原值 \times （1 - 扣除比例） \times 1.2\%$$

或者

$$应纳税额 = 应税房产租金收入 \times 12\%$$

建筑企业对其应交纳的房产税，借记"管理费用"账户，贷记"应交税金——应交房产税"账户。

2. 车船使用税的核算

车船使用税是指国家对行驶在我国公共道路上的车辆和航行于我国境内河流、湖泊或者领海口岸的船舶征收的一种税。车船使用税的计税依据，按车船的种类和性能，分别确定为辆、净吨位和载重吨位三种，实行定额征收。

建筑企业对其应交纳的车船使用税，借记"管理费用"账户，贷记"应交税金——应交车船使用税"账户。

3. 土地使用税的核算

土地使用税是指国家对拥有土地使用权的单位和个人，根据其实际占用的土地面积，按照规定的税额计算征收的一种税。其计算公式如下：

$$应纳税额 = 实际占用应税土地面积（平方米） \times 适用税率$$

建筑企业对其应交纳的土地使用税，借记"管理费用"账户，贷记"应交税金——应交土地使用税"账户。

4. 印花税的核算

印花税是指对经济活动中书立、使用、领受具有法律效力的凭证的单位和个人征收的一种税。印花税的应税项目包括购销合同、加工承揽合同、建设工程承包合同、财产租赁合同、货物运输合同、仓储保管合同、借款合同、财产保险合同、技术合同、产权转移书据、营业账簿、权利和许可证照等。企业应根据应税凭证的性质，分别按比例税率或者按定额计算应纳税额。

印花税实行由纳税人根据规定自行计算应纳税额，购买并一次贴足印花税票的方法交纳。一般情况下，企业需预先购买印花税票，待发生应税行为时，根据计算的印花税额，将已购买的印花税票粘贴在应税凭证上，并在每枚税票的骑缝处盖戳注销或者划销，办理完税手续。由于印花税不需要预计应纳税金额，同时也不存在与税务机关结算或清算的问题，所以企业交纳印花税不需要通过"应交税金"账户核算，而于购买印花税票时，直接

借记"管理费用"账户,贷记"银行存款"账户。一次购买印花税票金额较大时,也可通过"待摊费用"账户核算,然后分期摊入管理费用。

有关所得税的核算,将在第十三章中讲述。

九、其他应交款

其他应交款是企业除应交税金、应付股利以外的其他各种应上交的款项,包括应交的教育费附加、住房公积金等。教育费附加是国家为了发展教育事业而征收的一项费用,按企业应交流转税的一定比例计征,并与流转税一起交纳。住房公积金是指按规定应由企业和职工个人共同交纳、属于职工个人所有的确定用途的款项。

企业应设置"其他应交款"账户,核算各种应交款的结转和交纳情况。其贷方登记应交数,借方登记上交数,期末贷方余额表示欠交数;若为借方余额表示多交数。本账户应按其他应交款的种类设置明细账进行明细核算。

十、其他应付款

企业除了应付票据、应付账款、应付工资等以外,还会发生一些应付、暂收其他单位或个人的款项,主要包括:

(1) 应付经营租入的固定资产的租金;
(2) 职工未按期领取的工资;
(3) 存入的保证金;
(4) 应付、暂收所属单位或个人的款项;
(5) 其他应付、暂收款项。

为了核算各种应付、暂收款项的发生和支付情况,企业应设置"其他应付款"账户,并按应付、暂收项目的类别以及单位或个人的名称设置明细账进行明细核算。发生的各种应付、暂收款项,借记"银行存款"、"管理费用"等账户,贷记"其他应付款"账户;支付时,借记"其他应付款"账户,贷记"银行存款"账户。

【例8-16】 结转本月应付甲工程租入推土机的租金20000元。作会计分录如下:

借:工程施工　　　　　　　　　　　　　　20000
　　贷:其他应付款——应付经营租入固定资产的租金　　20000

【例8-17】 本月工资总额为113431元,其中住房补贴1970元。按2%计提工会经费,并开出转账支票拨交工会使用。其会计处理为:

(1) 计提工会经费时,作会计分录如下:

借:管理费用　　　　　　　　　　　　　　2229
　　贷:其他应付款——应付工会经费　　　　2229

(2) 开出转账支票拨付工会时,作会计分录如下:

借:其他应付款——应付工会经费　　　　2229
　　贷:银行存款　　　　　　　　　　　　2229

【例8-18】 结转本月应付统筹退休金2800元。作会计分录如下:

借:管理费用　　　　　　　　　　　　　　2800
　　贷:其他应付款——统筹退休金　　　　2800

十一、预提费用

预提费用是企业按规定预先提取计入成本费用但尚未支付的费用,如预提短期借款利

债券——债券溢价"明细账户，核算债券溢价的形成和摊销情况；"应付债券——债券折价"明细账户，核算债券折价的发生和摊销情况；"应付债券——应计利息"明细账户，核算债券利息的计算和支付情况。

不论债券按何种价格发行，均按实际收到的款项，借记"银行存款"账户；按债券的面值，贷记"应付债券——债券面值"账户；若有差额，借记"应付债券——债券折价"账户或贷记"应付债券——债券溢价"账户。

【例 8-21】 某企业为补充生产周转资金的不足，经批准于 1999 年 1 月 1 日按面值发行四年期、票面利率为 6% 的债券 100 万元，发行收入已存入企业存款户。作会计分录如下：

  借：银行存款   1000000
    贷：应付债券——债券面值   1000000

【例 8-22】 承例 8-21，若债券发行时的市场利率为 4%，发行价格为 1072598 元。则作会计分录如下：

  借：银行存款   1072598
    贷：应付债券——债券面值   1000000
      应付债券——债券溢价   72598

【例 8-23】 承例 8-21，若发行时市场利率为 8%，发行价格为 933758 元。则会计分录如下：

  借：银行存款   933758
    应付债券——债券折价   66242
    贷：应付债券——债券面值   1000000

企业债券一般要委托银行或其他金融机构代理发行，因而需支付一定的佣金、手续费等。按规定支付的佣金、手续费以及债券的印刷成本等属于辅助费用。辅助费用应当在发生时予以资本化或计入当期损益。

（三）应付债券举债期间的核算

1. 核算内容

企业发行债券取得资金后，应根据权责发生制的原则按期计算应付利息，并同时摊销溢价或折价，以确认各期实际负担的利息费用。

2. 各期实际利息费用的确认

企业每期应付给投资者的利息是按票面价值乘以票面利率计算的，与实际负担的利息费用不一定完全相同。平价发行的债券，其票面利率与实际利率相同，各期应付利息与实际利息费用一致。溢价或折价发行的债券，其票面利率与实际利率不同，各期应付利息与实际利息费用不一致。

如例 8-22，发行 100 万元的债券，票面利率 6%，每年应付利息为 60000 元（1000000 × 6%），到期连本带息一共要支付 1240000 元，扣除发行时的收入 1072598 元，四年共负担利息费用 167402 元，平均每年负担 41850.50 元，恰好等于票面利息与溢价摊销额之差（60000 - 18149.50）。可见，溢价发行债券每年实际负担的利息费用小于其票面利息，其差额为债券溢价的摊销额。

再如例 8-23，发行 100 万元的债券，票面利率 6%，每年应付利息为 60000 元

（1000000×6%），到期连本带息一共要支付 1240000 元，扣除发行时的收入 933758 元，四年共负担利息费用 306242 元，平均每年负担 76560.50 元，恰好等于票面利息与折价摊销额之和（60000+16560.50）。可见，折价发行债券每年实际负担的利息费用大于其票面利息，其差额为债券折价的摊销额。

综上所述可知，债券溢价或折价实质上是对债券利息的调整，所以应于各期计算利息时摊销，以确认各期实际负担的利息费用。各期实际利息费用的确认方法可表示如下：

面值发行债券的实际利息费用＝债券票面利息（即应付利息）
溢价发行债券的实际利息费用＝债券票面利息－债券溢价摊销额
折价发行债券的实际利息费用＝债券票面利息＋债券折价摊销额

3．债券溢价和折价的摊销方法

债券溢价或折价的摊销方法有直线法和实际利率法两种。企业可以择一使用。

（1）直线法

直线法是将债券的溢价或折价平均分摊于债券各计息期的一种摊销方法。直线法下，每期摊销的溢价或折价是相等的。其计算公式如下：

$$各期溢价或折价摊销额 = \frac{债券溢价（或折价）总额}{计息期数}$$

（2）实际利率法

在采用实际利率法摊销债券溢折价时，各期的应付利息仍为债券面值乘以票面利率，各期的实际利息费用等于各期期初债券账面价值与实际利率的乘积，各期实际利息费用与应付利息之间的差额，即为该期溢价或折价的摊销额。由于债券的账面价值各期不同，因而各期的利息费用也不同。有关计算公式如下：

当期应付利息（票面利息）＝债券票面价值×票面利率
当期实际利息费用＝期初债券账面价值×实际利率
当期溢价摊销额＝票面利息－当期实际利息费用
当期折价摊销额＝当期实际利息费用－票面利息

值得说明的是，此处的实际利率即债券发行时的市场利率。即使摊销期内市场利率发生变化，仍应以发行时的市场利率作为计算实际利息费用的利率。

4．各期计提利息的账务处理

（1）依例 8-21，平价发行的债券计息时应作如下会计分录：

借：财务费用　　　　　　　　　　60000
　　贷：应付债券——应计利息　　　　60000

（2）仍依例 8-22，假设债券溢价采用直线法摊销。各年末计提利息的会计处理如下：

各期应付利息（票面利息）＝1000000×6%＝60000 元
各期应摊销溢价＝72598÷4＝18149.50 元
各期实际利息费用＝60000－18149.5＝41850.50 元

借：财务费用　　　　　　　　　　41850.50
　　应付债券——债券溢价　　　　18149.50
　　贷：应付债券——应计利息　　　　60000

采用直线法摊销溢价时，各期的溢价摊销额和实际利息费用均相等，应付债券的账面

门借款。但是，专门借款的借款费用并不是都可以资本化。只有发生在固定资产购置或建造过程中的借款费用才能在符合条件的情况下予以资本化，发生在其他资产（如存货、无形资产）上的借款费用，以及虽然发生在固定资产上但不符合资本化条件的借款费用均不能予以资本化。这就是说，企业在处理借款费用时，应划清以下三方面的界限：

(1) 划清专门借款费用和非专门借款费用的界限。对非专门借款的借款费用直接计入当期损益。

(2) 划清专门借款费用发生时间的界限。对固定资产达到预定可使用状态后发生的专门借款费用直接计入当期损益。

(3) 划清专门借款费用资本化条件的界限。即对于固定资产达到预定可使用状态前发生的专门借款费用还要区分是否符合资本化条件，不符合资本化条件的专门借款费用同样计入当期损益。

三、借款费用资本化时间的确定

（一）开始资本化

企业为购建某项固定资产而借入的专门借款所发生的利息、折价或溢价的摊销及汇兑差额，应当在同时满足以下三个条件时开始资本化，计入所购建固定资产的成本：

(1) 资本支出已发生。这里的资本支出只包括为购建固定资产而已支付的现金，转移非现金资产或者承担带息债务形式发生的支出。

(2) 借款费用已经发生。

(3) 为使固定资产达到预定可使用状态所必要的购建活动已经开始。

只要其中一个条件没有满足，借款费用就不能资本化。例如，企业已经用银行存款购买了建造固定资产所需的物资，固定资产的实体建造工作也应开始，但为建造该项固定资产专门借入的款项还未划入企业结算户，即尚未发生相应的借款费用，此时就不能开始资本化。再如，企业为购建固定资产借入的款项已经划入企业账户，即借款费用已经发生，固定资产的实体建造活动也已经开始，但为建造该固定资产所购的工程物资款项均未支付，即资产支出尚未发生。因此，该专门借款的借款费用也不能开始资本化，只能计入当期财务费用。

需要注意的是，因安排专门借款而发生的一次性支付的辅助费用，一般不考虑开始资本化的三个条件，而按照发生的期间确定是否应予资本化。

（二）暂停资本化

如果某项固定资产的购建活动发生非正常中断，（包括由于劳动纠纷、发生安全事故、改变设计图纸、资金周转困难等原因而导致的中断），并且中断时间连续超过3个月（含3个月），应当暂停借款费用的资本化。其中断期间所发生的借款费用，不计所购建的固定资产成本，而是直接计入当期的财务费用，直至购建活动重新开始。但是，如果中断是使购建的固定资产达到预定可使用状态所必要的程序，则中断期间所发生的借款费用仍应计入该项固定资产的成本。

（三）停止资本化

当所购建的固定资产达到预定可使用状态时，应当停止其借款费用的资本化，以后发生的借款费用应于发生当期计入财务费用。

四、借款费用资本化金额的确定

企业每期应予以资本化的金额,包括当期应予资本化的利息、债券折价或溢价的摊销、辅助费用和汇兑差额。

(一)利息及溢折价摊销的资本化金额的确定

因为企业为购建固定资产而借入的专门借款,不一定全部占用在固定资产上,所以固定资产不应该承担全部利息费用,而应根据各期与固定资产购建相关的资产支出来确定利息的资本化金额。资本化金额可以按月计算,也可以按季、半年或年计算。在应予资本化的每一会计期间,利息的资本化金额按如下公式计算:

$$\text{每一会计期间利息的资本化金额} = \text{至当期为止购建固定资产累计支出加权平均数} \times \text{相应期间的资本化率}$$

式中,累计支出加权平均数实质上是某一时期在固定资产上平均占用的借款数;而资本化率,实质上是一个利息率,应区别不同情况,选择借款利息率或借款加权平均利息率。

1. 累计支出加权平均数的确定

累计支出加权平均数,应按每笔资产支出金额乘以每笔资产支出占用的天数与会计期间涵盖的天数之比计算确定。其计算公式如下:

$$\text{累计支出加权平均数} = \Sigma \left(\text{每笔资产支出金额} \times \frac{\text{每笔资产支出占用的天数}}{\text{会计期间涵盖的天数}} \right)$$

式中:"每笔资产支出占用的天数"是指发生在固定资产上的支出所应承担借款费用的时间长度;"会计期间涵盖的天数"是指计算应予资本化的借款费用金额的会计期间的长度。上述时间长度一般应以天数计算。为简化计算,也可用月数作为计算累计支出加权平均数的权数。

以下举例说明累计支出加权平均数的计算方法。

【例8-26】 某企业为建造一项固定资产,于2002年1月1日从银行借入了三年期的专门借款200万元,年利率6%。该固定资产2002年1月开工,有关固定资产方面的支出如下:

1月1日,支付设计费20万元;
1月10日,支付购买工程物资的款项90万元;
2月10日,支付该资产建造工人的工资18万元;
3月15日,支付购买工程物资款30万元。

则各月份累计支出加权平均数为:

1月份累计支出加权平均数 $= 20 \times \frac{30}{30} + 90 \times \frac{20}{30} = 80$ 万元

2月份累计支出加权平均数 $= 110 \times \frac{30}{30} + 18 \times \frac{20}{30} = 122$ 万元

3月份累计支出加权平均数 $= 110 \times \frac{30}{30} + 18 \times \frac{30}{30} + 30 \times \frac{15}{30} = 143$ 万元

需特别注意的是,在计算利息的资本化金额时,不同期间的累计支出加权平均数必须与相应会计期间的利率(即月利率、季利率、半年利率、年利率)相乘,才能求得该期应予资本化的金额。

2003年度资产累计支出加权平均数为 $150 + 48 \times \frac{3}{12} = 162$ 万元

2003年度应予资本化的利息为 $162 \times 10\% = 16.2$ 万元

2003年6月至年末应付利息为 $120 \times 10\% \times \frac{7}{12} = 7$ 万元

根据累计支出加权平均数计算出的利息资本化金额超过了当期专门借款实际发生的利息，所以应以实际发生的利息作为当期应予资本化的借款费用金额。作会计分录如下：

  借：专项工程支出   70000
    贷：长期借款   70000

4）资产交付使用，作会计分录如下：

  借：固定资产   2135000
    贷：专项工程支出   2135000

2003年后发生的利息不得再计入资产价值，而应直接计入财务费用。

（二）辅助费用资本化金额的确定

因安排专门借款而发生的辅助费用，属于在所购建的固定资产达到可使用状态前发生的，应当在发生时予以资本化；在所购建的固定资产达到预定可使用状态后发生的，应当于发生当期确认为费用。也就是说，辅助费用的资本化金额不按发生在所购建的固定资产上的支出计算，而是视其发生的期间确定，或者全部计入资产成本，或者全部计入财务费用。若发生的辅助费用金额较小，也可于发生时直接计入财务费用。

（三）外币专门借款汇兑差额资本化金额的确定

如果专门借款为外币借款，则在符合开始资本化三个条件后的每一个应予资本化的会计期间，均以当期外币专门借款本金及利息所发生的汇兑差额作为其资本化金额，不与发生在所购建的固定资产上的支出挂钩。在所购建的固定资产达到预定可使用状态后发生的外币专门借款本金及利息的汇兑差额，应当计入当期损益。

第五节 债务重组

一、债务重组的定义

债务重组是指债权人按照与债务人达成的协议或法院的裁决同意债务人修改债务条件的事项。这就是说，只要修改了原定的债务偿还条件，均属于债务重组。

以下情况不属于债务重组：

（1）债务人发行的可转换债券按正常条件转为股权；
（2）债务人破产清算时发生的债务重组；
（3）债务人改组，债权人将债权转为对债务人的股权投资；
（4）债务人借新债偿还旧债。

二、债务重组的方式

债务重组有以下几种方式：

1. 以低于债务账面价值的现金清偿债务。

2. 以非现金资产清偿债务

指债务人以存货、短期投资、固定资产、长期投资、无形资产等清偿债务。

3. 债务转为资本

即指债务人将债务转为股本,债权人将债权转为股权的债务重组方式。该债务重组方式的结果是债务人因此而增加了股本(或实收资本),债权人因此而增加了对外投资。

以债务转为资本的方式清偿债务,对于股份制企业在法律上有一定的限制。例如,按照我国《公司法》的规定,公司发行新股必经具备一定的条件。因此,企业应在满足《公司法》规定条件的情况下,才能采用该方式进行债务重组。

4. 修改其他债务条件

如延长债务偿还期限、延长债务期限并加收利息、延长债务偿还期限并减少债务本金或利息等。

5. 混合重组方式

即债务人采用以上两种或两种以上方式的组合清偿债务的方式。

三、债务重组业务的入账时间

债务重组可能发生在债务到期前、到期日或到期后。债务重组及其损益应在债务重组日确认和计量。债务重组日为债务重组完成日,即债务人履行协议或法院裁定,将相关资产转让给债权人、将债务转入资本或修改后的偿债条件开始执行的日期。

【例 8-30】 宏达厂欠东方建筑公司工程款 1000 万,到期日为 2002 年 5 月 1 日。因宏达厂发生财务困难,经协商,东方公司同意宏达厂以 960 万元的普通砖抵债。宏达厂将产品分批运往东方公司指定的地点。最后一批运抵的时间是 2002 年 6 月 30 日,且在这一天办理了有关债务解除手续。则债务重组日应为 2002 年 6 月 30 日,双方应于 2002 年 6 月 30 日进行债务重组的会计处理。

四、债务重组的会计处理

(一) 以低于债务账面价值的现金清偿债务

1. 会计处理方法

债务人以低于债务账面价值的现金清偿债务时,应将重组债务的账面价值与支付的现金之间的差额,确认为资本公积;债权人应将重组债权的账面价值与实收现金的差额确认为当期损失,计入营业外支出。需要注意的是,如果已对该债权计提了坏账准备,在确认当期损失时,应先冲减坏账准备。

2. 相关的几点说明

(1) "重组债务的账面价值",一般为债务的本金(面值),如应付账款;有利息的,还应加上应计未付的利息,如长期借款;有溢折价的,还应加上尚未摊销的溢价或减去尚未摊销的折价,如应付债券。

(2) "重组债权的账面价值",一般为债权账面余额扣除相关坏账准备后的余额,如应收账款;如有利息的,还应加上应计未收的利息,如应收票据;有溢折价的,还应加上尚未摊销的溢价或减去尚未摊销的折价,如长期债券投资。

(3) 对债务人而言,支付的现金低于重组债务账面价值的差额,相当于收到了债权人的一笔捐赠,所以应作为资本公积入账;而对债权人而言,收到的现金低于债权账面价值的差额,应视同对外捐赠,计入营业外支出。

【例 8-31】 东方建筑公司于 2001 年 12 月 1 日向立新水泥厂购买一批水泥,价款 500000 元,商定在 3 个月内支付货款。2002 年 3 月,东方建筑公司发生财务困难,经双方协议，水泥厂同意减去东方建筑公司 50000 元债务，余额用现金立即清偿。水泥厂已对该债权计提坏账准备 2500 元。双方的账务处理如下：

东方建筑公司（债务人）应作如下会计分录：

借：应付账款　　　　　　　　　500000
　　贷：银行存款　　　　　　　　　　450000
　　　　资本公积——其他资本公积　　50000

水泥厂（债权人）应作如下会计分录：

借：银行存款　　　　　　　　　450000
　　坏账准备　　　　　　　　　　2500
　　营业外支出　　　　　　　　　47500
　　贷：应收账款　　　　　　　　　　500000

（二）以非现金资产清偿债务

债务人以非现金资产抵偿债务时，按照重组债务的账面价值转销债务，按转让资产的账面价值转销资产，将重组债务账面价值与转让资产账面价值加相关税费之和的差额确认为资本公积或当期损失。

债权人接受的非现金资产，按重组债权的账面价值加上应支付的相关税费作为受让的非现金资产的入账价值。涉及补价的，按以下方法确定受让资产的入账价值：

（1）收取补价的：

受让资产的入账价值 = 重组债权账面价值 − 收取的补价 + 支付的相关税费

（2）支付补价的：

受让资产的入账价值 = 重组债权账面价值 + 支付的补价 + 支付的相关税费

【例8-32】　甲企业欠乙企业货款 80000 元。经协商，乙企业同意甲企业以其持有的股票抵付货款。甲企业股票投资的账面余额为 60000 元，已提跌价准备为 8000 元。乙企业已对该项应收账款计提了 5000 元的坏账准备，收到的股票作为短期投资核算。

甲企业的会计处理如下：

　　　　应计入资本公积的金额 = 80000 − (60000 − 8000) = 28000 元

借：应付账款——乙企业　　　　80000
　　短期投资跌价准备　　　　　　8000
　　贷：短期投资　　　　　　　　　　60000
　　　　资本公积——其他资本公积　28000

乙企业的会计处理如下：

借：短期投资　　　　　　　　　75000
　　坏账准备　　　　　　　　　　5000
　　贷：应收账款　　　　　　　　　　80000

【例8-33】　甲企业欠乙企业购货款 800000 元。经协商，甲企业以一项原价为 900000 元、已折旧 450000 元的固定资产偿还债务。假设未发生其他相关税费。乙企业接受甲企业的固定资产后，仍然作为固定资产使用和核算；假设乙企业已对该项应收账款计提坏账准备 8000 元。

甲企业的会计处理如下：

借：固定资产清理　　　　　　　　　　450000
　　累计折旧　　　　　　　　　　　　450000
　　　贷：固定资产　　　　　　　　　　　900000
借：应付账款——乙企业　　　　　　　800000
　　　贷：固定资产清理　　　　　　　　　450000
　　　　　资本公积——其他资本公积　　　350000
乙企业的会计处理如下：
借：固定资产　　　　　　　　　　　　792000
　　坏账准备　　　　　　　　　　　　　8000
　　　贷：应收账款——甲企业　　　　　　800000

（三）以债务转为资本清偿债务

以债务转为资本，应分别以下情况处理：

（1）债务人为股份有限公司时，按重组债务的账面价值转销债务，按债权人因放弃债权而享有的股份的面值总额增加股本，差额作为资本公积；债权人应当按照应收债权的账面价值加上应支付的相关税费，作为长期股权投资的成本。

（2）债务人为非股份有限公司时，按重组债务的账面价值转销债务，按债权人因放弃债权而享有的股权份额增加实收资本，差额作为资本公积；债权人应当按照应收债权的账面价值加上应支付的相关税费，作为长期股权投资的成本。

债务转为资本时，债务人支付的相关税费（如印花税等）直接计入当期损益。

【例8-34】　　乙公司欠甲企业货款208000元。由于乙公司无力偿还，经双方协商，甲企业同意乙公司以普通股80000股抵偿债务（不考虑相关税费）。假设普通股的面值为每股1元。甲企业将债权转为股权后，按照成本法核算长期股权投资。该应收账款已提取坏账准备10000元。

乙企业的会计处理为：

$$应计入资本公积的溢价 = 208000 - 80000 = 128000 元$$

借：应付账款　　　　　　　　　　　　208000
　　　贷：股本　　　　　　　　　　　　　80000
　　　　　资本公积——股本溢价　　　　128000

甲企业的会计处理为：
借：长期股权投资　　　　　　　　　　198000
　　坏账准备　　　　　　　　　　　　10000
　　　贷：应收账款　　　　　　　　　　　208000

（四）修改其他债务条件

1. 会计处理方法

（1）债务人的会计处理方法

如果重组债务的账面价值大于将来应付金额，债务人应将重组债务的账面价值减记至将来应付金额，减记的金额确认为资本公积；如果重组债务的账面价值等于或小于将来应付金额，债务人不作账务处理。

如果修改后的条款涉及或有支出，债务人应将或有支出包括在将来应付金额中。或有支出实际发生时,应冲减重组后债务的账面价值;结清债务时,或有支出如未发生,应将该或有支出的原估计金额确认为资本公积。

(2) 债权人的会计处理方法

如果重组债权的账面价值大于将来应收金额,债权人应将重组债权的账面价值减记至将来应收金额,减记的金额确认为当期损失;如果重组债权的账面价值等于或小于将来应收金额,债权人不作账务处理。

如果修改后的债务条款涉及或有收益的,债权人不应将或有收益包括在将来应收金额中;以后收到或有收益时,作为当期收益处理。

2. 相关的几点说明

(1) "将来应付金额",一般为将来应付金额的面值与将来应付利息之和。例如,将面值为1000000元的债券展期二年,并按2%的年利率计付利息,则将来应付金额为1000000×(1+2%×2)=1040000元。

(2) "将来应收金额",一般为将来应收债权面值与应收利息之和。

(3) "或有支出",指依未来某种事项出现而发生的支出。未来事项的出现具有不确定性。如,重组协议规定,将面值1000000元的债券展期二年,并按2%的年利率计算利息。若债务人一年后盈利,则自第二年起按5%的利率计收利息。根据此项协议,债务人依未来是否盈利而发生的30000元(1000000×3%)支出,即为或有支出。根据谨慎原则,债务人应将30000元或有支出包含在将来应付金额中,即将来应付金额为1070000元(1000000×(1+2%+5%))。

(4) "或有收益",指依未来某种事项出现而产生的收益。未来事项的出现具有不确定性。如上例,债权人第二年应收取的利息可能是50000元,也可能是20000元,或有收益为30000元。根据谨慎原则,债权人不应将30000元或有收益包括在将来应收金额中,即将来应收金额为1040000元。

【例8-35】 东方建筑公司于2002年1月1日向市建材公司购入材料一批,签发并承兑一张面值为100000元、期限6个月、利率9%、期还本付息的商业汇票。票据到期时,东方公司因资金周转困难,于2002年6月30日与建材公司协商进行债务重组。双方达成的重组协议如下:建材公司同意免除积欠利息4500元,延长债务期限至2003年6月30日,利率降至2%。但附有一条件:债务重组后,若东方公司年末盈利,则从2003年起利率提高至6%。

(1) 东方建筑公司的会计处理为:

重组债务账面价值 = 本金 + 利息

$$= 100000 + 100000 \times 9\% \times \frac{6}{12} = 104500 \text{元}$$

将来应付金额 = 本金 + 应付利息 + 或有支出

$$= 100000 + 100000 \times 2\% \times 1 + 100000 \times (6\% - 2\%) \times \frac{6}{12}$$

$$= 100000 + 2000 + 2000 = 104000 \text{元}$$

应计入资本公积的金额 = 104500 - 104000 = 500元

1) 债务重组日,编制会计分录如下:

借:应付票据　　　　　　　　　104500

贷：应付账款   104000
　　资本公积   500

2）2003 年 6 月 30 日的会计处理为：

若 2002 年末盈利，应作如下会计分录：

借：应付账款   104000
　　贷：银行存款   104000

若 2002 年末未盈利，则作如下会计分录：

借：应付账款   104000
　　贷：银行存款   102000
　　　　资本公积   2000

(2) 市建材公司的会计处理为：

重组债权账面价值 = $100000 + 100000 \times 9\% \times \frac{6}{12} = 104500$ 元

将来应收金额 = $100000 + 100000 \times 2\% \times 1 = 102000$ 元

1）债务重组日，编制会计分录如下：

借：应收账款   102000
　　营业外支出   2500
　　贷：应收票据   104500

2）2003 年 6 月 30 日的会计处理为：

若东方公司 2002 年未盈利，应作如下会计分录：

借：银行存款   102000
　　贷：应收账款   102000

若东方公司 2002 年盈利，应作如下会计分录：

借：银行存款   104000
　　贷：应收账款   102000
　　　　营业外收入   2000

（五）以混合重组方式清偿债务

以混合方式进行债务重组时，应当考虑相关的清偿顺序，并按顺序进行会计处理。一般情况下，应当先以资产清偿债务，最后考虑修改其他债务条件；如果以一部分现金清偿债务，以一部分非现金资产清偿债务，则应先以现金清偿，然后考虑非现金资产清偿。

思 考 题 与 习 题

思考题

1. 什么是流动负债？包括哪些内容？
2. 应付工资的核算内容有哪些？如何进行工资发放和分配的核算？
3. 计提应付福利费有哪些规定？如何进行应付福利费的核算？
4. 建筑企业应交的营业税应如何计算？如何进行账务处理？
5. 小规模纳税人应交的增值税应如何计算？如何进行账务处理？
6. 短期借款与长期借款在核算上有何区别？

7. 企业发行债券时支付的印刷费、手续费等如何处理?发行债券时产生的溢价和折价为什么要进行摊销?

8. 长期应付款如何进行会计处理?

9. 借款费用包括哪些内容?如何对借款费用进行会计处理?借款费用的资本化金额有何限制?

10. 什么是债务重组?债务重组有哪几种方式?不同方式下的债务重组,债务人和债权人应当如何进行会计处理?

习题一

(一) 练习短期借款的核算。

(二) 资料:

东方建筑公司某年 1~6 月份发生有关经济业务如下:

1.1 月 1 日,从银行借入一笔生产周转贷款 800000 元,已存入银行账户,年利率为 8.4%,期限为半年。

2.1 月 31 日,预提 1 月份应付利息。

3.2 月 28 日,预提 2 月份应付利息。

4.3 月 31 日,以银行存款支付第一季度利息。

5.4 月 5 日,从信用社借入为期 2 个月的临时借款 60000 元,月利率为 0.68% (利息于到期日一次付清,不计提)。

6.6 月 5 日,一次还清期限 2 个月的临时借款本息。

7.6 月 30 日,偿还生产周转借款本息。

(三) 要求:根据上述经济业务,编制会计分录。

习题二

(一) 练习应付款项的核算。

(二) 资料:

1. 兴华建筑公司 2002 年 4 月初有关账户的期初余额如下:

(1) "应付账款"账户贷方余额 8800 元。

其中:"应付账款——宏星商场"账户 4000 元;

"应付账款——华通工厂"账户 4800 元。

(2) "其他应付款"账户贷方余额 8600 元。

其中:"其他应付款——存入保证金"账户 7000 元;

"其他应付款——市机械施工公司固定资产租金"账户 1600 元。

(3) "其他应交款——应交教育费附加"账户 800 元。

2.4 月份发生部分经济业务如下:

(1) 4 月 2 日,以银行存款交纳教育费附加 800 元。

(2) 4 月 5 日,从华通工厂购入材料一批,价值 2000 元,材料已验收入库,货款尚未支付。

(3) 4 月 7 日,委托永生机修厂修理施工机械,费用共计 3000 元,款项尚未支付。

(4) 4 月 8 日,开出商业承兑汇票一张,抵付前欠宏星商场账款 4000 元,期限 2 个月。

(5) 4 月 16 日,以银行存款支付前欠华通工厂材料款 4800 元。

(6) 4 月 20 日,以银行存款支付前欠市机械施工公司固定资产租金 1600 元。

(三) 要求:根据上述经济业务,编制有关会计分录。

习题三

(一) 练习应付工资的核算。

(二) 资料:东方建筑公司第一分公司 2002 年 12 月份"工资结算汇总表"见表 8-4。

(三) 要求:

1. 根据"工资结算汇总表"，编制提取现金、发放工资和其他款项、结转代扣款项的会计分录。
2. 根据"工资结算汇总表"，编制"工资分配表"，并据以编制工资分配的会计分录。
3. 根据"工资结算汇总表"中有关资料，计提应付福利费和工会经费，并编制会计分录。

工资结算汇总表 表 8-4

2002 年 12 月

人员类别	计时工资	计件工资	奖金	津贴和补贴			加班工资	特殊工资		应付工资合计	加:		减:		实发金额
				施工津贴	住房补贴	副食补贴		工伤工资	病假工资		福利费	车贴	住房公积	水电费	
一、生产工人															
1. 建安生产工人	17500	36000	10000	4600	2000	2900	1200	100	100	74400	2370	2900	1200	2400	76070
2. 机械作业工人	750	1800	400		100	150	60		10	3270	120	150	60	130	3350
3. 辅助生产工人	4000	7200	1800		450	680	140		30	14300	420	680	200	450	14750
4. 专项工程工人	150		20		5	10				185	8	10	4	10	189
小 计	22400	45000	12220	4600	2555	3740	1400	100	140	92155	2918	3740	1464	2990	94359
二、管理服务人员															
1. 行管部门人员	7000		800		235	400			30	8465	320	400	150	300	8735
2. 材料部门人员	1200		160		50	80			20	1510	48	80	26	50	1562
3. 福利部门人员	550		80		25	40			8	703	24	40	12	20	735
4. 医务人员	250		40		15	10			2	317	12	10	6	10	323
5. 援外人员	3000									3000	120		60	100	2960
6. 长病假人员	200				7	10				217	8	10	4	10	221
7. 长期学习人员	400				13	20				433	20	20	8	20	445
小 计	12600		1080		345	560			60	14645	552	560	266	510	14981
合 计	35000	45000	13300	4600	2900	4300	1400	100	200	106800	3470	4300	1730	3500	109340

习题四

（一）练习应付债券的核算。

（二）资料：

为补充流动资金的不足，甲公司对外发行 2 年期、票面利率为 10%、每年计息一次、到期一次还本付息的公司债券 1000 张。债券面值 100 元，发行价格 110 元，发行收入已存入银行。

（三）要求：根据上述资料，编制发行债券、年末计息以及到期还本付息的会计分录。

习题五

（一）练习债务重组的核算。

（二）资料：

1. 东方公司欠广盛公司货款 200000 元，因近期财务困难，无法按期偿还货款。经与广盛公司商定，东方公司以一项专利技术偿还债务。该项专利技术的账面价值为 195000 元，应交的营业税为 9000 元。东方公司未对该专利技术计提减值准备，广盛公司也未对债权计提坏账准备，假定重组过程中未发生其他相关税费。

2. 东方公司于 2002 年 3 月向建材公司购买材料一批，签发并承兑一张面值 100000 元、年利率 6%、6 个月到期、到期还本付息的商业汇票。汇票到期，东方公司因发生财务困难，无法兑现票款。经双方协议，东方公司以一台汽车吊抵偿债务。该汽车吊的历史成本为 120000 元，已提折旧 30000 元，评估确认的价值为 100000 元。东方公司另以银行存款支付补价 3000 元及资产评估费 1000 元。

（三）要求：作出东方公司有关债务重组业务的会计分录。

第九章 所有者权益

所有者权益是指所有者在企业资产中享有的经济利益，其金额为资产减去负债后的净额，包括实收资本（或者股本）、资本公积、盈余公积和未分配利润等。

所有者权益和负债都是对企业资产的要求权，但二者之间又存在着明显的区别。主要表现在以下几方面：

1. 对象不同

负债是企业对债权人承担的经济责任，所有者权益是企业对投资人承担的经济责任。

2. 性质不同

负债是企业过去的交易、事项形成的现时义务，它受法律、合同或类似文件的制约。所有者权益是投资者对投入的资本及其投入资本的运用所产生的盈余（或亏损）的权利或义务。

3. 偿还期限不同

负债必须于一定日期偿还。所有者权益一般只有在依法减资或企业解散清算时，才有可能还给投资者；在企业持续经营的情况下，所有者一般不能收回投资。

4. 享有的权利不同

债权人只享有收回债务本金和利息的权利，无权参与企业的收益分配和经营管理。所有者权益除了可以获得收益外，还可以参与企业经营管理。

第一节 投入资本

投入资本是指投资者实际投入企业的各种财产物资。按照投入资产的形式不同，投入资本可分为货币投资、实物投资和无形资产投资等。在不同类型的企业中，投入资本的表现形式有所不同。股份有限公司的投入资本表现为企业实际发行股票的面值，称为股本；股份有限公司以外的一般企业的投入资本表现为投资者在企业注册资本范围内的实际出资额，称为实收资本。

一、实收资本

实收资本是指企业实际收到的投资人投入的资本总额。所有者投入的资本，企业一般情况下无需偿还，并可以长期周转使用。为了核算实收资本的增减情况，企业应设置"实收资本"账户。其贷方登记实际收到投资者投入的资本，借方登记按规定程序减少注册资本的数额，期末贷方余额表示企业实收资本的实有数额。

一般而言，投资者投入企业的资金，应构成实收资本。但在某些情况下，投资者投入的资金并不全部构成实收资本。只有按投资者占被投资企业实收资本比例计算的部分，才作为实收资本，超过按持股比例计算的部分，应作为资本溢价，在"资本公积"账户单独核算。

(1) 投资者以现金投入的资本，应当以实际收到或者存入企业开户银行的金额作为实收资本入账。实际收到或者存入开户银行的金额超过其在该企业注册资本中所占份额的部分，计入资本公积。

【例 9-1】 东方公司由甲、乙、丙三方共同投资成立，注册资本为 600 万元，三方占有表决权资本的比率为 1:1:1，三方协定各投入 200 万元，作会计分录如下：

借：银行存款　　　　　　　　　6000000
　　贷：实收资本——甲　　　　　　　2000000
　　　　　　——乙　　　　　　　2000000
　　　　　　——丙　　　　　　　2000000

(2) 投资者以非现金资产投入的资本，应按投资各方确认的价值作为实收资本入账。

【例 9-2】 丙企业投入设备一台，经有关机构确认，其价值为 173000 元。作会计分录如下：

借：固定资产　　　　　　　　　173000
　　贷：实收资本——丙企业　　　　　173000

(3) 投资者投入的外币资本，应分别以下情况进行处理：合同没有约定汇率的，按收到出资额当日的汇率折合；合同约定汇率的，按合同约定的汇率折合，因汇率不同产生的折合差额，作为资本公积处理。

【例 9-3】 某外商向东方建筑公司投入 20 万美元。东方公司收到投资时，美元对人民币汇率为 US＄1:￥8.20，合同没有约定汇率。作会计分录如下：

借：银行存款——美元户　　　1640000（200000×8.20）
　　贷：实收资本——某外商　　　1640000（200000×8.20）

【例 9-4】 假设上例中双方在合同中约定的汇率为 US＄1:￥8.30。作会计分录如下：

借：银行存款——美元户　　　　　　　　　1640000（200000×8.20）
　　资本公积——外币资本折算差额　　　　20000
　　贷：实收资本——某外商　　　　　　　　1660000（200000×8.30）

(4) 实收资本的变动。注册资本作为企业在国家有关管理机构登记注册的资本，具有法律效力，必须保持相对稳定。除下列情况外，不得随意变动：

1) 符合增资条件，并经有关部门批准增资的，在实际取得投资者的投资时，登记入账。

2) 企业按法定程序报经批准减少注册资本的，在实际发还投资时登记入账。

3) 企业应当将因减资而注销股份、发还股款等变动情况，在"实收资本"账户的明细账及有关备查簿中详细记录。投资者按规定转让其出资的，企业应当于有关的转让手续办理完成时，将出让方所转让的出资额，在资本账户的有关明细账户及各备查账簿中转为受让方。

【例 9-5】 东方公司由甲、乙、丙三方共同投资成立，注册资本为 600 万元，三方占有表决权资本的比率为 1:1:1。经批准，减少注册资本 60 万元，款项已通过银行支付。

借：实收资本——甲　　　　　　　200000
　　　　　　——乙　　　　　　　200000
　　　　　　——丙　　　　　　　200000

　　　　贷：银行存款　　　　　　　　　　　　　　　　600000

同时在备查簿中进行详细记录。

【例9-6】　东方公司由甲、乙、丙三方共同投资成立，注册资本600万元，三方占有表决权资本的比率为1:1:1。经批准同意甲将其中的100万元投资转让给乙，甲、乙、丙占有表决权资本的比率相应变为1:3:2。作会计分录如下：

　　　　借：实收资本——甲　　　　　1000000
　　　　　　贷：实收资本——乙　　　　　　　　　1000000

同时在备查簿中进行详细记录。

二、股本

股本是股份有限公司实际发行股票的面值总额，在数量上等于股份数额与每股面值的乘积。为了核算企业股本的增减变动情况，股份有限公司应设置"股本"账户。发行股票的面值记入贷方，按规定减少的股本记入借方，期末贷方余额表示企业的股本总额。但企业发行股票取得的收入与股本总额往往不一致，公司发行股票取得的收入大于股本总额的，称为溢价发行；小于股本总额的，称为折价发行；等于股本总额的，为面值发行。在采取溢价发行股票的情况下，企业应将相当于股票面值的部分记入"股本"账户，其余部分在扣除发行手续费、佣金等发行费用后记入"资本公积"账户。我国不允许企业折价发行股票。

【例9-7】　宏远建筑股份有限公司委托××证券公司代理发行普通股200万股，每股面值1元，按每股1.2元的价格发行。该公司与受托单位约定，按发行收入3%支付手续费，从发行收入中扣除。假如收到的股款已存入银行。

公司收到受托发行单位交来现金 = $2000000 \times 1.2 \times (1-3\%) = 2328000$ 元

应记入"资本公积"账户的金额 = 溢价收入 − 发行手续费 = $2000000 \times (1.2-1) - 2000000 \times 1.2 \times 3\% = 400000 - 72000 = 328000$ 元

　　　　借：银行存款　　　　　　　　2328000
　　　　　　贷：股本　　　　　　　　　　　　　　2000000
　　　　　　　　资本公积　　　　　　　　　　　　 328000

【例9-8】　企业决定将资本公积转增股本240000元。作会计分录如下：

　　　　借：资本公积　　　　　　　　240000
　　　　　　贷：股本　　　　　　　　　　　　　　 240000

【例9-9】　宏远公司2000年利润分配方案为每10股派送股票股利1股，共计20万股，每股面值1元。作会计分录如下：

　　　　借：利润分配——转作股本的普通股股利　　200000
　　　　　　贷：股本　　　　　　　　　　　　　　 200000

第二节　资 本 公 积

一、资本公积概述

资本公积是指由投资者或其他人投入，或从其他来源取得但不能构成实收资本，由所有者共同享有的权益。资本公积在转增资本时，按各个股东在实收资本中所占的投资比例，分别转增各个股东的投资金额。从本质上看，资本公积不是从收益转化而来的，应属于投入资本的范畴。

资本公积与实收资本虽然都属于所有者权益，但两者也有区别。实收资本（或股本）是投资者对企业的投入，并通过资本的投入谋求一定的经济利益；而资本公积有特定来源，由所有投资者共同享有。某些来源形成的资本公积，并不需要由原投资者投入，也并不谋求投资回报。按照现行企业会计制度的规定，资本公积项目主要包括：

(1) 资本（或股本）溢价。是指投资者投入的资金超过其在注册资本中所占份额的部分。

(2) 接受捐赠非现金资产准备。是指企业因接受非现金资产捐赠而增加的资本公积。

(3) 接受现金捐赠。是指企业因接受现金捐赠而增加的资本公积。

(4) 股权投资准备。是指企业的长期股权投资采用权益法核算时，因被投资单位接受捐赠等原因增加的资本公积，企业按其持股比例计算而增加的资本公积。

(5) 拨款转入。是指企业收到国家拨入的专门用于技术改造、技术研究等的拨款项目完成后，按规定转入资本公积的部分。

(6) 外币资本折算差额。是指企业接受外币投资因所采用的汇率不同而产生的资本折算差额。

(7) 其他资本公积。是指除上述各项资本公积以外形成的资本公积，以及从资本公积各准备项目转入的金额。债权人豁免的债务也在本项目核算。

需要特别说明的是，资本公积各准备项目不能转增资本（或股本）。

二、资本公积的核算

为了核算企业资本公积的增减变动情况，企业应设置"资本公积"账户。该账户贷方登记资本公积的增加数，借方登记资本公积的减少数，余额在贷方，表示资本公积的结存数。本账户应按资本公积的形成分类别设置明细账，进行明细分类核算。

(一) 资本溢价

在建筑企业初创时，出资者认缴的出资额全部记入"实收资本"科目。在企业重组并有新的投资者加入时，为了维护原有投资者的权益，新加入的投资者的出资额，并不一定全部作为实收资本处理。这是因为，在企业正常经营过程中投入的资金即使与企业创立时投入的资金在数量上一致，但其获利能力却不一致。企业创立时，要经过筹建、试营、开辟市场等等过程，从投入资金到取得投资回报，中间需要许多时间，并且这种投资具有风险性，在这个过程中资本利润率很低。而企业进行正常施工生产经营后，资本利润率通常要高于企业初创阶段。所以，新加入的投资者要付出大于原有投资者的出资额，才能取得与原投资者相同的投资比例。另外，不仅原投资者原有投资从质量上发生了变化，就是从数量上也可能发生变化。这是因为企业经营过程中实现的利润有一部分作为留存收益留在了企业。新加入的投资者如与原投资者共享这部分留存收益，也要求其付出大于原有投资者的出资额，才能取得与原有投资者相同的投资比例。投资者投入的资本中按其投资比例计算的出资额部分，应记入"实收资本"账户，大于部分应记入"资本公积"账户。例如某建筑企业的注册资本为300万元，由甲、乙、丙投资者各缴付资本金100万元，经过三年的经营，该企业留存收益为150万元，这时又有丁投资者有意参加该建筑企业，并表示愿意出资180万元，而仅占该企业股份的25%。在会计核算时，将丁股东投入资金中的

100万元记入"实收资本"账户，其余80万元记入"资本公积"账户。

（二）股票溢价

股票溢价是指股份有限公司在溢价发行股票的情况下，发行股票取得的收入超过股票面值总额的溢价收入部分。

在采用溢价发行股票的情况下，企业发行股票取得的收入，相当于股票面值的部分记入"股本"科目，超出股票面值的溢价收入记入"资本公积"科目。这里需要注意，委托证券商代理发行股票而支付的手续费、佣金等，应从溢价发行收入中扣除，企业应按扣除手续费、佣金后的数额记入"资本公积"科目。在采用面值发行的情况下，应将发行收入全部记入"股本"科目，支付的发行费用作为长期待摊费用处理。

会计分录见［例9-7］。

（三）接受捐赠

捐赠人捐赠资产，是对企业的一种援助行为，捐赠人在援助的同时并不谋求对企业资产提出要求的权力，也不会由于其捐赠资产行为对企业承担责任。所以，捐赠人不是企业所有者，这种援助也不形成企业的实收资本。但这种援助会使企业的经济资源增加。我国目前对接受捐赠的资产价值作为资本公积处理。

接受捐赠的资产可以分为现金资产和非现金资产两种。接受的现金资产在"资本公积"账户下单独设置"接受现金捐赠"明细科目核算，并且这部分资本公积按规定能够转增资本（或股本）。

【例9-10】 某建筑企业接受外国友人捐赠的现金10万元。作会计分录如下：

借：银行存款　　　　　　　　　　　　100000
　　贷：资本公积——接受现金捐赠　　　　100000

接受非现金资产捐赠，因其待处置时要交纳所得税，因此，在所接受的非现金资产尚未处置前所形成的资本公积作为资本公积的准备项目。另外，从会计核算的角度考虑，在企业持续经营情况下，接受捐赠非现金资产时（如接受固定资产、库存材料等捐赠），没有实际货币流入，这时可将捐赠视为一种投资行为，将接受捐赠的实物价值扣除未来应交所得税后的差额暂记在"资本公积——接受捐赠非现金资产准备"科目中，在处置该项捐赠的实物资产时，由于该项资产上的所有收益已经实现，应将原记入"资本公积——接受捐赠非现金资产准备"科目的金额转入"资本公积——其他资本公积"科目。

【例9-11】 某建筑企业接受归国华侨王某捐赠的新设备一台，价值50万元。两年后，该设备进行清理，已提折旧48万元，残值收入为0.5万元。企业的会计处理为：

借：固定资产　　　　　　　　　　　　500000
　　贷：资本公积——接受捐赠非现金资产准备　335000
　　贷：递延税款　　　　　　　　　　　　165000

固定资产清理时：

借：固定资产清理　　　　　　　　　　20000
　　累计折旧　　　　　　　　　　　　480000
　　贷：固定资产　　　　　　　　　　　　500000
借：银行存款　　　　　　　　　　　　5000
　　贷：固定资产清理　　　　　　　　　　5000

```
借：营业外支出——固定资产清理            15000
    贷：固定资产清理                            15000
借：资本公积——接受捐赠非现金资产准备    335000
    贷：资本公积——其他资本公积                335000
借：递延税款                              165000
    贷：应交税金——应交所得税                  165000
```

（四）外币资本折算差额

外币资本折算差额，是指企业接受外币投资时，因采用的汇率不同而产生的资本折算差额。其核算方法已在第二章详述，此处从略。

第三节 留存收益

留存收益是指建筑企业从历年实现的利润中提取形成的留存于企业内部的积累，包括盈余公积和未分配利润。

一、盈余公积

盈余公积是指企业按规定从净利润中提取的各种积累资金。主要包括：

（1）法定盈余公积金。按照净利润的10%提取形式。法定盈余公积金累计额达到公司注册资本的50%时，可以不再提取。

（2）任意盈余公积金。是企业在提取法定盈余公积金和法定公益金后，经股东大会或类似机构批准按照规定的比例从净利润中提取形成的公积金。

（3）法定公益金。按照5%～10%的比例从净利润中提取形成。

法定盈余公积和任意盈余公积金可以用于弥补亏损，转增资本（或股本）。符合规定条件的企业，也可用盈余公积分派股利。

需要指出的是：

（1）法定盈余公积转增资本（或股本）时，转增后留存的盈余公积不得少于注册资本的25%。

（2）法定公益金主要用于集体福利设施，如兴建托儿所、职工之家等。

为了核算反映盈余公积的形成及使用情况，企业应设置"盈余公积"账户，并按盈余公积的内容设置明细账进行明细核算。

【例9-12】 某建筑股份有限公司2000年实现税后利润100万元，股东代表大会决定按10%提取法定盈余公积，按5%提取法定公益金，按8%提取任意盈余公积。同时，决定将20000元法定盈余公积转增股本，并动用40000元的法定公益金购置职工宿舍。

2000年终，该公司账务处理为：

```
借：利润分配——提取法定盈余公积         100000
            ——提取法定公益金             50000
            ——提取任意盈余公积           80000
    贷：盈余公积——法定盈余公积                 100000
              ——法定公益金                    50000
              ——任意盈余公积                  80000
```

借：盈余公积——法定盈余公积	20000	
贷：股本		20000
借：固定资产	40000	
贷：银行存款		40000
借：盈余公积——法定公益金	40000	
贷：盈余公积——任意盈余公积		40000

二、未分配利润

未分配利润是企业留待以后年度进行分配的结存利润，是企业实现的净利润经过弥补亏损，提取盈余公积和向投资者分配利润后留存在企业的历年结存的利润，也属于所有者权益。相对于所有者权益的其他部分来讲，企业对于未分配利润的使用分配有较大的自主权。从数量上讲，未分配利润是期初未分配利润，加上本期实现的净利润，减去提取的各种盈余公积和对投资者分配利润后的余额。未分配利润有两层含义：一是留待以后年度处理的利润；二是未指定特定用途的利润。

在会计核算上，未分配利润是通过"利润分配"账户进行核算的。建筑企业通过"本年利润"账户，计算出当年净盈利（或亏损）后，转入"利润分配——未分配利润"账户的贷方（或借方）。年度终了，再将"利润分配"账户下的其他明细科目（提取法定盈余公积、提取法定公益金等）的余额，转入"利润分配——未分配利润"账户的借方。结转后，"未分配利润"明细账如有贷方余额，表示年末未分配的利润；如有借方余额，表示年末未弥补的亏损。

【例 9-13】

如例 9-12，该企业 2000 年年末的会计处理为：

(1) 结转全年实现的利润。作会计分录如下：

借：本年利润	1000000	
贷：利润分配——未分配利润		1000000

(2) 结转全年利润分配数。作会计分录如下：

借：利润分配——未分配利润	230000	
贷：利润分配——提取法定盈余公积		100000
——提取法定公益金		50000
——提取任意盈余公积		80000

思 考 题 与 习 题

思考题

1. 简述负债与所有者权益的区别。
2. 什么是所有者权益？包括哪些内容？
3. 简述实收资本与注册资本的异同。
4. 什么是资本公积？建筑企业的资本公积是怎样形成的？
5. 什么是盈余公积？建筑企业的盈余公积是怎样形成的？它可用于哪些方面？
6. 新加入企业的投资者的出资额是否全部作为实收资本处理，为什么？

习题一

（一）熟练掌握实收资本（或股本）的核算。

(二)资料：

1.A公司由甲企业和乙企业共同出资组建，初建时双方各投资150万元，3年后，企业增资扩股丙企业出资180万元，拥有A公司全部股权的1/3。

2.A公司收到M公司作为投资投入的一条生产线，双方确认的价值为500万元，在A公司注册资本中所占的份额为450万元。

3.B公司（外商投资企业）收到一投资者投入资本100万美元，当日市场汇率为8.26元人民币，投资合同约定汇率为8.25元人民币。

4.A公司委托某证券公司代理发行普通股股票5000万股，每股面值1元。发行价格5元，双方约定发行手续费按发行收入的3%计算并从发行收入中扣除。股款已收到。

5.A公司按法定程序返还资本2000万元，用银行存款支付。

(三)要求：编制相关的会计分录。

习题二

(一)熟练掌握盈余公积的核算。

(二)资料：

1.A公司全年实现净利润250万元，分别按10%、5%的比例提取法定盈余公积、法定公益金。

2.A公司经股东大会决议，用盈余公积20万元转增股本。

3.A公司将公益金280万元用于兴建职工活动中心。

(三)要求：编制相关的会计分录。

第十章 工程成本和期间费用

第一节 概 述

一、生产费用与成本的概念

建筑企业在生产经营过程中，必然要发生各种各样的资金耗费，如领用材料、支付工资和其他生产费用、发生固定资产损耗等等。企业在一定时期内为生产产品提供劳务而发生的各种耗费称为生产费用，将这些生产费用按一定的对象进行分配和归集，就形成了产品成本。生产费用和成本都是企业为达到生产经营目的而发生的支出，二者在经济内容上是一致的。生产费用的发生过程，就是产品成本的形成过程。但生产费用和产品成本是两个不同的概念，二者既有联系，又有区别。生产费用是针对一定期间而言的，成本则是针对一定的成本计算对象而言的。一定会计期间发生的生产费用构成产品成本的主要部分，但本期的产品成本并不都是本期发生的费用，还可能包括以前期间发生而应由本期成本负担的费用，如待摊费用；也可能包括本期尚未支付、但应由本期成本负担的费用，如预提费用等。

二、工程成本与期间费用

（一）工程成本

工程成本是指建筑安装企业在工程施工过程中发生的，按一定的成本核算对象归集的生产费用总和，包括直接费用和间接费用两部分。直接费用是指直接耗用于施工过程，构成工程实体或有助于工程形成的各项支出，包括人工费、材料费、机械使用费和其他直接费等；间接费用是指建筑企业所属各直接从事施工生产的单位（如分公司、施工队、项目部等）为组织和管理施工生产活动所发生的各项费用，包括临时设施费、施工单位管理人员工资及福利费、行政管理用固定资产的折旧及修理费、物料消耗、低值易耗品摊销、水电费、办公费、差旅费、保险费、工程保修费、劳动保护费及其他费用。

（二）期间费用

期间费用是指与具体工程没有直接联系，不应计入工程成本，而应直接计入当期损益的各项费用，包括管理费用、财务费用和营业费用。

三、工程成本的种类

根据建筑安装工程的特点和成本管理的要求，工程成本可分为工程预算成本、工程计划成本和工程实际成本三种。

（一）工程预算成本

工程预算成本是企业根据施工图设计和国家或地区制定的预算定额、预算单价以及有关取费标准，通过编制施工图预算确定的工程成本。它反映的是工程成本的社会平均水平，是建筑企业确定投标报价的基础，是控制成本支出、考核成本节超的依据。但施工图预算并不等于预算成本。施工图预算确定的是工程造价，不仅包括属于工程成本范畴的各种施工费用，还包括不属于工程成本范畴的其他内容，如管理费用、财务费用、计划利润和税金等。工程预算成本只是工程造价的主要组成部分。

（二）工程计划成本

工程计划成本是企业根据确定的降低成本指标，以工程预算成本为基础，结合实际情况确定的工程成本。它反映企业在计划期内应达到的成本水平，是成本支出的标准。计划成本与预算成本的差额，是企业降低成本的奋斗目标。

（三）工程实际成本

工程实际成本是企业按照确定的成本核算对象归集的实际施工生产费用，反映的是某一企业的生产耗费水平。实际成本与计划成本比较，可以考核成本计划的完成情况；与预算成本比较，可以确定工程成本降低额（或超支额），反映企业的经营管理水平。

必须说明的是，工程预算成本与工程实际成本各项目的内容不尽相同。在建设部《关于调整建筑安装工程费用项目组成的若干规定》中，工程造价由直接工程费、间接费用、计划利润和税金等组成。其中，直接工程费包括直接费、其他直接费、现场经费三个组成部分，相当于会计核算中工程成本的内容；间接费用包括企业管理费、财务费用等，相当于会计核算中的期间费用。工程预算成本与工程实际成本的相互关系如表10-1所示。

表 10-1

工程实际成本	直接费	人工费	人工费	直接费	直接工程费	工程预算成本
		材料费	材料费			
		机械使用费	施工机械使用费			
		其他直接费	其他直接费			
	间接费用		临时设施费	现场经费		
			现场管理费			
期间费用		管理费用	企业管理费		间接费用	
		财务费用	财务费用			

由于工程实际成本不包括管理费用和财务费用，因此，企业在将工程实际成本与工程预算成本进行对比分析时，应从预算成本中剔除企业管理费和财务费用。

本章主要介绍工程实际成本的核算方法。如不特别强调，下文提及的工程成本即指工程实际成本。

四、工程成本核算的意义

工程成本核算是对发生的施工费用进行确认、计量，并按照一定的成本核算对象进行归集和分配，从而计算出工程实际成本的会计处理工作。它是建筑企业经营管理工作的一项重要内容，对于加强成本管理，促进增产节约，提高企业的市场竞争能力等，具有非常重要的作用。

（1）通过工程成本的核算，可以反映企业的施工管理水平。

工程成本是工程施工过程中各项耗费的货币表现，工人劳动效率的高低、材料的节约与浪费、施工机械的利用程度等，都可以直接或间接地通过成本指标反映出来。将工程实际成本与预算成本进行比较，可以揭示成本节超的情况及原因，便于制定措施，提高施工管理水平。

（2）通过工程成本核算，可以确定施工耗费的补偿尺度。

为了保证再生产过程的顺利进行，建筑企业取得的工程价款，必须能够补偿施工过程中的资金耗费。补偿了施工耗费后的盈余即为企业实现的毛利润。相反，如果收入不足以补偿施工耗费即为亏损。而工程成本就是以货币形式反映这一补偿金额的尺度。在工程价款收入一定的情况下，成本降低，毛利润就越多，经营效益就越好。

（3）通过工程成本核算，促使企业贯彻执行国家的财经制度，有效地控制成本支出。

在成本核算过程中，财务人员要根据规定对各项开支进行认真审核，对不符合国家规定的经济行为予以抵制，对不合理开支不予报销，促使业务经办人员按制度和规定办事。这样，有利于保证国家政策、法令、制度的贯彻落实，避免和减少不应有的浪费和损失，使企业的生产经营活动坚持正确的方向。

（4）通过工程成本核算，为企业的生产经营决策提供重要依据。

在建筑工程实行招投标制的情况下，建筑市场竞争加剧。企业要在激烈的市场竞争中赢得工程任务，除了保证工程质量和工期外，还必须在投标报价方面占有优势。工程成本是投标报价的基础，企业在确定投标价格时通常要以工程成本为依据。可见，工程成本在一定程度上影响着企业的生存和发展。此外，通过工程成本核算，还可以为各种不同类型的工程积累经济技术资料，为修订预算定额、施工定额提供依据。

五、工程成本核算的要求

工程成本核算必须做到如下几个方面：

（一）适应企业的管理体制，合理组织成本核算

为了有效地组织工程成本核算，建筑企业应结合自身的规模和管理体制，建立和完善成本核算体制。目前我国建筑企业一般实行公司、分公司（工程处、工区）和项目部（施工队）三级管理体制，小型建筑企业通常实行公司、项目部两级管理体制。成本核算的组织也应与此相适应，实行统一领导，分级核算。

在实行三级管理的企业，工程成本的计算工作一般在分公司完成。由项目部计算各工程的直接费成本，并分析工料成本升降的原因；分公司分配间接费用并计算工程成本，编制成本报表，进行成本分析；公司汇总计算企业的全部工程成本，汇总成本报表，进行全面成本分析。

在实行两级管理的小型建筑企业，一般由项目部计算直接成本，公司核算全部工程成本。

不论由哪一级来计算工程成本，都要重视基层的成本核算工作。因为基层发生的施工生产费用，是工程成本的主要内容。基层成本核算的正确与否，对企业的成本核算工作起着至关重要的作用。此外，还应该加强各相关部门的协调配合，建立和健全横向的成本管理责任制，按照费用归口管理的要求，严格控制各项开支。

（二）严格遵守成本开支范围，划清各项费用开支的界限

企业进行生产经营活动，要发生各种各样的费用支出。并非所有支出都可以计入工程成本，如基本建设支出、固定资产更新改造支出、集体福利设施支出等。哪些费

用应计入成本,哪些费用不应计入成本,国家都有明确的规定,这种规定叫做成本开支范围。严格遵守成本开支范围,是一项重要的财经纪律,也是正确计算成本的最起码的要求。

为了正确核算施工生产过程中发生的各项费用支出,正确计算工程成本,建筑企业应严格遵守成本开支范围,正确划分下列各项费用开支的界限:

1. 划清成本费用支出与非成本费用支出的界限

建筑企业在生产经营活动中的资金耗费多种多样,用途各异。要准确计算各期损益,必须划清不同性质支出的界限,即划清资本性支出和收益性支出的界限以及营业性支出和营业外支出的界限。按规定,建筑企业的下列支出不得列入成本费用:①为购置和建造固定资产、无形资产和其他资产的支出;②对外投资的支出;③被没收的财物、支付的滞纳金、罚款、违约金、赔偿金以及对外赞助、捐赠的支出;④国家法律、法规规定以外的各种付费;⑤国家规定不得列入成本费用的其他支出。

2. 划清工程成本和期间费用的界限

3. 划清本期工程成本与非本期工程成本的界限

根据《企业会计制度》的规定,企业应按期计算成本,以便分析和考核成本计划的执行情况。因此,企业必须正确划分各个时期成本的界限。凡本期支付应由本期成本负担的耗费,全部计入本期成本;本期已经支付但应由本期和以后各期共同负担的耗费,应作为待摊费用分摊计入本期和以后期间的成本;本期虽未支付,但应由本期负担的耗费,应采用预提的方法计入本期成本。企业应按受益原则,正确核算各期的待摊费用和预提费用,严禁利用待摊和预提的方法人为地调节工程成本。

4. 划清不同成本核算对象的费用界限

为了分析和考核各单位工程成本计划的执行情况,企业必须分别计算各项工程的实际成本。根据建造合同的具体情况和管理要求,合理确定工程成本核算对象,并据以设置成本明细账,归集发生的各项施工费用。凡是能够分清具体承担对象的费用,直接计入该成本核算对象;凡是不能分清具体承担对象的费用,则应选择合理的方法,分配计入受益的成本核算对象,以真实反映各工程的成本水平。

5. 划清已完工程成本与未完工程成本的界限

工程施工周期与会计核算期间的不一致性,往往导致期末时有未完施工存在。因此在进行工程成本核算时,还应将各成本核算对象归集的费用在已完工程和未完施工之间进行分配,计算出已完工程成本,以便与工程预算成本进行比较,考核成本节超,加强成本管理。

(三)建立、健全工程成本管理制度,做好工程成本核算的基础工作

为了保证成本核算的质量,便于对成本实施有效的监督和控制,必须建立、健全可供各级核算单位遵循的成本管理制度。

1. 建立、健全定额管理制度

定额是在正常施工条件下,完成单位产品可消耗的人力、物力、财力的数量标准。建筑企业使用的定额包括预算定额和施工定额两种。预算定额是由国家或各地区建设主管部门统一制定的,是建筑行业的平均水平,是企业编制工程预算、计算工程造价的依据;施工定额一般是由建筑企业自行制定的,它既是企业编制施工预算的依据,也是衡量和控制

工程施工过程中人工、材料、机械消耗和费用支出等的标准。施工定额主要包括劳动定额、材料消耗定额、机械台班定额和各项费用定额，它是建筑企业对工程成本进行量化管理的有效工具。其中，劳动定额是签发"工程任务单"，考核各施工班组工效的主要依据；材料消耗定额是签发"定额领料单"，考核材料消耗情况的主要依据；机械台班定额是考核机械设备利用程度的依据；费用定额是控制各项费用开支的标准。有了明确的定额，就可以对各项费用支出进行有效的控制。建立、健全定额管理制度，对于提高劳动生产率，节约材料消耗，提高机械设备利用率，减少费用开支，从而降低工程成本，具有非常重要的作用。

2. 建立、健全各项原始记录

原始记录是直接记载和反映施工活动中各种成本费用的发生时间、地点、用途、金额的原始资料，是进行工程成本核算的基础。建筑企业成本核算的原始记录主要包括工程任务单、材料领（退）料单、考勤表、机械使用记录、未完施工盘点单等。如果原始记录不全或数字不准确，工程成本核算就失去了客观依据。因此，企业必须建立、健全各项原始记录的填制、审核和交接制度，为工程成本核算提供真实可靠的原始资料。

3. 建立、健全内部结算制度

为了适应分级管理、分级核算的组织管理体制，分析和考核各内部单位的经营成果，应建立、健全内部结算制度。内部结算应以合理的内部价格为依据。企业应制定合理的内部价格，作为内部各单位之间相互提供材料、产品、作业和劳务等的结算依据。正确制定和使用内部结算价格，有利于分清各内部单位的经济责任，考核各内部单位的成本管理水平，提高全面成本管理的综合效益。内部结算价格应保持相对稳定，但也要定期修订，使之尽量适应各个时期的实际情况。

4. 建立、健全物资管理制度

对于各种财产物资的收发、领退以及在不同工程成本核算对象之间的转移，都应经过严格的计量和验收，办理必要的凭证手续。对于库存以及施工现场堆放的各种材料物资，应定期进行清查盘点，防止丢失、损坏和积压浪费。对于施工过程中产生的废料和边角料，应及时组织回收。对期末的已领未用材料，应及时办理退库或"假退料"手续，以保证材料费成本的正确计算。

六、工程成本核算的程序

工程成本核算的程序，是指进行工程成本核算一般应采用的步骤。建筑企业对施工过程中发生的各项施工费用，应按其用途和发生地点进行归集。对不能分清受益对象的费用，还需要采用合理的方法分配计入各工程成本核算对象。为了核算和监督各项施工费用的发生和分配情况，正确计算工程成本，建筑企业应设置下列会计账户：

1. "工程施工"账户

该账户核算企业进行工程施工发生的各项施工生产费用，并确定各个成本核算对象的成本。其借方登记施工过程中实际发生的直接费、应负担的间接费以及确认的工程毛利，贷方登记确认的工程亏损以及合同完成后结转的竣工工程的实际成本，期末借方余额表示工程自开工至本期累计发生的施工费用。工程合同完成后，本账户应与"工程结算"账户对冲后结平。

2. "辅助生产"账户

该账户核算企业所属的非独立核算的辅助生产部门为工程施工生产材料和提供劳务所发生的费用。其借方登记实际发生的费用,贷方登记按受益对象分配结转的费用,期末借方余额表示在产品的成本。

"机械作业"账户。该账户核算企业使用自有施工机械和运输设备进行机械作业所发生的费用。其借方登记实际发生的费用,贷方登记月末按受益对象分配结转的费用,期末一般没有余额。

"施工间接费用"账户。该账户核算企业所属各施工单位为组织和管理施工生产而发生的不能直接计入工程成本的费用。其借方登记实际发生的费用,贷方登记月末分配计入各成本核算对象的费用,期末一般无余额。

"待摊费用"账户。该账户核算已经支付但应由本期和以后几期共同负担的分摊期限在1年以内的费用。其借方登记实际发生或支付的各项待摊费用,贷方登记按期摊入各受益对象的费用,期末借方余额表示尚未摊销的费用。

"预提费用"账户。该账户核算已预提计入成本但尚未支付的费用。其贷方登记按规定预提的费用,借方登记实际支付的费用,期末贷方余额表示已预提但尚未支付的费用。

上述成本费用账户,在工程成本核算中起着不同的作用。根据它们的核算内容和使用方法,可以将工程成本核算的基本程序概述如下:

(1) 归集各项生产费用。即将本期发生的各项生产费用,按其用途和发生地点,归集到有关成本、费用账户中。

(2) 核算跨期摊提费用。即摊销各项待摊费用,计提有关预提费用。

(3) 分配辅助生产费用。期末,将归集在"辅助生产"账户的费用向各受益对象分配,计入"机械作业"、"施工间接费用"、"工程施工"等账户。

(4) 分配机械作业费用。期末,将归集在"机械作业"账户的费用向各受益对象分

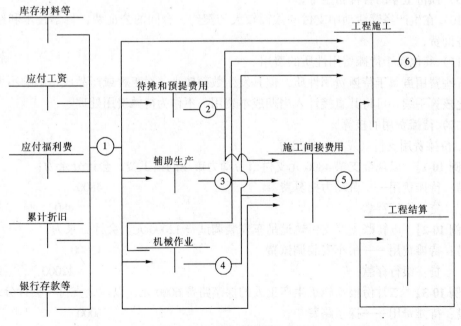

图10-1 工程成本核算程序图

配，计入"工程施工"、"施工间接费用"等账户。

（5）分配施工间接费用。期末，将归集在"施工间接费用"账户的费用向各工程分配，计入"工程施工"账户。

（6）计算和结转工程成本。期末，计算本期已完工程或竣工工程的实际成本，并将竣工工程的实际成本从"工程施工"账户转出，与"工程结算"账户的余额对冲。尚未竣工工程的实际成本仍然保留在"工程施工"账户，不予结转。

工程成本核算的基本程序，如图10-1所示。

第二节 待摊费用和预提费用

一、待摊费用的核算

（一）待摊费用的内容

待摊费用是指企业已经支付或发生，但应由本期和以后几期共同负担的分摊期限在1年以内的费用。主要包括下列内容：

（1）一次发生数额较大，受益期较长的大型施工机械的安装、拆卸及辅助设施费；

（2）一次发生数额较大，受益期较长的施工机械进出场费；

（3）一次发生数额较大的砂石开采剥土费；

（4）一次支付数额较大的劳动招募费、职工探亲路费和探亲假期间的工资；

（5）一次支付数额较大的职工冬煤津贴；

（6）一次大量领用低值易耗品的摊销费；

（7）预付的报刊订阅费；

（8）一次支付的受益期较长的财产保险费；

（9）预付全年的各种租金等；

（10）在生产经营活动中支付的数额较大的契约、合同的公证费，科学技术和经营管理的咨询费；

（11）其他属于待摊费用性质的费用。

有些费用虽属于待摊费用性质，但其发生数额较小，对工程或产品成本影响不大，为了简化核算手续，可将其直接计入当期成本费用，不作为待摊费用处理。

（二）待摊费用的核算

1. 待摊费用支付（发生）的核算

【例10-1】 以现金支票4800元支付市劳动力市场的招工费。会计分录为：

借：待摊费用——劳动力招募费　　　　　　　　　　4800
　　贷：银行存款　　　　　　　　　　　　　　　　　　4800

【例10-2】 以转账支票支付轨道吊车安装调试费12000元。会计分录为：

借：待摊费用——吊车安装调试费　　　　　　　　　12000
　　贷：银行存款　　　　　　　　　　　　　　　　　　12000

【例10-3】 二月份报销施工生产工人的探亲路费6000元，以现金支付。会计分录为：

借：待摊费用——探亲路费　　　　　　　　　　　　6000
　　贷：现金　　　　　　　　　　　　　　　　　　　　6000

2. 待摊费用摊销的核算

待摊费用的分摊期限,根据其受益期确定,一般不应超过 12 个月,可以跨年度摊销。摊销时一般应编制摊销计算表,作为账务处理的依据。

【例 10-4】 根据例 10-1、10-2、10-3 发生的待摊费用,编制本期待摊费用摊销计算表,见表 10-2。

待摊费用摊销计算表　　　　　　　　　　　　表 10-2

费用项目	费用发生额	摊销期限	月摊销额	开始摊销时间
劳动力招募费	4800	6 个月	800	本年 1 月份
吊车安装调试费	12000	12 个月	1000	本年 1 月份
探亲路费	6000	6 个月	1000	本年 2 月份

根据表 10-2,编制会计分录如下:

借:机械作业　　　　　　　　　　　　　　1000
　　施工间接费用　　　　　　　　　　　　1800
　　贷:待摊费用——吊车安装调试费　　　　　　1000
　　　　　　　　——劳动力招募费　　　　　　　800
　　　　　　　　——探亲路费　　　　　　　　1000

二、预提费用的核算

(一)预提费用的内容

预提费用是指预先计入工程成本或期间费用,按规定在以后某期再行支付的费用。建筑企业的预提费用主要有以下几项内容:

1. 预提收尾工程费用

指工程已经完成,具备了使用和投产条件,但由于特殊情况,如材料或设备短期内不能解决等客观原因影响收尾工程的进行,按规定预提计入工程成本的收尾工程费用。现行会计制度规定,预提收尾工程费用,必须同时具备以下条件:

(1)经建设单位同意并已办理竣工结算;
(2)由企业提出收尾工程清单,列明项目名称,并附计算依据;
(3)预提的数额不得超过收尾工程的预算成本;
(4)经主管部门审查和财政部门批准。

2. 预提固定资产大修理费用。
3. 预提短期借款的利息。
4. 其他经财政部门批准的预提费用。

企业预提费用,必须遵守有关规定,不得自行扩大预提范围。预提数与实际数发生差异时应及时调整提取标准。多提数一般应在年终冲减成本费用。预提费用当年能结清的年终决算不应留余额,需要保留余额的应在财务报告中予以说明。

(二)预提费用的核算方法

【例 10-5】 企业按照定额预提某工程收尾工程费用 50000 元,其中人工费 7500 元,材料费 35000 元,间接费 7500 元。作会计分录如下:

借：工程施工——某工程（人工费） 7500
　　　　　　某工程（材料费） 35000
　　　　　　某工程（间接费） 7500
　　贷：预提费用——收尾工程费用 50000

【例10-6】 前例收尾工程在施工中领用主要材料的计划成本为35000元（材料成本差异率2%），应分配工资10000元，间接费3500元。其会计处理为：

(1) 发生收尾工程费用时，作会计分录如下：

借：预提费用——收尾工程费用 49200
　　贷：库存材料——主要材料 35000
　　　　材料成本差异——主要材料 700
　　　　应付工资 10000
　　　　施工间接费用 3500

(2) 收尾工程完工，结清预提费用。作会计分录如下：

借：工程施工 800
　　贷：预提费用 800

第三节　辅助生产成本

一、辅助生产的性质

辅助生产是指企业的辅助生产部门为工程施工、工业生产、机械作业等生产材料、提供劳务而进行的生产。辅助生产部门是指企业所属的非独立核算的辅助生产单位，如机修车间、供水站、供电站、运输队等。辅助生产部门发生的各项费用，先通过"辅助生产"账户进行归集，然后再采用合理的分配方法，分配给各受益对象负担。只有在分配了辅助生产费用之后，才能进行工程成本的计算。辅助生产费用的多少，成本的高低，直接影响着工程成本的水平。因此，正确组织辅助生产成本的核算，是正确进行工程成本核算的前提。

二、辅助生产费用的归集

辅助生产部门发生的各项生产费用，应按成本核算对象和成本项目进行归集。成本核算对象可按生产的材料和提供劳务的类别确定。成本项目一般包括以下几项：

(1) 人工费。指辅助生产工人的工资、工资福利费和劳动保护费等。

(2) 材料费。指辅助生产部门耗用的各种材料的实际成本，以及周转材料的摊销额及租赁费。

(3) 其他直接费。指除上述项目以外的其他直接生产费用，包括折旧及修理费、水电费等。

(4) 间接费用。指为组织和管理辅助生产所发生的费用。

为了归集各个辅助生产部门发生的生产费用，企业应在"辅助生产"账户下，按车间、单位或部门设置"辅助生产成本明细账"，归集发生的生产费用。"辅助生产成本明细账"的一般格式，如表10-3所示。

辅助生产成本明细账 表10-3

2002年		凭证号数	摘要	借方					贷方	借或贷	余额
月	日			人工费	材料费	其他直接费	间接费用	合计			
略	略	略	领用燃油料		500			500		借	500
			分配工资	1900				1900		借	2400
			计提折旧及修理费			400		400		借	2800
			分配间接费				100	100		借	2900
			结转机械修理成本						2900	平	
			本月合计	1900	500	400	100	2900	2900		

部门：机修车间

现以某企业非独立核算的机修车间为例，说明归集辅助生产费用的方法。

【例10-7】 领用油料500元用于机械修理。会计分录为：

借：辅助生产——机修车间（材料费）　　　　　　500
　　贷：库存材料——其他材料　　　　　　　　　　　500

【例10-8】 本月应负担工资费用1900元。会计分录为：

借：辅助生产——机修车间（人工费）　　　　　　1900
　　贷：应付工资　　　　　　　　　　　　　　　　　1900

【例10-9】 计提本月固定资产的折旧费300元，大修理费100元。会计分录为：

借：辅助生产——机修车间（其他直接费）　　　　400
　　贷：累计折旧　　　　　　　　　　　　　　　　　300
　　贷：预提费用——大修理费用　　　　　　　　　　100

【例10-10】 本月对外提供机修劳务应负担间接费用100元。会计分录为：

借：辅助生产——机修车间（间接费）　　　　　　100
　　贷：施工间接费用　　　　　　　　　　　　　　　100

根据以上会计分录，登记"辅助生产成本明细账"，见表10-3。

三、辅助生产费用的分配

辅助生产部门生产的类型不同，其成本分配结转的方法也不一样。生产材料和结构件的辅助生产部门发生的费用，一般于生产完成验收入库时转入"库存材料"等账户；提供劳务的辅助生产部门发生的费用，则应采用一定的方法在各受益对象之间进行分配。分配方法主要包括直接分配法、一次交互分配法和计划成本分配法等。

1. 直接分配法

直接分配法，是指将各辅助生产部门发生的费用，直接分配给辅助生产以外的各受益对象负担，各辅助生产单位之间相互提供劳务均不相互分配费用。计算公式如下：

$$某项劳务的分配单价 = \frac{生产该劳务的辅助生产部门直接发生的费用}{该项劳务总量 - 其他辅助生产部门耗用的劳务量}$$

某受益对象应负担的费用 = 该受益对象耗用的劳务量 × 该项劳务的分配单价

【例10-11】 东方建筑公司第一分公司有机修和供电两个辅助生产车间，本月发生的生产费用为：机修车间6400元，供电车间5100元。本月提供劳务量情况见表10-4。

劳务供应量统计表 表10-4

受益对象	机修车间（修理工时）	供电车间（度）	受益对象	机修车间（修理工时）	供电车间（度）
机修车间		10000	施工机械	2500	5000
供电车间	800		管理部门	700	5000
工程施工		10000	合　　计	4000	30000

根据上述资料，按直接分配法编制"辅助生产费用分配表"，如表10-5所示。

辅助生产费用分配表（直接分配法） 表10-5

受益对象	机修车间			供电车间			费用合计
	劳务量	单位成本	分配金额	劳务量	单位成本	分配金额	
工程施工		2元/工时		10000	0.255元/度	2550	2550
管理部门	700		1400	5000		1275	2675
施工机械	2500		5000	5000		1275	6275
合　　计	3200		6400	20000		5100	11500

根据上表，作会计分录如下：

借：工程施工　　　　　　　　　　　　　　　　　　　2550
　　施工间接费用　　　　　　　　　　　　　　　　　2675
　　机械作业　　　　　　　　　　　　　　　　　　　6275
　　贷：辅助生产——机修车间　　　　　　　　　　　6400
　　　　　　　　——供电车间　　　　　　　　　　　5100

直接分配法计算简单，但准确性较差，只适用于各辅助生产部门相互提供劳务较少的情况。

2. 一次交互分配法

一次交互分配法，是指先将辅助生产部门直接发生的费用在各辅助生产部门之间进行交互分配，然后再将交互分配后的费用向辅助生产以外的受益对象分配。由于交互分配只进行一次，所以称为一次交互分配法。其分配程序和方法如下：

第一步，各辅助生产部门之间进行交互分配。计算公式如下：

$$\text{某项劳务的交互分配单价} = \frac{\text{生产该劳务的辅助生产部门直接发生的费用}}{\text{该辅助生产部门提供的劳务总量}}$$

$$\text{某辅助生产部门应分配的某项劳务费用} = \text{该辅助生产部门耗用的劳务量} \times \text{该项劳务的交互分配单价}$$

第二步，向辅助生产部门以外的受益对象分配。计算公式如下：

$$\text{某项劳务对外分配单价} = \frac{\text{该项劳务原始费用} + \text{交互分配转入费用} - \text{交互分配转出费用}}{\text{该项劳务总量} - \text{其他辅助生产部门耗用的劳务量}}$$

$$\text{某受益对象应负担的某项劳务费用} = \text{该受益对象耗用的劳务量} \times \text{该项劳务分配单价}$$

【例10-12】　仍依例10-11的资料，按一次交互分配法分配辅助生产费用。

(1) 交互分配：

$$机修车间交互分配单价 = \frac{6400}{4000} = 1.60 \text{元/工时}$$

$$供电车间应负担的修理费 = 800 \times 1.60 \text{元} = 1280 \text{元}$$

$$供电车间交互分配单价 = \frac{5100}{30000} = 0.17 \text{元/度}$$

$$机修车间应负担的电费 = 10000 \times 1.70 \text{元} = 1700 \text{元}$$

作会计分录如下：

```
借：辅助生产——机修车间（其他直接费）        1700
          ——供电车间（其他直接费）        1280
    贷：辅助生产——供电车间                  1700
              ——机修车间                  1280
```

(2) 对外分配：

$$机修车间对外分配单价 = \frac{6400+1700-1280}{4000-800} = 2.1313 \text{元/工时}$$

$$供电车间对外分配单价 = \frac{5100+1280-1700}{30000-10000} = 0.234 \text{元/度}$$

$$施工生产应负担的劳务费 = 10000 \times 0.234 = 2340 \text{元}$$

$$施工管理部门应负担的劳务费 = 700 \times 2.1313 + 5000 \times 0.234 = 2662 \text{元}$$

$$机械作业应负担的劳务费 = 2500 \times 2.1313 + 5000 \times 0.234 = 6498 \text{元}$$

作会计分录如下：

```
借：机械作业                              6498
    工程施工                              2340
    施工间接费用                          2662
    贷：辅助生产——机修车间                6820
              ——供电车间                4680
```

一次交互分配法分配结果准确，但计算工作量大。一般适用于各辅助生产部门之间相互提供劳务较多的情况。

3. 计划成本分配法

计划成本分配法是指根据各辅助生产部门提供劳务的计划单价和各受益对象实际耗用的劳务量分配辅助生产费用的方法。其分配程序和方法如下：

第一步，按计划单价向包括辅助生产部门在内的受益对象分配费用。计算公式如下：

$$\begin{matrix}某受益对象应负担\\的某项劳务费用\end{matrix} = \begin{matrix}该受益对象耗\\用的劳务量\end{matrix} \times \begin{matrix}该项劳务的\\计划单价\end{matrix}$$

第二步，追加分配实际成本与计划分配数的差额。计算公式如下：

$$\begin{matrix}差额分\\配\ 率\end{matrix} = \frac{该辅助生产部门直接发生的费用 + 初次分配转入费用 - 初次分配转出费用}{该辅助生产部门提供的劳务总量 - 其他辅助生产部门耗用的劳务量}$$

$$\begin{matrix}某受益对象应\\调整的费用\end{matrix} = \begin{matrix}该受益对象耗\\用的劳务量\end{matrix} \times \begin{matrix}差额分\\配\ 率\end{matrix}$$

为了简化计算手续，也可以将其差额全部计入施工间接费用。

【例 10-13】 仍依例 10-11 的资料，按计划成本分配法分配辅助生产费用。假设供电的计划单价为 0.25/度，机修工时的计划单价为 2 元/工时。分配计算如下：

第一步，先按计划单价分配：

$$机修车间应负担费用 = 0.25 \times 10000 = 2500 元$$
$$供电车间应负担费用 = 2 \times 800 = 1600 元$$
$$施工生产应负担费用 = 0.25 \times 10000 = 2500 元$$
$$施工机械应负担费用 = 0.25 \times 5000 + 2 \times 2500 = 6250 元$$
$$管理部门应负担费用 = 0.25 \times 5000 + 2 \times 700 = 2650 元$$

作会计分录如下：

借：辅助生产——机修车间	2500
辅助生产——供电车间	1600
工程施工	2500
机械作业	6250
施工间接费用	2650
贷：辅助生产——机修车间	8000
辅助生产——供电车间	7500

第二步，分配结转实际成本与已分配费用之间的差额：

为简化核算手续，实际发生费用与已分配费用之间的差额全部计入施工间接费用。作会计分录如下：

借：施工间接费用	100
贷：辅助生产——机修车间	900
——供电车间	800

按计划成本分配法分配辅助生产费用，方法简便，核算及时，并便于考核辅助生产部门成本计划的执行情况。该方法一般适用于各辅助生产部门提供劳务、作业的实际单位成本比较稳定的情况。

第四节　工程实际成本

工程实际成本的核算，就是对建筑企业在一定时期内发生的生产费用进行归集和分配，并计算出已完工程或竣工工程的实际成本。它是建筑企业会计核算的重要内容。

一、工程成本核算对象

工程成本核算对象，是在成本核算时选择的归集施工费用的目标。合理确定工程成本核算对象，是正确组织工程成本核算的前提。

一般情况下，企业应以每一单位工程为对象来归集生产费用，计算工程成本。这是因为施工图预算是按单位工程编制的，所以按单位工程核算的实际成本，便于与工程预算成本比较，以检查工程预算的执行情况，分析和考核成本节超的原因。但是一个企业要承建多个建设项目，每个建设项目的具体情况往往很不相同。因此，需要根据本企业施工组织的特点以及成本管理的要求，分别以下情况确定成本核算对象：

（1）一般情况下，以每一独立编制施工图预算的单位工程为成本核算对象。
（2）如果一个单位工程由两个或两个以上施工单位共同施工，各施工单位都应以单位工程为成本核算对象,各自核算其自行施工的部分。

(3) 对于规模大、工期长的工程,可以结合经济责任制的需要,按一定的部位划分成本核算对象。

(4) 对于同一建设项目,同一施工地点、结构类型相同、开竣工时间接近的几个单位工程,可以合并为一个成本核算对象。

(5) 改、扩建的零星工程,可以将开、竣工时间接近,属于同一建设项目的几个单位工程合并为一个成本核算对象。

成本核算对象确定后,在成本核算过程中不能任意变更。所有原始记录都必须按照确定的成本核算对象填写清楚,以便于归集和分配施工生产费用。

二、工程成本明细账的设置

为了便于归集和分配施工生产费用,计算各建筑安装工程的实际成本,企业应在"工程施工"账户下,分别开设"工程成本明细账"(二级账)和"工程成本卡"(三级账),并按成本项目分设专栏组织成本核算。

"工程成本明细账",用以归集施工单位全部承包工程自年初起发生的施工生产费用,为考核和分析各期工程成本的节超提供依据。"工程成本明细账"的格式见表10-14。

"工程成本卡",按每一成本核算对象开设,用以归集每一成本核算对象自开工到竣工发生的全部施工费用。"工程成本卡"的格式见表10-15。

三、工程实际成本的归集与分配

工程施工过程中发生的各项施工费用,应按确定的成本核算对象和规定的成本项目进行归集。能够分清受益对象的费用,直接计入受益对象的成本;不能分清受益对象的费用,采用一定的方法分配计入各受益对象的成本,最后计算出各项工程的实际总成本。

(一) 人工费的归集与分配

工程成本中的人工费,是指支付给直接从事工程施工的建筑安装工人和在施工现场运料、配料等辅助工人的工资、计提的职工福利费和发生的劳动保护费等。

人工费计入成本的方法,依人工费的性质和内容有所不同。主要有以下几种情况:

(1) 计件工资。计件工资一般都能分清受益对象,应直接计入各成本核算对象。

(2) 计时工资和加班工资。如果施工项目只有一个单位工程,或根据用工记录能够分清受益对象的,应直接计入各该成本核算对象;如果不能分清受益对象,则应根据用工记录分配。计算公式如下:

$$日平均计时工资 = \frac{建安工人计时工资总额 + 加班工资}{建安工人计时工日合计}$$

$$\begin{matrix}某成本核算对象应\\负担的计时工资\end{matrix} = \begin{matrix}该成本核算对象实际\\耗用的计时工日数\end{matrix} \times \begin{matrix}日\ 平\ 均\\计时工资\end{matrix}$$

(3) 其他工资。其他工资包括各种奖金、工资性津贴等,应比照计时工资的分配方法,按照用工记录,分配计入各成本核算对象。计算公式如下:

$$日平均其他工资 = \frac{应分配的其他工资}{受益工程的实际工日合计}$$

$$\text{某成本核算对象应负担的其他工资} = \text{该成本核算对象实际耗用的工日数} \times \text{日平均其他工资}$$

(4) 职工福利费。按各成本核算对象的工资费用和规定的计提标准计算，计入各成本核算对象的"人工费"项目。

(5) 劳动保护费。包括发放给职工个人的劳动保护用品以及对工人提供保健用的解毒剂、防暑饮料、洗涤用肥皂等的购置费或补助费。凡能分清受益对象的，可直接计入受益对象的成本；如果应由几个成本核算对象共同负担的，应比照其他工资的分配方法，分配计入各成本核算对象。

企业在核算人工费时，应严格划分人工费的用途。非工程施工发生的人工费，一律不得计入工程成本。建筑安装工人从事现场临时设施搭建、现场材料整理和加工等发生的人工费，应计入"专项工程支出"、"采购保管费"等账户，不得计入工程成本。

【例10-14】 东方建筑公司第一分公司2002年8月份人工费资料如下：

(1) 应付计件工资30000元，其中甲工程18000元，乙工程12000元。
(2) 应付计时工资20000元。
(3) 应付其他工资6000元，其中工资性津贴3600元，生产奖2400元。
(4) 随同工资一并发放给建安工人劳动保护用品的购置费5400元。
(5) 工日利用统计表，见表10-6。

工日利用统计表　　　　　　　　　　　　　表10-6

受益工程	计时工日	计件工日	合　计
甲工程	480	700	1180
乙工程	320	300	620
合　计	800	1000	1800

(6) 根据上述有关资料，编制人工费分配表，如表10-7所示。

人工费分配表　　　　　　　　　　　　　表10-7
2002年8月

项　目	工日数	分配率(元/工日)	甲工程 工日	甲工程 金额	乙工程 工日	乙工程 金额	合计
一、工资				33930		22070	56000
1. 计件工资	1000		700	18000	300	12000	30000
2. 计时工资	800	25	480	12000	320	8000	20000
3. 其他工资	1800	3.33	1180	3930	620	2070	6000
二、职工福利费				4750		3090	7840
三、劳动保护费	1800	3	1180	3540	620	1860	5400
合　计				42220		27020	69240

根据"人工费分配表"，作如下会计分录：

借：工程施工——甲工程（人工费）　　　　42220
　　　　　　——乙工程（人工费）　　　　27020

　　　　贷：应付工资　　　　　　　　　　　　　　56000
　　　　　　应付福利费　　　　　　　　　　　　　7840
　　　　　　现金　　　　　　　　　　　　　　　　5400
　　根据上述分录登记"工程成本明细账"和"工程成本卡"，见表10-14、表10-15、表10-16。

　　（二）材料费的归集与分配

　　工程成本中的材料费，是指在工程施工过程中耗用的构成工程实体的主要材料、结构件的实际成本，有助于形成工程实体的其他材料的实际成本以及周转材料的摊销额和租赁费用。

　　施工现场储存的材料，除了用于工程施工外，还可能用于搭建临时设施，或者用于其他非生产方面。企业必须根据发出材料的用途，严格划分工程用料和其他用料的界限，只有直接用于工程的材料才能计入工程成本。

　　领用材料时，应由领料单位填制领料凭证，按规定办理领料手续。财会部门根据领料凭证进行成本核算；期末，应对各工程的已领未用材料进行盘点，及时办理退料或假退料手续，冲减当期工程成本；工程竣工时，应清理剩余材料，办理退料手续，冲减竣工工程的成本。

　　施工生产中耗用的材料，品种多，数量大，领用频繁。因此，企业应根据发出材料的有关原始凭证进行整理、汇总，并应区分不同材料和不同情况，采用不同的方法进行核算。具体地说：

　　（1）凡领用时能点清数量并能分清用料对象的，应在有关领料凭证（领料单、限额领料单）上注明领料对象，直接计入各成本核算对象。

　　（2）领用时虽能点清数量，但属于集中配料或统一下料的材料，如油漆、玻璃等，应在领料凭证上注明"工程集中配料"字样，月末根据耗用情况，编制"集中配料耗用计算单"，据以分配计入各成本核算对象。"集中配料耗用计算单"的格式见第四章表4-10。

　　（3）领料时既不易点清数量，又难以分清耗用对象的材料，如砖、瓦、灰、砂、石等大堆材料，可根据具体情况，由材料员或施工现场保管员验收保管，月末通过实地盘点，倒算本月实耗数量，编制"大堆材料耗用计算单"，据以计入各成本核算对象。"大堆材料耗用计算单"的格式见第四章表4-9。

　　（4）周转使用的模板、脚手架等周转材料，应根据各受益对象的实际在用数量和规定的摊销方法，计算当期摊销额，并编制"周转材料摊销分配表"，据以计入各成本核算对象。对租用的周转材料，则应按实际支付的租赁费直接计入各成本核算对象。

　　（5）工程竣工后的剩余材料，应填写"退料单"或用红字填写"领料单"，据以办理材料退库手续，并冲减工程成本。

　　（6）施工中的残次材料和包装物品等，应尽量回收利用，填制"废料交库单"估价入账，并冲减工程成本。

　　（7）按月计算工程成本时，月末对已经办理领料手续，但尚未耗用，下月份仍需要继续使用的材料，应进行盘点，办理"假退库"手续，以冲减本期工程成本。

　　期末，企业应根据领用材料的各种原始凭证，汇总编制"材料费用分配表"，作为各工程材料费核算的依据。

【例 10-15】 本月根据审核无误的各种领料凭证、大堆材料耗用计算单、周转材料摊销分配表等，汇总编制"材料费用分配表"，见表 10-8。

材料费用分配表　　　　　　　　表 10-8

2002 年 8 月

材　料　类　别	甲工程	乙工程	合　计
一、主要材料			
1. 黑色金属材料			
计划成本	100000	80000	180000
材料成本差异（差异率1%）	1000	800	1800
2. 硅酸盐材料			
计划成本	20000	12000	32000
材料成本差异（差异率2%）	400	240	640
3. 化工材料			
计划成本	3000	1000	4000
材料成本差异（差异率5%）	150	50	200
4. 小计			
计划成本	123000	93000	216000
材料成本差异	1550	1090	2640
二、结构件			
计划成本	30000	20000	50000
材料成本差异（差异率2%）	600	400	1000
三、其他材料			
计划成本	4000	2000	6000
材料成本差异（差异率1%）	40	20	60
四、材料成本合计			
计划成本	157000	115000	272000
材料成本差异	2190	1510	3700
五、周转材料摊销额	3500	1500	5000

根据表 10-8 资料，作如下会计分录：

(1) 借：工程施工——甲工程（材料费）　　　　　157000
　　　　　　　　——乙工程（材料费）　　　　　115000
　　　贷：库存材料——主要材料　　　　　　　　　　　216000
　　　　　　　　——结构件　　　　　　　　　　　　　50000
　　　　　　　　——其他材料　　　　　　　　　　　　6000

(2) 借：工程施工——甲工程（材料费） 2190
　　　　　　　——乙工程（材料费） 1510
　　　贷：材料成本差异——主要材料 2640
　　　　　　　　　　　——结构件 1000
　　　　　　　　　　　——其他材料 60
(3) 借：工程施工——甲工程（材料费） 3500
　　　　　　　——乙工程（材料费） 1500
　　　贷：周转材料——在用周转材料摊销 5000

【例10-16】 期末，施工现场回收边角料1000元，其中甲工程700元，乙工程300元，作会计分录如下：

借：库存材料——其他材料 1000
　　贷：工程施工——甲工程（材料费） 700
　　　　　　　　——乙工程（材料费） 300

根据上述分录，登记"工程成本明细账"和"工程成本卡"，见表10-14、表10-15、表10-16，其中回收废料业务可用红字在借方登记。

（三）机械使用费的归集与分配

工程成本中的机械使用费，是指在施工过程中使用自有施工机械发生的费用，租入施工机械支付的租赁费，以及施工机械的安装、拆卸和进出场费等。

1．租入机械使用费的核算

从外单位或本企业其他内部独立核算单位租入施工机械支付的租赁费，可以根据"机械租赁费结算单"所列金额，直接计入各工程成本核算对象。如果租入机械由两个或两个以上的工程使用，可按各工程使用的台班数分配计入各工程成本核算对象。

【例10-17】 月末，企业以转账支票支付租用市机械化施工公司推土机和挖掘机的租赁费10000元，根据各工程使用情况，编制"机械租赁费分配表"，见表10-9。

机械租赁费分配表　　　　　　　　　　　　　　　　　表10-9
2002年8月份

受益对象	推土机		挖掘机		合计
	台班单价：500元		台班单价：1000元		
	台班	金额	台班	金额	
甲工程	6	3000	3	3000	6000
乙工程	4	2000	2	2000	4000
合计	10	5000	5	5000	10000

根据表10-9资料，作如下会计分录：

借：工程施工——甲工程（机械使用费） 6000
　　　　　　——乙工程（机械使用费） 4000
　　贷：银行存款 10000

2．自有机械使用费的核算

(1) 自有机械使用费的归集

企业使用自有施工机械或运输设备进行机械施工发生的各项费用，应通过"机械作业"账户归集，月末再按一定的方法分配计入各受益对象的成本中。在"机械作业"账户下，应按成本核算对象和成本项目设置明细账进行明细核算。

机械作业的成本核算对象，应按施工机械或运输设备的种类确定。一般情况下，大型施工机械以单机或机组为对象，小型施工机械以类别为对象。

机械作业的成本项目一般包括下列几项：

1) 人工费。指机械操作人员的工资、职工福利费和劳动保护费。

2) 燃料及动力费。指施工机械或运输设备运转所耗用的燃料、电力等费用。

3) 折旧及修理费。指按照规定标准计提的折旧费、发生的修理费，以及替换工具和部件（如轮胎、钢丝绳等）的摊销费等。

4) 其他直接费。指除上述各项以外的其他直接费用，包括润滑及擦拭材料费、养路费以及施工机械的搬运、安装拆卸和辅助设施费。

5) 间接费用。指为组织和管理机械施工和运输作业发生的各项费用。

由于机械作业主要是为本企业的工程施工服务，为了简化核算手续，一般只核算其直接成本，不负担间接费用。但是如果有机械出租业务，则应负担间接费用。

【例 10-18】 东方建筑公司第一分公司的 3 台混凝土搅拌机本月发生下列费用，有关会计处理如下：

1) 领用燃油料 1300 元，材料成本差异率为 5%。作会计分录如下：

借：机械作业———混凝土搅拌机（燃料及动力费）　　　　1365
　　贷：库存材料——其他材料　　　　　　　　　　　　　　1300
　　　　材料成本差异——其他材料　　　　　　　　　　　　　 65

2) 分配机械操作人员工资 6000 元。作会计分录如下：

借：机械作业——混凝土搅拌机（人工费）　　　　　　　6000
　　贷：应付工资　　　　　　　　　　　　　　　　　　　　6000

3) 按本月机械操作人员工资计提职工福利费 840 元。作会计分录如下：

借：机械作业——混凝土搅拌机（人工费）　　　　　　　 840
　　贷：应付福利费　　　　　　　　　　　　　　　　　　　 840

4) 以银行存款支付混凝土搅拌机的维修费 1500 元。作会计分录如下：

借：机械作业——混凝土搅拌机（折旧及修理费）　　　　1500
　　贷：银行存款　　　　　　　　　　　　　　　　　　　　1500

5) 本月混凝土搅拌机应计提折旧费 2800 元。作会计分录如下：

借：机械作业——混凝土搅拌机（折旧及修理费）　　　　2800
　　贷：累计折旧　　　　　　　　　　　　　　　　　　　　2800

6) 本月混凝土搅拌机应计提大修理费 1400 元。作会计分录如下：

借：机械作业——混凝土搅拌机（折旧及修理费）　　　　1400
　　贷：预提费用——预提大修理费用　　　　　　　　　　1400

7) 以银行存款支付混凝土搅拌机外购电费 1000 元。作会计分录如下：

借：机械作业——混凝土搅拌机（燃料及动力费）　　　　1000

贷：银行存款　　　　　　　　　　　　　　　　　　　1000

根据以上会计分录登记"机械作业成本明细账"，见表10-10。

机械作业成本明细账　　　　　　　　　　　表 10-10

成本核算对象：混凝土搅拌机

2002年		凭证号数	摘要	借方						贷方	余额
月	日			人工费	燃料动力费	折旧及修理费	其他直接费	间接费用	合计		
略	略	略	领用燃油料		1365				1365		1365
			分配工资	6000					6000		7365
			计提职工福利费	840					840		8205
			支付维修费			1500			1500		9705
			计提折旧			2800			2800		12505
			计提大修理费			1400			1400		13905
			支付外购电费		1000				1000		14905
			结转作业成本							14905	
			本月合计	6840	1000	5700			14905	14905	

(2) 自有机械使用费的分配

企业每月发生的自有机械使用费，应于月终分配转入各受益工程的成本。分配方法一般有以下几种：

1) 使用台班分配法

使用台班分配法是指根据机械的台班实际成本和各受益对象使用的台班数分配机械作业成本的方法。该方法适用于以单机或机组为成本核算对象的施工机械和运输设备作业成本的分配。其计算公式如下：

$$\text{某种机械台班实际成本} = \frac{\text{该种机械实际发生的费用}}{\text{该种机械实际作业台班}}$$

$$\text{某受益对象应负担的机械作业费用} = \text{该受益对象使用该种机械的台班数} \times \text{该种机械台班实际成本}$$

【例 10-19】 假设轮胎式起重机本月实际发生的费用为 7328 元，实际工作 20 个台班，其中为甲工程工作 12 个台班，为乙工程工作 8 个台班，分配计算如下：

　　　　轮胎起重机台班实际成本 = 7328/20 = 366.40 元/台班
　　　　甲工程应分配的机械使用费 = 12 × 366.40 = 4397 元
　　　　乙工程应分配的机械使用费 = 8 × 366.40 = 2931 元

2) 完成产量分配法

完成产量分配法是指根据某种机械单位产量实际成本和各受益对象使用该种机械完成的产量分配机械使用费的方法。该方法适用于便于计算完成产量的各种机械作业成本的分

配。其计算公式如下:

$$\frac{某种机械单位}{产量实际成本} = \frac{该种机械实际发生的费用}{该种机械实际完成的产量}$$

$$\frac{某受益对象应分配}{的机械作业费用} = \frac{该受益对象使用该}{种机械完成的产量} \times \frac{该种机械单位}{产量实际成本}$$

【例 10-20】 假设混凝土搅拌机本月实际发生费用 2786 元,实际搅拌混凝土 2786m³,其中甲工程 2000m³, 乙工程 786m³。分配计算如下:

$$混凝土搅拌机单位产量实际成本 = \frac{2786}{2786} = 1 元/m^3$$

甲工程应分配的机械使用费 = 2000m³ × 1 元/m³ = 2000 元

乙工程应分配的机械使用费 = 786m³ × 1 元/m³ = 786 元

3) 预算成本分配法

预算成本分配法是以使用机械的各受益对象的机械使用费预算成本作为分配标准分配机械作业成本的一种方法。该方法适用于以机械类别为成本核算对象,不便于计算完成产量和台班的机械作业费用的分配。其计算公式如下:

$$\frac{某类机械使用}{费分配系数} = \frac{该类机械实际发生的费用}{各受益对象的机械使用费预算成本}$$

$$\frac{某受益对象应分配}{的机械作业费用} = \frac{该受益对象的机械}{使用费预算成本} \times \frac{某类机械使用}{费分配系数}$$

【例 10-21】 假设小型机械本月发生的实际成本为 5332 元,各工程的机械使用费预算成本为 6060 元,其中甲工程 4060 元,乙工程 2000 元。分配计算如下:

$$\frac{小型机械使用}{费分配系数} = \frac{5332}{6060} = 0.88$$

甲工程应分配的机械使用费 = 4060 元 × 0.88 = 3572 元

乙工程应分配的机械使用费 = 2000 元 × 0.88 = 1760 元

自有机械使用费的分配,应通过编制"自有机械使用费分配表"进行。"自有机械使用费分配表"的格式如表 10-11 所示。

自有机械使用费分配表　　　　　　　　　　表 10-11

受益对象	起重机	搅拌机	小型机械	合　计
甲工程	4397	2000	3572	9969
乙工程	2931	786	1760	5477
合　计	7328	2786	5332	15446

根据"自有机械使用费分配表",作会计分录如下:

借: 工程施工——甲工程(机械使用费)　　　　　　　　　　9969

　　　　　　——乙工程(机械使用费)　　　　　　　　　　5477

　贷: 机械作业　　　　　　　　　　　　　　　　　　　　15446

3. 施工机械安装、拆卸和进出场费的核算

按规定支付的施工机械安装、拆卸和进出场费，应先通过"待摊费用"账户归集，然后根据实际情况摊销计入或一次计入受益对象的"机械使用费"项目。

【例10-22】 东方建筑公司第一分公司本期应摊销施工机械安装及拆卸费1000元，进出场费1200元。其中甲工程负担1380元，乙工程负担820元。作会计分录如下：

借：工程施工——甲工程（机械使用费）　　　　　　　1380
　　　　　　——乙工程（机械使用费）　　　　　　　820
　　贷：待摊费用——施工机械安装及拆卸费　　　　　　1000
　　　　　　　　——施工机械进出场费　　　　　　　　1200

根据上述会计分录，登记"工程成本明细账"和"工程成本卡"，见表10-14、表10-15、表10-16。

（四）其他直接费的归集与分配

其他直接费是指在施工过程中发生的除了人工费、材料费、机械使用费以外的直接与工程施工有关的各种费用，主要包括设计与技术援助费、特殊工种培训费、施工现场材料二次搬运费、生产工具用具使用费、检验试验费、工程定位复测费、工程点交费、场地清理费以及冬雨期施工增加费、夜间施工增加费等。

在实际工作中，其他直接费的核算，可分为以下三种情况：

（1）发生时能分清受益对象的费用，可直接计入各成本核算对象。

（2）发生时不能分清受益对象的费用，应采用适当的方法分配计入各成本核算对象。

（3）发生时难于同成本中的其他项目区分的费用（如冬雨期施工中的防雨、保温材料费，夜间施工的电器材料及电费，流动施工津贴，场地清理费，材料二次搬运费中的人工费、机械使用费等），为了简化核算手续，可以在"人工费"、"材料费"、"机械使用费"成本项目中核算。

【例10-23】 本月以银行存款支付各种其他直接费5000元，其中甲工程应分摊3500元，乙工程应分摊1500元。作如下会计分录如下：

借：工程施工——甲工程（其他直接费）　　　　　　　3500
　　　　　　——乙工程（其他直接费）　　　　　　　1500
　　贷：银行存款　　　　　　　　　　　　　　　　　5000

根据上述分录，登记"工程成本明细账"和"工程成本卡"，见表10-14、表10-15、表10-16。

（五）间接费用的归集与分配

1. 间接费用的归集

间接费用是企业下属的各施工单位（分公司、工区、施工队、项目部等）为组织和管理工程施工所发生的各项共同性费用。一般难以分清受益对象，费用发生时先在"施工间接费用"账户中归集，期末再按一定标准分配计入各成本核算对象。"施工间接费用"明细账应采用多栏式账页，按费用项目设置和登记，其格式见表10-12。

2. 间接费用的分配

间接费用的分配标准，应与预算取费相一致。一般情况下，建筑工程的施工间接费以直接费为标准分配，安装、装饰等工程的施工间接费以人工费为标准分配。

施工间接费用明细账   表 10-12

2002 年 8 月

2002年		凭证号	摘要	借方							贷方	余额
月	日			管理人员工资	办公费	固定资产使用费	差旅交通费	劳动保护费	临时设施费	合计		
略	略	略	购买办公用品		500					500		500
			分配工资	3000						3000		3500
			计提折旧及修理费			4000				4000		7500
			浴池等燃料费					600		600		8100
			计提福利费	420						420		8520
			临时设施摊销费						3480	3480		12000
			支付水电费		1800					1800		13800
			报销差旅费				1200			1200		15000
			分配间接费用								15000	
			本月合计	3420	2300	4000	1200	600	3480	15000	15000	

间接费用的分配方法，主要有以下几种：

(1) 直接费比例法

即以各工程发生的直接费为标准分配间接费用的一种方法，其计算公式为：

$$间接费用分配率 = \frac{本月发生的全部间接费用}{各工程本月直接费成本之和} \times 100\%$$

$$某工程应负担的间接费用 = 该工程本月发生的直接费成本 \times 间接费用分配率$$

这种分配方法适用于一般建筑工程、市政工程、机械施工的大型土石方工程等建筑工程的间接费用的分配。

(2) 人工费比例法

即以各工程发生的人工费为标准分配间接费用的一种方法，其计算公式为：

$$间接费用分配率 = \frac{本月发生的全部间接费用}{各工程本月人工费成本之和} \times 100\%$$

$$某工程应负担的间接费用 = 该工程本月发生的人工费成本 \times 间接费用分配率$$

这种分配方法适用于各种安装工程、人工施工的土石方工程、装饰工程等的间接费用的分配。

(3) 多步计算法

如果一个施工单位在同一时期内既进行建筑工程施工，又进行安装工程施工，其间接费用就不可直接采用上述直接费比例法或人工费比例法分配，而应分两步进行：

第一步，先将发生的全部间接费用以人工费成本为标准在不同类型的工程之间进行分配，其计算公式为：

$$间接费用分配率 = \frac{本月发生的全部间接费用}{各类工程本月实际发生的人工费成本之和} \times 100\%$$

$$\text{某类工程应负担的间接费用} = \text{该类工程本月实际发生的人工费成本} \times \text{间接费用分配率}$$

第二步，将第一步分配给各类工程的间接费用，再以直接费成本或人工费成本作为分配标准，在各成本核算对象之间进行分配。分配方法同前所述。

【例 10-24】 东方建筑公司第一分公司同时进行甲、乙两个土建工程的施工，本月"施工间接费用"账户归集的间接费为 56000 元，本月甲工程发生的直接费为 225059 元，乙工程发生的直接费为 156527 元。各工程应负担的间接费用计算如下：

$$\text{间接费用分配率} = \frac{56000}{225059 + 156527} = 14.68\%$$

甲工程应负担的间接费 = 225059 × 14.68% = 33030 元

乙工程应负担的间接费 = 156527 × 14.68% = 22970 元

企业应编制"间接费用分配表"，作为分配间接费用的核算依据。"间接费用分配表"的格式如表 10-13 所示。

间接费用分配表　　　　　　　　　　　表 10-13

2002 年 8 月

受益对象	分配标准	分配率（%）	分配金额（元）
甲工程	225059	14.68	33030
乙工程	156527	14.68	22970
合　计	381586		56000

根据表 10-13，作会计分录如下：

借：工程施工——甲工程（间接费用）　　　　　33030
　　　　　　——乙工程（间接费用）　　　　　22970
　　贷：施工间接费用　　　　　　　　　　　　　　　　56000

根据上述分录，分别登记"工程成本明细账"和"工程成本卡"，见表 10-14、表 10-15、表 10-16。

工程成本明细账　　　　　　　　　　　表 10-14

2002 年

2002 年		凭证编号	摘 要	借 方						贷 方	余 额
月	日			人工费	材料费	机械使用费	其他直接费	间接费	合 计		
8	1		月初余额	3200	42000	2000			47200		47200
8	略	略	分配工资	69240					69240		116440
			领用材料		272000				272000		388440
			领用材料的价差		3700				3700		392140
			周转材料摊销额		5000				5000		397140
			回收废料		1000				1000		396140
			支付机械租赁费			10000			10000		406140
			自有机械使用费			15446			15446		421586
			摊销机械进出场费			2200			2200		423786
			发生其他直接费				5000		5000		428786
			结转施工间接费					56000	56000		484786
			结转竣工工程成本							196697	288089
8	31		本月合计	69240	279700	27646	5000	56000	437586		

工程成本卡　　　　　　　　　　　　　　表 10-15

成本核算对象：甲工程　　　　2002 年 8 月份

| 2002 年 | | 凭证编号 | 摘要 | 借方 | | | | | | 贷方 | 余额 |
月	日			人工费	材料费	机械使用费	其他直接费	间接费	合计		
8	1		期初余额	2000	27000	1000			30000		30000
8	略	略	分配工资	42220					42220		72220
8			领用材料		157000				157000		229220
8			领用材料的价差		2190				2190		231400
8			周转材料摊销额		3500				3500		234910
8			回收废料		700				700		234210
8			支付机械租赁费			6000			6000		240210
8	31		自有机械使用费			9969			9969		250179
8	31		摊销机械进出场费			1380			1380		251559
8	31		分摊其他直接费				3500		3500		33030
8	31		分摊间接费					33030	33030		288089
8	31		本月合计	42220	161990	16457.66	3500	33030	2258089		

工程成本卡　　　　　　　　　　　　　　表 10-16

成本核算对象：乙工程　　　　2002 年

| 2002 年 | | 凭证编号 | 摘要 | 借方 | | | | | | 借方 | 借或贷 | 余额 |
月	日			人工费	材料费	机械使用费	其他直接费	间接费	合计			
8	1		期初余额	1200	15000	1000			17200		借	17200
8	略	略	分配工资	27020					27020		借	44220
8			领用材料		115000				115000		借	159220
8			领用材料的价差		1510				1510		借	160730
8			周转材料摊销额		1500				1500		借	162230
8			回收废料		300				300		借	161930
8			支付机械租赁费			4000			4000		借	165930
8			自有机械使用费			5477			5477		借	171407
8			摊销机械进出场费			820			820		借	172227
8	31		分摊其他直接费				1500		1500		借	173727
8	31		分摊间接费					22970	222970		借	196697
8	31		结转竣工工程成本							196697	平	
8	31		本月合计	27020	117710	10297	1500	22970	179497			

四、工程实际成本的计算和结转

通过以上核算，企业本月份发生的各项施工费用已经归集在"工程成本明细账"和"工程成本卡"内，见表 10-14、表 10-15、表 10-16。期末，还需进行工程成本的计算和结转。

(一) 工程实际成本的计算

工程实际成本的计算方法,一般应根据工程价款的结算方式确定。通常有以下几种:

1. 实行竣工后一次结算工程价款办法的工程实际成本的计算

竣工后一次结算工程价款的工程,应于竣工后计算成本。在工程竣工前,"工程成本卡"中归集的自开工至本期末止的生产费用,均为该工程未完施工的实际成本。工程竣工后,"工程成本卡"中归集的生产费用总额,即为竣工工程的实际成本。

2. 实行按月结算工程价款办法的工程实际成本的计算

按月结算工程价款的工程,其工程成本也应当按月计算。这是由于建筑工程施工具有长期性的特点,如果等到工程竣工后再进行成本计算,就不能及时反映各个时期工程成本的节超情况,不便于及时采取降低成本的措施。因此,企业须按期计算已完工程的实际成本,并与预算成本比较,以分析成本节超。所谓已完工程,是指已经完成了预算定额规定的全部工作内容,在本企业不需要再进行施工的分部分项工程。所谓未完施工,是指已经投入人工、材料等进行施工,但尚未完成预算定额规定的全部工作内容,不能办理工程价款结算的分部分项工程。如墙面抹灰工程,预算定额规定应抹三遍,如果期末只抹了两遍,即为未完施工或未完工程。

已完工程的实际成本可用下式计算:

$$\text{本月已完工程实际成本} = \text{月初未完施工成本} + \text{本月发生的生产费用} - \text{月末未完施工成本}$$

为了计算本月已完工程的实际成本,必须先计算月末未完施工的实际成本。只有从全部生产费用中减去月末未完施工成本,才能计算出本月已完工程的实际成本。上式中"月初未完施工成本"及"本月发生的生产费用",可以从"工程施工"账户中取得,期末未完工程成本则需要采用一定的方法计算。一般情况下,月末未完施工在当月施工的工程中所占比重较小,而且在正常施工条件下,月初、月末未完施工的数量变化也不大,因此,为了简化核算手续,通常计算出月末未完施工的预算成本,将其视同为实际成本,用以计算本期已完工程的成本。

月末未完施工预算成本的计算方法主要有以下几种:

(1) 估量法 (又称约当产量法)

它是指根据完工进度,将施工现场盘点确定的未完工程实物量折合为相当于已完分部分项工程实物量,然后乘以分部分项工程的预算单价,计算其预算成本。其计算公式为:

$$\text{期末未完施工成本} = \text{期末未完施工数量} \times \text{估计完工程度} \times \text{分部分项工程预算单价}$$

【例10-25】 假设第一分公司承建的甲工程按月结算工程价款。月末对工程进行盘点,确定砖墙抹灰工程有未完施工 $1000m^2$,根据完工程度,编制"未完施工盘点表",见表10-17。

(2) 估价法 (又称工序成本法)

它是先确定分部分项工程各个工序的直接费占整个预算单价的百分比,用以计算出每个工序的预算单价,然后乘以未完工程各工序的工程量,确定出未完工程的成本。其计算公式如下：

某工序单价 = 分部分项工程预算单价 × 某工序费用占预算单价的百分比

期末未完工程成本 = Σ(未完工程中某工序的完成量 × 该工序单价)

未 完 施 工 盘 点 表　　　　　　　　表10-17

2002年8月

单位工程名称	分部分项工程		已 完 工 序				其　　中			
	名　称	预算单价（元）	工序名称	比重	数量 m²	折合分部分项工程量	预算成本	人工费	材料费	机械使用费	其他直接费
甲工程	砖墙抹灰	6	（略）	60%	1000	600	3600	600	2400	200	400
合　计							3600	600	2400	200	400

（3）消耗法（又称材料成本法）

就是以未完施工所消耗的材料费作为未完工程成本的方法。该方法适用于材料费成本占比重较大的工程。

必须指出，若期末未完施工占全部工作量的比重较大，且实际成本与预算成本的差异较大时，如果将未完施工的预算成本作为其实际成本，就会影响已完工程成本计算的正确性。此时，企业应按下列公式计算未完施工的实际成本：

$$\text{期末未完施工实际成本} = \frac{\text{期初未完施工成本} + \text{本期发生的施工费用}}{\text{本期已完工程预算成本} + \text{期末未完施工预算成本}} \times \text{期末未完施工预算成本}$$

如果期末未完工程的工程量占当期完成的全部工程量的比重很小，可以不计算未完施工的成本；如果期初、期末未完工程量相差不大，可以以期初未完工程成本作为期末未完工程成本。

3．实行分段结算工程价款办法的工程实际成本的计算

实行按工程形象进度分段结算工程价款的工程，其已完工程实际成本的计算方法，与实行按月结算工程价款办法的工程实际成本的计算方法基本相同。

（二）工程实际成本的结转

对于已经竣工的工程，计算出的实际成本应及时予以结转，从"工程施工"账户的贷方转出，与"工程结算"账户的余额对冲；对于尚未竣工的工程，计算出的已完工程实际成本只用于同工程预算成本、工程计划成本进行比较，以确定成本节超，考核成本计划的执行情况，并不从"工程施工"账户转出。这样，"工程施工"账户的余额，就可以反映某工程自开工至本期止累计发生的施工费用。待工程竣工后，再进行成本结转。

【例10-26】东方建筑公司第一分公司承建的乙工程本月竣工，同甲方结算工程款260000元，其工程实际成本196697元。其会计处理如下：

（1）同甲方办理工程价款结算时，作如下会计分录：

借：应收账款　　　　　　　　　260000

　　贷：工程结算　　　　　　　　　260000

（2）结转工程成本和实现的毛利260000，作如下会计分录：

借：工程结算　　　　　　　　　260000

　　贷：工程施工——某工程　　　　196697

——毛利　　　　　　　63303

第五节　期间费用

　　期间费用是指企业当期发生的应与当期收入相配比的支出。期间费用与整个企业的生产经营活动相联系，容易确定其发生的期间，但较难确定其应归属的具体工程或产品，因而，不计入工程成本，而应于发生时直接计入当期损益。建筑企业的期间费用主要包括管理费用和财务费用。

一、管理费用的核算

（一）管理费用的内容

管理费用是指企业行政管理部门为组织和管理施工生产经营活动所发生的各项支出。一般包括以下各项内容：

（1）公司经费。指公司总部的行政经费，包括管理人员工资、职工福利费、差旅费、办公费、折旧费、修理费、物料消耗、低值易耗品摊销以及其他经费。

（2）工会经费。指按企业全体职工工资总额的2%计提并拨交工会使用的经费。

（3）职工教育经费。指按企业全体职工工资总额的1.5%计提的用于职工学习先进技术和提高文化水平的费用。

（4）劳动保险费。指企业支付给离退休职工的退休金（包括提取的离退休统筹基金）、价格补贴、医药费（包括支付离退休人员参加医疗保险的费用）；职工退职金；6个月以上病假人员工资；职工死亡丧葬补助费、抚恤费；以及按规定支付给离休干部的其他各项经费。

（5）待业保险费。指企业按照国家规定交纳的待业保险费。

（6）业务招待费。企业为业务经营的合理需要而支付的招待费用。

（7）税金。指企业按照规定支付的房产税、车船使用税、土地使用税、印花税等。

（8）无形资产摊销。指企业分期摊销的无形资产价值。

（9）坏账准备。指企业按应收款项的一定比例计提的坏账损失准备金。

（10）其他费用。指除上述费用以外的其他开支，包括技术转让费、研究与开发费、董事会费、咨询费、聘请中介机构费、诉讼费、排污费、绿化费、长期待摊费用的摊销、计提的存货跌价准备等。

（二）管理费用的核算方法

为了核算和监督管理费用的发生情况，企业应设置"管理费用"账户进行总分类核算，并按费用项目设置专栏进行明细核算。其借方登记发生的各项费用，贷方登记期末转入"本年利润"账户的管理费用，结转后本账户期末应无余额。

企业内部独立核算单位发生的属于公司经费的有关费用，应在"施工间接费用"账户核算；发生的除公司经费以外的上述有关费用，应列作管理费用，直接计入当期损益。

现举例说明管理费用的核算方法。

【例10-27】 以现金支付律师事务所法律咨询费3000元。作如下会计分录：

借：管理费用——咨询费　　　　3000

  贷：现金   3000

【例 10-28】 开出转账支票，支付会计师事务所审计费 10000 元。作如下会计分录：
  借：管理费用——审计费   10000
    贷：银行存款   10000

【例 10-29】 以转账支票 30000 元支付某施工技术专利的转让费。作如下会计分录：
  借：管理费用——技术转让费 30000
    贷：银行存款   30000

【例 10-30】 以现金支付业务招待费 8000 元。作如下会计分录：
  借：管理费用——业务招待费 8000
    贷：现金   8000

【例 10-31】 公司行政办公室领用尼龙绳价值 300 元。作如下会计分录：
  借：管理费用——公司经费   300
    贷：库存材料—其他材料   300

【例 10-32】 按规定，计算本月应交纳的房产税 35000 元、车船使用税 5000 元、土地使用税 10000 元。作如下会计分录：
  借：管理费用——税金   50000
    贷：应交税金——应交房产税 35000
        ——应交车船使用税 5000
        ——应交土地使用税 10000

【例 10-33】 以现金支付零星绿化费 6000 元。作如下会计分录：
  借：管理费用——绿化费   6000
    贷：现金   6000

【例 10-34】 月终，结转本月发生的管理费用 107300 元。作如下会计分录：
  借：本年利润   107300
    贷：管理费用   107300

二、财务费用的核算

（一）财务费用的内容

财务费用是指企业为筹集生产经营所需资金而发生的各项费用。具体包括：

（1）利息支出（减利息收入）。指企业向银行借款或发行债券应付的利息减去银行存款利息收入后的净额。需要注意的是：

1）因购建固定资产而发生的专门借款的利息支出，符合资本化条件的，应计入有关固定资产的购建成本。但是，与专门借款有关的利息收入应直接计入当期财务费用，不得冲减所购建的固定资产的成本。

2）允许冲抵利息支出的利息收入，仅指企业存于开户银行的存款利息收入。企业将闲置资金借给其他企业而获取的利息收入，不能冲减财务费用，应列为"其他业务收入"。

（2）汇兑损失（减汇兑收益）。指企业在生产经营期间的外汇结算业务，由于汇率变动以及不同货币兑换所发生的汇兑损失与汇兑收益的差额。

（3）支付的金融机构手续费。指企业因筹资和办理各种结算业务而支付给金融机构的各种手续费用。

(二) 财务费用的核算方法

为了核算和监督财务费用的发生情况,企业应设置"财务费用"账户进行总分类核算,并按费用项目设置专栏进行明细分类核算。其借方登记发生的各项财务费用,贷方登记取得的利息收入和汇兑收益,以及期末转入"本年利润"账户的金额,结转后本账户期末应无余额。

【例10-35】 预提应由本月负担的短期借款利息10000元。作如下会计分录:

借:财务费用——利息支出　　　10000
　　贷:预提费用——借款利息　　　　10000

【例10-36】 收到开户银行通知,已从企业存款户转出结算业务手续费1500元。作如下会计分录:

借:财务费用——手续费　　　1500
　　贷:银行存款　　　　　　　　1500

【例10-37】 收到银行存款利息清单,本月银行存款利息收入800元。作如下会计分录:

借:银行存款　　　　　　　　800
　　贷:财务费用——利息收入　　　800

【例10-38】 收到银行计息通知,本月应付长期借款利息7000元(不符合资本化条件)。作如下会计分录:

借:财务费用——利息支出　　　7000
　　贷:长期借款——利息　　　　　7000

【例10-39】 期末,调整本月美元存款发生的汇兑收益2000元。作如下会计分录:

借:银行存款——美元户　　　2000
　　贷:财务费用——汇兑损失　　　2000

【例10-40】 月末,结转本月发生的财务费用15700元。作如下会计分录:

借:本年利润　　　　　　　　15700
　　贷:财务费用　　　　　　　　　15700

思 考 题 与 习 题

思考题

1. 什么是工程成本?包括哪些内容?
2. 工程成本核算的基础工作有哪些?
3. 如何划分工程成本核算对象?
4. 工程成本核算的基本程序是怎样的?
5. 什么是待摊费用?什么是预提费用?各如何核算?
6. 辅助生产费用的分配方法有哪些?如何核算?
7. 工程直接成本包括哪些内容?各如何计入成本?
8. 工程间接成本包括哪些内容?如何分配计入成本?
9. 如何计算已完工程和未完工程成本?
10. 建筑企业的期间费用包括哪些内容?如何进行核算?

习题一

(一) 练习待摊费用和预提费用的核算。

(二) 资料:

1. 东方建筑公司 2002 年 12 月初有关账户余额见表 10-18。

表 10-18

总分类账户	明细分类账户	金 额	
		借 方	贷 方
待摊费用	施工机械进出场费	2000	
	财产保险费	3000	
预提费用	银行短期借款利息		4000
	收尾工程费用		6000

2. 2002 年 12 月份发生下列经济业务:

(1) 领用按五成法摊销的低值易耗品一批,计划成本 10000 元,由于数额较大,领用时的摊销额按 4 个月分期摊入工程成本。

(2) 本月应摊销甲工程施工机械进场费 500 元。

(3) 预订下半年报刊,通过银行支付订阅费 1200 元。

(4) 支付四季度银行短期借款利息 5800 元(并结转全季利息支出与前两个月预提数的差额)。

(5) 本月收尾工程发生费用共 6500 元,其中领用主要材料 4500 元,应分配工资 1200 元,负担自有机械使用费 800 元。收尾工程已完工验收。

(三) 要求:

1. 根据资料 (2) 编制会计分录。
2. 设置并登记待摊费用和预提费用明细账。

习题二

(一) 练习辅助生产费用的分配方法。

(二) 资料:

1. 本月辅助生产发生费用 80000 元,其中: 水泵房 2000 元,供电间 10000 元,机修车间 68000 元(均无月初余额)。

2. 本月各辅助生产单位劳务供应量及受益对象见表 10-19。

表 10-19

受益对象	水泵房 (m³)	供电间 (度)	机修车间 (工时)
水泵房		4000	4000
供电间	800		6000
机修车间	1600	8000	
工程施工	10000	25000	
机械作业	2000	5000	20000
管理部门	5600	8000	5000
专项工程			5000
合 计	20000	50000	40000

(三) 要求:

1. 采用直接分配法分配辅助生产费用,并编制会计分录。

2. 采用一次交互分配法分配辅助生产费用，并编制会计分录。

习题三

（一）练习工程成本的核算。

（二）资料：

1. 某建筑公司第一分公司于2002年7月继续对105宿舍建筑工程、106机修车间建筑工程进行施工，并新开工107仓库建筑工程。截至2002年6月30日止，105、106工程的累计实际成本和月末未完施工成本见表10-20。

表10-20

	材料费	人工费	机械使用费	其他直接费	间接费	合　计
105工程						
累计实际成本	331760	35200	19720	6800	23120	416600
其中：月末未完施工成本	6400	880	480	240	480	8480
106工程						
累计实际成本	294400	40480	22080	11040	25200	393200
其中：月末未完施工成本	800	1080	620	300	600	10600

2. 七月份发生了下列有关经济业务：

（1）根据主要材料领料凭证，各项工程领用主要材料的计划成本如下：

　　　　105工程　　　　　　　20000元
　　　　106工程　　　　　　　19000元
　　　　107工程　　　　　　　13500元

月末盘点施工现场，107工程有已领未用主要材料1000元。七月份主要材料成本差异率为2%。

（2）根据结构件领用凭证，各项工程耗用结构件的实际成本如下：

　　　　105工程　　　　　　　8674元
　　　　106工程　　　　　　　27772元
　　　　107工程　　　　　　　13128元

（3）根据其他材料领料凭证，领用其他材料的金额计划成本如下：

　　　　105工程　　　　　　　1000元
　　　　106工程　　　　　　　1000元
　　　　107工程　　　　　　　　500元
　　　　塔式起重机　　　　　　800元
　　　　挖土机　　　　　　　　100元
　　　　分公司接送车耗用油料　400元
　　　　分公司烧水用煤　　　　200元

七月份其他材料成本差异率为2%。

（4）根据机械配件领料凭证，各类施工机械领用机械配件实际成本如下：

　　　　塔式起重机　　　　　　200元
　　　　挖土机　　　　　　　　 65元
　　　　其他机械　　　　　　　780元

（5）根据"一次报耗低值易耗品领用单"，各受益对象领用低值易耗品实际成本如下：

　　　　塔式起重机　　　　　　 91元
　　　　混凝土搅拌机　　　　　 46元
　　　　挖土机　　　　　　　　 79元

213

施工管理部门　　　　　　　　　260元

(6) 七月份各项工程木模立模和竹脚手搭建的面积如表10-21。
木模摊销率为每平方米立模6元，竹脚手摊销率为每平方米搭建面积1元。
(7) 根据"低值易耗品借用单"和"报废单"，领用和报废五五摊销的低值易耗品的实际成本如表10-22。

表10-21

	木模立模数量	竹脚手搭建面积（单位：m²）
105工程	50	
106工程	200	200
107工程	50	300

表10-22

	领　用	报　废
塔式起重机	400元	
工具用具（间接费用）	1000元	
劳保用品（间接费用）	1000元	680元

报废低值易耗品残值40元，估价入库。
(8) 七月份应付工资、实发工资和应付福利费如表10-23。

单位：元　表10-23

	应付工资总额	扣款额	实发工资	应付福利费
建筑安装工程施工人员	115000	800	10700	16100
机械施工操作人员	5000	30	4970	700
其中：塔式起重机操作人员	3000	30	2970	420
混凝土搅拌机操作人员	1000		1000	140
挖土机操作人员	1000		1000	140
管理人员	3000	100	2900	420

(9) 七月份各项工程实际作业工时如下：
　　　　105工程　　　2800工时
　　　　106工程　　　2200工时
　　　　107工程　　　1500工时
(10) 七月份应计提折旧固定资产的原值及其折旧率如表10-24。
房屋建筑物和其他固定资产折旧计入间接费用。
(11) 七月份应摊销固定资产大修理支出如表10-25。

表10-24

	原　值	月折旧率
房屋及建筑物	240000元	2‰
施工机械：		
塔式起重机	160000元	6‰
混凝土搅拌机	60000元	6‰
挖土机	60000元	6‰
其他施工机械	180000元	6‰
其他固定资产	20000元	6‰

表10-25

	月摊销额
房屋及建筑物	240元
施工机械：	
塔式起重机	480元
混凝土搅拌机	180元
挖土机	180元
其他施工机械	540元
其他固定资产	60元

(12) 用银行存款支付塔式起重机进场费 511 元。
(13) 7月份各类机械的实际工作台时如表 10-26。
塔式起重机、混凝土搅拌机、挖土机的机械使用费按机械工作台时分配，其他施工机械的机械使用费按各工程工料费的比例分配。
(14) 用银行存款支付 7 月份水费 840 元，电费 1120 元。耗用水电量如表 10-27。

表 10-26

受益对象	塔式起重机	混凝土搅拌机	挖土机
105 工程	200	56	
106 工程	100	84	
107 工程			90

表 10-27

受益对象	用水立方米	用电度数
105 工程	250	2750
106 工程	300	1200
107 工程	200	1250
施工管理部门	300	400

(15) 用银行存款支付 107 工程土方运输费 1210 元。
(16) 用银行存款支付差旅交通费 316 元，办公费 565 元，其他间接费用 267 元。
(17) 7月份应摊销临时设施费 800 元。
(18) 间接费用按各工程直接费的比例分摊于各工程成本。
3. 7月末，105 工程竣工，结转其竣工工程的实际成本。
4. 月末对未完工程进行盘点，计算 106、107 工程的未完施工和已完工程预算成本如表 10-28。

表 10-28

	未完施工预算成本	已完工程预算成本
106 工程	12720 元	62000 元
107 工程	9540 元	27000 元

(三) 要求：
1. 根据资料（1）设置"工程施工明细账"；
2. 根据资料（2）编制有关费用分配表；
3. 根据资料（2）、（3）及有关费用分配表编制会计分录；
4. 根据会计分录登记"工程施工明细账"、"施工间接费用明细账"和"机械作业明细账"。
5. 计算已完工程的实际成本。

第十一章 附属企业成本核算

第一节 附属企业成本核算概述

一、附属企业成本核算的意义

附属企业是指建筑企业所属的为建筑安装工程提供结构件、材料和劳务,并实行独立核算的生产单位,如附属的预制构件厂、机修厂、木材加工厂、机械站、运输队等。这些附属企业生产的产品或劳务,主要提供给本企业的施工生产耗用,如果有剩余,也可对外销售。可见,附属企业产品或劳务的成本,直接影响着工程成本的高低。附属企业实现的利润,也是建筑企业利润的组成部分。因此,正确组织附属企业的成本核算,对于提高企业的经济效益,更好地完成施工任务,具有十分重要的意义。

二、附属企业生产的类型

附属企业的生产,可以从以下不同角度进行分类:

1. 按照生产组织的不同,可分为大量生产、成批生产和单件生产三类。

(1) 大量生产是指不断地重复生产相同产品的生产,如电力、蒸汽、混凝土、砂浆等的生产。

(2) 成批生产是按规定的产品批别和数量进行的生产,如混凝土构件和钢、木门窗等的生产。成批生产按照产品批量的大小,又可分为大批生产和小批生产。

(3) 单件生产是根据客户的要求进行的个别、特殊产品的生产,如非标准机械设备的制造和修理等。在单件生产的附属企业中,产品品种很多,而且很少重复生产。

2. 按照生产工艺过程是否可以间断,分为简单生产和复杂生产两类。

(1) 简单生产,是指产品的生产工艺过程不能间断,不能或不便于划分生产步骤的生产。其生产周期较短,通常在一个车间或一个场地上进行,一般没有在产品或只有少量在产品,如发电、采石等,所以也叫单步骤生产。

(2) 复杂生产,是指产品的生产工艺过程由若干个生产步骤组成的生产。复杂生产可分别在不同时间、不同地点进行,可以由一个车间完成,也可由几个车间协作完成,所以也称多步骤生产。按照生产加工方式不同,复杂生产又可分为连续式生产和装配式生产两种。

在连续式复杂生产中,原材料投入生产后,要经过连续几个生产步骤才能制成产成品,除最后一个步骤生产的是产成品外,其他步骤生产的都是半成品,是下一步骤加工的对象,如砖、瓦、钢筋混凝土构件的生产等。

在装配式复杂生产中,通常是将各种原材料平行加工,制成各种零件或部件,然后通过装配成为产成品,如机械设备的制造等。

三、附属企业生产的特点和管理要求对成本核算的影响

附属企业生产的特点和管理要求对成本核算的影响,主要表现在成本核算对象的确定

上。

首先，生产组织不同，成本核算的对象就不一样。在大量、大批生产下，要求按照产品的品种核算成本；在小批、单件生产下，则要求按照产品的批别（定单）核算成本。如果产品品种繁多，难以按照品种核算成本，还可按照产品的类别核算成本。

其次，生产工艺过程不同，成本核算的对象也不一样。在简单生产下，只要求按照产品品种核算产品成本；在复杂生产下，不仅要求按照产品品种核算成本，而且还要求按照生产步骤核算半成品和产成品的成本。

附属企业可以根据具体情况，选择不同的成本核算对象，采用不同的成本核算方法。附属企业成本核算的基本方法有三种，即：

（1）以产品品种为对象核算成本的品种法；

（2）以产品批别为对象核算成本的分批法；

（3）以产品的生产步骤为对象核算成本的分步法。此外，还可采用一些辅助方法（如分类法等）组织成本核算，将几种成本核算方法结合起来使用。

四、附属企业成本核算的账户设置

附属企业应根据自己的生产特点，设置以下账户进行成本核算：

（1）"工业生产"账户。该账户核算建筑企业所属内部独立核算的工业生产单位（如预制构件厂、木材加工厂等）进行产品生产所发生的各项生产费用。其借方登记发生的各项费用，贷方登记生产完成并验收入库的产成品及直接发交定货单位的代制品和代修品的实际成本，期末借方余额表示在产品的成本。

（2）"机械作业"账户。该账户核算建筑企业所属内部独立核算的机械站、运输队等进行机械出租业务发生的各项费用。其借方登记发生的各项费用，贷方登记期末结转的机械作业成本，期末一般无余额。

（3）"制造费用"账户。该账户核算附属企业为组织和管理生产而发生的各种共同性费用，包括管理人员工资及福利费、折旧费、修理费、办公费、水电费、物料消耗、劳动保护费、季节性和修理期间的停工损失等。其借方登记发生的各种费用，贷方登记分配计入各种产品或作业成本的费用，分配结转后一般无余额。该账户应按车间、部门设置明细账进行明细核算。

（4）"库存商品"账户。该账户用以核算附属工业企业库存的各种产成品的成本。其借方登记已经完成生产过程并已验收入库的产成品的成本，贷方登记发出产成品的成本以及盘亏、毁损产成品的成本，期末借方余额反映库存产成品的成本。

五、附属企业成本核算的基本程序

附属企业成本核算的基本程序可概述如下：

（1）归集各项要素费用。即对附属企业生产过程中发生的各项要素费用进行审核，并根据其用途分别计入相应的成本核算对象中。通过要素费用的分配，就将各车间、部门直接发生的费用归集在了相应的成本明细账中。

（2）摊销和预提成本费用。

（3）分配辅助生产费用。

（4）分配间接费用。即将归集在"制造费用"账户的间接生产费用按一定的标准分配给各种产品或作业成本负担。

(5) 计算并结转完工产品或作业的成本。

六、生产费用在完工产品和期末在产品之间的划分

附属企业将当月发生的生产费用，归集到按各成本核算对象设置的成本明细账后，月末还要计算并结转产成品的成本。产成品成本按下式计算：

$$产成品成本 = 月初在产品成本 + 本月生产费用 - 月末在产品成本$$

从上式可以看出，要计算产成品成本，通常需要先计算期末在产品成本。在产品是指正在某个生产阶段加工，尚未制造完成的产品。期末在产品成本的计算方法有以下几种：

1. 约当产量法

约当产量法是将月末盘点的在产品数量，按完工程度折合为相当于完工产品的数量，然后与完工产品一起分配生产费用，计算在产品成本和完工产品成本的方法。其计算公式为：

$$在产品约当产量 = 在产品数量 \times 完工程度$$

$$单位产品成本 = \frac{月初在产品成本 + 本月生产费用}{完工产品数量 + 月末在产品约当产量}$$

$$月末在产品成本 = 月末在产品约当产量 \times 单位产品成本$$

【例 11-1】 某产品本月完工 200 件，在产品 50 件，完工程度为 40%。月初在产品实际成本 5000 元，本月发生生产费用 75000 元。完工产品及月末在产品成本分别计算如下：

$$在产品约当产量 = 50 \times 40\% = 20 \text{ 件}$$

$$单位产品成本 = \frac{5000 + 75000}{200 + 20} = 363.64 \text{ 元}$$

$$月末在产品成本 = 20 \times 363.64 = 7272 \text{ 元}$$

$$完工产品成本 = 200 \times 363.64 = 72728 \text{ 元}$$

或：

$$完工产品成本 = 5000 + 75000 - 7272 = 72728 \text{ 元}$$

如果材料在开工时一次投入，则单位在产品耗用的材料与完工产品相同，在产品的材料费就要按 100% 计算。在这种情况下，期末在产品成本应按下列公式计算：

$$在产品材料费 = \frac{期初在产品材料费 + 本期发生的材料费}{本期产成品数量 + 期末在产品数量} \times 期末在产品数量$$

$$在产品其他费用 = \frac{期初在产品的其他费用 + 本期发生的其他费用}{本期产成品数量 + 期末在产品约当产量} \times 期末在产品约当产量$$

$$期末在产品成本 = 期末在产品材料费 + 期末在产品其他费用$$

【例 11-2】 假设某企业生产甲产品，本月完工 50 件，月末在产品 10 件，完工程度 50%，原材料在开工时一次投入。期初在产品材料费和本月材料费共计 120000 元，工资及其他费用 110000 元。则期末在产品成本计算如下：

$$在产品材料费 = \frac{120000}{50 + 10} \times 10 = 20000 \text{ 元}$$

$$在产品其他费 = \frac{110000}{50 + 5} \times 5 = 10000 \text{ 元}$$

在产品成本 = 20000 + 10000 = 30000 元

2. 定额成本法

定额成本法是预先确定各加工阶段的各种消耗定额，月末根据盘点的在产品数量和完工程度以及各种消耗定额，计算月末在产品成本的方法。采用这种方法，期末在产品成本按定额成本计算，定额与实际的差额全部由本月完工产品成本负担。因此，它只适用于各月在产品数量变动不大，且定额成本与实际成本差异较小的附属企业。

【例 11-3】 甲产品生产用材料于开工时一次投入，其材料费用定额为 20 元，每小时人工费为 3 元，其他费用为 2.5 元；月末有在产品 50 件，在各工序累计已消耗定额工时 300 工时。则在产品定额成本可计算如下：

$$在产品定额材料成本 = 50 \times 20 = 1000 元$$
$$在产品定额人工成本 = 3 \times 300 = 900 元$$
$$在产品定额其他成本 = 2.5 \times 300 = 750 元$$
$$在产品定额成本 = 1000 + 900 + 750 = 2650 元$$

3. 定额比例法

定额比例法是先采用定额成本法计算出在产品和产成品的定额成本，再按产品实际总成本与定额总成本的比例，计算月末在产品成本的方法。其计算公式为：

$$月末在产品成本 = \frac{月初在产品成本 + 本月生产费用}{产成品定额成本 + 月末在产品定额成本} \times 月末在产品定额成本$$

这种方法适用于定额管理较健全，但定额成本与实际成本差异较大的附属企业。

4. 材料成本法

材料成本法是当在产品中材料费占成本的比重很大时，为了简化计算手续，只计算材料成本而不计算其他生产费用，以期末在产品的材料成本作为在产品成本的方法。

如果在产品数量较少，或期初期末在产品数量相差不大，可以不计算在产品成本，本期发生的生产费用全部作为产成品成本。

第二节 附属企业成本计算的品种法

一、品种法及特点

品种法是以产品品种作为成本核算对象归集生产费用计算产品成本的方法。它主要适用于大量大批单步骤生产的企业，例如砂石开采、混凝土搅拌、运输作业等。

按品种法计算产品成本，可以分两种情况。一种是只生产一种产品，且月末没有在产品，将生产过程中发生的生产费用归集起来就是该产品的成本，这种核算成本的方法称为单品种品种法（通常称作简单法）。另一种是生产的产品品种在两种或两种以上，月末既有完工产品又有在产品，这就需要按产品品种分别开设成本明细账，并将发生的生产费用在完工产品和在产品之间进行分配，以计算产成品成本。这种方法称为多品种品种法。简单法是品种法的特例。

简单法的特点：
（1）以产品品种或作业种类为成本核算对象。
（2）成本计算于月末定期进行。与会计报告期一致，与生产周期不一致。

（3）成本核算程序简单。一般不需要计算期末在产品的成本，各成本计算对象当月归集的费用总额，即为该种产品或作业的总成本；总成本除以实际产量或作业量，即为该种产品或作业的单位成本。

二、品种法的运用——汽车运输成本核算

汽车运输成本核算就是要核算和监督汽车运输过程中发生的各种耗费，计算汽车运输的总成本和单位成本。

（一）汽车运输的成本核算对象和成本计算单位

汽车运输一般以汽车种类为成本核算对象，如载重车、自卸车、拖车等。大型车辆应以单车或车组为成本核算对象。

汽车运输成本的计算单位，应与计费标准相一致。如施工现场倒运物资或零星物资短途运输，以每一台班为成本计算单位；承担长途运输（一般指单程运距在50km以上）的，以每一吨公里为成本计算单位。建筑企业的汽车运输主要是为施工生产服务，运距较短，装卸频繁，空驶较多，一般按台班计算成本。

（二）汽车运输的成本项目

附属企业的汽车运输成本，应通过"机械作业—机械出租"账户核算，并设置以下五个成本项目：

（1）人工费。指汽车驾驶人员的工资和职工福利费。

（2）燃料及动力费。指汽车运转所耗用的动力、燃料等费用。

（3）折旧及修理费。指按规定计提的折旧费、大修理费和发生的经常修理费。

（4）其他直接费。指润滑及擦拭材料、其他材料的成本以及预算定额规定的其他直接费，如养路费等。

（5）间接费用。指为组织管理机械作业所发生的各项费用。

（三）汽车运输成本的计算方法

汽车运输属于简单生产，采用品种法核算成本。企业应按确定的成本核算对象（汽车种类、单车或车组）设置"机械作业明细账"，归集运输作业费用。同时，设置"机械作业——间接费用"账户，归集管理和组织汽车运输发生的综合性费用，月末分配计入按各成本核算对象设置的成本明细账中。各成本明细账归集的费用即为当月作业总成本，总成本除以运输作业量，就是汽车运输每一台班或每一吨公里的成本。

【例11-4】 永盛建筑公司所属内部独立核算的汽车运输队对外提供运输劳务，本月发生的经济业务及会计处理如下：

（1）归集与分配汽车运输费用。

1）以银行存款支付本月养路费15000元。其中，载重车负担5000元，自卸车负担10000元。编制会计分录如下：

借：机械作业——载重车（其他直接费）　　　　　　5000
　　　　　　——自卸车（其他直接费）　　　　　　10000
　　贷：银行存款　　　　　　　　　　　　　　　　15000

2）本月应付驾驶人员工资9000元。其中，载重车驾驶人员工资3000元，自卸车驾驶人员工资6000元。编制会计分录如下：

借：机械作业——载重车（人工费）　　　　　　　　3000

　　　　　——自卸车（人工费）　　　　　　　　　6000
　　　　贷：应付工资　　　　　　　　　　　　　　　　　9000
　3）本月领料凭证汇总表显示，载重车本月耗用燃油料共计4500元，自卸车本月耗用燃油料共计8000元。编制会计分录如下：
　　　　借：机械作业——载重车（燃料及动力费）　　4500
　　　　　——自卸车（燃料及动力费）　　　　　　　8000
　　　　贷：库存材料——其他材料　　　　　　　　　12500
　4）采用工作量法计提本月固定资产折旧费15200元。其中载重车5200元，自卸车10000元。编制会计分录如下：
　　　　借：机械作业——载重车（折旧及修理费）　　5200
　　　　　——自卸车（折旧及修理费）　　　　　　　10000
　　　　贷：累计折旧　　　　　　　　　　　　　　　15200
　5）以银行存款支付本月修理费用13320元。其中，载重车负担7320元，自卸车负担6000元。编制会计分录如下：
　　　　借：机械作业——载重车（折旧及修理费）　　7320
　　　　　——自卸车（折旧及修理费）　　　　　　　6000
　　　　贷：银行存款　　　　　　　　　　　　　　　13320
　（2）分配间接费用。本月为组织和管理汽车运输队的作业生产共发生费用3251元，按直接费分配计入机械作业成本。会计处理如下：

$$分配率 = \frac{3251}{25020 + 40000} \times 100\% = 5\%$$

载重车应负担的间接费用为：$25020 \times 5\% = 1251$ 元
自卸车应负担的间接费用为：$40000 \times 5\% = 2000$ 元
　　　　借：机械作业——载重车（间接费用）　　　　1251
　　　　　——自卸车（间接费用）　　　　　　　　　2000
　　　　贷：机械作业——间接费用　　　　　　　　　3251
　（3）月末，结转本月运输作业成本。编制会计分录如下：
　　　　借：其他业务支出　　　　　　　　　　　　　68271
　　　　贷：机械作业——载重车　　　　　　　　　　26271
　　　　　　机械作业——自卸车　　　　　　　　　　42000
　根据上述经济业务，以载重车为例，登记"机械作业明细账"，见表11-1。

机械作业明细账　　　　　　　　　　　　　　　　　表11-1

汽车类型：载重车

年		凭证号数	摘　要	借　方						贷　方	余　额
月	日			人工费	燃料及动力费	折旧及修理费	其他直接费	间接费用	合　计		
		1	支付养路费			5000			5000		5000
		2	分配工资	3000					3000		8000
		3	耗用油料		4500				4500		12500

续表

年		凭证号数	摘要	借方						贷方	余额
月	日			人工费	燃料及动力费	折旧及修理费	其他直接费	间接费用	合计		
		4	计提折旧			5200			5200		17700
		5	修理费			7320			7320		25020
		6	间接费					1251	1251		26271
		7	结转运输成本							26271	—
			合　计	3000	4500	125200	5000	1251	26271	26271	

第三节　附属企业成本计算的分步法

分步法是指以各种产品及其所经过的生产步骤为对象归集生产费用，计算产品成本的方法。其主要特点如下：

(1) 以产品品种及其生产步骤为成本核算对象，按生产步骤计算并结转半成品成本。
(2) 成本计算于月末定期进行，与生产周期不一致。
(3) 一般需要计算各步骤月末在产品成本。

按照半成品成本结转方式的不同，分步法又分为逐步结转分步法和平行结转分步法两种。

一、逐步结转分步法

逐步结转分步法是指按照产品加工的顺序，逐步计算并结转半成品成本，至最后一个生产步骤计算出产成品成本的分步法。在逐步结转分步法下，上一步骤的半成品成本，要随着其实物的转移从上一步骤产品成本明细账转入下一步骤相同产品的成本明细账中，通过最后一个步骤的产品成本明细账即可计算出产成品成本。其成本结转程序如图11-1所示。

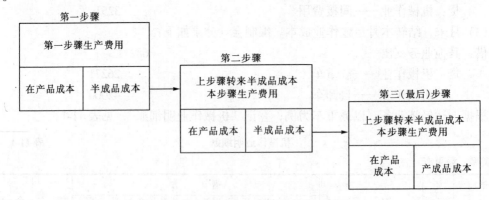

图11-1　逐步结转分步法成本结转程序图

(一) 逐步结转分步法的成本计算程序

(1) 按生产步骤设置产品成本明细账，归集各步骤发生的生产费用。如果一个步骤生产多种产品，成本明细分类账要按该生产步骤和每种产品分别设置。

(2) 设置"制造费用"明细账,归集发生的间接费用,然后按照一定的标准,分配计入各个生产步骤的产品成本明细账中。

(3) 计算并结转第一步骤完工半成品成本。即将第一步骤发生的生产费用在完工半成品和期末在产品之间进行分配,计算出完工半成品成本,并按第二步骤的耗用量转入第二步骤成本明细账中。

(4) 计算并结转第二步骤完工半成品成本。即将第二步骤发生的生产费用加计第一步骤转入的半成品成本,计算出第二步骤完工半成品成本,并按第三步骤的耗用量转入第三步骤的成本明细账中。

……

(5) 最后生产步骤计算并结转产成品成本。即将最后生产步骤发生的生产费用加计上一步骤转入的半成品成本,在产成品和在产品之间进行分配,计算出产成品成本。

需要注意的是,各步骤转入下一步骤的半成品成本,应根据下一步骤的耗用量乘以半成品的单位成本计算。如果月初有库存半成品,转入下一步骤的半成品成本也要同材料一样,采用先进先出、加权平均等方法计算确定。

(二) 逐步结转分步法的特点

(1) 半成品成本随实物的转移逐步结转。

(2) 产成品成本根据产成品车间(最后一个步骤)的成本明细账计算确定。

(3) 各步骤成本明细账不仅核算本步骤发生的费用,还核算上一步骤转入的半成品成本(第一步骤除外)。

(4) 既计算产成品成本,又计算半成品成本。

(三) 逐步结转分步法的运用——钢筋混凝土构件成本计算

钢筋混凝土构件的制作,要经过钢筋成型、混凝土浇灌两个生产步骤,设钢筋、预制两个生产车间组织生产。钢筋车间从事成型钢筋和铁件的制作;预制车间从事构件的预制,其工艺过程包括安装模板、摆置骨架、混凝土搅拌、浇灌、捣固、养护、拆模、起吊等工序。

在产品品种规格较少的企业,可以按产品品种和生产步骤计算成本;在产品品种规格较多的企业,一般先采用分步法核算出各类构件的成本,然后再采用分类法分配计算各种构件的实际成本。

混凝土预制构件的生产属于工业性生产,一般设置以下五个成本项目:

(1) 人工费。指制造产品的生产工人工资和职工福利费。

(2) 材料费。指构成产品实体的原材料和有助产品形成的各种材料的实际成本以及周转材料的摊销额。

(3) 机械使用费。指机械设备所耗用的燃料费、动力费以及机械设备的折旧费、修理费和租赁费(不包括融资租赁费)。

(4) 其他直接费。指附属工业企业在制造产品过程中所发生的水、电、风、气等费用以及停工损失、废品损失等。

(5) 间接费用。指附属工业企业为组织和管理生产所发生的费用。

【例 11-5】 黄河建工集团所属的河东预制厂,专门生产大型屋面板和空心板两种产品。因产品规格较多,故先按分步法组织成本核算,然后再按分类法计算不同规格产品的成本。2003 年 4 月份有关业务及会计处理如下：

（1）分别钢筋、预制车间按大型屋面板和空心板设置产品成本明细账，见表 11-2、表 11-3、表 11-4、表 11-5。

（2）假设 3 月末钢筋车间结转未成型钢筋成本 6000 元，其中大型屋面板 3600 元，空心板 2400 元；预制车间结转在产品成本 8000 元，其中大型屋面板 4500 元，空心板 3500 元。分别见表 11-2、表 11-3、表 11-4、表 11-5 的期初余额。

（3）假设 4 月份各车间生产产品发生的生产费用，已根据记账凭证和各种费用分配表记入各该产品成本明细账，见表 11-2、表 11-3、表 11-4、表 11-5。

（4）月末进行实地盘点，按各车间在产品数量及材料成本法计算月末在产品成本如下：

钢筋车间：大型屋面板 4800 元，空心板 3600 元。

预制车间：大型屋面板 6000 元，空心板 4000 元。

钢筋车间产品成本明细账 表 11-2

产品名称：大型屋面板

2003年		凭证号数	摘要	借方						贷方	余额
月	日			人工费	材料费	机械使用费	其他直接费	间接费用	合计		
4	1		期初余额		3600						3600
4	30	转11	耗用材料		100000				100000		103600
4	30	转12	分配工资	7000					7000		110600
4	30	转13	分配机械使用费			20500			20500		131100
4	30	银付9	支付水电费				6300		6300		137400
4	30	转20	分配间接费					11200	11200		148600
4	30	转21	结转半成品成本							143800	4800
			本月合计	7000	100000	20500	6300	11200	145000	143800	

钢筋车间产品成本明细账 表 11-3

产品名称：空心板

2003年		凭证号数	摘要	借方						贷方	余额
月	日			人工费	材料费	机械使用费	其他直接费	间接费用	合计		
4	1		期初余额		2400						2400
4	30	转11	耗用材料		20000				20000		22400
4	30	转12	分配工资	2000					2000		24400
4	30	转13	分配机械使用费			10000			10000		34400
4	30	银付9	支付水电费				1800		1800		36200
4	30	转20	分配间接费					3200	3200		39400
4	30	转21	结转半成品成本							35800	3600
			本月合计	2000	20000	10000	1800	3200	37000	35800	

预制车间产品成本明细账 表11-4

产品名称：大型屋面板

2003年		凭证号数	摘要	借方						贷方	余额
月	日			人工费	材料费	机械使用费	其他直接费	间接费用	合计		
4	1		期初余额		4500						4500
4	30	转11	耗用材料		90000				90000		94500
4	30	转12	分配工资	13200					13200		107700
4	30	转13	分配机械使用费			35000			35000		142700
4	30	银付9	支付水电费				11880		11880		154580
4	30	转20	分配间接费					21120	21120		175700
4	30	转21	成型钢筋成本		143800				143800		319500
4	30	转22	结转产成品成本							313500	6000
			本月合计	13200	233800	35000	11880	21120	315000	313500	

(5) 假设钢筋车间本月完成的成型钢筋已陆续地全部交付预制车间使用。根据有关资料，计算并结转完工半成品成本。

大型屋面板完工半成品成本为 3600 + 145000 − 4800 = 143800 元

空心板完工半成品成本为 2400 + 37000 − 3600 = 35800 元

作会计分录如下：

借：工业生产——预制车间（大型屋面板） 143800
　　工业生产——预制车间（空心板） 35800
　　贷：工业生产——钢筋车间（大型屋面板） 143800
　　　　工业生产——钢筋车间（空心板） 35800

预制车间产品成本明细账 表11-5

产品名称：空心板

2003年		凭证号数	摘要	借方						贷方	余额
月	日			人工费	材料费	机械使用费	其他直接费	间接费用	合计		
4	1		期初余额		3500						3500
4	30	转11	耗用材料		50000				50000		53500
4	30	转12	分配工资	7800					7800		61300
4	30	转13	分配机械使用费			8500			8500		69800
4	30	银付9	支付水电费				7020		7020		76820
4	30	转20	分配间接费					12480	12480		89300
4	30	转21	成型钢筋成本		35800				35800		125100
4	30	转22	结转半成品成本							121100	4000
			本月合计	7800	85800	8500	7020	12480	121600	121100	

(6) 计算预制车间完工产品的实际成本。

大型屋面板实际成本为 4500 + 171200 + 143800 − 6000 = 313500 元

空心板实际成本为 3500 + 85800 + 35800 − 4000 = 121100 元

(7) 计算不同规格的混凝土构件的实际总成本和单位成本。

计算出完工产品成本后，还须将产品成本在不同规格的产品之间进行分配。分配标准一般是各种规格产品的预算成本。本例中，不同规格构件的总成本和单位成本计算如表 11-6 所示。

不同规格混凝土构件成本计算表　　　　　　表 11-6

构件类别	规格	单位	生产数量	预算成本（元）		实际成本（元）	
				单位成本	合计	实际总成本	单位成本
大型屋面板	YB-1	m³	500	340	170000	152272	304.54
	YB-2		500	360	180000	161228	322.46
合　计					350000	313500	
空心板	YKB-1	m³	100	220	22000	20814	208.14
	YKB-2		200	250	50000	47305	236.53
	YKB-3		200	280	56000	52981	264.91
合计					128000	121100	

以上各种构件单位成本的计量单位是立方米。如果要求每块构件的成本，则可以每块构件的体积，乘以该构件每立方米成本求得。假设每块 YB-1 大型屋面板的体积为 $0.4451m^3$，则每块 YB-1 大型屋面板的成本为：

$$0.4451 \times 304.54 = 135.55 \text{ 元}$$

根据产成品入库单，作会计分录如下：

借：库存商品——大型屋面板 YB-1　　　　152272
　　库存商品——大型屋面板 YB-2　　　　161228
　　库存商品——空心板 YKB-1　　　　　20814
　　库存商品——空心板 YKB-2　　　　　47305
　　库存商品——空心板 YKB-3　　　　　52981
　　贷：工业生产——预制车间（大型屋面板）　313500
　　　　工业生产——预制车间（空心板）　　　121100

二、平行结转分步法

平行结转分步法也叫不计算半成品成本的分步法。它是在成本计算时，不计算耗用上一步骤半成品的成本，只计算本步骤发生的生产费用以及这些费用中应计入产品成本的份额，将各步骤计入相同产成品的"份额"平行结转、汇总，就可计算出产成品的成本。其成本结转程序如图 11-2 所示。

（一）平行结转分步法的成本计算程序

(1) 按生产步骤和品种设置成本明细账，归集各步骤发生的费用；

(2) 以最终产品为目标，分别计算各步骤应计入产品成本的费用（份额）；

(3) 将各步骤应计入相同产品的"份额"平行结转、汇总，计算出产成品成本。

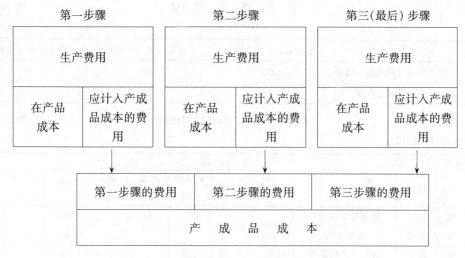

图 11-2 平行结转分步法成本结转程序图

（二）平行结转分步法的特点

(1) 半成品成本不随实物的转移逐步结转；

(2) 各步骤成本明细账只核算本步骤发生的费用，不核算上一步骤转入的半成品成本；

(3) 各步骤成本明细账的月末余额，反映的是广义在产品的成本；

(4) 一般不计算各步骤的半成品成本，产成品成本根据各步骤计入产成品成本的份额汇总计算。

（三）各步骤应计入产成品成本的"份额"的计算

各步骤应计入产成品成本的"份额"，以产成品的数量为准计算。其计算公式如下：

$$\text{某步骤单位半成品费用} = \frac{\text{该步骤月初在产品成本} + \text{该步骤本月生产费用}}{\text{该步骤完工半成品数量} + \text{该步骤在产品约当产量}}$$

$$\text{产成品成本中该步骤的份额} = \text{产成品数量} \times \text{单位产成品耗用该步骤半成品的数量} \times \text{该步骤单位半成品费用}$$

$$\text{某步骤月末在产品成本} = \text{该步骤月初在产品成本} + \text{该步骤本月生产费用} - \text{该步骤转入产成品成本的份额}$$

【例 11-6】 某步骤月初在产品成本为 5200 元，本月发生生产费用 8000 元；本月完工半成品 360 件，月末尚有加工中在产品 80 件，其完工程度为 50%。本月入库产成品 50 件，每件耗用该步骤半成品 2 件。该步骤应计入产成品成本的份额计算如下：

$$\text{该步骤单位半成品费用} = \frac{5200 + 8000}{360 + 80 \times 50\%} = 33 \text{ 元}$$

$$\text{产成品成本中该步骤的份额} = 50 \times 2 \times 33 = 3300 \text{ 元}$$

$$\text{该步骤月末在产品成本} = 5200 + 8000 - 3300 = 9900 \text{ 元}$$

（四）平行结转分步法的运用——制砖厂成本核算

【例 11-7】 假设黄河建工集团内部独立核算的制砖厂，分黏土采掘、制坯、焙烧三个生产步骤组织生产。本月只生产一种标准砖，生产情况如表 11-7 所示。

生产情况记录 表11-7

2003年4月

	黏土采掘步骤（m³）	制坯步骤（万块）	焙烧步骤（万块）
各步骤生产的半成品（产成品）数量	1000	40	35
转入下一步骤的半成品数量	800	35	

黏土采掘步骤产品成本明细账 表11-8

产品名称：标准砖

2003年		凭证号数	摘要	借方						贷方	余额
月	日			人工费	材料费	机械使用费	其他直接费	间接费用	合计		
4	30	转11	耗用燃料动力费			900			900		900
4	30	转12	分配工资	8100					8100		9000
4	30	转13	固定资产折旧费			500			500		9500
4	30	转14	固定资产修理费			250			250		9750
4	30	转20	分配间接费					250	250		10000
4	30	转22	结转半成品成本	-5670		-525	-630	-175	-7000	7000	3000
4	30		期末余额	2430		225	270	75	3000		3000

制坯步骤产品成本明细账 表11-9

产品名称：标准砖

2003年		凭证号数	摘要	借方						贷方	余额
月	日			人工费	材料费	机械使用费	其他直接费	间接费用	合计		
4	30	转10	耗用材料		6000				6000		6000
4	30	转11	耗用燃料动力费			1000			1000		7000
4	30	转12	分配工资	26000					26000		33000
4	30	转13	固定资产折旧费			4000			4000		37000
4	30	转14	固定资产修理费			2000			2000		39000
4	30	转20	分配间接费					1000	1000		40000
4	30	转22	结转半成品成本	-22750	-5250	-5250	-875	-875	-35000	35000	5000
4	30		期末余额	3250	750	750	125	125	5000		5000

焙烧步骤产品成本明细账 表11-10

产品名称：标准砖

2003年		凭证号数	摘要	借方						贷方	余额
月	日			人工费	材料费	机械使用费	其他直接费	间接费用	合计		
4	30	转10	耗用材料		1500				1500		1500
4	30	转11	耗用燃料动力费			5000			5000		6500
4	30	转12	分配工资	13000					13000		19500
4	30	转13	固定资产折旧费			1500			1500		21000
4	30	转14	固定资产修理费			900			900		21900
4	30	转20	分配间接费					600	600		22500
4	30	转22	结转半成品成本	-13000	-1500	-2400	-5000	-600	-22500	22500	平

产品成本计算表　　　　　　　　　表11-11

产品名称：标准砖　　　2003年4月

成本项目	黏土采掘			制坯			焙烧		实际总成本	单位成本
	本月生产费用	转入产成品的份额	月末在产品成本	本月生产费用	转入产成品的份额	月末在产品成本	本月生产费用	转入产成品的份额		
人工费	8100	5670	2430	26000	22750	3250	13000	13000	41420	1183.43
材料费				6000	5250	750	1500	1500	6750	192.86
机械使用费	750	525	225	6000	5250	750	2400	2400	8175	233.57
其他直接费	900	630	270	1000	875	125	5000	5000	6505	185.86
间接费用	250	175	75	1000	875	125	600	600	1650	47.14
成本合计	10000	7000	3000	40000	35000	5000	22500	22500	64500	1842.86

假设月初、月末均无在产品，其成本核算程序如下：

(1) 按标准砖的生产步骤设置产品成本明细账，归集各步骤发生的费用，见表11-8、表11-9、表11-10。

(2) 计算各步骤应计入产成品成本的份额。

1) 黏土采掘步骤：

转入产成品的人工费 $= \dfrac{8100}{1000} \times \dfrac{800}{40} \times 35 = 5670$ 元

转入产成品的机械使用费 $= \dfrac{750}{1000} \times \dfrac{800}{40} \times 35 = 525$ 元

转入产成品的其他直接费 $= \dfrac{900}{1000} \times \dfrac{800}{40} \times 35 = 630$ 元

转入产成品的间接费用 $= \dfrac{250}{1000} \times \dfrac{800}{40} \times 35 = 175$ 元

2) 制坯步骤：

转入产成品的人工费 $= \dfrac{26000}{40} \times 35 = 22750$ 元

转入产成品的材料费 $= \dfrac{6000}{40} \times 35 = 5250$ 元

转入产成品的机械使用费 $= \dfrac{6000}{40} \times 35 = 5250$ 元

转入产成品的其他直接费 $= \dfrac{1000}{40} \times 35 = 875$ 元

转入产成品的间接费用 $= \dfrac{1000}{40} \times 35 = 875$ 元

3) 焙烧步骤：

因月末没有在产品，故本步骤发生的各项费用全部转入产成品成本。

(3) 汇总计算标准砖的实际总成本和单位成本，见表11-11。

根据入库单，作会计分录如下：

借：库存商品——标准砖　　　　　　　　64500
　　贷：工业生产——黏土采掘　　　　　　　7000
　　　　工业生产——制坯　　　　　　　　35000
　　　　工业生产——焙烧　　　　　　　　22500

第四节 附属企业成本计算的分批法

分批法又称定单法,是指按产品批别或定单归集生产费用,计算产品成本的方法。适用于小批、单件生产的附属企业,如机械修配厂、金属构件加工厂等。

一、分批法的特点

(1) 以每批产品或每一定单为对象归集生产费用,计算产品成本;

(2) 成本计算不定期,与产品的生产周期基本一致,而与会计报告期不一致。在分批法下,某批产品完工前,其成本明细账归集的费用即为在产品成本;产品完工后,其成本明细账归集的费用即为该批产品的实际总成本。

(3) 一般不需要在完工产品和在产品之间分配费用。在分批法下,虽然要按月归集生产费用,但产品完工前并不需计算其实际成本,因此不需要在完工产品和在产品之间分配费用。

二、分批法的成本核算程序

(1) 按照产品批别(或定单)开设成本明细账,归集各项生产费用;

(2) 月末,根据各批别(或定单)产品的完工情况,进行成本计算。对全部完工的批别,按产品成本明细账归集的费用计算和结转其完工产品的成本;对部分完工的批别,暂按计划成本或其他批别同类产品的实际成本计算已完工入库的产品成本;对未完工的批别,产品成本明细账可以连续登记,不必逐月结转。

三、分批法的运用——建筑机械修配厂成本计算

为了充分利用施工机械,提高机械设备的完好率和利用率,建筑企业一般都设有建筑机械修配厂,从事机械设备的改良、修理和非标准机具的制作。

【例 11-8】 假设黄河建工集团附属的宏风机械修配厂,2003 年 4 月生产情况如下:

①上月开工,本月继续改制 10t 起重机一台,月末完工(任务单 101 号);②本月开工,受托大修履带式挖土机 2 台,尚未完工(任务单 102 号);③本月开工,受托大修卷扬机 5 台,本月完工 2 台,已交委托方使用(任务单 103 号)。

宏风机械修配厂有关会计处理如下:

(1) 将各项生产费用分配计入按各定单开设的成本明细账中,见表 11-12、表 11-13、表 11-14。其中,101 定单结转上月末在产品成本 2400 元。

工业生产成本明细账　　　　　　　　　　　　　　表 11-12

产品批别:101 号

2003 年		凭证号数	摘要	借方						贷方	余额
月	日			人工费	材料费	机械使用费	其他直接费	间接费用	合计		
4	1		期初余额	600	600	800	200	200	2400		2400
4	30	转 11	耗用材料及半成品		11760				11760		14160
4	30	转 12	分配工资	2800					2800		16960
4	30	转 13	计提折旧及修理费			2900			2900		19860
4	30	银付 9	支付外购动力费				1880		1880		21740
4	30	转 20	分配间接费					520	520		22260
4	30	转 21	结转产成品成本							22260	平
			本月合计	2800	11760	2900	1880	520	19860	22260	

工业生产成本明细账 表 11-13

产品批别：102 号

2003年		凭证号数	摘要	借方						贷方	余额
月	日			人工费	材料费	机械使用费	其他直接费	间接费用	合计		
4	30	转11	耗用材料及配件		3436				3436		3436
4	30	转12	分配工资	1000					1000		4436
4	30	转13	计提折旧及修理费			2200			2200		6636
4	30	银付9	支付外购动力费				1200		1200		7836
4	30	转20	分配间接费					900	900		8736
			本月合计	1000	3436	2200	1200	900	8736		

工业生产成本明细账 表 11-14

产品批别：103 号

2003年		凭证号数	摘要	借方						贷方	余额
月	日			人工费	材料费	机械使用费	其他直接费	间接费用	合计		
4	30	转11	耗用材料及配件		5700				5700		5700
4	30	转12	分配工资	2200					2200		7900
4	30	转13	计提折旧及修理费			2100			2100		10000
4	30	银付9	支付外购动力费				2000		2000		12000
4	30	转20	分配间接费					1800	1800		13800
4	30	转21	结转产成品成本							7000	6800
			本月合计	2200	5700	2100	2000	1800	13800	7000	

（2）月末，计算并结转完工产品成本。其中，大修卷扬机因未全部完工，暂按计划成本（每台3500元）转账。作会计分录如下：

借：库存商品——10t 起重机　　　　　22260
　　其他业务支出　　　　　　　　　　7000
　　贷：工业生产——101 号　　　　　22260
　　　　工业生产——103 号　　　　　7000

假设大修的卷扬机下月份全部完工，并已发交委托方使用。修理过程中又发生材料费4000元，人工费1000元，折旧修理费400元，分配间接费用200元。有关账务处理如下：

1）归集发生的费用，作如下会计分录：

借：工业生产——103 号　　　　　　5600
　　贷：库存材料　　　　　　　　　4000
　　　　应付工资　　　　　　　　　1000
　　　　累计折旧　　　　　　　　　400
　　　　制造费用　　　　　　　　　200

2）月末，结转完工产品成本12400元（6800＋5600），作如下会计分录：

借：其他业务支出　　　　　　　　　　12400

贷：工业生产——103号　　　　　　12400

思考题与习题

思考题

1. 附属企业有哪些生产类型？各适用于什么成本核算方法？
2. 在产品成本的计算方法有哪些？
3. 什么叫约当产量法？材料一次投入时，如何运用约当产量法计算在产品的成本？
4. 成本核算的简单法有哪些特点？如何核算产品成本？
5. 成本核算的分步法有哪些特点？逐步结转分步法和平行分步法有何异同？
6. 成本核算的分批法有哪些特点？如何核算产品成本？
7. 汽车运输成本核算应采用什么成本核算方法？应设置哪些成本项目？
8. 木材加工成本核算应采用什么成本核算方法？应设置哪些成本项目？
9. 混凝土预制构件成本核算应采用什么成本核算方法？其成本核算对象如何确定？

习题一

（一）练习汽车运输作业成本的核算。

（二）资料：东方建筑公司所属的汽车运输队，2002年12月份对外承揽运输业务发生有关经济业务如下：

1. 本月运输量，见表11-15。

表11-15

名　称	台　数	运输量（吨公里）	行驶里程		
			重车公里	轻车公里	合　计
自卸车	12	64800	16200	16200	32400
载重车	20	180000	36000	20000	56000
拖　车	1	12000	600	600	1200

2. 本月燃料、辅助材料耗用情况见表11-16。

表11-16

受益对象	燃　料				辅助材料	
	名　称	单　位	数　量	单　价	润滑油	擦拭材料
自卸车	汽油	公斤	6480	1.27	400	200
载重车	汽油	公斤	11200	1.27	450	240
拖　车	柴油	公斤	720	1.08	120	50

3. 本月耗用工日数及应付工资见表11-17。

表11-17

项　　目	工　日　数	应付工资（元）
生产工人工资		43200
自卸车	480	
载重车	600	
拖　车	120	
管理人员工资		6500

4. 按规定提取职工福利费及工会经费。
5. 本月应计提的固定资产折旧见表11-18。

表 11-18

受益对象	折旧额（元）
自卸车	3240
载重车	5400
拖车	480
管理部门	800
合计	9880

6. 机修车间发生费用12000元，修理工时如下：自卸车250工时，载重车480工时，拖车300工时。按工时分配机修费用。
7. 开出转账支票，支付汽车养路费和牌照税8085元，其中：自卸车2940元，载重车4900元，拖车245元。
8. 以银行存款支付办公费750元，差旅交通费1025元，行政工具用具使用费1200元，行政人员劳动保护费600元，其他490元。
9. 将归集的间接费用，以直接费为标准进行分配。
10. 结转本月汽车运输成本。

（三）要求：
1. 以汽车类型为成本核算对象，设置汽车运输成本明细账和间接费用明细账；
2. 根据资料（2）～（10）编制记账凭证；
3. 登记间接费用明细账和汽车运输成本明细账。

习题二

（一）练习木门窗成本的计算。
（二）资料：
1. 某建筑企业所属内部独立核算的木材加工厂对木门窗采用分类法计算成本。2002年8月份，平开窗成本明细分类账中记录的月初在产品成本和本月发生的生产费用见表11-19。

表 11-19

	月初在产品成本	本月生产费用
材料费	31920元	447640元
人工费	1000元	29500元
其他直接费	2000元	59000元
间接费用	2000元	59000元
合计	36920元	595140元

2. 8月份各种平开窗的月初在产品、本月完工产品和月末在产品数量见表11-20。

表 11-20

	断面 50cm²	断面 60cm²
月初在产品		2000m²
本月完工产品	10000m²	20000m²
月末在产品		1000m²

233

3. 生产各种开平窗所用材料于开工时一次投入，人工和其他费用在生产过程中陆续发生。月末在产品的完工程度假定为50%。

4. 各种平开窗每平方米的材料预算成本和工时定额见表11-21。

表 11-21

	断面 50cm²	断面 60cm²
每平方米材料预算成本	15.20 元	16.80 元
每平方米工时定额 4800	0.16 工时	0.16 工时

5. 其他直接费和间接费用均按各种平开窗的定额工时进行分配。

（三）要求：

1. 计算8月份完工各种平开窗的总成本和单位（每平方米）成本，并附计算方法。
2. 计算断面 60cm² 的月末在产品成本。

习题三

（一）练习钢筋混凝土构件成本的计算。

（二）资料：

1. 某建筑企业所属内部独立核算的混凝土构件预制厂设置钢筋、预制两个车间，专门生产吊车梁和大型屋面板（为了简化计算，假定只有一种规格），2000年8月份内，钢筋、预制车间完成产品和月初、月末在产品数量见表11-22。

表 11-22

	单 位	吊车梁	大型屋面板
钢筋车间 本月完成	t	40	44
月初在产品	t	10	4
月末在产品	t	20	—
预制车间 本月完成	m³	400	400

2. 钢筋车间各种构件的月初在产品成本见表11-23。

表 11-23

	吊车梁	大型屋面板
材料费	14000 元	4800 元
人工费	400 元	120 元
其他直接费	400 元	120 元
间接费用	600 元	180 元
合 计	15400 元	5220 元

3. 8月份钢筋、预制车间生产各种构件发生的费用见表11-24。

表 11-24

	钢筋车间		预制车间	
	吊车梁	大型屋面板	吊车梁	大型屋面板
材料费	70000 元	48000 元	52800 元	55440 元
人工费	3600 元	2400 元	4800 元	7040 元
其他直接费	4320 元	2880 元	5760 元	8448 元
间接费	4680 元	3120 元	6240 元	9152 元
合 计	82600 元	56400 元	69600 元	80080 元

4. 钢筋车间生产各种构件用材料在开工时一次投入，人工和其他费用在加工过程中陆续发生。月初、月末在产品的约当产量假定均为50%。

5. 钢筋车间成型钢筋全部用于预制车间浇灌混凝土构件。

（三）要求：

1. 计算8月末钢筋车间未成型吊车梁成本（分成本项目），并附计算方法。

2. 用逐步结转分步法计算8月份完工吊车梁和大型屋面板的总成本和单位成本（附计算方法），并作各步骤成本结转的分录。

3. 用平行结转分步成本计算8月份完工吊车梁和大型屋面板的总成本和单位成本（附计算方法），并作各步骤成本结转的会计分录。

第十二章 收 入

第一节 收入概述

一、收入的定义

收入是指企业在销售商品、提供劳务及让渡资产使用权等日常活动中所形成的经济利益的总流入。收入不包括为第三方或客户代收的款项。

日常活动，指企业为完成其经营目标而从事的所有活动以及与之相关的其他活动。对建筑企业而言，承包工程、销售产品或材料、提供机械作业和运输劳务、出租固定资产等，均属于其日常活动。只有日常活动形成的经济利益的流入才作为收入核算，日常活动以外的经济活动形成的经济利益的流入，如固定资产盘盈、处置固定资产净收益、出售无形资产收益、罚没收入等，属于企业的营业外收入，不属于收入核算的范畴。因此，本章所讲的收入仅指企业日常活动取得的营业收入。

二、收入的特点

收入的特点主要表现在以下几方面：

(1) 收入从企业日常活动中产生，而不是从偶发的交易或事项中产生。如建筑企业由承包工程、销售产品或材料、提供机械作业或运输劳务等日常活动流入的经济利益属于收入，而出售固定资产、固定资产盘盈、出售无形资产等取得的经济利益属于利得，不属于收入。这是因为企业购置固定资产或无形资产的目的是为了使用而不是为了出售，将固定资产或无形资产出售并不是企业的经营目的，也不属于企业的日常活动，因此取得的收益不能作为收入。

(2) 收入可能表现为企业资产的增加，也可能表现为企业负债的减少，或者二者兼而有之。

(3) 收入能导致企业所有者权益的增加。如上所述，收入能增加资产、减少负债或二者兼而有之。因此，根据"资产－负债＝所有者权益"的关系，企业取得收入一定能增加所有者权益。这里仅指收入本身对所有者权益的影响，而不是指收入扣除相关成本费用后的毛利对所有者权益的影响。

(4) 收入只包括本企业经济利益的流入，不包括为第三方或客户代收的款项，如增值税等。代收的款项，一方面增加企业的资产，另一方面增加企业的负债，因此不属于本企业的经济利益，不能作为本企业的收入。

三、收入的分类

收入可以按不同的标准进行分类。按其来源，收入可分为产品销售收入、提供劳务收入、建造合同收入和让渡资产使用权的收入四类。按其在企业总收入中的地位，又可以分为主营业务收入和其他业务收入。判断一项收入究竟是主营业务收入还是其他业务收入，要看企业所处的行业及该企业经营活动的重心。不同行业主营业务的内容是不同的。建筑企业的主营业务收入主要是建造合同收入，建造合同以外的收入则是其他业务收入。

第二节 主营业务收入

建筑企业主营业务收入的核算也就是建造合同收入的核算。

一、建造合同的特征和类型

（一）建造合同的特征

建造合同是指为建造一项资产或者在设计、技术、功能、最终用途等方面密切相关的数项资产而订立的合同。这里所讲的资产，是指房屋、道路、桥梁、水坝等建筑物以及船舶、飞机、大型机械设备等。

建造合同的特征主要表现为：

(1) 先有买方（即客户），后有标的（即资产），资产的造价在签订合同时已经确定；

(2) 资产的建设期长，一般都要跨越一个会计年度，有的甚至长达数年；

(3) 所建造的资产体积庞大，造价高；

(4) 建造合同一般为不可取消的合同。

（二）建造合同的类型

按照合同价款确定方法的不同，建造合同可分为固定造价合同和成本加成合同。

1. 固定造价合同

它是指按照固定的合同价或固定单价确定工程价款的建造合同。建筑企业通过招投标方式签订的合同一般为固定造价合同。例如，某建筑企业与一客户签订了一项建造办公楼的合同，合同规定建造办公楼的总造价为1000万元。该项建造合同即为固定造价合同。

2. 成本加成合同

它是指以合同允许或其他方式议定的成本为基础，加上该成本的一定比例或定额费用确定工程价款的建造合同。例如，某建筑企业与一客户签订一项建造合同，为客户建设一段高速公路，双方商定以建设该段高速公路的实际成本为基础，合同总价款以实际成本加上实际成本的2%计算确定。该项合同即为成本加成合同。

二、建造合同收入确认的条件

（一）建造合同收入的内容

建造合同收入包括合同初始收入和合同追加收入两部分内容。

(1) 合同的初始收入。即建筑企业与客户在双方签订的合同中最初商订的合同总金额，它构成合同收入的基本内容。

(2) 合同的追加收入。即因合同变更、索赔、奖励等形成的收入。这部分收入并未包括在双方签订合同时商定的合同总金额中，而是在执行合同过程中由于合同变更、索赔、奖励等原因而形成的。因此，建筑企业不能随意确认这部分收入，只有在符合规定条件时才能加以确认。

（二）建造合同收入的确认

由于建造合同的初始收入已在合同中确定，故以下着重说明合同追加收入的确认条件。

1. 合同变更收入的确认

合同变更是指客户为改变合同规定的作业内容而提出的调整。例如，某建筑企业与一客户签订合同，为客户建造一栋住宅楼。合同执行到 1/3 时，客户提出改变原住宅的部分户型设计，并同意增加变更收入 100 万元，这 100 万元即为合同变更收入。

因合同变更而增加的收入，应在同时符合以下条件时才能加以确认：

（1）客户能够认可因变更而增加的收入；

（2）收入能够可靠地计量。

2. 索赔收入的确认

索赔收入是指因客户或第三方的原因造成的、由建筑企业向客户或第三方收取的、用于补偿不包括在合同造价中的成本的款项。比如，某建筑企业与一客户签订了一份金额为 1000 万元的建造合同，建造一座电站。合同规定的建设期为 1998 年 12 月 1 日至 2000 年 12 月 1 日。同时，合同还规定，发电机由客户采购，于 2000 年 9 月 1 日前交付建筑企业安装。合同执行过程中，客户未能在规定的时间内将发电机交付建筑企业。2000 年 9 月，建筑企业要求客户支付延误工期款 80 万元，且客户已同意，这 80 万元即为索赔收入。企业可以在 2000 年将因索赔而增加的收入 80 万元确认为合同收入的组成部分。

因发生索赔而形成的收入，应在同时符合以下条件时才能加以确认：

（1）根据谈判情况，预计对方能够同意这项索赔；

（2）对方同意接受的金额能够可靠地计量。

在上例中，假如客户只同意支付延误工期款 50 万元，则只能将 50 万元计入该项合同总收入，即 2000 年该项建造合同总收入为 1050 万元。

3. 奖励收入的确认

奖励收入是指工程达到或超过规定的标准时，客户同意支付给建筑企业的额外款项。比如，某建筑企业与一客户签订了一项金额为 9000 万元的建造合同，建造一座跨海大桥。合同规定的建设期为 1998 年 12 月 20 日至 2000 年 12 月 20 日。2000 年 9 月，主体工程已基本完工，工程质量符合设计标准，并有望提前 3 个月竣工。客户同意向建筑企业支付提前竣工奖 100 万元。这 100 万元即为奖励收入。

因奖励而形成的收入，应在同时符合以下条件时才能加以确认：

（1）根据目前合同的完成情况，足以判断工程进度和工程质量能够达到或超过既定的标准；

（2）奖励金额能够可靠地计量。

三、建造合同收入确认的方法

（一）无论是固定造价合同还是成本加成合同，只要建造合同的结果能够可靠地估计，就应采用完工百分比法确认合同收入和合同费用。

1. 确认的步骤

完工百分比法是根据合同完工进度确认合同收入和费用的方法。运用完工百分比法确认收入和费用的步骤如下：

（1）首先，确定建造合同的完工进度，计算出各期的完工百分比；

（2）根据完工百分比计算各期的合同收入和合同费用。

2. 确定建造合同完工进度（完工百分比）的方法

（1）投入衡量法。即根据累计实际发生的合同成本占合同预计总成本的比例确定合同完工进度，是确定完工进度较常用的方法。其计算公式为：

$$合同完工进度 = \frac{累计实际发生的合同成本}{合同预计总成本} \times 100\%$$

上式中的"合同预计总成本"，并非最初预计的总成本，而是根据累计实际发生的合同成本和预计为完成合同尚需发生的成本计算确定的。因此，各年确定的"合同预计总成本"不一定相同。

【例 12-1】 东方建筑公司与某客户签订了一项总金额为 1800 万元的建造合同，合同规定的建设期为三年。2000 年实际发生合同成本 600 万元，年末预计为完成合同尚需发生成本 900 万元；2001 年实际发生合同成本 680 万元，年末预计为完成合同尚需发生成本 320 万元。则：

$$2000\ 年合同完工进度 = \frac{600}{600+900} \times 100\% = 40\%$$

$$2001\ 年合同完工进度 = \frac{600+680}{600+680+320} \times 100\% = 80\%$$

需要注意的是，采用上述方法确定合同完工进度时，累计实际发生的合同成本不包括与合同未来活动相关的成本（如已领未用材料的成本等）以及在分包工程完成之前预付给分包单位的款项。

【例 12-2】 东方建筑公司与某建设单位签订了一项总金额为 2000 万的建造合同，建设期两年。东方公司将工程的一部分分包给了市机械施工公司。签订的分包合同的金额为 300 万元。第一年，东方公司根据分包工程的完工进度向市机械施工公司支付了工程进度款 120 万元，并预付了下年度工程备料款 30 万元；东方公司自行施工部分实际发生合同成本 600 万元，预计为完成合同尚需发生成本 700 万元。则：

$$第一年合同完工进度 = \frac{600+120}{600+700+300} \times 100\% = 45\%$$

（2）产出衡量法。即根据已经完成的合同工作量占合同预计总工作量的比例确定完工进度。适用于合同工作量容易确定的合同，如道路工程、土石方挖掘、砌筑工程等。其计算公式如下：

$$合同完工进度 = \frac{已经完成的合同工作量}{合同预计工作量}$$

【例 12-3】 某道桥工程公司与甲方签订了一项修建一条 300km 公路的建造合同，合同总金额为 3000 万元，工期三年。该公司第一年修建了 90km，第二年修建了 120km。则：

$$第一年合同完工进度 = \frac{90}{300} \times 100\% = 30\%$$

$$第二年合同完工进度 = \frac{90+120}{300} \times 100\% = 70\%$$

（3）实地测量法。对于一些特殊的建造合同，如水下施工工程等，在无法根据上述两种方法确定合同完工进度时，可采用实地测量的方法确定合同的完工进度。但是，这种技术测量并非由建筑企业自行测量，而是由专业人员到现场进行科学测定，并按一定方法计算劳务的完工程度。

3. 根据完工进度确认合同收入和费用

当期确认的合同收入和费用可用下列公式计算:

$$当期确认的合同收入 = \left(合同总收入 \times 完工进度\right) - 以前会计年度累计已确认的收入$$

$$当期确认的合同毛利 = \left(合同总收入 - 合同预计总成本\right) \times 完工进度 - 以前会计年度累计已确认的毛利$$

$$当期确认的合同费用 = 当期确认的合同收入 - 当期确认的合同毛利 - 以前会计年度预计损失准备$$

值得注意的是,完工进度实际上是累计完工进度。因此企业在运用上述公式计算当期合同收入和合同费用时,应分别建造合同的实施情况进行处理:

(1) 对当年开工当年未完工的建造合同,"以前会计年度累计已确认的收入"和"以前会计年度累计已确认的毛利"均为零。

(2) 对以前年度开工本年仍未完工的建造合同,企业可直接运用上述公式计量和确认当期收入和费用。

(3) 对以前年度开工本年完工的建造合同,当期计量和确认的合同收入,等于合同总收入扣除以前会计年度累计已确认的收入后的余额。当期计量和确认的合同毛利,等于合同总收入扣除实际合同总成本减以前会计年度累计已确认的毛利后的余额。

(4) 对当年开工当年完工的建造合同,当期计量和确认的合同收入,等于该项合同的总收入;当期计量和确认的合同费用,等于该项合同的实际总成本。

【例12-4】 承例12-1,假设2002年为完成合同又发生成本320万元,年末合同完工。各年的合同收入和合同费用确认如下:

2000年:应确认合同收入 = 1800 × 40% = 720 万元

应确认合同毛利 = (1800 - 600 - 900) × 40% = 120 万元

应确认合同费用 = 720 - 120 = 600 万元

2001年:应确认合同收入 = 1800 × 80% - 720 = 720 万元

应确认合同毛利 = (1800 - 1280 - 320) × 80% - 120 = 40 万元

应确认合同费用 = 720 - 40 = 680 万元

2002年:应确认合同收入 = 1800 - 720 - 720 = 360 万元

应确认合同毛利 = (1800 - 1280 - 320) - 120 - 40 = 40 万元

应确认合同费用 = 360 - 40 = 320 万元

(二) 如果建造合同的结果不能可靠地估计,则不能采用完工百分比法确认合同收入和合同费用,而应分别以下情况确认:

(1) 合同成本能够收回的,合同收入根据能够收回的实际合同成本加以确认,合同成本在其发生的当期确认为费用;

(2) 合同成本不能收回的,应在发生时立即确认为费用,不确认收入。

如果预计总成本将超过合同预计总收入,应将预计损失立即确认为当期费用。

由上可知,确认建造合同收入时,首先应判断合同的结果能否可靠地估计,然后根据判断的结果采用不同的处理方法。

四、建造合同收入的核算

建筑企业应设置"主营业务收入"、"主营业务成本"等损益类账户,核算和监督建造合同收入以及建造合同成本的结转情况。

"主营业务收入"账户,用以核算建筑企业当期确认的建造合同收入。其贷方登记企业当期确认的合同收入,借方登记期末转入"本年利润"账户的合同收入,期末结转后,本账户应无余额。

"主营业务成本"账户,用以核算建筑企业当期确认的合同费用。其借方登记企业当期确认的合同费用,贷方登记期末转入"本年利润"账户的合同费用,期末结转后,本账户应无余额。

(一)建造合同收入采用完工百分比法的核算

1. 当合同预计总收入大于预计总成本时的核算

【例12-5】 仍依例12-4的计算结果,作各年确认收入和费用的会计处理如下:

(1) 2000年的会计分录为:

借:主营业务成本　　　　　　　　　6000000
　　工程施工——毛利　　　　　　　1200000
　　　贷:主营业务收入　　　　　　　　　　7200000

(2) 2001年的会计分录为:

借:主营业务成本　　　　　　　　　6800000
　　工程施工——毛利　　　　　　　400000
　　　贷:主营业务收入　　　　　　　　　　7200000

(3) 2003年的会计分录为:

借:主营业务成本　　　　　　　　　3200000
　　工程施工——毛利　　　　　　　400000
　　　贷:主营业务收入　　　　　　　　　　3600000

工程竣工后,结清"工程施工"和"工程结算"账户的记录,作会计分录如下:

借:工程结算　　　　　　18000000
　　贷:工程施工　　　　　　　　　18000000

应当注意的是,在完工百分比法下,各年的合同收入是按完工进度确认的,与实际结算的工程价款不一致。

2. 当合同预计总收入小于预计总成本时的核算

企业会计制度规定,如果合同预计总成本将超过合同预计总收入,应当将预计损失立即作为当期费用处理。

在将预计损失确认为当期费用时,应将预计损失总额分为两部分核算。一部分为已施工的工程应负担的损失,确认时借记"主营业务成本"账户,贷记"工程施工——毛利"账户;一部分为未施工的工程应负担的损失,确认时借记"合同预计损失"账户,贷记"预计损失准备"账户。

"合同预计损失"账户。该账户属于损益类账户,用以核算建筑企业当期确认的合同预计损失。其借方登记当期确认的未来预计损失,贷方登记期末转入"本年利润"账户的金额,本账户结转后应无余额。

"预计损失准备"账户。该账户属于资产类账户,用以核算建造合同计提的损失准备。其贷方登记在建项目计提的损失准备,借方登记在建项目完工后冲减"主营业务成本"的金额,期末贷方余额反映在建项目累计计提的损失准备。

【例12-6】 东方建筑公司与甲方签订了一项预计总造价为580万元的建造合同,预计总成本为550万元,于2000年初开工,工期两年。开工后,由于材料价格上涨幅度较大,遂将预计总成本调整为600万元,预计损失总额为20万元。若2000年完工进度为45%,则会计处理如下:

2000年应确认的合同收入 = 580 × 45% = 261万元
2000年应确认的合同毛利 = (580 − 600) × 45% = −9万元
2000年应确认的合同费用 = 261 − (−9) = 270万元

借:主营业务成本　　　　　　　2700000
　　贷:主营业务收入　　　　　　　　2610000
　　　　工程施工——毛利　　　　　　　90000

未施工部分应负担的损失 = 预计损失总额 − 当期已确认的损失
　　　　　　　　　　　 = 20 − 9 = 11万元

借:合同预计损失　　　　　　　110000
　　贷:预计损失准备　　　　　　　110000

(二)建造合同收入不采用完工百分比法的核算

前已述及,如果建造合同的结果不能可靠地估计,企业就不能采用完工百分比法确认合同收入和费用,应区别以下三种情况进行核算。

(1)如果已经发生的合同成本能够得到补偿,应按能够收回的实际合同成本确认为当期收入和当期费用,不确认利润。

【例12-7】 东方建筑公司与客户签订了一项金额为260万元的固定造价合同,第一年实际发生工程成本120万元,并且已同客户结算了工程款150万元,且双方均能履行合同规定的义务。但东方公司在年末时对为完成工程尚需发生的成本不能可靠地估计。年末确认收入时,东方公司应作的会计分录为:

借:主营业务成本　　　　　　　1200000
　　贷:主营业务收入　　　　　　　1200000

(2)如果合同成本全部不能收回,则不确认收入,但应将已发生的合同成本确认为当期费用。

【例12-8】 承例12-7,假设客户因经营不善濒临破产,企业发生的施工成本可能收不回来。东方公司应将发生的合同成本确认为费用,作会计分录如下:

借:主营业务成本　　　　　　　1200000
　　贷:工程施工——毛利　　　　　　1200000

(3)如果已经发生的合同成本预计不能全部得到补偿,应按能够得到补偿的金额确认收入,并将已经发生的成本确认为费用,二者的差额确认为损失,冲减建造合同的毛利。

【例12-9】 承上例,假设东方公司本年度已经结算了工程款80万元,其余款项收回无望。年末确认收入时应作如下会计分录:

借：主营业务成本　　　　　　1200000
　　贷：主营业务收入　　　　　　　　800000
　　　　工程施工——毛利　　　　　　400000

五、工程价款结算的核算

工程价款结算是指建筑企业按照建造合同的规定，向建设单位点交已完工程并收取工程价款的行为。通过工程价款结算，可以及时补偿建筑企业在施工过程中的资金耗费，保证再生产活动的顺利进行。

（一）工程价款结算的方式

工程价款的结算，一般可以采取以下几种方式：

（1）竣工后一次结算。即在单项工程或建设项目全部竣工后结算工程价款。建设项目或单项工程的建设期在12个月以内，或者建造合同价值在100万元以下的，一般实行竣工后一次结算工程价款的办法。

（2）按月计算。即旬末或月中预支工程款，月终按已完分部分项工程结算工程价款，竣工后办理工程价款清算。

（3）分段结算。即按工程形象进度划分不同阶段（部位）结算工程价款。分段结算可以按月预支工程款。

（4）结算双方约定并经开户建设银行同意的其他结算方式。

无论采用哪种结算方式，建筑企业在预收工程款时，都应根据工程进度填列"工程价款预收账单"，送建设单位和开户银行办理收款手续。"工程价款预收账单"的一般格式如表12-1所示。

工程价款预收账单　　　　　　　　　　　　　　　　　　　　表 12-1

建设单位名称：海星公司　　　　　2002年8月16日

单项工程名称	合同造价（元）	本旬（或半月）完成数（元）	本旬（或半月）预收工程款（元）	本月预收工程款（元）	应扣预收款项（元）	实支款项（元）	备注
厂房	2000000	100000	100000			100000	

建筑企业按月预收的工程款，应在办理工程价款结算时，从应收工程款中扣除。企业办理工程价款结算时，应编制"已完工程月报表"和"工程价款结算账单"，经建设单位审查签证后，送开户建设银行办理结算。"已完工程月报表"和"工程价款结算账单"的一般格式如表12-2、表12-3所示。

已完工程月报表　　　　　　　　　　　　　　　　　　　　　表 12-2

建设单位名称：海星公司　　　　　2002年8月

单项工程名称	合同造价（元）	建筑面积（m²）	开竣工日期		实际完成数		备注
			开工日期	竣工日期	至上月止累计已完工程（元）	本月份已完工程（元）	
厂房	2000000	5000	略		600000	220000	

建筑企业：　　　　　　　　　　　　　　　　　　　　　　　　　　编制日期：

工程价款结算账单　　　　　　　　　　　　　　　　　　　表 12-3

建设单位名称：海星公司　　　　　　　2001 年 × 月　　　　　　　　　　单位：元

单项工程项目名称	合同造价	本期应收工程款	应扣款项		本期实收工程款	备料款余额	至本期止累计已收工程价款	备注
			预收工程款	预收备料款				
厂　房	2000000	220000	100000		120000		820000	

建筑企业：　　　　　　　　　　　　　　　　　　　　　　　　　　编制日期：

（二）与建设单位结算工程价款的核算

为了总括的核算和监督与建设单位办理工程价款结算的情况，建筑企业应设置"工程结算"账户。它是"工程施工"账户的备抵账户，用来核算企业已开出工程价款结算账单同客户办理了结算的工程价款。其贷方登记已经结算的工程价款；借方在合同完成前不予登记，于工程竣工时（即建造合同完成时）登记结算的全部工程款；期末贷方余额反映在建合同累计已办理结算的工程价款，于合同完成时与"工程施工"账户对冲后结平。本账户应按工程项目设置明细账，进行明细分类核算。

现举例说明工程价款结算的核算方法。

【例 12-10】　工程开工前，企业按建造合同的规定，收到建设单位通过银行转来的工程备料款 250000 元。作会计分录如下：

　　借：银行存款　　　　　　　　　　　　250000
　　　　贷：预收账款——预收备料款　　　　　　　250000

【例 12-11】　月中，企业填制"工程价款预收账单"，向建设单位预收上半月工程进度款 100000 元。作会计分录如下：

　　借：银行存款　　　　　　　　　　　　100000
　　　　贷：预收账款——预收工程款　　　　　　　100000

【例 12-12】　月末，企业提出"工程价款结算账单"，与建设单位办理工程价款结算。本月已完工程价款 220000 元，按规定应扣还预收工程款 100000 元。作会计分录如下：

　　借：应收账款——应收工程款　　　　　220000
　　　　贷：工程结算　　　　　　　　　　　　　　220000
　　借：预收账款——预收工程款　　　　　100000
　　　　贷：应收账款——应收工程款　　　　　　　100000

【例 12-13】　企业收到建设单位支付的工程价款 120000 元。作会计分录如下：

　　借：银行存款　　　　　　　　　　　　120000
　　　　贷：应收账款——应收工程款　　　　　　　120000

（三）与分包单位结算工程价款的核算

根据国家对基本建设工程管理的要求，一个工程项目如果由两个以上建筑企业进行施工时，建设单位和建筑企业应实行承发包责任制和总分包协作制。要求一个建筑企业作为总包单位向建设单位（发包单位）总承包，再由总包单位将专业工程分包给专业性施工单位施工。他们之间的关系是：分包单位对总包单位负责，总包单位对建设单位负责。分包单位所完成的工程，应通过总包单位向建设单位办理工程价款结算。

为了总括的核算和监督与分包单位工程价款的结算情况，建筑企业应设置以下会计账户：

"预付账款——预付分包单位款"账户。该账户用以核算建筑企业按规定预付给分包单位的工程款和备料款。其借方登记预付给分包单位的工程款和备料款,以及拨付给分包单位抵作备料款的材料价款;贷方登记按规定从应付分包单位的工程款中扣回的预付款;期末借方余额反映尚未扣回的预付款。本账户应按分包单位的户名设置明细账进行明细核算。

"应付账款——应付分包工程款"账户。该账户用以核算建筑企业与分包单位办理工程价款结算时,按照合同规定应付给分包单位的工程款。其贷方登记应付给分包单位的工程款,借方登记实际支付给分包单位的工程款和根据合同规定扣回的预付款;期末贷方余额反映尚未支付的应付分包工程款。本账户应按分包单位户名设置明细账进行明细核算。

现举例说明建筑企业与分包单位结算工程价款的核算。

【例12-14】 企业通过银行向分包单位预付工程进度款30000元。作会计分录如下:

借:预付账款——预付分包单位款　　　　30000
　　贷:银行存款　　　　　　　　　　　　　　　　30000

【例12-15】 将分包单位完成的工程同甲方结算,经甲方签证的工程结算款为60000元。作会计分录如下:

借:应收账款　　　　　　　　　　　　　　60000
　　贷:工程结算　　　　　　　　　　　　　　　　60000

【例12-16】 月终,分包单位提出"工程价款结算账单"。经审核,应付分包单位已完工程款60000元。作会计分录如下:

借:工程施工　　　　　　　　　　　　　　60000
　　贷:应付账款——应付分包工程款　　　　　　60000

【例12-17】 按照合同规定,从应付分包单位的工程款中扣回预付工程款30000元,同时代扣分包工程应交的营业税1800元、城市维护建设税126元和教育费附加54元。作会计分录如下:

借:应付账款——应付分包工程款　　　　31980
　　贷:预付账款——预付分包单位款　　　　　　30000
　　　　应交税金——营业税　　　　　　　　　　　1800
　　　　　　　　——城市维护建设税　　　　　　　126
　　　　其他应交款——教育费附加　　　　　　　　54

【例12-18】 以银行存款支付分包单位已完工程价款28020元。作会计分录如下:

借:应付账款——应付分包工程款　　　　28020
　　贷:银行存款　　　　　　　　　　　　　　　　28020

第三节　其他业务收入

一、其他业务收入的内容

建筑企业除主要从事建筑安装工程施工外,往往还从事一些其他经营活动,如销售产品或材料、提供作业或劳务、出租固定资产或无形资产等。由此取得的经营收入属于其他业务收入。

按收入的性质，建筑企业的其他业务收入可以分为销售商品取得的收入、提供劳务取得的收入、让渡资产使用权取得的收入几部分。

建筑企业应设置以下会计账户，进行其他业务收入的核算：

"其他业务收入"账户。核算企业从事工程施工以外的其他业务取得的收入。其贷方登记企业取得的各项其他业务收入，借方登记期末转入"本年利润"账户的收入总额，期末结转后应无余额。本账户应按其他业务的种类设置明细账进行明细核算。

"其他业务支出"账户。核算企业发生的与其他业务收入相关的成本、税金及附加等。其借方登记实际发生的各项支出，贷方登记期末转入"本年利润"账户的支出总额，期末结转后应无余额。本账户应按其他业务的种类设置明细账进行明细核算。

二、商品销售收入的核算

(一) 商品销售收入的确认

商品销售收入，包括建筑企业销售产品、材料等取得的收入。商品销售收入在同时符合以下条件时才能予以确认：

(1) 企业已将商品所有权上的主要风险和报酬转移给买方。

风险主要指商品由于贬值、损坏、报废等造成的损失；报酬是指商品中包含的未来经济利益，如商品因升值或使用等给企业带来的经济利益。如果一项商品发生的任何损失均不需要本企业承担，带来的经济利益也不归本企业所有，则意味着该商品所有权上的风险和报酬已移出该企业。一般情况下，企业发出商品并将发票账单交付买方后，商品所有权上的主要风险和报酬也随之转移。

(2) 企业既没有保留通常与所有权相联系的继续管理权，也没有对已售出的商品实施控制。

企业将商品所有权上的主要风险和报酬转移给买方后，如果仍然保留通常与所有权相联系的继续管理权，或仍然对售出的商品实施控制，则此项销售不能成立，不能确认相应的销售收入。如企业将一批商品销售给某中间商，销售合同规定企业有权要求中间商将商品转移或退回，即企业仍对售出的商品拥有实际控制权，此时不能确认收入。但如果企业对售出的商品保留了与所有权无关的管理权，则不妨碍对销售收入的确认。如某房地产开发企业将自己开发的商品房销售给住户，并受住户委托管理小区的物业。此时，企业虽然仍对售出的住房进行管理，但这种管理与房屋的所有权无关，与房屋所有权有关的主要风险和报酬已转移给了住户，企业可以确认收入。

(3) 与交易相关的经济利益能够流入企业。

经济利益是指直接或间接流入企业的现金或现金等价物。在销售商品的交易中，与交易相关的经济利益即为销售商品的价款。销售商品的价款能否收回，是收入确认的一个重要条件。如果估计价款收回的可能性不大，则不应当确认收入。企业在判断价款收回的可能性时，应进行定性分析。当确定价款收回的可能性大于不能收回的可能性时，即认为价款能够收回。一般情况下，企业售出的商品符合合同或协议的要求，并已将发票账单交付买方，买方也承诺付款，即表明销售商品的价款能够收回。如果企业判断价款不能收回，应提供可靠的证据。

(4) 相关的收入和成本能够可靠地计量。

收入能否可靠地计量，是确认收入的基本前提。收入不能可靠地计量，则无法确认收入。企业在销售商品时，应按商品交易成交时商定的价格确认收入。根据收入和费用配比的原则，与同一项销售有关的收入和成本应在同一会计期间予以确认。因此，成本不能可靠计量，相关的收入也不能确认。

企业销售商品应同时满足上述4个条件，才能确认收入。任何一个条件没有满足，都不能确认收入。即使已经收到货款，也只能确认为一项负债。

（二）商品销售收入的计量

企业在确定商品销售收入时，应根据商业折扣、现金折扣和销售折让的情况，分别采用不同的处理方法，正确地计量商品销售收入。

商业折扣是在出售商品时，为鼓励买方多购货而在售价上给予的一定数额的减让。商业折扣发生在商品交易成交时，不构成最终成交价格，所以销售收入按扣减商业折扣后的实际售价确定。

现金折扣是在赊销条件下，销售方为鼓励购货方在一定期限内早日偿还货款而给予的一种折扣优待。这种折扣条件，通常用折扣率/付款期限表示，如2/10，1/20，n/30（即10天内付款折扣2%，20天内付款折扣1%，30天内全额付款）。现金折扣是否发生，取决于购货方付款的时间。企业在确认商品销售收入时，无法确定现金折扣是否会发生，因此不得扣除现金折扣。现金折扣实际发生时，计入当期财务费用。

销售折让是指企业因售出商品的质量不合格等原因而在售价上给予买方的减让。销售折让在实际发生时冲减当期的商品销售收入。发生销售折让时，按规定允许扣减当期增值税额的，还应同时用红字冲减"应交税金——应交增值税"账户的记录。

（三）商品销售业务的账务处理

企业销售商品时，首先要判断销售业务是否符合商品销售收入确认的条件。符合条件的，应及时确认收入，并结转相关销售成本。对商品已经发出，但不符合收入确认条件的，应将发出商品的成本，通过"发出商品"、"分期收款发出商品"等账户核算。

【例12-19】 企业所属的预制构件厂向某建筑公司销售空心板200m³，销售价款84800元（含6%的增值税），货物已发出，款项已收存银行。该批空心板的成本为60000元。企业的会计处理为：

①确认销售收入时，作如下会计分录：
借：银行存款　　　　　　　　84800
　　贷：其他业务收入　　　　　　80000
　　　　应交税金——应交增值税　　4800

②结转商品成本时，作如下会计分录：
借：其他业务支出　　　　　　60000
　　贷：库存商品　　　　　　　　60000

③计算并结转相关税金及附加时，作如下会计分录：
借：其他业务支出　　　　　　480
　　贷：应交税金——城市维护建设税　336（4800×7%）
　　　　其他应交款——教育费附加　　144（4800×3%）

【例12-20】 甲附属企业向乙企业销售一批金属构件，成本38000元，销售价款共计

53000元（含6%的增值税）。货到后乙企业认为商品质量不符合要求，提出在价格上给予10%的折让。甲企业调查后同意了乙企业的要求，并办妥了有关手续。甲企业的会计处理为：

①确认销售收入时，作如下会计分录：
借：应收账款　　　　　　　　　　　53000
　　贷：其他业务收入　　　　　　　　　　50000
　　　　应交税金——应交增值税　　　　　3000

②发生销售折让时，作如下会计分录：
借：其他业务收入　　　　　　　　　5000
　　应交税金——应交增值税　　　　　300
　　贷：应收账款　　　　　　　　　　　　5300

③实际收到款项时，作如下会计分录：
借：银行存款　　　　　　　　　　　47700
　　贷：应收账款　　　　　　　　　　　　47700

④结转销售成本时，作如下会计分录：
借：其他业务支出　　　　　　　　　38000
　　贷：库存商品　　　　　　　　　　　　38000

如果企业已确认收入的售出产品被买方退回，应冲减退回当期的销售收入和销售成本，而不管退回的产品是何时售出的。企业发生销售退回时，如按规定允许扣减当期增值税的，应同时用红字冲减"应交税金——应交增值税"账户的记录。

【例12-21】　假设上例中的产品因质量严重不合格被退回。企业应当作如下会计分录：

①冲减销售收入
借：其他业务收入　　　　　　　　　50000
　　应交税金——应交增值税　　　　　3000
　　贷：银行存款　　　　　　　　　　　　53000

②冲销已结转的销售成本
借：库存商品　　　　　　　　　　　38000
　　贷：其他业务支出　　　　　　　　　　38000

销售退回业务中，由本企业负担的运杂费计入"营业费用"账户。

有时，企业为了扩大销售，还可能采用分期收款方式销售产品。分期收款销售，通常具有所销售的商品价值较大、收款期较长、足额收回货款的风险也较大等特点。如果在销售之初就确认全部收入的实现，显然不够稳健。因此，企业应按照合同约定的收款日期分期确认销售收入，同时按商品全部销售成本与全部销售收入的比率计算出各期应结转的销售成本。

采用分期收款销售商品的企业，应设置"分期收款发出商品"账户，核算已经发出但尚未实现销售的商品的成本。其借方登记发出商品的实际成本，贷方登记收到货款时结转的商品成本，期末借方余额表示尚未实现销售的发出商品的实际成本。本账户应按销售对象设置明细账或者备查簿，详细记录分期收款发出商品的数量、成本、售价、代垫运杂费、已收取的货款和尚未收取的货款等情况。

【例 12-22】 某建筑企业附属的构件厂于 2000 年 7 月 1 日采用分期收款销售方式销售塑钢门窗一批,实际成本 480000 元,价款 636000 元(含 6%的增值税),合同约定分 3 个月等额收取。付款日期为每月的 1 日,并于 8 月 1 日收到第一期货款。企业的会计处理为:

(1) 2000 年 7 月 1 日发出商品时,作会计分录如下:
借:分期收款发出商品　　　　　　　　480000
　　贷:库存商品　　　　　　　　　　　　　　480000
(2) 8 月 1 日收到货款时,作会计分录如下:
借:银行存款　　　　　　　　　　　　212000
　　贷:其他业务收入　　　　　　　　　　　　200000
　　　　应交税金——应交增值税　　　　　　　12000
同时,结转商品成本,作会计分录如下:
借:其他业务支出　　　　　　　　　　160000
　　贷:分期收款发出商品　　　　　　　　　　160000

每期应结转的商品成本 = $\frac{480000}{636000} \times 212000 = 160000$ 元

三、提供劳务收入的核算

企业提供劳务的收入,应分别以下情况确认:
(1) 在同一会计年度内开始并完成的劳务,应在劳务完成时确认收入。
(2) 如果劳务的开始和完成分属不同的会计年度,应区别下列情况确认收入:
1) 在资产负债表日能对劳务的结果作出可靠估计的,应按完工百分比法确认收入。具体计算参照建造合同收入的确认方法。
2) 在资产负债表日不能对劳务的结果作出可靠估计的,应按已经发生并预计能够得到补偿的劳务成本确认为收入,并按相同金额确认为费用,不确认利润;如果预计已经发生的劳务成本不能得到补偿,则不应确认收入,只将已经发生的成本确认为当期费用。

目前,建筑企业广泛开展多种经营,提供劳务的内容很多,如运输、餐饮、理发、照相、洗染等。这些劳务通常在同一会计年度内开始并完成。因此,应于劳务完成时确认收入,并同时结转提供劳务的成本。

【例 12-23】 东方建筑公司所属的汽车运输队对外提供运输劳务,本月发生运输作业成本 2200 元,完成运输任务后,收到客户为支付运费签发的一张金额为 3800 元的转账支票。其会计处理为:
(1) 确认收入时,作会计分录如下:
借:银行存款　　　　　　　　　　　　3800
　　贷:其他业务收入　　　　　　　　　　　　3800
(2) 结转成本时,作会计分录如下:
借:其他业务支出　　　　　　　　　　2200
　　贷:机械作业　　　　　　　　　　　　　　2200

四、让渡资产使用权收入的核算

（一）收入的内容

建筑企业让渡资产使用权产生的收入主要有以下内容：

（1）转让无形资产使用权取得的使用费收入；

（2）出租固定资产取得的租金收入。

企业将现金存入银行取得的利息收入，应冲减利息费用，不作为收入核算。

（二）收入确认的原则

让渡资产使用权取得的收入应按下列原则确认：

（1）与交易相关的经济利益能够流入企业。

（2）收入的金额能够可靠地计量。

【例12-24】 东方建筑公司将扩底灌注桩专利的使用权转让给市建一公司，转让期5年，每年收取使用费60000元。同时，派出两名技术人员进行技术指导，共支付费用5800元。企业的会计处理为：

（1）取得收入时，作会计分录如下：

借：银行存款　　　　　　　　　　60000
　　贷：其他业务收入　　　　　　　　　60000

（2）发生费用时，作会计分录如下：

借：其他业务支出　　　　　　　　5800
　　贷：银行存款　　　　　　　　　　　5800

【例12-25】 东方建筑公司将一台装载机出租给市建二公司使用，租赁合同规定月租金为15000元，于月初支付。企业收到租金时，应作如下会计分录：

借：银行存款　　　　　　　　　　15000
　　贷：其他业务收入　　　　　　　　　15000

假设该装载机本月应计提折旧600元，企业应作如下会计分录：

借：其他业务支出　　　　　　　　600
　　贷：累计折旧　　　　　　　　　　　600

思 考 题 与 习 题

思考题

1. 确认建造合同收入的方法有哪些？各适用什么条件？
2. 确定建造合同完工百分比（完工进度）的方法有哪些？
3. 如何按完工百分比法确认建造合同的收入和费用？
4. 工程价款的结算可采取哪些方式？进行工程价款结算应办理哪些手续？
5. 建筑企业的其他业务收入包括哪些内容？
6. 确认商品销售收入实现的条件是什么？
7. 确认劳务收入实现的条件是什么？

习题一

（一）练习建造合同收入和费用确认的核算。

（二）资料：某建筑公司签订了一项总金额为200万的建造合同，合同规定的工期为三年。该建造合同的结果能够可靠地估计，在资产负债表日按完工百分比法确认合同收入和费用。有关资料如表12-4所

示:

表 12-4

	2000 年	2001 年	2002 年	合　计
合同总价款	450000	734000	566000	2000000
实际发生成本	1050000	666000		1750000
估计至完工需投入资本	400000	700000	900000	2000000
已办理结算的金额				

(三) 要求:
1. 确定各年的合同完工进度;
2. 计算各年的合同收入、费用和毛利;
3. 编制各年结算工程款、确定收入和费用的会计分录。

习题二

(一) 练习工程价款结算的核算。
(二) 资料: 红海建筑公司本月发生以下经济业务:
1. 自行完成建安工作量 350000 元, 已提出"工程价款结算账单"并经发包单位签证。
2. 按已办理结算的工程价款的 3% 计算应交营业税 10500 元; 按营业税的 7%、3% 分别计算应交城市维护建设税 735 元、教育费附加 315 元。
3. 通过银行转账交纳营业税 10500 元, 城市维护建设税 735 元、教育费附加 315 元。
4. 向甲方办理分包工程款结算, 结算价款 215000 元。甲方已在"工程价款结算账单"上签证。
5. 与分包单位市第一建筑公司办理已完工程结算, 价款为 215000 元。
6. 通过银行收到甲方支付的分包工程款 215000 元。
7. 按规定结转代扣代缴的分包单位营业税、城市维护建设税和教育费附加。
8. 开出转账支票一张, 向分包单位转账支付剩余分包工程款。

(三) 要求: 根据资料编制会计分录。

习题三

(一) 练习其他业务收入的核算方法。
(二) 资料: 红海建筑公司附属的预制构件厂被核定为增值税的小规模纳税人, 适用 6% 的征收率。2002 年 9 月发生下列经济业务:
1. 向岭南建筑公司发出大型屋面板 100m^3, 每立方米不含税售价 260 元, 款尚未收到。
2. 经公司批准, 将不需用的某规格钢材 14t 出售给市建筑机械厂, 每吨含税售价 4770 元, 以托收承付结算方式办理结算。
3. 向市建一公司发出多孔板 200m^3, 每立方米不含税售价 240 元, 款已收存银行。
4. 向市第一机床厂销售空心板 60m^3, 每立方米不含税售价 300 元, 款已收存银行。
5. 月终结转上述销售商品、材料的实际成本。钢材的实际单位成本为 4000 元/t, 大型屋面板的实际单位成本为 258 元/m^3, 多孔板的实际单位成本为 200 元/m^3, 空心板的实际单位成本为 250 元/m^3。
6. 按规定计算上述销售产品、材料应交纳的城市维护建设税和教育费附加。

(三) 要求: 根据资料编制会计分录。

第十三章 利润及利润分配

第一节 利　　润

利润是企业在一定期间的经营成果,是衡量企业经营管理水平,评价企业经济效益的一项重要指标。

一、利润总额的组成

建筑企业的利润由营业利润、投资净收益、营业外收支净额三部分组成。用公式表示如下:

利润总额＝营业利润＋投资净收益＋营业外收支净额

此外,有的企业按规定还可能取得各种补贴收入,如国家拨入的亏损补贴、退还的增值税等。取得补贴收入的企业,其利润总额的计算公式可表示如下:

利润总额＝营业利润＋投资净收益＋营业外收支净额＋补贴收入

(一) 营业利润

营业利润是企业一定时期内从事生产经营活动实现的利润,可分为主营业务利润和其他业务利润两部分。主营业务利润是建筑企业从事施工生产活动所实现的利润。其他业务利润是指建筑企业从事施工生产以外的其他活动创造的利润。营业利润的计算公式如下:

营业利润＝主营业务利润＋其他业务利润－期间费用

其中:

主营业务利润＝主营业务收入－主营业务成本－主营业务税金及附加

其他业务利润＝其他业务收入－其他业务支出

(二) 投资净收益

投资净收益是指建筑企业对外投资取得的收益(利润、股利、债券利息等)减去发生的投资损失和计提的投资减值准备后的净额。

(三) 营业外收支净额

营业外收支净额是企业发生的与其生产经营活动无直接关系的各项收入减去各项支出后的数额。营业外收支虽然与企业的生产经营活动没有直接的关系,但却可以带来收入或形成支出,对利润总额产生影响。

上述利润总额中,有关营业收入、营业成本、营业税金及附加、投资收益、期间费用等业务的核算,已在前面相关章节中讲述。以下主要介绍营业外收支和利润总额形成等业务的核算。

二、营业外收支的核算

营业外收支是与企业生产经营活动无直接关系的各项收入和支出,包括营业外收入和营业外支出。它们具有一定的偶然性,每项收入和支出不存在因果关系,收入没有相应的成本,支出也没有相应的收入,收入不可能也不需要与支出相配比。

虽然可以给营业外收支下一个定义,但在实际工作中仍然很难清楚地划分究竟什么是与生产经营有直接关系的项目，什么是与生产经营无直接关系的项目，营业外收支容易与其他业务收支相混淆。因此，在我国的会计实践中，营业外收支的具体内容和范围是由财政部统一规定的。企业必须按国家规定列支，不得擅自增减营业外收支的项目。

营业外收入项目主要包括：固定资产盘盈、处置固定资产净收益、处置无形资产净收益、非货币性交易收益、罚款收入等。

营业外支出项目主要包括：固定资产盘亏、处置固定资产净损失、处置无形资产净损失、债务重组损失、计提的固定资产减值准备、计提的在建工程减值准备、计提的无形资产减值准备、罚款支出、捐赠支出、非常损失等。

营业外收支业务应分别通过"营业外收入"账户和"营业外支出"账户核算。

"营业外收入"账户属于损益类账户，其贷方登记企业取得的各项营业外收入，借方登记期末转入"本年利润"账户的营业外收入总额，结转后本账户应无余额。本账户应按营业外收入项目设置明细账进行明细分类核算。

"营业外支出"账户属于损益类账户，其借方登记企业发生的各项营业外支出，贷方登记期末转入"本年利润"账户的营业外支出总额，结转后本账户应无余额。本账户应按营业外支出项目设置明细账进行明细分类核算。

营业外收入和营业外支出应当分别核算。不得以营业外支出冲减营业外收入，也不得以营业外收入冲减营业外支出。

【例13-1】 通过银行转账支付向希望工程的捐款100000元。作会计分录如下：

借：营业外支出——捐赠支出　　　　　　　　100000
　　贷：银行存款　　　　　　　　　　　　　　　　　　100000

【例13-2】 因分包单位违反施工合同，向其收取赔偿款20000元，已存入开户银行。作会计分录如下：

借：银行存款　　　　　　　　　　　　　　　20000
　　贷：营业外收入——罚款收入　　　　　　　　　　　20000

【例13-3】 因未按规定计算缴纳税金，被处以罚款3000元，款项已从企业存款账户中支付。作会计分录如下：

借：营业外支出——罚款支出　　　　　　　　3000
　　贷：银行存款　　　　　　　　　　　　　　　　　　3000

三、利润总额的核算

为了核算本年度实现的利润或发生的亏损，企业应设置"本年利润"账户。该账户属所有者权益类账户，贷方登记期末从"主营业务收入"、"其他业务收入"、"投资收益"、"营业外收入"、"补贴收入"等账户转入的增加本年利润的数额，借方登记期末从"主营业务成本"、"主营业务税金及附加"、"其他业务支出"、"管理费用"、"财务费用"、"营业费用"、"投资收益"、"营业外支出"、"所得税"等账户转入的减少本年利润的数额，期末贷方余额表示累计实现的净利润，若为借方余额则表示发生的亏损。年度终了，应将本账户的余额全部转入"利润分配——未分配利润"账户。年终结转后，本账户应无余额。

企业一般应按月计算利润，按月计算有困难的，也可以按季或按年计算利润。期末，将各损益类账户的余额全部结转到"本年利润"账户，以计算各期实现的利润。

【例13-4】 假设某建筑企业12月份各损益类账户的余额如下：

会计账户	结账前余额（元）
主营业务收入	1000000（贷方）
主营业务成本	600000（借方）
主营业务税金及附加	9900（借方）
其他业务收入	60000（贷方）
其他业务支出	35000（借方）
管理费用	30000（借方）
财务费用	8000（借方）
投资收益	150000（贷方）
营业外收入	38000（贷方）
营业外支出	17100（借方）

期末，根据上述资料，作如下会计处理：

1. 结转各种收入

借：主营业务收入　　　　　　1000000
　　其他业务收入　　　　　　　60000
　　投资收益　　　　　　　　　150000
　　营业外收入　　　　　　　　38000
　　贷：本年利润　　　　　　　1248000

2. 结转各种成本、费用及损失

借：本年利润　　　　　　　　700000
　　贷：主营业务成本　　　　　600000
　　　　主营业务税金及附加　　9900
　　　　其他业务支出　　　　　35000
　　　　管理费用　　　　　　　30000
　　　　财务费用　　　　　　　8000
　　　　营业外支出　　　　　　17100

经过以上会计处理，即可计算出企业某一时期的利润总额。在此基础上，企业还应依法计算并交纳企业所得税。利润总额减去所得税费用，即为企业实现的净利润。用公式表示如下：

$$净利润 = 利润总额 - 所得税$$

第二节　所　得　税

所得税是对企业的生产经营所得和其他所得征收的一种税。生产经营所得是指建筑企业从事工程施工、产品销售、提供劳务等生产经营活动取得的经税务机关确认的所得。其他所得包括企业有偿转让各类财产取得的财产转让所得；购买各种有价证券取得的利息（不含国库券利息）所得；出租资产取得的租赁所得；因提供专利权等取得的特许权使用费所得；对外投资取得的股息、红利所得及各种营业外收益所得。

所得税是企业因产生所得而导致的资产流出，它体现了国家与企业之间的分配关系。

根据收入与费用配比的原则，应将所得税作为企业的一项费用计入当期损益。

一、应交所得税的计算

建筑企业的生产经营所得和其他所得，在会计上表现为企业的利润总额，称为会计利润。但是企业并不能直接根据其利润总额计算应交所得税，而是应该按照税法规定，将利润总额调整为应纳税所得额（简称应税所得，下同），以应税所得来计算应交所得税。用公式表示如下：

$$应交所得税 = 应税所得 \times 适用的所得税税率$$

上式中，应税所得又称应税利润或计税利润，是在当期会计利润的基础上，调整有关项目后计算确定的。其计算公式为：

$$应税所得 = 会计利润 \pm 纳税调整项目的金额$$

上式中的"纳税调整项目"，是指由于会计制度和税收法规在确认收入和费用方面的规定不同，导致的同一企业在同一会计期间按会计制度计算的会计利润与按税法规定计算的应税所得之间产生的差异。这些差异按产生的原因不同，可分为永久性差异和时间性差异两种。

1. 永久性差异

永久性差异是由于会计制度和税法在确认收益、费用或损失时的口径不同而产生的税前会计利润与应税所得之间的差异。这种差异在本期产生，并不会在以后各期转回。永久性差异主要有以下几种类型：

（1）会计核算时作为收入计入利润总额，但在计算应税所得时不作为收益的免税收入。如按会计制度规定，企业购买国库券取得的利息收入应作为投资收益，计入利润总额；但税法规定企业购买国库券取得的利息收入免征所得税，不计入应税所得。属于此种情况的还有投资企业分得的已交纳过所得税的利润或股利收入。

（2）会计核算时不作为收入处理，但在计算应税所得时作为收益处理的非会计收入。如建筑企业将自己生产的预制构件用于专项工程，会计核算中按成本转账，不产生利润。但税法规定要视同销售，按该产品的售价与成本的差额计算应交所得税。

（3）会计核算时作为费用和损失处理，但在计算应税所得时则不允许扣减或不允许全额扣减的应税支出。这类应税支出又分项目差异和标准差异两种。项目差异是指会计上作为费用或损失处理，而税法规定不得抵减应税所得的项目。如企业违法经营的罚款、被没收财物的损失、各项税收的滞纳金和罚款、各种赞助支出以及各种非公益救济性捐赠等。标准差异是指会计和税法均作为费用和损失列支，但列支标准有所不同的项目。例如对于应计入当期损益的利息支出，会计制度规定在费用中据实列支；但税法规定企业向非金融机构借款的利息支出，高于按照金融机构同类、同期贷款利率计算的利息部分，应作为应税所得。再如，会计制度规定，企业生产经营人员的工资可全部列入成本费用；但税法规定，超过税务部门核定的计税工资的支出应该交纳所得税。此外，"三项经费"（职工工会经费、职工福利费、职工教育经费）支出、公益救济性捐赠支出、业务招待费支出等都属于标准差异。

（4）会计核算时不作为当期费用处理，但在计算应税所得时则允许扣减的免税项目。如未超过法定弥补期的以前年度亏损等。

2. 时间性差异

时间性差异是指税法与会计制度对某些收益、费用和损失的确认口径虽然一致,但确认的时间不同而产生的税前会计利润与应税所得之间的差异。这种差异在某一会计期间产生,但可以在以后期间转回。时间性差异主要有以下几种类型:

(1) 会计核算时作为当期收益处理,但税法规定需待以后会计期间才能确认为应税所得。如长期股权投资采用权益法核算的投资收益,会计制度规定应于期末按被投资企业实现的净利润和投资企业持股比例确认,计入当期利润总额;但税法规定,投资企业必须待实际分得利润或被投资企业宣告分派利润时才能计入应税所得。

(2) 会计核算时作为当期费用或损失处理,但税法规定需待以后会计期间才能确认为费用或损失,减少应税所得。如会计制度规定工程保修费用可于工程结算时计提;但税法规定于实际发生时才能从应税所得中扣减。

(3) 税法规定应计入当期的应税所得,而会计则将其作为以后期间的收益处理。

(4) 税法规定应计入当期的费用和损失从当期利润中扣除,而会计则将其作为以后期间的费用和损失处理。如固定资产折旧,如果税法规定的折旧年限少于会计制度规定的年限,那么在固定资产使用初期,按税法规定扣减的折旧费会大于会计上计入当期损益的折旧费。

综上所述,在永久性差异和时间性差异中,有些项目应增加应税所得,有些项目则应减少应税所得。所以应税所得的计算公式又可表示如下:

应税所得 = 税前会计利润 + 纳税调整增加数 − 纳税调整减少数

【例13-5】 某建筑公司2002年度实现利润总额800万元。企业2000年度发生的亏损尚有10万元未弥补;当年投资收益中有从联营企业分回的利润6万元(已按33%纳税);当年实际发放职工工资600万元,税务部门核定的全年计税工资为550万元;企业当年1月1日向职工借入年利率为5%的借款400万元,税务部门确认的金融机构同期同类贷款利率为4%;当年还发生非公益救济性捐赠支出5万元,已列入营业外支出核算。该企业适用的所得税率为33%。

根据上述资料,企业2002年应交纳的所得税计算如下:

应调整计入应税所得的工资 = 600 − 550 = 50 万元

应调整计入应税所得的利息支出 = 400 × (5% − 4%) = 4 万元

应税所得 = 800 − 10 − 6 + 50 + 4 + 5 = 843 万元

应交所得税 = 843 × 33% = 278.19 万元

二、所得税的核算

对所得税费用的核算,会计上有两种可供选择的方法:应付税款法和纳税影响会计法。

(一) 应付税款法

应付税款法是指企业不确认时间性差异对所得税的影响金额,按当期计算的应交所得税确认当期所得税费用的方法。在应付税款法下,不论是永久性差异还是时间性差异,一律按税法规定将会计利润调整为应税所得,并将据以计算的应交所得税确认为当期所得税费用。

采用应付税款法核算所得税时,企业应设置"所得税"账户和"应交税金——应交所得税"明细账户,分别核算应从当期损益中扣除的所得税和应交所得税。

"所得税"账户,属于损益类账户用以核算企业应从当期损益中扣除的所得税费用。其借方登记应记入当期损益的所得税,贷方登记期末转入"本年利润"账户的所得税,期末结转后应无余额。

"应交税金——应交所得税"明细账户,用以核算企业应交的所得税。其贷方登记应交的所得税,借方登记实际交纳的所得税,期末贷方余额表示未交的所得税,若为借方余额,则表示多交的所得税。

【例 13-6】 某建筑企业适用 33% 的所得税税率。2002 年利润表上反映的税前会计利润为 220 万元;当年实际发放工资 195 万元,有关部门核定的计税工资总额为 180 万元;2002 年发生各种赞助支出共计 20 万元;取得国库券利息收入 15 万元;企业本年计提固定资产折旧 90 万元,按税法规定应提折旧 100 万元。此外无其他纳税调整因素。有关会计处理如下:

(1) 计算该企业当期应交所得税:

税前会计利润	220 万元
加:计税工资超支额(永久性差异)	15 万元
赞助支出(永久性差异)	20 万元
减:国库券利息收入(永久性差异)	15 万元
减:固定资产折旧的差额(时间性差异)	10 万元
应税所得	230 万元
应交所得税(2300000×33%)	75.9 万元

(2) 编制会计分录如下:

1) 确认所得税费用和应交所得税,作会计分录如下:
　借:所得税　　　　　　　　　　　　759000
　　　贷:应交税金——应交所得税　　　　　　759000

2) 期末结转所得税费用
　借:本年利润　　　　　　　　　　　759000
　　　贷:所得税　　　　　　　　　　　　　759000

应付税款法的特点是:当期计入损益的所得税费用等于当期应交所得税。

(二) 纳税影响会计法

纳税影响会计法是指企业确认时间性差异对所得税的影响金额,按当期应交所得税和时间性差异对所得税的影响金额确认当期所得税费用的方法。在纳税影响会计法下,应将时间性差异影响所得税的金额,递延和分配到以后各期。

采用纳税影响会计法核算所得税时,除了设置"所得税"账户和"应交税金——应交所得税"账户外,还应增设"递延税款"账户,用以核算由于时间性差异产生的影响所得税的金额以及以后各期转销的数额。其贷方登记本期税前会计利润大于应税所得的时间性差异对所得税的影响金额,以及转销以前期间已确认的时间性差异影响所得税的借方数额;借方登记本期税前会计利润小于应税所得的时间性差异对所得税的影响金额,以及转销以前期间已确认的时间性差异影响所得税的贷方数额;期末贷方(或借方)余额,反映尚未转销的时间性差异影响的所得税金额。

企业核算所得税费用时,按本期确认的所得税费用借记"所得税"账户,按本期应交所得税贷记"应交税金——应交所得税"账户，按二者的差额借记或贷记"递延税款"账户。

【例13-7】 依例13-6的资料，采用纳税影响会计法核算时的有关会计处理如下：
(1) 计算该企业当期应交所得税

税前会计利润	220万元
加：计税工资超支额	15万元
赞助支出	20万元
减：国库券利息收入	15万元
减：固定资产折旧的差额	10万元
应税所得	230万元
应交所得税（230万元×33%）	75.9万元
加：时间性差异影响所得税的金额（10万元×33%）	3.3万元
所得税费用	79.2万元

(2) 编制会计分录如下：

借：所得税　　　　　　　　　　　　　　　792000
　　贷：应交税金——应交所得税　　　　　　759000
　　　　递延税款　　　　　　　　　　　　　33000

纳税影响会计法的特点是：计入当期损益的所得税费用不同于当期应交所得税，两者的差额为时间性差异影响所得税的金额，该影响金额单独在"递延税款"账户中核算，不直接调整当期的所得税费用，而是递延到以后期间再转回。

【例13-8】 东方建筑公司适用33%的所得税税率。1990年末，公司进口一台价值105万元的钻机，预计净残值5万元，当期投入使用。税法规定的折旧年限为5年，会计按10年计提折旧。假设该公司每年实现税前会计利润250万元。采用纳税影响会计法核算时的有关会计处理如下：

1）1991～1995年末产生时间性差异时的会计处理：

本期应交所得税 =（250 − 10）× 33% = 79.2万元

本期发生的时间性差异影响所得税的金额 = $\left(\dfrac{105-5}{5} - \dfrac{105-5}{10}\right) \times 33\% = 3.3$ 万元

本期所得税费用 = 79.2 + 3.3 = 82.5万元

根据计算结果，作会计分录如下：

借：所得税　　　　　　　　　　　　　　　825000
　　贷：应交税金——应交所得税　　　　　　792000
　　　　递延税款　　　　　　　　　　　　　33000

2）1996～2000年末转回时间性差异影响所得税金额时的处理：

本期应交所得税 =（250 + 10）× 33% = 85.8万元

本期转回的时间性差异影响所得税的金额 = $\left(\dfrac{105-5}{10} - 0\right) \times 33\% = 3.3$ 万元

本期的所得税费用 = 85.8 − 3.3 = 82.5万元

会计分录如下：

借：所得税　　　　　　　　　　　　　　　825000

递延税款　　　　　　　　　　　　33000
　　　贷：应交税金　　　　　　　　　　　　　858000

以上是在税率不变的情况下采用纳税影响会计法核算所得税费用的方法。在税率变更或开征新税的情况下，运用纳税影响会计法进行会计处理时，又有两种可供选择的方法，即递延法和债务法，本书不作详述。

综上所述可知，纳税影响会计法与应付税款法对永久性差异影响所得税的会计处理是相同的，均在发生当期调整所得税费用。二者的主要区别是对时间性差异影响所得税金额的会计处理不同。应付税款法对时间性差异影响所得税的金额不单独核算，直接调整时间性差异产生当期的所得税费用；纳税影响会计法对时间性差异影响所得税的金额通过"递延税款"账户单独核算，不直接调整时间性差异产生当期的所得税费用。

第三节　利润分配

一、利润分配的程序

1. 利润分配的程序

利润分配是指按国家有关规定及投资者的决议对企业实现的净利润进行的分配。建筑企业缴纳所得税后的净利润，按下列顺序分配：

（1）弥补以前年度亏损。指弥补以前年度发生的、在5年内未弥补完的亏损。税法规定，企业发生的年度亏损，可以用下一年度的税前利润弥补；下一年度利润不足以弥补的，可以在5年内延续弥补；如5年内未弥补完，用税后利润弥补。

（2）提取法定盈余公积。按照当年税后利润（扣除前一项）的一定比例（一般为10%）提取。但累计提取的法定盈余公积达到注册资本的50%时可不再提取。

（3）提取法定公益金。按照当年税后利润（扣除前一项）的一定比例（一般为5%~10%）提取。提取的法定公益金用于职工集体福利设施建设。

2. 可供分配利润的分配顺序

企业当期实现的净利润，加上年初未分配利润（或减去年初未弥补亏损）和其他转入后的余额为可供分配的利润。可供分配的利润减去提取的法定盈余公积、法定公益金后，为可供投资者分配的利润。可供投资者分配的利润按下列顺序分配：

（1）应付优先股股利。指股份有限公司按利润分配方案分配给优先股股东的现金股利。

（2）提取任意盈余公积。指股份有限公司按股东大会决议提取的公积金。任意盈余公积的提取比例由企业确定。

（3）应付普通股股利。指企业按照利润分配方案分配给普通股股东的现金股利或分配给投资人的利润。

（4）转作资本（或股本）的普通股股利。指企业按照利润分配方案以分派股票股利的形式转作的资本（或股本）或以利润转增的资本。

可供投资者分配的利润，经过上述分配后，即为未分配利润（或未弥补亏损）。未分配利润可留待以后年度进行分配。企业如发生亏损，可以按规定由以后年度实现的利润弥补。

上述利润分配顺序的逻辑关系是：企业以前年度亏损未弥补完，不得提取盈余公积金和公益金；在提取盈余公积金、公益金以前，不得向投资者分配利润。

二、利润分配的核算

企业应设置"利润分配"账户，核算企业净利润的分配（或亏损的弥补）及历年分配（或弥补）后的结存余额。其借方登记分配的利润数额或年末转入的本年亏损额，贷方登记年末转入的本年净利润或用盈余公积弥补亏损的数额，年末贷方余额表示历年结存的未分配利润，若为借方余额表示历年累计的未弥补亏损。本账户应设置以下明细账户，进行利润分配的核算：

（1）"其他转入"明细账户；核算企业用盈余公积弥补亏损的数额。其贷方登记转入的用于弥补亏损的数额，借方登记年末转入"未分配利润"明细账户的金额，年末结转后本账户应无余额。

（2）"提取法定盈余公积"、"提取法定公益金"、"提取任意盈余公积"等明细账户，分别核算按规定提取的法定盈余公积、法定公益金和任意盈余公积。其借方登记提取的各种盈余公积，贷方登记年末转入"未分配利润"明细账户的金额，年末结转后应无余额。

（3）"应付优先股股利"、"应付普通股股利"明细账户，核算分配给投资者的现金股利或利润。其借方登记分配给投资者的利润，贷方登记年末转入"未分配利润"明细账户的金额，年末结转后应无余额。

（4）"转作资本（或股本）的普通股股利"明细账户，核算企业按规定分配的股票股利。其借方登记分配给投资者的股票股利，贷方登记年末转入"未分配利润"明细账户的金额，年末结转后本账户应无余额。

（5）"未分配利润"明细账户，核算企业累计尚未分配的利润（或尚未弥补的亏损）。年度终了，企业将本年度实现的净利润从"本年利润"账户转入"利润分配——未分配利润"明细账户的贷方，如为亏损，则转入"利润分配——未分配利润"明细账户的借方。同时将"利润分配"账户所属其他明细账户的余额转入"未分配利润"明细账户。年终结转后，除"未分配利润"明细账户外，"利润分配"账户所属的其他明细账户均无余额。"利润分配——未分配利润"明细账户的年末贷方余额为累计未分配的利润，如为借方余额则为累计未弥补的亏损。

【例 13-9】 某建筑企业 2002 年实现净利润 500 万元，年末按 10% 提取法定盈余公积，按 5% 提取法定公益金，并向投资者分配利润 100 万元。有关账务处理如下：

(1) 计提法定盈余公积金 50 万元，计提法定公益金 25 万元。会计分录为：

借：利润分配——提取法定盈余公积　　　　　500000
　　利润分配——提取法定公益金　　　　　　250000
　　贷：盈余公积——法定盈余公积　　　　　　　500000
　　　　盈余公积——法定公益金　　　　　　　　250000

(2) 向投资者分配利润 100 万元。会计分录为：

借：利润分配——应付普通股股利　　　　　1000000
　　贷：应付股利　　　　　　　　　　　　　　1000000

(3) 结转本年实现的净利润 5000000 元。会计分录为：

借：本年利润　　　　　　　　　　　　　　5000000

　　　　贷：利润分配——未分配利润　　　　　　　　　　　　5000000
　(4) 结转"利润分配"账户各明细账户的余额。会计分录如下：
　　　借：利润分配——未分配利润　　　　　　　1750000
　　　　贷：利润分配——提取法定盈余公积　　　　　　500000
　　　　　　利润分配——提取法定公益金　　　　　　　　250000
　　　　　　利润分配——应付普通股股利　　　　　　　　1000000
　经过以上账务处理，年末"利润分配——未分配利润"账户有贷方余额3250000元，为该企业累计未分配利润（假设企业以前年度无未分配利润）。

【例13-10】　某建筑企业本年发生亏损100000元，董事会决议用盈余公积金弥补。作会计分录如下：
　　　借：利润分配——未分配利润　　　　　　　100000
　　　　贷：本年利润　　　　　　　　　　　　　　　　100000
　用盈余公积金弥补当年亏损，作会计分录如下：
　　　借：盈余公积——法定盈余公积金　　　　　100000
　　　　贷：利润分配——其他转入　　　　　　　　　　100000
　同时：
　　　借：利润分配——其他转入　　　　　　　　100000
　　　　贷：利润分配——未分配利润　　　　　　　　　100000
　需要说明的是，企业用当年实现的利润弥补以前年度亏损时，无论是用税前利润弥补，还是用税后利润弥补，均无需专门作会计分录。只需将本年实现的利润转入"利润分配"账户，就可直接抵消亏损额。

思考题与习题

思考题

1. 建筑企业的利润总额由哪些内容组成？如何计算营业利润、利润总额和净利润？
2. 营业外收入和营业外支出各包括哪些主要内容？如何进行核算？
3. 影响应税所得与会计利润的永久性差异和时间性差异是由哪些原因产生的？在计税时应如何调整？
4. 应付税款法如何核算所得税费用？其主要特征是什么？
5. 纳税影响会计法如何核算所得税费用？其主要特征是什么？
6. 利润分配的程序是怎样的？如何进行利润分配的核算？

习题一

（一）练习利润形成的核算。
（二）资料：华宇建筑公司2002年12月份损益类账户发生额如下：

主营业务收入（贷方）　　　　　　　　　　　　660000元
主营业务成本（借方）　　　　　　　　　　　　420000元
主营业务税金及附加（借方）　　　　　　　　　　33000元
管理费用（借方）　　　　　　　　　　　　　　　59400元
财务费用（借方）　　　　　　　　　　　　　　　12000元
投资收益（贷方）　　　　　　　　　　　　　　140000元

营业外收入（贷方）	19380元
营业外支出（借方）	105100元

（三）要求：

1. 编制结转本年利润的会计分录。
2. 计算本年营业利润和利润总额。

习题二

（一）练习所得税费用采用应付税款法的核算。

（二）资料：某企业采用应付税款法核算所得税费用，适用的所得税税率为33%，2002年度有关资料如下：

1. 年末，"本年利润"账户核算出利润总额为560万元；
2. 2000年发生的亏损尚有10万元未弥补；
3. 列入"管理费用"账户的业务招待费为13万元，企业按营业收入计算的开支限额为11万元；
4. 投资收益中有国库券利息收入5万元，股利收入1万元（已按33%纳税）；
5. 本年发生非广告性质的赞助支出10万元，已列入营业外支出核算。

（三）要求：

1. 计算该企业应交纳的所得税；
2. 作出计算结转所得税的会计分录。

习题三

（一）练习所得税费用采用纳税影响会计法的核算。

（二）资料：华宇建筑公司某项生产设备的原始价值为30000元，税法规定的使用年限为3年，会计制度规定可使用6年。该企业采用直线法计提固定资产折旧（假定不考虑净残值）。所得税率为33%。

（三）要求：采用纳税影响会计法进行所得税费用的核算，并登记"所得税"、"递延税款"、"应交税金——应交所得税"明细账。

第十四章 财务会计报告

第一节 概 述

一、财务会计报告的概念

财务会计报告是综合反映建筑企业财务状况和经营成果的总结性书面文件,是会计核算工作的总结。

通过前述各章的核算,建筑企业的各项经济业务已按一定的程序和方法记录在会计账簿中。期末,还需对日常核算形成的会计资料作进一步的分类、整理、汇总,以财务会计报告的形式对企业的财务状况和经营成果进行总括反映,以满足有关各方对建筑企业会计信息的需求。

二、财务会计报告的构成

建筑企业的财务会计报告由会计报表、会计报表附注和财务情况说明书组成。

(一)会计报表

会计报表是财务会计报告的主要部分,是以企业日常会计核算资料为依据,按照规定的格式和内容,定期编制的总括反映企业财务状况、经营成果和现金流量的书面文件。

会计报表包括向外提供的会计报表和企业内部需要的会计报表两大类。建筑企业向外提供的会计报表主要有资产负债表、利润表、现金流量表和利润分配表。其中资产负债表和利润表为月度会计报表,现金流量表、利润分配表为年度会计报表。企业内部管理需要的财务报表由企业根据实际需要自行设计确定,一般有工程成本表、附属企业产品成本表、期间费用表等。

(二)会计报表附注

会计报表附注是为了使报表的使用者理解会计报表的内容,对报表的有关项目所作的进一步解释。其内容至少包括:

(1) 不符合会计核算基本前提的说明;
(2) 重要会计政策和会计估计的说明;
(3) 重要会计政策和会计估计变更的说明;
(4) 或有事项和资产负债表日后事项的说明;
(5) 关联方关系及其交易的披露;
(6) 重要资产转让及其出售的说明;
(7) 企业合并、分立的说明;
(8) 会计报表中重要项目的明细资料;
(9) 其他事项。

(三)财务情况说明书

财务情况说明书是对建筑企业一定期间经济活动进行分析总结的文字报告。其内容至少要包括:

(1) 建筑企业生产经营的基本情况；
(2) 利润实现和分配情况；
(3) 资金增减和周转情况；
(4) 对建筑企业财务状况、经营成果和现金流量具有重大影响的其他事项。

三、财务会计报告的编制要求

为了确保财务会计报告信息的质量，企业编制财务会计报告时必须符合以下几点基本要求：

（一）真实性

真实性是对会计信息质量的最基本的要求。为了保证会计信息真实可靠，要求企业必须根据登记完整、核对无误的账簿记录和其他有关资料编制，严禁弄虚作假，不得为了赶编报表提前结账，更不得先编报表后结账。

（二）相关性

财务会计报告提供的信息应与报表使用者进行决策所需的信息相关。即企业提供的信息能够帮助报表使用者客观地评价企业，验证或纠正自己过去的估计，从而作出正确的经营决策。

（三）及时性

由于财务会计报告的信息具有时效性，因而要求企业的财务会计报告应在规定期限内及时编制和报送。

（四）完整性

要按规定的会计报表的种类格式和内容编制，不得漏编报表和报表中的项目。

第二节 资产负债表

资产负债表是反映企业某一特定日期全部资产、负债和所有者权益情况的会计报表。它表明企业在某一时点所拥有或控制的经济资源、所承担的债务和所有者对资产的要求权。

一、资产负债表的格式

资产负债表的格式主要有账户式和报告式两种。我国会计制度规定企业的资产负债表采用账户式。

所谓账户式，就是将资产负债表分为左右两方，左方为资产，右方为负债和所有者权益。报表的左右两方体现了资产与权益之间的平衡关系。其格式见表14-2所示。

二、资产负债表的编制方法

（一）年初数的填列方法

资产负债表"年初数"栏内各项数字，应根据上年末资产负债表的"期末数"填列。如果本年度资产负债表各个项目的名称和内容同上年度不相一致，应按照本年度的规定对上年末资产负债表的数字进行调整，填入报表的"年初数"栏内。

（二）资产负债表"期末数"各项目的填列方法

1. 根据各项目对应的总账账户期末余额直接填列

在资产负债表中，应收股利、应收利息、应收票据、固定资产原价、累计折旧、工程物资、专项工程支出、固定资产减值准备、临时设施、临时设施摊销、递延税款借项、短期借款、应付票据、应付工资、应付福利费、应付股利、其他应付款、其他应交款、递延税款贷项、实收资本、资本公积、盈余公积等项目均应根据该项目对应的总账账户的期末余额直接填列。

2. 根据若干总账账户的期末余额计算填列

(1)"货币资金"项目。应根据"现金"、"银行存款"、"其他货币资金"账户的期末余额合计填列。

(2)"存货"项目。应根据"物资采购"、"采购保管费"、"库存材料"、"低值易耗品"、"周转材料"、"材料成本差异"、"委托加工物资"、"工程施工"、"工业生产"、"辅助生产"、"库存商品"、"分期收款发出商品"等账户的期末余额合计,减去"存货跌价准备"账户期末余额后的金额填列。

(3)"待摊费用"项目。应根据"待摊费用"账户的期末余额加"预提费用"账户期末借方余额以及"长期待摊费用"账户中将于1年内到期的部分后的金额填列。

(4)"预提费用"项目。应根据"预提费用"账户的期末贷方余额填列。如"预提费用"账户期末为借方余额,应合并在"待摊费用"项目内反映,不包括在本项目内。

(5)"未分配利润"项目。应根据"本年利润"账户和"利润分配"账户的余额计算填列。未弥补的亏损,在本项目内以"－"号填列。

3. 根据明细账户的期末余额直接填列

(1)"临时设施清理"项目。应根据"固定资产清理"账户所属的"临时设施清理"明细账户的期末余额填列。

(2)"公益金"项目。应根据"盈余公积"账户所属的"法定公益金"明细账户的期末余额填列。

4. 根据明细账户的期末余额计算填列

(1)"预付账款"项目。应根据"预付账款"账户和"应付账款"账户所属各明细账户的期末借方余额合计数填列,如"预付账款"账户所属有关明细账户期末有贷方余额,应在"应付账款"项目内填列。

(2)"应付账款"项目。应根据"应付账款"账户和"预付账款"账户所属各有关明细账户的期末贷方余额加总填列。如"应付账款"账户所属有关明细账户期末有借方余额,应在"预付账款"项目内填列。

(3)"预收账款"项目。应根据"预收账款"账户和"应收账款"账户所属有关明细账户的贷方余额合计数填列,如"预收账款"账户所属有关明细账户有借方余额,应在"应收账款"项目内填列。

5. 根据总账账户和明细账户余额分析计算填列

(1)"长期借款"项目。应根据"长期借款"账户的期末余额扣除该账户所属的明细账户中反映的将于1年内到期的长期借款后的余额填列。

(2)"应付债券"项目。应根据"应付债券"账户的期末余额扣除该账户所属的明细账户中反映的将于1年内到期的应付债券后的余额填列。

(3)"长期应付款"项目。应根据"长期应付款"账户的期末余额扣除该账户所属的明细账户中反映的将于1年内到期的长期应付款后的余额填列。

上述长期负债各项目中将于1年内（含1年）到期的长期负债，集中在流动负债类下"1年内到期的长期负债"项目内反映。

6. 根据账户余额减去其备抵项目后的净额填列

（1）"短期投资"项目。应根据"短期投资"账户的期末余额减去"短期投资跌价准备"账户的期末余额后的金额填列。

（2）"应收账款"项目。应根据"应收账款"账户和"预收账款"账户所属各明细账户的期末借方余额合计，减去"坏账准备"账户中有关应收账款计提的坏账准备期末余额后的金额填列。如"应收账款"账户所属明细账户期末有贷方余额，应在"预收账款"项目内反映。

（3）"其他应收款"项目。应根据"其他应收款"账户的期末余额减去"坏账准备"账户中有关其他应收款计提的坏账准备期末余额后的金额填列。

（4）"长期股权投资"项目。应根据"长期股权投资"账户的期末余额减去"长期投资减值准备"账户中有关股权投资减值准备期末余额后的金额填列。

（5）"长期债权投资"项目。应根据"长期债权投资"账户的期末余额减去"长期投资减值准备"账户中有关债权投资减值准备期末余额和1年内到期的长期债权投资后的金额填列。1年内到期的长期债权投资应在流动资产类下设的"1年内到期的长期债权投资"项目内反映。企业超过1年到期的委托贷款，其本金和利息减去已计提的减值准备后的净额，也在本项目内反映。

（6）"专项工程"项目。应根据"专项工程支出"账户的期末余额减去"专项工程减值准备"账户期末余额后的金额填列。

（7）"无形资产"项目。应根据"无形资产"账户的期末余额减去"无形资产减值准备"账户余额后的金额填列。

三、资产负债表编制举例

【例14-1】 假设东方建筑公司2002年12月31日有关账户的资料如表14-1所示。

表 14－1

总账试算平衡表

2002年12月31日　　　　　　　　　　　　　　　单位：元

账户名称	期初余额		本期发生额		期末余额	
	借方	贷方	借方	贷方	借方	贷方
现　金	5300		140000	140000	5300	
银行存款	900000		270800	668770	502030	
其他货币资金	179000				179000	
应收票据	253240				253240	
应收股利						
应收利息						
应收账款	1783632		200000		1983632	
坏账准备		17836		2000		19836
预付账款	731844				731844	
其他应收款	124000				124000	

续表

账户名称	期初余额 借方	期初余额 贷方	本期发生额 借方	本期发生额 贷方	期末余额 借方	期末余额 贷方
物资采购	200000		150000	150000	200000	
采购保管费			2650	2650		
库存材料	2653000		150000	50000	2753000	
周转材料	303000				303000	
低值易耗品	200000				200000	
材料成本差异		10980	2920	2920		10980
委托加工物资	58320				58320	
库存产成品	250000				250000	
待摊费用	237280				237280	
长期股权投资	1172000				1172000	
固定资产	12292400		425000	200000	12517400	
累计折旧		6018260	180000	85000		5923260
固定资产清理			20500	20500		
临时设施	1212220				1212220	
临时设施摊销		517700		20000		537700
专项工程	1392460		100000		1492460	
无形资产	1059680				1059680	
短期借款		714000		30000		744000
应付票据		493480	200000			293480
应付账款		737300		150000		887300
预收账款		1536800		240000		1776800
其他应付款		130140				130140
应付工资		88340	140000	140000		88340
应付福利费		203560		19600		223160
应交税金		265260	8270	108270		365260
应付股利		1692000				1692000
其他应交款		10000				10000
预提费用		92400				92400
长期借款		3400000	20000			3380000
专项应付款		368000				368000
实收资本		10000000		50000		10050000
资本公积				75000		75000
盈余公积		1643640		252		1643892
本年利润			200000	200000		
利润分配		251320	252	16790		267858
工程施工	3073640		282500	121140	3235000	
工业生产	110000				110000	
机械作业			17100	17100		
工程结算收入			200000	200000		
工程结算成本			121140	121140		
所得税			8270	8270		
管理费用			34100	34100		
营业外支出			19700	19700		
合计	28191016	28191016	2893202	2893202	28579406	28579406

根据上表资料，编制东方建筑公司 2002 年 12 月 31 日的资产负债表，如表 14-2 所示。

资 产 负 债 表　　　　　　　　　　　　　　　　表 14-2

编制单位：东方建筑公司　　　　2002 年 12 月 31 日　　　　　　　　单位：元

资　　产	年初数	年末数	负债及所有者	年初数	年末数
流动资产：			流动负债：		
货币资金	1084300	686330	短期借款	714000	744000
短期投资			应付票据	493480	293480
应收票据	253240	253240	应付账款	737300	887300
应收股利			预收账款	1536800	1776800
应收利息			其他应付款	130140	130140
应收账款	1783632	1983632	应付工资	88340	88340
减：坏账准备	17836	19836	应付福利费	203560	223160
应收账款净额	1765796	1963796	应交税金	265260	365260
预付账款	731844	731844	应付股利	1692000	1692000
其他应收款	124000	124000	其他应交款	10000	10000
应收补贴款			预提费用	92400	92400
待摊费用	237280	237280	一年内到期长期负债		
存货：	6836980	7098340	其他流动负债		
其中：工程施工	183640	345000	流动负债合计	5963280	6302880
减：工程结算	653000	753000	长期负债：		
已完工未结算款			长期借款	3400000	3380000
1 年内到期的长期债权投资			应付债券		
其他流动资产			长期应付款		
流动资产合计	11033440	11094830	专项应付款	368000	368000
长期投资：			其他长期负债		
长期股权投资	1172000	1172000	长期负债合计	3768000	3748000
长期债权投资			递延税项：		
长期投资合计	1172000	1172000	递延税款贷项		
固定资产：			负债合计	9731280	10050880
固定资产原价	12292400	12517400	所有者权益（或股东权益）：		
减：累计折旧	6018260	5923260	实收资本（或股本）	10000000	10050000
固定资产净值	6274140	6594140	资本公积		75000
减：固定资产减值准备			盈余公积	1643640	1643892
固定资产净额			其中：法定公益金	280000	280084
固定资产清理			未分配利润	251320	267858
专项工程	1392460	1492460	所有者权益合计	11894960	12036750
工程物资					
固定资产合计	7666600	8086600			
无形资产及其他资产：					
无形资产	1059680	1059680			
长期待摊费用					
临时设施	1212220	1212220			
减：临时设施摊销	517700	537700			
临时设施净值	694520	674520			
临时设施清理					
其他长期资产					
无形资产及其他资产合计	1754200	1734200			
递延税项：					
递延税款借项					
资产总计	21626240	22087630	负债及所有者（股东）权益总计	21626240	22087630

第三节 利润表和利润分配表

一、利润表

（一）利润表的作用

利润表是总括反映建筑企业一定会计期间经营成果的会计报表。利润表是动态报表，它把同一会计期间的收入与其相关的费用进行配比，计算出建筑企业一定时期的净利润（或净亏损）。其作用主要有：

（1）反映企业一定时期的经营成果和获利能力。利润表主要列出建筑企业主营业务收入、主营业务成本以及其他业务利润等，通过收入与费用的配比，反映出企业一定时期的经营成果和获利能力。

（2）预测企业未来的利润发展趋势及获利能力。企业的投资者、债权人等利用利润表提供的不同时期的比较数字（本月数、本年累计数、上年数），可以分析企业的发展趋势及获利能力，以便作出正确的投资决策。

（二）利润表的格式与内容

利润表是通过一定的表格来反映企业的经营成果。目前比较普遍的利润表的格式主要有多步式利润表和单步式利润表两种。我国一般采用多步式利润表格式。（见表 14-3）。具体计算步骤为：

（1）以主营业务收入减去主营业务成本、主营业务税金及附加，计算出主营业务利润；

（2）以主营业务利润加上其他业务利润减去营业费用、管理费用和财务费用，计算出营业利润。

（3）以营业利润加上投资收益（减去投资损失）、补贴收入、营业外收入、减去营业外支出，计算出利润总额。

（4）以利润总额减去本期计入损益的所得税费用，计算出本期净利润。

（三）利润表的编制方法

（1）利润表中的"本月数"栏反映各项目的本月实际发生数，在编制年度报表时，"本月数"栏改为"上年数"，填列上年累计实际发生数。如果上年度利润表的项目名称和内容与本年度利润表不相一致，应对上年度报表项目的名称和数字按本年度的规定进行调整，填入报表的"上年数"栏。

（2）报表中的"本年累计数"栏各项目反映自年初起到本月末止的累计实际发生数。根据上月本表本栏数字与本月本表"本月数"栏数字合计填列。

（3）利润表"本月数"栏各项目的内容及填列方法如下：

1）"主营业务收入"项目，反映企业经营主要业务所取得的收入总额。本项目应根据"主营业务收入"账户的发生额分析填列。

2）"主营业务成本"项目，反映企业经营主要业务发生的实际成本。本项目应根据"主营业务成本"账户的发生额分析填列。

3）"主营业务税金及附加"项目，反映企业经营主要业务应负担的营业税、城市维护建设税和教育费附加等。本项目应根据"主营业务税金及附加"账户的发生额分析填列。

4)"合同预计损失"项目,反映企业当期确认的合同预计损失。本项目应根据"合同预计损失"账户本年借方发生额填列。

5)"其他业务利润"项目,反映企业除主营业务以外取得的收入,减去所发生的相关成本、费用,以及相关税金及附加等支出后的净额。本项目应根据"其他业务收入"账户和"其他业务支出"账户的发生额分析计算填列。

6)"营业费用"项目,反映企业在销售商品等过程中发生的费用。本项目应根据"营业费用"账户的发生额分析填列。

7)"管理费用"项目,反映企业为组织和管理生产经营活动所发生的费用。本项目应根据"管理费用"账户的发生额分析填列。

8)"财务费用"项目,反映企业为筹集生产经营所需资金等而发生的费用。本项目应根据"财务费用"账户的发生额分析填列。

9)"营业利润"项目,反映企业实现的营业利润。本项目应根据"主营业务利润"项目数加"其他业务利润"项目数减"营业费用"、"管理费用"、"财务费用"项目数后的金额填列,如为亏损应以"-"号填列。

10)"投资收益"项目,反映企业以各种方式对外投资所取得的收益。本项目应根据"投资收益"账户的发生额分析填列,如为投资损失,以"-"号填列。

11)"补贴收入"项目,反映企业取得的各种补贴收入以及退回的增值税等。本项目应根据"补贴收入"账户的发生额分析填列。

12)"营业外收入"和"营业外支出"项目,反映企业发生的与其生产经营无直接关系的各项收入和支出。应分别根据"营业外收入"账户和"营业外支出"账户的发生额分析填列。

13)"利润总额"项目,反映企业实现的利润总额。本项目应根据"营业利润"项目数加"投资收益"、"补贴收入"、"营业外收入"项目数,减"营业外支出"项目数后的金额填列,如为亏损应以"-"号填列。

14)"所得税"项目,反映企业按规定从本期损益中减去的所得税。本项目应根据"所得税"账户的发生额分析填列。

15)"净利润"项目,反映企业实现的净利润。本项目应根据"利润总额"项目数减"所得税"项目后的金额填列。如为亏损,应以"-"号填列。

(四)利润表编制举例

【例14-2】 根据例14-1资料,编制2002年12月份利润表,见表14-3。

利 润 表   表14-3

编制单位:东方建筑公司　　2002年12月　　单位:元

项 目	本月数(上年实际数)	本年累计数
一、主营业务收入	200000	
减:主营业务成本	121140	
主营业务税金及附加	-	
合同预计损失	-	
二、主营业务利润(亏损以"-"号填列)	78860	
加:其他业务利润(亏损以"-"号填列)	-	
减:营业费用	-	

续表

项　　　目	本月数（上年实际数）	本年累计数
管理费用	34100	
财务费用	-	
三、营业利润（亏损以"-"号填列）	44760	
加：投资收益（损失以"-"号填列）	-	
补贴收入	-	
营业外收入		
减：营业外支出	19700	
四、利润总额（亏损以"-"号填列）	25060	
减：所得税	8270	
五、净利润（净亏损以"-"号填列）	16790	

补充资料

项　　　目	本年累计数	上年实际数
1. 出售、处置部门或被投资单位所得收益		
2. 自然灾害发生的损失		
3. 会计政策变更增加（或减少）利润总额		
4. 会计估计变更增加（或减少）利润总额		
5. 债务重组损失		
6. 其他		

二、利润分配表

（一）利润分配表的作用

利润分配表是反映企业在一定期间利润分配情况和年末未分配利润结余情况的会计报表。它是利润表的附表，主要说明利润表上反映的净利润的分配去向。通过利润分配表，可以了解企业实现净利润的分配情况或亏损的弥补情况，了解利润分配的构成以及年末未分配利润的数额。

（二）利润分配表的格式

建筑企业利润分配表的格式见表14-4。

利润分配表　　　　　　　　　　　　　　　表14-4

编制单位：东方建筑公司　　　　2002年度　　　　　　　　　单位：元

项　　　目	本年实际	上年实际
一、净利润	16790	
加：年初未分配利润	251320	
其他转入		
二、可供分配的利润	268110	
减：提取法定盈余公积	252	
提取法定公益金	—	
三、可供投资者分配的利润	267858	
减：应付优先股股利		
提取任意盈余公积		
应付普通股股利		
转作资本（或股本）的普通股股利		
四、未分配利润	267858	

（三）利润分配表的编制方法

利润分配表设有"本年实际"和"上年实际"两栏。

"本年实际"栏，根据本年"本年利润"账户、"利润分配"账户及其所属明细账户的记录分析填列。

"上年实际"栏，根据上年"利润分配表"中的"本年实际"栏所填列的数据填列。如果上年度利润分配表与本年度利润分配表的项目名称和内容不一致，应对上年度报表项目的名称和数字按本年度的规定进行调整，填入本表"上年实际"栏内。

利润分配表各项目的内容及填列方法如下：

（1）"净利润"项目，反映企业实现的净利润。如为净亏损，以"-"号填列。本项目的数字应与利润表"本年累计数"栏的"净利润"项目一致。

（2）"年初未分配利润"项目，反映企业上年末未分配的利润。如为未弥补亏损，以"-"号填列。本项目的数字应与上年末本表"年末未分配利润"项目的"本年实际"栏的数字相一致。

（3）"其他转入"项目，反映企业按规定用盈余公积弥补亏损等转入的数额。本项目应根据"利润分配"账户所属"其他转入"明细账户的发生额分析填列。

（4）"提取法定盈余公积"项目和"提取法定公益金"项目，分别反映企业按照规定提取的法定盈余公积和法定公益金。应分别根据"利润分配"账户所属"提取法定盈余公积"和"提取法定公益金"明细账户的发生额分析填列。

（5）"应付优先股股利"项目，反映企业应分配给优先股股东的现金股利。本项目应根据"利润分配"账户所属的"应付优先股股利"明细账户的发生额分析填列。

（6）"提取任意盈余公积"项目，反映企业提取的任意盈余公积。本项目应根据"利润分配"账户所属的"提取任意盈余公积"明细账户的发生额分析填列。

（7）"应付普通股股利"项目，反映企业应分配给普通股股东的现金股利。企业分配给投资者的利润，也在本项目内反映。本项目应根据"利润分配"账户所属的"应付普通股股利"明细账户的发生额分析填列。

（8）"转作资本（或股本）的普通股股利"项目，反映企业分配给普通股股东的股票股利。企业以利润转增的资本，也在本项目内反映。本项目应根据"利润分配"账户所属的"转作资本（或股本）的普通股股利"明细账户的发生额分析填列。

（9）"未分配利润"项目，反映企业年末尚未分配的利润。如为未弥补的亏损以"-"号填列。

（四）利润分配编制举例

【例14-3】 根据例14-1资料，编制2002年度的利润分配表，见表14-4。

第四节 现金流量表

一、现金流量表的作用

现金流量表是反映企业一定会计期间内有关现金和现金等价物的流入和流出信息的会计报表。现金流量表以现金的流入和流出反映企业在一定会计期间的经营活动、投资活动和筹资活动的动态情况，反映企业现金流入和流出的全貌。其作用主要有以下几个方面：

(一)评估企业当前及未来产生现金流量的能力,以便投资人和债权人作出正确的投资、信贷等经济决策。

现金流量表提供的信息,能说明企业经营中获得现金的各种能力。如果企业经营活动的现金流入大于现金流出,说明企业在满足施工生产等基本支出外,能够用于偿付债务或扩大投资的现金有多少;如果企业经营活动的现金流入小于现金流出,说明企业经营活动的现金自身适应能力较差,经营不仅不能支持投资或偿债,而且还须借助于收回投资或举借新债取得现金才能维持正常经营。可见,现金流量表有助于投资人、债权人了解、预测企业当前与未来的支付能力和偿债能力,为投资者、债权人进行投资决策、信贷决策提供依据。

(二)评估企业净利润与现金净流量的关系

将利润表中的净利润与经营活动的现金净流量联系,可观察企业利润的质量。经营活动现金净流量实际上是企业实现的可变现的经营收入与企业实际发生的需要支付现金的成本费用的差额,相当于采用收付实现制的原则计算的净收益。这部分收益相对于按权责发生制原则计算的账面收益来说,更具有现实意义。变现收益对账面收益的比值越高,说明企业经营活动中实现的净收益的变现能力越强,净收益就越是有效,企业的货款回笼工作做得越好。

(三)评估企业现金和非现金的投资和理财活动对企业财务状况的影响。

从投资活动现金流量看,如果企业在一定时期由于投资活动产生的现金流入量大大超过现金流出量,则说明企业是变现了大量的固定资产。如果这些资产是闲置或多余的,这种变现对企业的经营和理财是有利的;否则说明企业经营或偿债可能出现了困难,不得不靠处理固定资产来维持经营和偿还债务,或者由于经营困难或环境变化,不得不开始收缩投资战线,集中资金克服经营困难或解决其他问题等。

(四)评估企业期末结余的现金流量,以便合理安排下期的现金流量计划。

二、现金流量表的编制基础

现金流量表的编制基础是现金及现金等价物。这里的现金是指广义上的现金,包括库存现金、可以随时用于支付的存款以及现金等价物。

1. 现金

现金是指企业的库存现金以及可以随时用于支付的存款。这里的现金是指广义上的现金,包括"库存现金"、"银行存款"和"其他货币资金"三方面的内容。但不包括定期存款和受管制的外汇存款。

2. 现金等价物

现金等价物是指企业持有的期限短、流动强、易于转换为已知金额现金、价值变动风险很小的投资。一般指可在证券市场上流通的原定期限等于或短于三个月的短期债券投资。股票投资、长期债券投资、应收票据等均不属于现金等价物。

三、现金流量及其分类

现金流量是指以货币金额表示的现金流入和现金流出的数量。企业发生的经济业务可以分为三类:第一类业务的发生将引起现金及现金等价物项目此增彼减,如向银行提取现金,用存款购买短期国债投资等,这类业务的发生不会影响现金流量的变动。第二类业务的发生不涉及现金及现金等价物,如生产领用材料,产成品完工验收入库等,这类业务的发生也不会引起现金流量的变动。第三类业务的发生将引起现金及现金等价物项目单方面增加或减少，如销售商品收到现金，购买材料支付现金等，这类业务则引起现金流量的变动。现金及现金等价物的增加形成了企业的现金流入量，现金及现金等价物的减少则形成企业的现金流出量，按照这类经济业务的性质可将企业一定期间内产生的现金流量归为三类：

（一）经营活动产生的现金流量

经营活动是指企业投资活动和筹资活动以外的所有交易和事项，包括承发包工程、销售商品或提供劳务、经营性租赁、购买存货、接受劳务、交纳税金等。

（二）投资活动产生的现金流量

投资活动是指企业长期资产的购买和不包括在现金等价物范围内的投资及其处置活动。投资活动主要包括取得和收回投资、购置和处置固定资产、购买和转让无形资产等。

（三）筹资活动产生的现金流量

筹资活动指导致企业资本及债务规模和构成发生变化的活动，包括发行股票或接收投入资本、分配现金股利、取得和偿还银行借款、发行和偿还公司债券等。

四、现金流量表的基本格式

我国企业的现金流量表包括正表和补充资料两部分。基本格式见表14-5。

现金流量表　　　　　　　　　　　　　表14-5

编制单位：东方建筑公司　　　2002年度　　　　　　　　　　单位：元

项　目	金　额
一、经营活动产生的现金流量	
承包工程、销售商品、提供劳务收到的现金	240000
收到的税费返还	—
收到的其他与经营活动有关的现金	—
现金流入小计	240000
发包工程、购货、接受劳务支付的现金	200000
支付给职工以及为职工支付的现金	140000
支付的各项税费	8270
支付的其他与经营活动有关的现金	—
现金流出小计	348270
经营活动产生的现金流量净额	（108270）
二、投资活动产生的现金流量	
收回投资所收到的现金	—
取得投资收益所收到的现金	—
处置固定资产、临时设施、无形资产和其他长期资产而收到的现金净额	300
收到的其他与投资活动有关的现金	—
现金流入小计	300
购建固定资产、临时设施、无形资产和其他长期资产所支付的现金	300000
投资所支付的现金	
支付的其他与投资活动有关的现金	

续表

项　　目	金　额
现金流出小计	300000
投资活动产生的现金流量净额	(299700)
三、筹资活动产生的现金流量	
吸收投资所收到的现金	—
取得借款所收到的现金	30000
收到的其他与筹资活动有关的现金	—
现金流入小计	30000
偿还债务所支付的现金	20000
分配股利、利润和偿付利息所支付的现金	—
支付的其他与筹资活动有关的现金	—
现金流出小计	20000
筹资活动产生的现金流量净额	10000
四、汇率变动对现金的影响	—
五、现金及现金等价物净增加额	(397970)

补　充　资　料	金　　额
1. 将净利润调节为经营活动的现金流量	
净利润	16790
加：计提的资产减值准备	2000
固定资产折旧	85000
无形资产摊销	—
临时设施摊销	20000
长期待摊费用摊销	31876
待摊费用减少（减：增加）	—
预提费用增加（减：减少）	—
处置固定资产、无形资产和其他长期资产损失（减：收益）	19700
固定资产和临时设施报废损失	—
财务费用	—
投资损失（减：收益）	—
递延税款贷项（减：借项）	—
存货的减少（减：增加）	(26136)
经营性应收项目的减少（减：增加）	(20000)
经营性应付项目的增加（减：减少）	(20960)
其他	—
经营活动产生的现金流量净额	(108270)
2. 不涉及现金收支的投资及筹资活动	
债务转为资本	—
一年内到期的可转换公司债券	—
融资租入固定资产	—
发行普通股交换设备	125000
3. 现金及现金等价物净增加情况	
现金的期末余额	686330
减：现金的期初余额	1084300
加：现金等价物的期末余额	—
减：现金等价物的期初余额	—
现金及现金等价物净增加额	(397970)

正表是现金流量表的主体，企业一定会计期间现金流量的信息主要由正表提供。正表

采用报告式的结构,按照现金流量的性质依次分类反映经营活动产生的现金流量、投资活动产生的现金流量和筹资活动产生的现金流量,最后汇总反映企业现金及现金等价物的净增加额。

补充资料包括三部分内容:

(1) 将净利润调节为经营活动的现金流量(即按间接法编制的经营活动现金流量);

(2) 不涉及现金收支的投资和筹资活动;

(3) 现金及现金等价物的净增加情况。

五、现金流量表的编制方法

(一)"经营活动产生的现金流量"项目的编制方法

经营活动产生的现金流量的列报方法有两种:一是直接法,二是间接法。

直接法是通过现金收入和现金支出的主要类别直接反映来自企业经营活动的现金流量。一般以利润表中的本期营业收入为起点,调整与经营活动有关项目的增减变动,然后计算出经营活动的现金流量。在我国,现金流量表正表中的经营活动产生的现金流量就是以直接法列报的。

间接法是以本期净利润为起点,通过调整不涉及现金的收入、费用、营业外收支等有关项目的增减变动,调整不属于经营活动的现金收支项目,计算出经营活动现金流量的一种方法。在我国,现金流量表的补充资料就是按照间接法反映经营活动现金流量的,以对正表中按直接法反映的经营活动现金流量进行核对和补充说明。

下面分别说明现金流量表中"经营活动产生的现金流量"各项目的内容及填列方法。

(1) "承包工程、销售商品、提供劳务实际收到的现金"项目,反映企业承包工程、销售商品、提供机械作业等劳务收到的现金,包括本期承包工程、销售商品、提供劳务收到的现金,以及前期承包工程、销售商品和提供劳务本期收到的现金和本期预收的工程款等,减去本期退回本期销售的商品和前期销售本期退回的商品支付的现金。企业销售材料和代购代销业务收到的现金,也在本项目反映。本项目可以根据"现金"、"银行存款"、"应收账款"、"应收票据"、"预收账款"、"主营业务收入"、"其他业务收入"等账户的记录分析填列。

(2) "收到的税费返还"项目,反映企业收到返还的各种税费,如收到的增值税、消费税、营业税、所得税、教育费附加返还等。本项目可以根据"现金"、"银行存款"、"主营业务税金及附加"、"补贴收入"、"应收补贴款"等账户的记录分析填列。

(3) "收到的其他与经营活动有关的现金"项目,反映企业除上述各项目外,收到的其他与经营活动有关的现金流入,如罚款收入、流动资产损失中由个人赔偿的现金收入等。其他现金流入如价值较大的,应单列项目反映。本项目可以根据"现金"、"银行存款"、"营业外收入"等账户的记录分析填列。

(4) "发包工程、购买商品、接受劳务支付的现金"项目,反映企业发包工程、购买材料、商品、接受劳务支付的现金(包括增值税进项税额),以及本期支付前期购入商品、接受劳务的未付款项和本期预付款项。本期发生的购货退回收到的现金应从本项目内减去。本项目可以根据"现金"、"银行存款"、"应付账款"、"应付票据"、"预收账款"、"主营业务成本"等账户的记录分析填列。

(5) "支付给职工以及为职工支付的现金"项目,反映企业实际支付给职工,以及为职工支付的现金，包括本期实际支付给职工的工资、奖金，各种津贴和补贴等，以及为职工支付的其他费用。不包括支付的离退休人员的各项费用和支付给专项工程人员的工资等。企业支付给离退休人员的各项费用，包括支付统筹退休金以及未参加统筹的退休人员的费用，在"支付的其他与经营活动有关的现金"项目中反映；支付的专项工程人员的工资，在"购建固定资产、无形资产和其他长期资产所支付的现金"项目中反映。本项目可以根据"应付工资"、"现金"、"银行存款"等账户的记录分析填列。

企业为职工支付的养老、失业等社会保险基金、补充养老保险、住房公积金、支付给职工的住房困难补助，以及企业支付给职工或为职工支付的其他福利费用等，应按职工的工作性质和服务对象，分别在本项目和在"购建固定资产、无形资产和其他长期资产所支付的现金"项目中反映。

(6)"支付的各项税费"项目，反映企业按规定支付的各种税费，包括本期发生并支付的税费，以及本期支付以前各期发生的税费和预交的税费，如支付的营业税、教育费附加、矿产资源补偿费、印花税、房产税、土地增值税、车船使用税、预交的营业税等。不包括计入固定资产价值、实际支出的耕地占用税等，也不包括本期退回的营业税、所得税。本期退回的营业税、所得税在"收到的税费返还"项目中反映。本项目可以根据"应交税金"、"现金"、"银行存款"等账户的记录分析填列。

(7)"支付的其他与经营活动有关的现金"项目，反映企业除上述各项目外，支付的其他与经营活动有关的现金流出，如罚款支出、支付的差旅费、业务招待费现金支出、支付的保险费等，其他现金流出若金额较大的，应单列项目反映。本项目可以根据有关账户的记录分析填列。

(二)"投资活动产生的现金流量"项目的编制方法

(1)"收回投资所收到的现金"项目，反映出售、转让或到期收回除现金等价物以外的短期投资、长期股权投资而收到的现金，以及收回长期债权投资本金而收到的现金。不包括长期债权投资收回的利息，以及收回的非现金资产。本项目可以根据"短期投资"、"长期股权投资"、"长期债权投资"、"现金"、"银行存款"等账户的记录分析填列。

(2)"取得投资收益所收到的现金"项目，反映企业因股权性投资和债权性投资而取得的现金股利、利息，以及从子公司、联营企业和合营企业分回利润收到的现金。不包括股票股利。本项目可以根据"现金"、"银行存款"、"投资收益"等账户的记录分析填列。

(3)"处置固定资产、临时设施、无形资产和其他长期资产所收回的现金净额"项目，反映企业处置固定资产、临时设施、无形资产和其他长期资产所取得的现金，减去为处置这些资产而支付的有关费用后的净额。由于自然灾害所造成的固定资产等长期资产损失而收到的保险赔偿收入，也在本项目反映，本项目可以根据"固定资产清理"、"营业外收入"、"现金"、"银行存款"等账户的记录分析填列。

(4)"收到的其他与投资活动有关的现金"项目，反映企业除了上述各项以外，收到的其他与投资活动有关的现金流入。其他现金流入如金额较大的，应单列项目反映。本项目可以根据有关账户的记录分析填列。

(5)"购建固定资产、临时设施、无形资产和其他长期资产所支付的现金"项目，反映企业购买、建造固定资产、临时设施、取得无形资产和其他长期资产所支付的现金，不包括为购建固定资产而发生的借款利息资本化的部分，以及融资租入固定资产支付的租赁费。借款利息和融资租入固定资产支付的租赁费,在筹资活动产生的现金流量中反映。本项目可以根据"固定资产"、"临时设施"、"无形资产"、"专项工程支出"、"现金"、"银行存款"等账户的记录分析填列。

(6)"投资所支付的现金"项目,反映企业进行权益性投资和债权性投资支付的现金,包括企业取得的除现金等价物以外的短期股票投资、短期债券投资、长期股权投资、长期债权投资支付的现金,以及支付的佣金、手续费等附加费。本项目可以根据"长期股权投资"、"长期债权投资"、"短期投资"、"现金"、"银行存款"等账户的记录分析填列。

企业购买股票和债券时,实际支付的价款中包含的已宣告但尚未领取的现金股利或已到付息期但尚未领取的债券的利息,应在投资活动的"支付的其他与投资活动有关的现金"项目中反映;收回上述现金股利或债券利息,在投资活动的"收到的其他与投资活动有关的现金"项目中反映。

(7)"支付的其他与投资活动有关的现金"项目,反映企业除了上述各项以外,支付的其他与投资活动有关的现金流出。其他现金流出如价值较大的,应单列项目反映。本项目可以根据有关科目的记录分析填列。

(三)"筹资活动产生的现金流量"项目的编制方法

(1)"吸收投资所收到的现金"项目,反映企业收到的投资者投入的现金,包括以发行股票、债券等方式筹集资金实际收到的款项净额(发行收入减去支付的佣金等发行费用后的净额)。以发行股票、债券等方式筹集资金而由企业直接支付的审计、咨询等费用,在"支付的其他与筹资活动有关的现金"项目反映,不从本项目内扣除。本项目可以根据"实收资本(或股本)"、"应付债券"、"现金"、"银行存款"等账户的记录分析填列。

(2)"借款所收到的现金"项目,反映企业举借各种短期、长期借款所收到的现金。本项目可以根据"短期借款"、"长期借款"、"现金"、"银行存款"等账户的记录分析填列。

(3)"收到的其他与筹资活动有关的现金"项目,反映企业除上述各项外,收到的其他与筹资活动有关的现金流入,如接受现金捐增等。其他现金流入如金额较大的,应单列项目反映。本项目可以根据有关账户的记录分析填列。

(4)"偿还债务所支付的现金"项目,反映企业以现金偿还债务的本金,包括偿还金融企业的借款本金、偿还债券本金等。企业偿还的借款利息、债券利息,在"分配股利、利润或偿付利息所支付的现金"项目反映,不包括在本项目内。本项目可以根据"短期借款"、"长期借款"、"应付债券"、"现金"、"银行存款"等账户的记录分析填列。

(5)"分配股利、利润和偿付利息所支付的现金"项目,反映企业实际支付的现金股利、支付给其他投资单位的利润以及支付的借款利息、债券利息等。本项目可以根据"应付股利"、"财务费用"、"长期借款"、"现金"、"应付债券"、"银行存款"等账户的记录分析填列。

(6)"支付的其他与筹资活动有关的现金"项目,反映企业除上述各项外,支付的其他与筹资活动有关的现金流出,如捐增现金支出、融资租入固定资产支付的租赁费等。其他现金流出如金额较大的,应单列项目反映。本项目可以根据"营业外支出"、"长期应付款"、"现金"、"银行存款"等账户的记录分析填列。

(7)"汇率变动对现金的影响"项目,反映企业外币现金流量及境外子公司的现金流量折算为人民币时,所采用的现金流量发生日的汇率或平均汇率折算人民币金额与"现金及现金等价物净增加额"中外币现金净增加额按期末汇率折算的人民币金额之间的差额。

六、现金流量表补充资料的项目及填制方法

1. 将净利润调节为经营活动的现金流量

利润表反映的当期净利润是按权责发生制原则确认计量的,而经营活动的现金流量净额是按收付实现制确认计量的。因为当期净利润既包括经营损益,又包括不属于经营活动的损益,因此,采用间接法将净利润调节为经营活动的现金流量净额时需要调整四大类项目:①实际没有支付现金的费用;②实际没有收到现金的收益;③不属于经营活动的损益;④经营性应收应付项目的增减变动。各项目的具体填列方法如下:

(1)"计提的资产减值准备"项目:反映企业当期计提的各项资产的减值准备。本项目可以根据"管理费用"、"投资收益"、"营业外支出"等账户的记录分析填列。

(2)"固定资产折旧"和"临时设施摊销"两个项目:分别反映企业本期累计提取的固定资产折旧和已摊销的临时设施费用。本项目可以根据"累计折旧"、"临时设施摊销"等科目的贷方发生额分析填列。

(3)"无形资产摊销"和"长期待摊费用摊销"两个项目:分别反映企业本期累计摊入成本费用的无形资产的价值及长期待摊费用。本项目可以根据"无形资产"、"长期待摊费用"账户的贷方发生额分析填列。

(4)"待摊费用减少(减:增加)"项目:反映企业本期待摊费用的减少。本项目可以根据资产负债表"待摊费用"项目的期初、期末余额的差额填列,期末数大于期初数的差额,以"-"号填列。

(5)"预提费用的增加(减:减少)"项目:反映企业本期预提费用的增加。本项目可以根据资产负债表"预提费用"项目的期初、期末余额的差额填列,期末数小于期初数的差额,以"-"号填列。

(6)"处置固定资产、无形资产和其他长期资产的损失(减:收益)"项目:反映企业本期处置固定资产、无形资产和其他长期资产而发生的净损失。本项目可以根据"营业外收入"、"营业外支出"、"其他业务收入"、"其他业务支出"账户所属有关明细账户的发生额分析填列。如为净收益,以"-"号填列。

(7)"固定资产报废损失"项目:反映企业本期固定资产盘亏(减:盘盈)的净损失。本项目可以根据"营业外支出"、"营业外收入"账户所属有关明细账户中固定资产盘亏损失减去固定资产盘盈收益后的差额填列。

(8)"财务费用"项目:反映企业本期发生的应属于投资活动或筹资活动的财务费用。本项目可以根据"财务费用"科目的本期借方发生额分析填列,如为收益,以"-"号填列。

(9)"投资损失(减:收益)"项目:反映企业本期投资所发生的损失减去收益后的净损失。本项目可以根据利润表"投资收益"项目的数字填列。如为投资收益,以"-"号填列。

(10)"递延税款贷项(减:借项)"项目:反映企业本期递延税款的净增加或净减少。本项目可以根据资产负债表"递延税款借项"、"递延税款贷项"的期初、期末余额的差额填列。"递延税款借项"的期末数小于期初数的差额,以及"递延税款贷项"的期末数大于期初数的差额,以正数填列,反之以"-"号填列。

(11)"存货的减少(减:增加)"项目:反映企业本期存货的减少(减:增加)。本项目可以根据资产负债表"存货"项目的期初、期末余额的差额填列,期末数大于期初数的差额,以"-"号填列。

(12)"经营性应收项目的减少(减:增加)"项目:反映企业本期经营性应收项目(包括应收账款、应收票据和其他应收款中与经营活动有关的部分等)的减少(减:增加)。

(13)"经济性应付项目的增加(减:减少)"项目,反映企业本期经营性应付项目(包括应付账款、应付票据、应付福利费、应交税金、其他应付款中与经营活动有关的部分等)的增加(减:减少)。

2."不涉及现金收支的投资和筹资活动"项目

反映企业一定期间内影响资产或负债但不形成该期现金收支的所有投资和筹资活动的信息。这些投资和筹资活动虽然不涉及现金收支,但对以后各期的现金流量有重大影响。包括:

(1)"债务转为资本"项目,反映企业本期转为资本的债务金额。

(2)"一年内到期的可转换公司债券"项目,反映公司一年内到期的可转换公司债券的金额。

(3)"融资租入固定资产"项目,反映企业本期融资租入固定资产计入"长期应付款"账户的金额。

3.现金及现金等价物净增加额

现金及现金等价物净增加额=现金的期末余额-现金的期初余额+现金等价物的期末余额-现金等价物的期初余额

此项目应与现金流量表中最后一行"现金及现金等价物增加额"核对相符。

第五节 会计报表附注

会计报表是对企业财务状况和经营情况的最简明的总结和反映,但仅有会计报表还不能全面反映企业财务状况和经营情况变化的原因,这就需要对会计报表组成项目中的情况及其变动原因等作进一步的说明,因而形成了会计报表附注。它将有助于报表使用者理解和使用会计信息。

目前我国建筑企业会计报表附注的内容主要有:

(一)不符合会计核算基本前提的说明

会计报表的编制一般情况下是以会计基本假设为前提,符合公认会计原则,不会对使用者造成任何误解,因此,不需要加以说明。但如果处于清算破产状态的企业,由于不符合持续经营会计假设,则必须预以说明。

(二)重要会计政策和会计估计的说明

会计政策是指企业在会计核算时所遵循的具体原则以及企业所采纳的具体会计处理方法。

会计政策在具体使用中可以有不同的选择,一般情况下,企业会计政策的选择应符合谨慎性、实质重于形式和重要性三项原则。企业在会计报表附注中需要披露的会计政策主要有：收入的确认、存货的期末计价、投资的期末计价、固定资产期末计价、借款费用的处理方法、所得税的核算方法等。

会计估计是指企业对其结果不确定的交易或事项以最近可利用的信息为基础所做的判断。如坏账准备的计提比例、固定资产预计使用年限等。

（三）重要会计政策和会计估计变更的说明，以及重大会计差错更正的说明，主要包括以下事项：

(1) 重要会计政策变更的内容和理由；
(2) 重要会计政策变更的影响数；
(3) 累积影响数不能合理确定的理由；
(4) 会计估计变更的内容和理由；
(5) 会计估计变更的影响数；
(6) 会计估计变更的影响数不能合理确定的理由；
(7) 重大会计差错的内容；
(8) 重大会计差错的更正金额。

（四）或有事项的说明

1. 或有负债的类型及其影响，包括：
(1) 已贴现商业承兑汇票形成的或有负债；
(2) 未决诉讼、仲裁形成的或有负债；
(3) 为其他单位提供债务担保形成的或有负债；
(4) 其他或有负债（不包括极小可能导致经济利益流出企业的或有负债）；
(5) 或有负债预计产生的财务影响（如无法预计，应说明理由）；
(6) 或有负债获得补偿的可能性。

2. 如果或有资产很可能会给企业带来经济利益，应说明其形成的原因及其产生的财务影响。

（五）资产负债表日后事项的说明

需要说明的资产负债表日后事项是在资产负债表日后发生或存在，虽然不需调整资产负债表，但对企业财务状况、经营成果的准确评价有着重大影响，如资产负债表日后股票和债券的发行、巨额对外投资、发生自然灾害导致的损失等非调整事项，均需要在附注中说明。

（六）关联方关系及其交易的说明

(1) 在存在控制关系的情况下，关联方如为企业时，不论它们之间有无交易，都应说明企业经济性质或类型、名称、法人代表、注册地、注册资本及其变化、企业的主营业务和所持股份或权益的变化。

(2) 在企业与关联方发生交易的情况下，企业应说明关联方关系的性质、交易类型及其交易要素。交易要素包括交易的金额或相应比例、未结算项目的金额或相应比例、定价政策等。

(3) 关联方交易应分别按关联方以及交易的类型予以说明，类型相同的关联方交易，在不影响会计报表使用者正确理解的情况下可以合并说明。

（4）对于关联方交易价格的确定如果高于或低于一般交易价格的，应说明其价格的公允性。

（七）重要资产转让及其出售的说明，如企业本期转让子公司的情况，以及转让价款、所得收益等。

（八）企业合并、分立的说明

（九）会计报表重要项目的说明，包括：

1．应收款项（不包括应收票据，下同）及计提坏账准备的方法

（1）说明坏账的确认标准，以及坏账准备的计提方法和计提比例，并重点说明本年度实际冲销的应收款项及其理由，对某些金额较大的应收款项不计提坏账准备的理由等。

（2）应收款项应按下列格式分别进行披露，见表14-6。

表14-6

账龄	期初余额			期末余额		
	金额	比例（%）	坏账准备	金额	比例（%）	坏账准备
1年以内						
1~2年						
2~3年						
3年以上						
合计						

2．存货核算方法

（1）说明存货分类、取得、发出、计价以及低值易耗品和包装物的摊销方法，计提存货跌价准备的方法以及存货可变现净值的确定依据。

（2）存货应按下列格式披露，见表14-7。

表14-7

项目	期初余额	期末余额
库存材料		
周转材料		
低值易耗品		
……		
合计		

3．投资的核算方法

说明当期发生的投资净损益，其中重大的投资净损益项目应单独说明；说明短期投资、长期股权投资和长期债权投资的期末余额，其中长期股权投资中属于对子公司、合营企业、联营企业投资的部分，应单独说明；说明当年提取的投资损失准备、投资的计价方法，以及短期投资的期末市价；说明投资总额占净资产的比例；采用权益法核算时，还应说明投资企业与被投资单位会计政策的重大差异；说明投资变现及投资收益汇回的重大限制，股权投资差额的摊销方法、债券投资溢价和折价的摊销方法以及长期投资减值准备的计提方法。

4．固定资产计价和折旧方法

(1) 说明固定资产的标准、分类、计价方法和折旧方法，各类固定资产的估计使用年限、预计净残值率和折旧率，如有专项工程转入、出售、置换等情况的，应明确说明。

(2) 固定资产还应按下列格式披露，见表14-8。

表 14-8

项 目	期初余额	本期增加数	本期减少数	期末余额
一、原价合计				
其中：房屋、建筑物				
机器设备				
运输工具				
……				
二、累计折旧合计				
其中：房屋、建筑物				
机器设备				
运输工具				
……				
三、固定资产净值合计				
其中：房屋、建筑物				
机器设备				
运输工具				
……				

5. 无形资产的计价和摊销方法

企业需要披露各类无形资产的摊销年限、当期期初和期末余额变动情况及其原因和当期确认的无形资产减值准备。

无形资产应按下列格式披露，见表14-9。

表 14-9

种 类	实际成本	期初余额	本期增加数	本期转出数	本期摊销数	期末余额

6. 长期待摊费用的摊销方法

长期待摊费用应按下列格式披露，见表14-10。

表 14-10

种 类	期初数	本期增加	本期摊销	期末数

(十) 收入

说明当期确认的下列各项收入的金额：

(1) 建造合同收入；

(2) 销售商品的收入；

(3) 提供劳务收入；

(4) 利息收入；

(5) 使用费收入；

(6) 本期分期收款确认的收入。

(十一) 所得税的会计处理方法

说明所得税的会计处理是采用应付税款法，还是采用纳税影响法；如果采用纳税影响法，应说明是采用递延法还是债务法。

(十二) 合并会计报表的说明

说明合并范围的确定原则。本年度合并报表范围如发生变更，应说明变更的内容和理由。

(十三) 有助于理解和分析会计报表需要说明的其他事项。

思 考 题 与 习 题

思考题

1. 什么叫财务会计报告？建筑企业的财务会计报告包括哪些内容？具有哪些作用？
2. 什么是资产负债表？简述资产负债表的结构与编制方法。
3. 什么是利润表？简述利润表的结构与编制方法。
4. 什么叫现金流量表？为什么要编制现金流量表？
5. 什么叫现金流量？如何对现金流量进行分类？包括哪些内容？
6. 建筑企业会计报表中的哪些内容，应在会计报表附注中加以说明？

习题一

(一) 练习资产负债表的编制方法。

(二) 资料：

1. 东方建筑公司 2002 年 12 月 31 日有关总账余额见表 14-11。

总 账 余 额 表　　　　　　　　　　　　　　　　表 14-11

单位：元

总账科目	年末数		年初数	
	借方金额	贷方金额	借方余额	贷方余额
现金	780		800	
银行存款	40000		23200	
短期投资	9000		16800	
应收票据	3900		1500	
应收账款	48400		23040	
坏账准备		484		230
其他应收款	4894		2500	
库存材料	121600		49640	
周转材料	9720		12000	
低值易耗品	1716		5000	
待摊费用	1980		2700	
长期投资	31320		28000	
固定资产	772900		515200	
累计折旧		18426		12900
专项工程支出	53764			

续表

总账科目	年末数		年初数	
	借方金额	贷方金额	借方余额	贷方余额
材料成本差异		900	420	
长期待摊费用	8970		9200	
短期借款		57240		22560
应付票据		14440		15860
应付账款		24440		37431
其他应付款		1720		1250
应付工资		940		450
应付福利费		3300		3800
应交税金		1980		1340
应付利润		1440		1110
预提费用		1560		14700
长期借款		249800		100000
应付债券		12600		
长期应付款		64800		27380
实收资本		360000		360000
资本公积		70000		70000
盈余公积		62154		14569
本年利润		180420		
利润分配	17700			6420

2. 东方建筑公司2002年12月31日有关明细账余额见表14-12。

明细账户余额表　　　　　　　　　　　　　　表14-12

总账科目	明细科目	借方余额	贷方余额	备注
材料成本差异	库存材料		1302.90	
	周转材料	313.9		
	低值易耗品	89		
	合　计	402.9	1302.90	
应收账款	甲企业	28000		
	乙企业	14000		
	丙企业	10000		
	丁企业		3600	
	合　计	52000	3600	
长期投资	债券投资	10000		1年内到期
	其他投资	21320		
	合　计	31320		
应付账款	A公司		12000	
	B公司		8240	
	C公司		4200	
	合　计		24440	
长期借款	建设银行		249800	3年期
长期应付款	应付引进设备款		37400	
	应付融资租赁费		27400	1年内到期
	合　计		64800	

（三）要求：根据上述资料，编制资产负债表。

习题二

(一) 练习利润表的编制方法。

(二) 资料:某股份制建筑企业采用递延法进行所得税会计处理,所得税率为 33%。该公司 2002 年年初未分配利润 200 万元。2002 年度发生如下有关经济业务:

1. 工程竣工结算,应向建设单位收取工程款 8900 万元,本年实际收到 3000 万元,已存入银行,结转竣工工程成本 4700 万元。

2. 结转固定资产清理净损失 50 万元。

3. 向银行存款支付违约金罚款 3 万元,非公益性捐赠支出 5 万元。

4. 将工地剩余材料变卖所得收入 4 万元,该材料实际成本为 3 万元。

5. 转让无形资产使用权,获得收入 9 万元,本年摊销其价值 0.5 万元,收入存入银行。

6. 计算本年应负担的城市维护建设税 20 万元,其中:其他业务负担 7 万元。

7. 计算本年应负担的教育费附加 15 万元,其中:其他业务负担 5 万元。

8. 计算短期借款利息 8 万元。

9. 拥有 50% 股份的被投资企业本年度实现净利润 1040 万元。该被投资企业适用的所得税率为 33%。

10. 计算管理用固定资产年折旧 110 万元,该固定资产原价 440 万元。折旧年限 4 年,预计净残值为零,采用直线法。税法规定该固定资产的折旧年限为 2 年。

11. 公司本年度发生其他管理费用 21 万元,已用银行存款支付。

12. 计算本年所得税费用和应交所得税,并结转"本年利润"账户的金额。

(三) 要求:

1. 根据上述业务,编制相关的会计分录;

2. 编制 2002 年度的利润表。

第十五章 企业清算

第一节 企业清算概述

一、企业清算的概念

企业清算,是指在企业因解散、破产或者其他原因而终止经营时,依法对企业的财产、债权、债务进行清查和处置,最终结清一切财务事项的法律行为。

二、企业清算的程序

企业清算的程序是指企业宣告终止经营后,依法清算未了事项,对企业的财产、债权、债务进行处置、清偿的过程。企业清算的程序为:

1. 成立清算机构

清算机构是企业宣告终止时,按照国家有关法律规定成立并负责对企业清算实施组织管理的机构。清算机构在清算期间的主要职权有:

(1) 负责制定清算方案,清理企业财产,编制资产负债表和财产清单;
(2) 处理企业债权、债务;
(3) 向投资者收取已认缴而未缴纳的出资;
(4) 清算纳税事宜以及处置企业的剩余财产;
(5) 处理各项遗留问题。

2. 全面清查财产、债权和债务

企业宣告终止经营后,财会部门应编制自年初起至终止日的会计报表,并将其移交清算组。清算组要对表内所列的各项财产物资和债权债务进行全面核查,并在此基础上编制清算开始日资产负债表。

3. 处置财产和债权,核算清算损益

清算过程中,清算组在处理各项财产、收回或转销各种债权时,通常会取得清算收益或发生清算损失。

4. 清欠和分配剩余财产

清算过程中取得的清算收益,应优先用于支付清算费用,然后按规定顺序清偿各种债务,若有剩余,还应按投资者的出资比例进行分配。

5. 办理停业手续,注销法人资格。清算完毕,清算机构应编制清算报告,并出具清算期内收支报表,经有关部门批准,向当地工商行政管理部门办理注销营业执照手续,向当地税务机关办理注销税务登记手续,并公告企业解散。

三、清算财产的范围

企业清算过程中用于支付清算费用、偿还各种债务的资金来源,是企业的清算财产。因此,正确划定清算财产的范围,对清算机构开展工作,保障债权人及投资者的权益都具有十分重要的意义。

清算财产的范围应包括宣布清算时企业的全部财产以及清算期间取得的财产。已经作为担保物的财产相当于担保债务的部分,不属于清算财产;但担保物的价款超过所担保的债务数额的部分,属于清算财产。

企业在宣告终止前6个月至终止之日的期间内下列行为无效,清算机构有权返回其财产作为清算财产入账:

(1) 隐匿私分或者无偿转让财产;
(2) 非正常压价处理财产;
(3) 对原来没有财产担保的债务提供财产担保;
(4) 对未到期的债务提前清偿;
(5) 放弃自己的债权。

四、清算财产的作价

清算财产价值的确定,直接关系到债权人及投资人的既得利益,因此必须采取合理的作价方法。一般常用的作价方法有:

1. 账面净值法

账面净值法是指以宣告解散日企业资产负债表所列的资产价值为依据,加(或减)清算机构清查核实后调整的价值,作为清算财产的价值。采用账面净值法确定清算财产的价值,虽然简便易行,但确定出的资产价值与资产的实际价值有较大出入。特别是在物价水平变动较大时,情况更为严重。

2. 重估价值法

重估价值法是指对企业终止经营时的全部财产和债权进行重新估价,以重估后的资产价值作为清算财产的价值,重估价值与原账面价值的差额计入清算损益。采用重估价值法确定的清算财产价值,与财产的实际价值比较接近,便于偿付债务和分配剩余财产,但要对财产进行全面清查、估价,计价工作量较大。

3. 变现收入法

变现收入法是指由清算组依法收回债权,对各项财产进行拍卖,以实际取得的变现收入作为清算财产的价值。采用变现收入法确定的清算财产价值最为准确,更便于偿付债务和分配剩余财产,但要对全部财产进行拍卖变现,计价工作量最大。

企业可以根据具体情况,选择适用的财产作价方法。

五、债务清偿的顺序

清算财产应优先拨付清算费用。在拨付清算费用后,按下列顺序清偿:

(1) 支付职工工资和劳动保险费用;
(2) 缴纳所欠税款;
(3) 清偿其他债务。

按照上述清偿顺序,未清偿前项,不得清偿后项;同一顺序不足清偿的,按比列清偿。按上述顺序清偿后的剩余财产,再按股东的出资比例进行分配。

在现实经济生活中,有不少企业是由于经营管理不善,亏损严重,不能清偿到期债务而被迫宣告破产清算的。以下简要介绍企业破产清算的处理方法。

第二节 破产清算的核算

企业因管理不善，造成严重亏损，不能清偿到期债务的，应依法宣告破产。

一、破产清算及其核算特点

1. 破产清算

按照《破产法》的规定，企业可由债权人申请破产，也可由债务人申请破产。当债务人不能清偿到期债务时，债权人可以向债务人所在地人民法院申请债务人破产；债务人不能清偿到期债务，经过上级主管部门的同意，也可以主动向当地人民法院申请破产。企业在提出破产申请前，应对其资产进行全面清查，对债权债务进行清理，然后由会计师事务所对企业进行全面审计，并出具有关的签证报告。人民法院接到破产申请后即进行受理与否的审查、鉴定。受理债权人破产申请案件10日内应通知债务人，并发布破产案件受理公告。债权人在收到通知后一个月内，未收到通知的债权人应当自公告之日起三个月内，向人民法院申报债权，说明债权的数额和有无财产担保，并提交有关凭据。逾期未申报债权的，视为自动放弃债权。人民法院自宣告企业破产之日起15日内成立清算组，接管破产企业。清单组主要负责破产财产的保管、清理、估价、处理和分配等，并编制、实施破产财产分配方案。

2. 破产清算会计的特点

与正常经营企业的财务会计比较，破产清算会计有以下特点：

(1) 会计假设不再适用。企业进入破产清算后，所处的环境发生了巨大变化，会计主体改为清算组，持续经营显然不再成立。资产的价值必须按实际变现的价值计算，负债必须按实际偿付能力清偿。因而与此相关的许多会计方法必须改变。

(2) 会计原则不再适用。破产清算的情况下，会计核算前提发生了变化，使得原有的会计原则不再适用。如历史成本原则，在破产清算会计中，显然不适用，资产的价值更注重可变现价值。

(3) 会计报表的目的、内容等发生较大变化。破产清算会计的报表主要是反映破产财产的处理情况及债务的清偿情况。这就要求报表上不仅要反映资产、负债等的账面金额，更要反映资产的"预计可实现净值"和负债的"确认数"；在报表的权益部分，则以"清算净收益"代替了"所有者权益"等等。

二、破产清算的会计处理

(一) 破产企业的会计处理

1. 清理各种财产、债权和债务

破产企业应接受清算组的指导，协助清算组对企业的各种财产、债权、债务进行全面清理、核实，并造册登记。

2. 进行有关的会计处理

破产企业宣告破产后，正常的生产经营已结束。企业应按照办理年度决算的要求进行相关的财务处理，并编制宣告破产日的科目余额表、资产负债表以及自年初至破产日的利润表。

3. 移交会计档案

清算组接管企业后,破产企业应及时向清算组办理会计档案、文书等的移交手续。

(二)清算组的会计处理

清算组应当接管属于破产企业的财产,并对破产清算过程中的有关事项(如财产的变卖、债务的清偿等)进行会计处理。主要包括如下内容:

1. 另立新账

清算开始日,清算组应根据破产企业移交的科目余额表,将有关账户的余额转入新设置的账户。清算组应设置的会计账户包括资产、负债和清算损益三大类。其中,资产、负债类账户与破产企业使用的账户大体相同;清算损益类账户包括以下内容:

(1)"清算费用"账户,核算被清算企业在清算期间发生的各项费用。其借方登记实际支付的各种清算费用,贷方登记清算终结时转入"清算损益"账户的金额,结转后应无余额。本账户应按发生的费用项目设置明细账。

(2)"土地转让收益"账户,核算被清算企业转让土地使用权取得的收入以及相关支出。其借方登记转让土地使用权发生的成本、税费以及支付的职工安置费等,贷方登记清算终结时转入"清算损益"账户的金额,结转后应无余额。

(3)"清算损益"账户,核算被清算企业在破产清算期间处置资产、确认债务等发生的损益。其贷方登记清算期间处置资产发生的收益和清算期间确认债务的减少,借方登记发生的清算损失以及结转的清算费用。被清算企业的所有者权益也应转入本账户核算。

2. 进行有关事项的会计处理

(1)处置破产财产的会计处理

清算期间,处置破产财产、发生零星收入等,应分别按以下情况进行处理:

1)收回应收款等债权时,应按实际收回的金额借记"银行存款"等账户,按应收金额贷记"应收款"等账户,按应收金额与实收金额的差额借记(或贷记)"清算损益"账户。对于不能收回的应收款项,应借记"清算损益"账户,贷记"应收款"等账户。

2)变卖各种存货时,应按实际变卖收入和收取的增值税额借记"银行存款"等账户,按存货的账面价值贷记"库存材料"等账户,按收取的增值税额贷记"应交税金——应交增值税"账户,按存货的账面价值与变卖收入的差额借记(或贷记)"清算损益"账户。

3)清算期间取得其他业务收入时,应借记"银行存款"等账户,贷记"清算损益"账户发生的税金等支出,借记"清算损益"账户,贷记"应交税金"等账户。

4)处置各种财产(投资、固定资产、在建工程、无形资产)时,应按实际变卖收入借记"银行存款"等账户,按财产的账面价值贷记"固定资产"、"专项工程支出"、"投资"、"无形资产"等账户,按账面价值与变卖收入的差额借记(或贷记)"清算损益"账户。转让相关资产应缴纳的有关税费,借记"清算损益"账户,贷记"应交税金"等账户。

5)分回投资收益时,应按实际取得的款项,借记"银行存款"等账户,贷记"清算损益"账户(采用成本法核算的)或者贷记"投资"账户(采用权益法核算的)。

(2)破产费用的账务处理

支付的破产清算费用,如清算期间职工生活费,破产财产管理、变卖和分配所需费用,破产案件诉讼费用,清算期间的设备维护费用、审计费用,为债权人共同利益而支付的其他费用（包括债权人会议会务费、催收债务差旅费等），应于支付时借记"清算费用"账户，贷记"现金"、"银行存款"等账户。

(3) 转让土地使用权、支付职工有关费用的财务处理

转让土地使用权、支付离退休职工有关费用和职工安置费，应分别按以下情况处理：

1) 转让土地使用权时，应按实际转让收入借记"银行存款"账户，按其账面价值贷记"无形资产"账户，按实际转让收入与账面价值的差额贷记"土地转让收益"账户；转让土地使用权应交纳的有关税费，借记"土地转让收益"账户，贷记"应交税金"账户。

2) 从土地使用权转让所得中支付离退休职工的离退休费和医疗保险费，以及向职工支付一次性安置费时，应借记"土地转让收益"账户，贷记"现金"、"银行存款"账户。

3) 土地使用权转让所得不足以支付职工安置费，以其他破产财产支付的，应借记"清算损益"账户，贷记"银行存款"账户。

(4) 清偿债务的账务处理

以破产财产收入清偿债务时，应分别以下情况处理：

1) 支付所欠职工工资和社会保险费时，应借记"应付工资"、"应付福利费"等账户，贷记"现金"、"银行存款"账户。

2) 交纳所欠税费时，应借记"应交税金"、"其他应交款"账户，贷记"银行存款"账户。

3) 清偿其他破产债务时，应按实际支付金额借记"应付票据"、"其他应付款"等账户，贷记"银行存款"账户。

(5) 结转清算损益

清算终结时，应将有关账户的余额转入"清算损益"账户。

1) 结转清算费用时，借记"清算损益"账户，贷记"清算费用"账户。

2) 结转土地使用权转让净收益时，借记"土地转让收益"账户，贷记"清算损益"账户。

3) 结转需要核销的各项资产时，借记"清算损益"账户，贷记"无形资产"、"固定资产"等账户。

4) 结转应予注销的不再清偿的债务时，借记"应付票据"、"其他应付款"等账户，贷记"清算损益"账户。

5) 破产财产按法定顺序清偿后的剩余部分，应上交主管财政机关。上交时借记"清算损益"账户，贷记"银行存款"账户。如果实际清算收入小于清算费用，应立即终止清算程序，未清偿的债务不再清偿。

以下举例说明破产清算的核算。

某建筑企业因管理不善，亏损严重，不能清偿到期债务而申请破产。法院于2001年1月20日宣告企业破产，即日交清算组接管。企业财会部门根据各账户的余额编制"科目余额表"（见表15-1），并移交清算组。

假设该破产企业不存在担保的资产和担保的债务等情况，预计各种应收款项可收回金额为305200元，各项实物资产可变现金额为366250元，长期投资可变现金额为222800元，无形资产可变现金额为130000元，各项债务的确认数与账面金额一致。清算组编制2001年1月20日的清算资产负债表，见表15-2。

科目余额表　　　　　　　　　　　　　　　　　　　　　　　表 15-1

科目名称	借方余额	贷方余额	科目名称	借方余额	贷方余额
现　　金	500		短期借款		540925
银行存款	22400		应付票据		100700
应收票据	10000		其他应付款		302800
应收账款	324880		应付工资		251000
库存材料	40900		应付福利费		115800
工程施工	128000		应交税金		103675
周转材料	25700		应付利润		129700
长期投资	262100		其他应交款		2100
固定资产	167000		应付债券		58400
专项工程支出	110000		本年利润	353620	
无形资产	160000				
合　　计	1251480		合　　计	353620	1605100

清算资产负债表　　　　　　　　　　　　　　　　　　　　　表 15-2

编制单位：　　　　　　　　　　2001年1月20日　　　　　　　　　　单位：元

资　产	账面金额	预计可实现净值	债务及清算净损益	账面余额	确认数
货币资金	22900	22900	应付员工费用	366800	366800
应收款项	334880	305200	应付税款	103675	103675
实物资产	471600	366250	其他应交款	2100	2100
投　资	262100	222800	其他债务	1132525	1132525
无形资产	160000	130000	债务合计	1605100	1605100
			清算净收益	-353620	-557950
合　　计	1251480	1047150	债务及清算净损益合计	1251480	1047150

清算组1月20日至破产清算结束时的有关财务处理如下：

(1) 收回应收票据10000元。作会计分录如下：

　　借：银行存款　　　　　　　　10000
　　　　贷：应收票据　　　　　　　　　　10000

(2) 收回应收工程款295200元。作会计分录如下：

　　借：银行存款　　　　　　　　295200
　　　　清算损益　　　　　　　　29680
　　　　贷：应收账款　　　　　　　　　　324800

(3) 处置其余各项资产，收回价款 719050 元。作会计分录如下：
借：银行存款　　　　　　　　719050
　　清算损益　　　　　　　　174650
　　　贷：库存材料　　　　　　　　　40900
　　　　　工程施工　　　　　　　　　128000
　　　　　周转材料　　　　　　　　　25700
　　　　　长期投资　　　　　　　　　262100
　　　　　固定资产　　　　　　　　　167000
　　　　　专项工程支出　　　　　　　110000
　　　　　无形资产　　　　　　　　　160000

(4) 支付清算费用 25000 元，其中清算人员工资 20000 元，设备维护费 3000 元，财产保管费 2000 元。作会计分录如下：
借：清算费用——清算人员工资　　20000
　　　　——设备维护费　　　　　3000
　　　　——财产保管费　　　　　2000
　　　贷：银行存款　　　　　　　　　25000

(5) 以现金支付破产公告费用 500 元。作会计分录如下：
借：清算费用——公告费　　　　　500
　　　贷：现金　　　　　　　　　　　500

(6) 支付破产企业职工工资 251000 元、应付福利费 115800 元。作会计分录如下：
借：应付工资　　　　　　　　251000
　　应付福利费　　　　　　　115800
　　　贷：银行存款　　　　　　　　　366800

(7) 以银行存款交纳应交税金 103675 元、其他应交款 2100 元。作会计分录如下：
借：应交税金　　　　　　　　103675
　　其他应交款　　　　　　　2100
　　　贷：银行存款　　　　　　　　　105775

(8) 以银行存款 549075 元按比例清偿其他债务。作会计分录如下：
借：借款　　　　　　　　　　262253
　　应付票据　　　　　　　　48822
　　其他应付款　　　　　　　146805
　　应付利润　　　　　　　　62881
　　应付债券　　　　　　　　28314
　　　贷：银行存款　　　　　　　　　549075

(9) 6 月 30 日，结转各项清算费用。作会计分录如下：
借：清算损益　　　　　　　　26500
　　　贷：清算费用　　　　　　　　　26500

(10) 6 月 30 日，结转未清偿债务 583450 元。作会计分录如下：
借：借款　　　　　　　　　　278672

应付票据	51878
其他应付款	155995
应付利润	66819
应付债卷	30086
贷：清算损益	583450

根据上述资料编制清算损益表，见表15-3。

清算损益表 表15-3

编制单位： 2001年1月20日~6月30日 单位：元

项 目	预 计 数	本 期 数	累 计 数
一、清算收益	略	-5579500	略
二、清算费用		25500	
1. 清算人员工资		20000	
2. 诉讼费			
3. 公告费		500	
4. 设备维护费		3000	
5. 审计评估费			
6. 财产保管费		2000	
三、土地转让净收益			
其中：土地转让收入			
安置职工支出			
四、清算净收益		-583450	

思 考 题

思考题

1. 清算财产的范围如何确定？
2. 清算财产的作价方法有哪几种？
3. 简述企业债务的清偿顺序。
4. 破产清算会计的主要特点有哪些？
5. 进入破产清算程序后，破产企业和清算组各应该如何进行账务处理？

第十六章 非货币性交易

第一节 概　　述

一、非货币性交易的定义

非货币性交易是指交易双方以非货币性资产进行的交换，这种交换不涉及或只涉及少量的货币性资产。

这里的"货币性资产"，是指企业持有的现金及将以固定或可确定金额的货币收取的资产，包括库存现金、银行存款、其他货币资金、应收账款、应收票据以及准备持有至到期的债券投资等。

这里的"非货币性资产"，是指货币性资产以外的资产，包括预付账款、存货、工程物资、固定资产、专项工程、无形资产、股权投资以及不准备持有至到期的债券投资等。这些资产在将来出售或转让时，为企业带来的经济利益即取得的货币金额是不确定的，因而属于非货币性资产。

货币性资产与非货币性资产的主要区别是：资产在将来为企业带来的经济利益即货币金额，是否是固定的或可确定的。显然，货币性资产的未来经济利益是可以确定的，而非货币性资产的未来经济利益则是不确定的。

二、非货币性交易的特征

（1）非货币性交易的交易对象一定是非货币性资产。即交易双方均以非货币性资产进行交换。

（2）交易过程中不涉及补价或只涉及少量的补价。在非货币性交易中，企业将拥有的非货币性资产与他人的非货币性资产进行交换时，也可能需要支付或者收到一定金额的货币性资产，此时支付或收到的货币性资产称为补价。当非货币性资产的交换过程中涉及补价时，通常要根据补价占整个交易金额的比例判断交易的性质，并由此确定应采取的会计处理方法。

三、非货币性交易的判断标准

一项商品交易是否属于非货币性交易，通常是看补价占整个交易金额的比例。具体判断方法如下：

$\frac{\text{支付的补价}}{\text{换入资产公允价值}}\left(\text{或}\frac{\text{收取的补价}}{\text{换出资产公允价值}}\right) \leq 25\%$时，属于非货币性交易；

$\frac{\text{支付的补价}}{\text{换入资产公允价值}}\left(\text{或}\frac{\text{收取的补价}}{\text{换出资产公允价值}}\right) > 25\%$时，属于货币性交易。

例如，甲公司决定用一辆混凝土搅拌运输车与乙公司的一台汽车式起重机交换。混凝土搅拌运输车的公允价值为135000元；起重机的公允价值为140000元。甲公司以银行存款向乙公司支付补价5000元。在这项交易中，甲公司支付的货币性资产5000元占换入起重机公允价值140000元的比例为$3.57\%\left(\frac{5000}{140000}\right)$，低于25%。所以可以判断这项交易为非货币性交易，应根据非货币性交易的有关规定进行会计处理。

第二节 非货币性交易的核算

非货币性交易核算的关键问题，是如何确定换入资产的入账价值。确定换入资产入账价值的基本原则是：以换出资产的账面价值为基础，结合发生的相关税费、补价等计算确定。

一、不涉及补价的非货币性交易的核算

在发生不涉及补价的非货币性交易时，应以换出资产的账面价值，加上应支付的相关税费，作为换入资产的入账价值。用公式表示为：

换入资产的入账价值 = 换出资产的账面价值 + 应支付的相关税费

非货币性交易中发生的除增值税以外的税金，应计入换入资产的入账价值。非货币性交易中发生的增值税，应区别不同情况进行会计处理：如果换入的非货币性资产是存货，则有关增值税应分别一般纳税人和小规模纳税人进行处理；如果换入的非货币性资产是存货以外的其他资产，则有关增值税计入换入资产的成本。

（一）以固定资产换入固定资产

企业非货币性交易换出的固定资产，应通过"固定资产清理"账户核算，并据以计算换入资产的入账价值。

【例 16-1】 甲企业以推土机 1 台换入大众公司生产的计算机 10 台。推土机的账面原价为 112000 元，累计折旧 6000 元，已计提的减值准备为 5000 元，公允价值为 100000 元；大众公司计算机的公允价值为 100000 元。假设交换过程中未发生其他相关税费。甲企业的账务处理如下：

(1) 转销换出固定资产的账面原价和已提折旧额。作会计分录如下：

借：固定资产清理——推土机　　　　106000
　　累计折旧　　　　　　　　　　　　6000
　　贷：固定资产——生产经营用固定资产　112000

(2) 转销换出固定资产已计提的减值准备。作会计分录如下：

借：固定资产减值准备　　　　　　　5000
　　贷：固定资产清理——推土机　　　　5000

(3) 将换入的计算机入账。作会计分录如下：

借：固定资产　　　　　　　　　　　101000
　　贷：固定资产清理——推土机　　　　101000

（二）以存货换入存货

换入存货的入账价值，要根据企业纳税身份的不同分别确定。

如果交换双方均为一般纳税人，换入存货应抵扣的增值税可单独核算，不包括在存货的入账价值中。即：

换入存货的入账价值 = 换出存货的账面价值 + 换出存货应支付的增值税
　　　　　　　　　+ 支付的其他相关税费 − 换入存货应抵扣的增值税

如果交换双方均为小规模纳税人，应按下式确定换入存货的入账价值：

换入存货的入账价值 = 换出存货的账面价值 + 换出存货应支付的增值税

+ 支付的其他相关税费

【例 16-2】 甲公司决定以生产的混凝土构件换入乙公司的库存钢材。混凝土构件的账面成本为 80000 元，计税价格为 100000 元；钢材的账面价值为 95000 元，计税价格为 120000 元。双方均为增值税的一般纳税人，均适用 17% 的增值税税率，对换入的资产均作为库存材料管理。假设整个交易过程中没有发生除增值税以外的相关税费。

甲公司的会计处理为：

计算换出混凝土构件应支付的增值税 = 100000 × 17% = 17000 元

计算换入钢材应抵扣的增值税 = 120000 × 17% = 20400 元

换入钢材的入账价值 = 80000 + 17000 − 20400 = 76600 元

编制会计分录：

借：库存材料——钢材　　　　　　76600
　　应交税金——应交增值税　　　20400
　　贷：库存商品　　　　　　　　　　80000
　　　　应交税金—应交增值税　　　17000

乙公司的会计处理为：

换入混凝土构件的入账价值 = 95000 + 20400 − 17000 = 98400 元

编制会计分录：

借：库存材料——结构件　　　　　98400
　　应交税金——应交增值税　　　17000
　　贷：库存材料——钢材　　　　　95000
　　　　应交税金—应交增值税　　　20400

若上述公司均为小规模纳税人，适用 6% 的征收率。则有关会计处理如下：

甲公司的会计处理为：

计算换出混凝土构件应支付的增值税 = 100000 × 6% = 6000 元

换入钢材的入账价值 = 80000 + 6000 = 86000 元

编制会计分录：

借：库存材料——钢材　　　　　　86000
　　贷：库存商品　　　　　　　　　　80000
　　　　应交税金—应交增值税　　　6000

乙公司的会计处理为：

换入混凝土构件的入账价值 = 95000 + 120000 × 6% = 102200 元

编制会计分录：

借：库存材料——结构件　　　　　102200
　　贷：库存材料——钢材　　　　　95000
　　　　应交税金—应交增值税　　　7200

（三）以长期投资（或短期投资）换入投资

以投资换入投资，应按换出资产的账面价值加上应支付的相关税费，作为换入投资的入账价值。但是，如果换入的股票或债券含有已宣告但尚未领取的现金股利，或已到付息期但尚未领取的债券利息，应从换入投资的入账价值中扣除，并作为应收项目单独核算。

【例16-3】 甲企业以持有的汾酒集团的五年期债券换入乙公司持有的华安公司股票1000股，不准备长期持有。甲企业持有的汾酒债券的账面余额为149000元，其公允价值为125000元，未提取减值准备；乙公司持有的华安股票的公允价值也为125000元。交换日前，华安公司已宣告每股1元的现金股利，但尚未发放。在交换过程中，甲企业以银行存款支付手续费500元。其会计处理如下：

换入股票的入账价值 = 149000 + 500 – 1000 = 148500元

借：短期投资—股票投资（华阳公司）　　　　148500
　　应收股利　　　　　　　　　　　　　　　　1000
　　贷：长期债权投资—债券投资（汾酒集团）　　　　149000
　　　　银行存款　　　　　　　　　　　　　　　　　500

二、涉及补价情况下非货币性交易的核算

非货币性交易过程中，如果涉及补价，则要区分支付补价和收到补价进行不同的会计处理。

（1）支付补价的，应按换出资产的账面价值加上补价和应支付的相关税费作为换入资产的入账价值。用公式表示为：

换入资产的入账价值 = 换出资产的账面价值 + 应支付的相关税费 + 支付的补价

（2）收到补价时，应确认交换过程中的收益，并按换出资产的账面价值减去补价，加上应确认的收益和应支付的相关税费后的金额作为入账价值。有关计算公式如下：

换入资产的入账价值 = 换出资产的账面价值 + 应支付的相关税费 – 补价 + 应确认的收益

$$应确认的收益 = 补价 - \frac{补价}{换出资产的公允价值} \times 换出资产的账面价值$$

需要特别注意的是，如果换出资产的公允价值小于其账面价值，按上式计算的收益是一个负数。根据会计制度规定，非货币性交易中只确认交换过程中的收益，不确认交换过程中的损失。此时，换入资产的入账价值按下式计算：

换入资产的入账价值 = 换出资产的账面价值 + 应支付的相关税费 – 补价

【例16-4】 甲企业以自卸汽车一辆换入乙公司持有的B公司股票5000股，准备长期持有。在交换日，自卸汽车的账面原价为320000元，累计已提折旧为80000元，已计提的减值准备为30000元，其公允价值为200000元；乙公司持有的B公司股票的公允价值为180000元。甲企业收到乙公司支付的补价20000元，已存入银行。假设交换过程中未发生其他相关税费。甲企业的会计处理如下：

第一步，计算换出资产的账面价值：

换出资产的账面价值 = 320000 – 80000 – 30000 = 210000元

由于换出资产的公允价值小于其账面价值，故不确认交换过程中的损益。

第二步，计算换入资产的入账价值

换入资产的入账价值 = 210000 – 20000 = 190000元

编制会计分录：

（1）注销换出固定资产的账面原价和已提折旧。作会计分录如下：

借：固定资产清理 – 自卸汽车　　　　　　　　240000

累计折旧　　　　　　　　　　　　　　　　　80000
　　贷：固定资产—生产经营用固定资产　　　　　　　　　320000
（2）注销换出固定资产已计提的减值准备。作会计分录如下：
　　借：固定资产减值准备　　　　　　　　　　　30000
　　　贷：固定资产清理—自卸汽车　　　　　　　　　　30000
（3）收到补价时，作会计分录如下：
　　借：银行存款　　　　　　　　　　　　　　　20000
　　　贷：固定资产清理—自卸汽车　　　　　　　　　　20000
（4）将换入的股票入账。作会计分录如下：
　　借：长期股权投资—股票投资（B公司）　　　190000
　　　贷：固定资产清理－自卸汽车　　　　　　　　　　190000

【例 16-5】 某附属企业以产成品一批，换入一辆汽车。换出产成品的市场价为 200000 元，账面实际成本为 150000，收到对方支付的补价 30000 元，支付汽车过户等各项税费共计 8200 元。该企业为增值税的小规模纳税人。有关会计处理如下：

（1）确定交换过程中的收益：

$$应确认的收益 = 30000 - \frac{30000}{200000} \times 150000 = 7500 \text{ 元}$$

（2）计算应交的增值税：

$$应交增值税 = 200000 \times 6\% = 12000 \text{ 元}$$

（3）计算换入汽车的入账价值：

换入汽车的入账价值为 150000 + 12000 + 8200 - 30000 + 7500 = 147700 元

编制会计分录：

　　借：固定资产　　　　　　　　　　　　　　　147700
　　　　银行存款　　　　　　　　　　　　　　　30000
　　　贷：库存商品　　　　　　　　　　　　　　　　150000
　　　　　应交税金—应交增值税　　　　　　　　　　12000
　　　　　银行存款等　　　　　　　　　　　　　　　8200
　　　　　营业外收入　　　　　　　　　　　　　　　7500

此外，企业在非货币性交易中如果同时换入多项资产，应当按照换入各项资产的公允价值与换入资产公允价值总额的比例，对换出资产的账面价值总额进行分配，以确定各项换入资产的入账价值。

思 考 题 与 习 题

思考题

1. 如何界定货币性交易与非货币性交易？
2. 如何确定非货币性交易中换入资产的入账价值？
3. 在非货币性交易中，什么情况下确认收益？
4. 非货币性交易中，换入资产的历史成本是否还产生作用？
5. 以固定资产与其他资产交换应如何核算？
6. 以存货换入其他资产时，增值税如何核算？

习题

(一) 目的：练习非货币性交易的核算。

(二) 资料：

1. 为提高企业的市场竞争能力，甲企业决定以持有的乙公司股票 10000 股交换甲公司的一项非专利技术。甲企业长期股权投资的账面余额为 245000 元，针对该项投资已计提的减值准备为 2500 元；交换过程中以银行存款支付手续费 1000 元。此外未发生其他相关税费。

2. 甲企业以其不需用的仓库一幢换入乙公司的一台施工机械，用于生产经营。仓库的账面原价为 500000 元，在交换日的累计折旧为 200000 元，公允价值为 350000 元；乙公司施工机械的账面原价为 400000 元，累计折旧 60000 元，公允价值 360000 元。甲企业另以银行存款向乙公司支付补价 10000 元。假设交易过程中未发生其他相关税费。

3. 甲企业以龙门式起重机与丙公司的蒸汽打桩机交换。龙门式起重机的账面原价为 320000 元，累计已提折旧 120000 元，已计提的减值准备为 20000 元，其公允价值为 200000 元；丙公司蒸汽打桩机的公允价值为 180000 元。甲企业收到丙公司支付的补价 20000 元，已存入银行。假设交换过程中未发生其他相关税费。

(三) 要求：请为甲企业的上述交换业务作出会计分录。

第十七章 合并会计报表

第一节 合并会计报表概述

一、合并会计报表的特点及作用

合并会计报表是以母公司和子公司组成的企业集团为会计主体，以母公司和子公司单独编制的个别会计报表为基础，由母公司编制的综合反映企业集团财务状况、经营成果及现金流量的会计报表。

1. 合并会计报表的特点

（1）合并会计报表反映的是母公司和子公司所组成的企业集团整体的财务状况和经营成果，反映的对象是由若干法人组成的经济意义上的会计主体，而不是法律主体。个别会计报表反映的则是单个企业的财务状况和经营成果，反映的对象既是会计主体也是法律主体。

（2）合并会计报表仅由企业集团中对其他企业有控制权的控股公司或母公司编制，并非所有企业都编制。而个别会计报表则是所有企业都必须编制的。

（3）合并会计报表是以个别会计报表为基础编制的。

（4）合并会计报表有其独特的编制方法。它是在对纳入合并范围的个别会计报表的数据进行加总的基础上，通过编制抵消分录将企业集团内部的经济业务对个别会计报表的影响予以抵消，然后合并会计报表各项目的数额进行编制的。

另外，合并会计报表也不同于汇总会计报表。汇总会计报表主要是由行政管理部门，据所属企业报送的会计报表，对其各项目简单加总编制的。而合并会计报表的编制必须采用抵消内部投资、内部交易、内部债权债务等内部会计事项对个别会计报表的影响后编制。

2. 合并会计报表的作用

（1）合并会计报表能够对外提供反映由母、子公司组成的企业集团整体经营情况的会计信息。在控股经营的情况下，母公司和子公司都是独立的法人实体，分别编报自身的会计报表，分别反映企业本身的生产经营情况，这些会计报表并不能够有效地提供反映企业集团的会计信息。为此，就需要将控股公司与被控股子公司的会计报表进行合并，通过编制合并会计报表提供反映企业集团整体经营的会计信息，以满足企业集团对被控股企业管理的需要。

（2）合并会计报表有利于防止企业集团利用内部控股关系，人为粉饰会计报表的情况发生。控股公司的发展也带来了一系列新问题。一些控股公司利用对子公司的控制关系，运用内部转移价格等手段（如低价向子公司提供原材料、高价收购子公司产品等），转移利润，逃避纳税；或者转移亏损，虚报利润。通过编制合并会计报表，可以将企业集团内部交易所产生的收入及利润予以抵消，使会计报表反映企业集团客观真实的财务状况和经营情况，防止和避免控股公司人为操纵利润的现象发生。

二、合并会计报表的种类及编制原则

（一）合并会计报表的种类

合并会计报表主要包括合并资产负债表、合并利润表、合并利润分配表和合并现金流量表。

1. 合并资产负债表

合并资产负债表是反映企业集团某一特定日期财务状况的会计报表。它以母公司和纳入合并范围的子公司的个别资产负债表为基础，在抵消企业集团整体内部会计事项对个别资产负债表的影响后，合并各项目的数额进行编制。

2. 合并利润表

合并利润表是反映企业集团在一定期间生产经营成果的会计报表。它以母公司和纳入合并范围的子公司的个别利润表为基础，在抵消企业集团内部销售业务对个别利润表的影响后，合并各项目的数额进行编制。

3. 合并利润分配表

合并利润分配表是反映企业集团在一定期间内经营成果分配情况的会计报表。它以母公司和纳入合并范围的子公司的个别利润分配表为基础，以抵消子公司利润分配各项目后的数额进行编制。

4. 合并现金流量表

合并现金流量表是综合反映企业集团在一定会计期间现金流入、现金流出数量及其增减变动情况的会计报表。它以合并资产负债表、合并利润表、合并利润分配表以及其他有关影响现金流量、财务状况变动的资料为依据进行编制。

（二）合并会计报表的编制原则

合并会计报表除必须符合会计报表编制的一般原则和基本要求外，还应当遵循以下原则和要求：

1. 以个别会计报表为基础编制

合并会计报表并不是直接根据母公司和子公司账簿编制，而是利用母公司和子公司编制的反映各自财务状况和经营成果的会计报表提供的数据，通过合并会计报表的特有方法进行编制。

2. 一体性原则

合并会计报表反映的是企业集团的财务状况和经营成果，反映的是由多个法人企业组成的一个会计主体的财务情况。在编制合并会计报表时，应当将母公司与子公司、子公司与子公司之间的经济业务，视同在同一企业主体内部的业务处理，合并中应予以抵消。为了更好的体现一体性原则，还要求企业集团内部应采取统一的会计期间和统一的会计政策。

3. 重要性原则

合并会计报表涉及到多个法人企业，其经营活动的范围和内容也各不相同，在编制合并会计报表时，应遵循重要性原则。如在个别企业具有重要性而在企业集团中不一定重要的项目，可以在编制合并会计报表时进行取舍。此外，母公司与子公司、子公司与子公司之间发生的经济业务对整个企业集团财务状况和经营成果影响不大时，为简化手续也可以不予以抵消。

三、合并会计报表的合并范围

（一）应纳入合并会计报表的合并范围

合并范围是指纳入合并会计报表编报的子公司的范围。我国合并会计报表的合并范围具体规定如下：

1. 母公司拥有其半数以上表决权资本的被投资企业

表决权资本是指对企业有投票权，能够据此参与企业经营管理决策的资本，如股份制企业中的普通股，有限责任公司中的投资者出资额等。母公司拥有被投资企业半数以上有表决权的资本，具体又包括以下三种情况：

（1）母公司直接拥有和控制被投资企业半数以上表决权资本。如甲公司直接拥有乙公司发行的普通股总数的50.1%，这种情况下，乙公司就成为甲公司的子公司，甲公司编制合并会计报表时，必须将乙公司纳入其合并范围。

（2）母公司间接拥有和控制被投资企业半数以上表决权资本。间接拥有半数以上表决权资本是指通过子公司而对子公司的子公司拥有半数以上表决权资本。如甲公司拥有乙公司80%的股份，而乙公司又拥有丙公司57%的股份，在这种情况下，甲公司间接拥有丙公司57%的股份，丙公司也是甲公司的子公司，甲公司编制合并会计报表时，也应将丙公司纳入其合并范围。

（3）母公司通过直接和间接方式合计拥有和控制被投资企业半数以上表决权资本。直接和间接合计拥有和控制半数以上表决权资本，是指母公司虽然只拥有被投资企业半数以下的表决权资本，但通过与其他子公司合计拥有被投资企业半数以上有表决权资本。如甲公司拥有丙公司30%的股份，拥有乙公司60%的股份，乙公司拥有丙公司35%的股份，则甲公司直接和间接拥有丙公司65%的股份，从而丙公司属于甲公司的子公司，甲公司编制合并会计报表时，也应当将丙公司纳入其合并范围。

上例中，如果甲公司只拥有乙公司40%的股份，即乙公司不是甲公司的子公司，则不能将丙公司作为甲公司的子公司处理。也就是说，甲公司间接拥有和控制丙公司股份是以乙公司是甲公司的子公司为前提的。

2. 被母公司控制的其他被投资企业

母公司通过直接和间接方式虽然没有拥有被投资企业半数以上表决权资本，但通过其他方法对被投资企业的经营活动能够实施控制的，也应将其作为子公司，纳入合并会计报表的合并范围。主要有以下四种情况：

（1）通过与该被投资企业的其他投资者之间的协议，持有该被投资企业半数以上表决权。

（2）根据章程和协议，有权控制企业的财务和经营决策。

（3）有权任免公司董事会等类似权力机构的多数成员。

（4）在公司董事会或类似权力机构会议上有半数以上投票权。

（二）不纳入合并会计报表合并范围的子公司

并不是所有被母公司控制的子公司都需要纳入合并范围，有的子公司由于某些特殊原因使母公司的控制权受到一定的限制，因而可以不纳入合并会计报表的合并范围。主要包括：

（1）已准备关停并转的子公司；

(2) 按照破产程序，已宣告被清理整顿的子公司；
(3) 已宣告破产的子公司；
(4) 准备近期售出而短期持有其半数以上表决权资本的子公司；
(5) 非持续经营的所有者权益为负数的子公司；
(6) 受所在国外汇管制及其他管制，资金调度受限制的境外子公司。

第二节 合并会计报表的编制

一、合并会计报表编制前的基础工作

合并会计报表的编制涉及到数个法人实体。为了使编制的会计报表准确、全面地反映企业集团的真实情况，必须做好一系列的前期准备工作，主要包括：

1. 统一母、子公司的会计报表决算日及会计期间

会计报表总是反映一定日期的财务状况和一定会计期间的经营成果的，母公司和子公司的个别会计报表只有在反映财务状况的日期和反映经营成果的会计期间一致的情况下，才能进行合并。

2. 统一母、子公司的会计政策

会计政策是指企业进行会计核算和编制会计报表时所采用的会计原则、会计程序和会计处理方法，是编制会计报表的基础，是保证会计报表各项目反映内容一致的基础。只有在会计报表各项目反映内容一致的情况下，才能对其进行加总。

3. 对子公司股权投资采用权益法核算

在采用权益法核算长期股权投资的情况下，长期股权投资账面余额等于其在子公司所有者权益中所拥有的份额。所以，有利于母公司对子公司长期股权投资与子公司所有者权益各项目相互抵消。

4. 对子公司以外币表示的报表进行折算。

我国允许外币业务较多的企业采用某一外币作为记账本位币，在将这些企业的会计报表纳入合并时，必须将其折算为按母公司采用的记账本位币表示的会计报表。

二、合并会计报表的编制程序

(1) 编制合并工作底稿。合并工作底稿的作用是为合并会计报表的编制提供基础。格式如表17-1。

(2) 将母公司、纳入合并范围的子公司的个别资产负债表、利润表及利润分配表各项目的数据过入合并工作底稿，并在合并工作底稿中对母公司和子公司个别会计报表各项目的数据进行加总，计算得出个别资产负债表、利润表和利润分配表各项目合计数额。

(3) 编制抵消分录，将母公司与子公司、子公司与子公司之间发生的经济业务对个别会计报表有关项目的影响进行抵消处理。其目的在于将个别会计报表各项目的加总数据中重复的因素予以抵消。

(4) 计算合并会计报表各项目的合并数额。即在母公司和纳入合并范围的子公司个别会计报表各项目加总数额的基础上，分别计算会计报表中的资产项目、负债项目、所有者权益项目、收入项目、费用项目的合并数。具体计算方法如表17-1：

表 17-1

项　　目	母公司	子公司1	子公司2	抵消分录		少数股东权益	合并数
				借　方	贷　方		
（利润表项目）							
主营业务收入							
主营业务成本							
主营业务税金及附加							
主营业务利润							
其他业务利润							
营业费用							
管理费用							
财务费用							
营业利润							
投资收益							
营业外收入							
营业外支出							
利润总额							
所得税							
少数股东权益							
净利润							
（利润分配表项目）							
期初未分配利润							
可供分配利润							
提取法定盈余公积							
应付普通股股利							
未分配利润							
（资产负债表项目）							
货币资金							
……							
短期借款							
……							
实收资本							
……							
未分配利润							
少数股东权益							

1）资产类各项目，其合并数根据该项目加总的数额，加上该项目抵消分录有关的借方发生额，减去该项目抵消分录有关的贷方发生额计算确定。

2）负债类各项目和所有者权益类各项目，其合并数根据该项目加总的数额，减去该项目抵消分录有关的借方发生额,加上该项目抵消分录有关的贷方发生额计算确定。对于合并非全资子公司资产负债表中的少数股东权益的数额,则视同抵消分录的借方发生额处理。

3) 收益类各项目,其合并数根据该项目加总的数额,减去该项目抵消分录的借方发生额,加上该项目抵消分录的贷方发生额计算确定。

4) 成本费用类项目和利润分配类项目,其合并数根据该项目加总的数额,加上该项目抵消分录的借方发生额,减去该项目抵消分录的贷方发生额计算确定。

(5) 填列合并会计报表。即根据合并工作底稿中计算出的资产、负债、所有者权益、收入、成本费用类各项目的合计数,填列正式的合并会计报表。

三、合并会计报表抵消分录的编制

(一) 合并资产负债表编制时应抵消的项目

企业集团内部发生的经济业务,都在业务双方各自的个别会计报表中进行了反映。但作为反映企业集团整体财务状况的合并资产负债表,必须将这些重复计算的因素予以扣除。

1. 母公司对子公司长期股权投资项目与子公司所有者权益项目

母公司在对子公司进行股权投资时,一方面增加长期投资,另一方面减少某项资产;子公司接受这一投资,一方面增加某项资产,另一方面增加实收资本。从企业集团整体来看,这项投资活动不会增加整个集团的实收资本和资产,所以编制合并会计报表时应将母公司对子公司的长期股权投资项目与子公司所有者权益项目予以抵消。

(1) 全资子公司的抵消

在全资子公司的情况下,母公司对子公司长期股权投资的数额和子公司所有者权益各项目的数额应当全额抵消。

借:实收资本
　　资本公积
　　盈余公积
　　未分配利润
　贷:长期股权投资

当母公司对子公司长期股权投资数额与子公司所有者权益总额不一致时,其差额作为合并价差处理。

(2) 非全资子公司的抵消

在非全资子公司的情况下,应将母公司对子公司长期股权投资的数额与子公司所有者权益中母公司所拥有的数额相抵消,子公司所有者权益中不属于母公司的份额,在合并会计报表中作为"少数股东权益"处理。

借:实收资本
　　资本公积
　　盈余公积
　　未分配利润
　贷:长期股权投资
　　　少数股东权益

2. 母公司与子公司之间、子公司与子公司之间债权债务项目的抵消

进行抵消的内部债权债务项目主要包括：

(1) 应收账款与应付账款；

(2) 应收票据与应付票据；

(3) 预付账款与预收账款；

(4) 长期债券投资与应付债券；

(5) 应收股利与应付股利；

(6) 其他应收款与其他应付款。

【例17-1】 母公司应收子公司的应收账款5000元，母公司期末已按照5‰计提了坏账准备，编制抵消会计分录如下：

借：应付账款　　　　　　　　　　　5000
　　贷：应收账款　　　　　　　　　　　　5000
借：坏账准备　　　　　　　　　　　25
　　贷：管理费用　　　　　　　　　　　　25

3. 存货中所包含的未实现内部销售利润的抵消

存货中所包含的未实现内部销售利润是由于企业集团内部商品购销活动引起的。从企业集团整体情况来看，购入方期末存货中包括的那部分销售利润，并不是真正实现的利润，而是企业集团内部相互调拨商品引起的。在编制资产负债表时，应当将其抵消。

【例17-2】 某子公司期末存货30000元，全部为从母公司购入的存货，母公司销售毛利率为30%。编制抵消分录如下：

借：主营业务收入　　　　　　　　　30000
　　贷：主营业务成本　　　　　　　　　　21000
　　　　存货　　　　　　　　　　　　　　9000

如果对内部交易形成的存货计提了跌价准备的，还应在编制合并会计报表时将其抵消。

4. 固定资产和无形资产中所包含的未实现内部销售利润的抵消

固定资产和无形资产中所包含的未实现内部销售利润是由于企业集团内部购销活动引起的。从企业集团整体情况来看，购入方期末固定资产和无形资产中包括的那部分销售利润，并不是真正实现的利润，而是企业集团内部相互调拨引起的。在编制资产负债表时，也应当将其抵消。

如果对内部交易形成的固定资产和无形资产计提了相关减值准备的，还应在编制合并会计报表时将其抵消。

5. 调整合并盈余公积的数额

母公司对子公司股权投资与子公司所有者权益抵消时，已经将子公司提取的所有盈余公积全部予以抵消。但根据我国公司法的规定，盈余公积（包括法定公积金和法定公益金）由单个企业按照当期实现的税后利润（即净利润）计提。因此，子公司提取的盈余公积金应当在合并会计报表中予以反映，调整合并盈余公积金的数额。

【例17-3】 母公司拥有某子公司80%的表决权资本。该子公司本期个别资产负债表中盈余公积项目为1500元，全部系本期提取。编制调整分录如下：

借：提取盈余公积　　　　　　　　　1200
　　贷：盈余公积　　　　　　　　　　　　　1200

如系以前年度提取的盈余公积，则应调整合并期初未分配利润。

(二) 合并利润表和合并利润分配表的抵消项目

(1) 内部销售收入和内部销售成本项目；

(2) 内部投资收益项目，包括内部利息收入与利息支出项目、内部权益性资本投资项目；

(3) 管理费用项目，即管理费用中的内部应收账款计提的坏账准备；

(4) 纳入合并范围的子公司利润分配项目。

(三) 合并现金流量表的抵消项目

合并现金流量表的编制方法有两种：

(1) 以合并资产负债表和合并利润表为基础，采用与个别现金流量表相同的方法编制。在此方法下不再编制抵消分录。

(2) 以母公司和子公司的个别现金流量表为基础，通过编制抵消分录，将母公司和纳入合并范围的子公司以及子公司之间发生的经济业务对个别现金流量表中的现金流量的影响予以抵消，编制现金流量表。采用这一方法编制合并现金流量表时，其抵消项目与合并资产负债表、合并利润表以及合并利润分配表的编制原理、编制方法和编制程序相同。

思 考 题

1. 什么是合并会计报表？它与个别会计报表相比具有哪些特点？
2. 合并会计报表的作用表现在哪些方面？
3. 合并会计报表分为哪几类？编制时应遵循什么原则？
4. 如何确定合并会计报表的合并范围？
5. 试说明合并会计报表的编制程序？

参 考 文 献

1. 财政部.企业会计制度 2001.北京：经济科学出版社，2001
2. 会计准则与会计制度研究组.《企业会计制度》操作指南.大连：东北财经大学出版社，2001
3. 编写组.企业会计制度讲解.北京：中国财政经济出版社，2001
4. 编写组.财务会计.北京：中国财政经济出版社，2002
5. 注册会计师考委会.会计.北京：中国财政经济出版社，2002
6. 杨进军.《施工企业会计教程》.北京：中国财政经济出版社，2001
7. 周晓苏.中级财务会计学.天津：南开大学出版社，2002